BULLETIN DES ARRETS
DE LA HAUTE COUR MILITAIRE

La lutte contre les violences sexuelles

Numéro spécial

RÉPUBLIQUE DÉMOCRATIQUE DU CONGO
Pouvoir Judiciaire

BULLETIN DES ARRETS DE LA HAUTE COUR MILITAIRE

La lutte contre les violences sexuelles

Numéro spécial

Préface de Zainab HAWA BANGURA

Secrétaire-Générale Adjointe et Représentante Spéciale du Secrétaire-Général sur la violence sexuelle dans les conflits

L'Harmattan

5-7, rue de l'École-Polytechnique ; 75005 Paris

http://www.editions-harmattan.fr/

ISBN : 978-2-343-10478-2
EAN : 9782343104782

Avant-propos

La Justice Militaire dont le rôle régulateur dans la société n'est plus à démontrer est à la discipline militaire et à l'ordre public général ce que la colonne vertébrale est au corps humain.

Cependant, l'action de cette justice en général et singulièrement celle axée sur la lutte contre les violences sexuelles est peu connue du grand public.

La publication de ce numéro du bulletin des arrêts de la Haute Cour Militaire qui vient comme mars en carême s'inscrire dans l'optique de ce combat a le triple avantage :

1. *Permettre au public tant national qu'étranger de découvrir son essence et sa quintessence à travers l'accès aux informations juridiques et judiciaires susceptibles d'assurer la visibilité des actions menées par elle dans sa quête permanente des stratégies de lutte contre l'impunité notamment en matière de violences sexuelles.*
2. *Mettre en exergue les efforts inlassables et la détermination du Gouvernement de la République de combattre la nouvelle forme de criminalité à travers une politique bien réfléchie et résumée par le mot d'ordre « **tolérance zéro** ».*
3. *Disponibiliser la jurisprudence en matière des crimes internationaux dont l'intérêt repose sur l'application en droit interne des dispositions du statut de Rome de la Cour Pénale Internationale.*

Puisse le Bureau du Représentant Personnel du Chef de l'Etat en charge de la lutte contre les violences sexuelles et le recrutement d'enfants, dont l'apport financier et logistique a été déterminant dans la publication de ce bulletin, trouver ici l'assurance de toute ma gratitude pour ce partenariat que je souhaite de tous mes vœux, durable et constructif en vue de la consolidation d'un Etat de droit dans notre Pays.

Que ce bulletin consacré aux violences sexuelles serve d'induction aux juristes et autres praticiens qui y trouveront des données de référence pour le triomphe du bon droit.

Le Premier Président de la Haute Cour Militaire
NYEMBO ya BUZILU TULILWA Delphin
Général Major

Préface

Depuis quelques années, la question de la responsabilité pour les crimes de violence sexuelle en République Démocratique du Congo (RDC) est restée au centre des efforts nationaux et internationaux. En Mars 2013, le Gouvernement de la RDC et les Nations Unies ont signé un communiqué conjoint sur la lutte contre la violence sexuelle dans les conflits. Par le biais de ce communiqué, le Gouvernement a réaffirmé son engagement à renforcer une politique de « Tolérance Zéro » pour les crimes de violence sexuelle, et d'adopter des mesures pour lutter contre l'impunité, en initiant des poursuites contre les auteurs. En outre, le gouvernement s'est engagé à mettre en place des mesures pour la protection des victimes et des témoins, afin de les encourager à dénoncer les cas et à participer aux processus judiciaires. La justice militaire est restée clé aux efforts nationaux de lutte contre l'impunité en RDC. Ce bulletin d'arrêts est une compilation de jurisprudence qui met en évidence le travail accompli par la justice militaire congolaise dans la lutte contre les crimes de violence sexuelle, dans un contexte où la violence sexuelle a été systématiquement utilisée par les différentes parties au conflit. Cette évolution de la jurisprudence congolaise a été rendue possible par des amendements en 2006, de deux lois qui ont établi un cadre juridique adéquat. D'abord, en introduisant des modifications au Code Pénal, le législateur congolais a veillé à ce que le crime de violence sexuelle soit défini de manière adéquate, et que l'existence de nouvelles formes de violence sexuelle soit reconnue, renforçant par conséquent la protection juridique accordée aux victimes.

Ensuite, le législateur a apporté des amendements au Code de Procédure Pénale, pour faciliter l'accès à la justice pour les victimes. Ces changements incluent des procédures plus rapides et des mesures pour assurer la protection des victimes.

Au-delà du cadre juridique, cette compilation donne également des exemples concrets où des juges congolais ont eu recours direct au droit international afin de remédier à des inexactitudes ou des lacunes dans la législation nationale. Conformément au Statut de Rome de la Cour Pénale Internationale, des juges congolais ont sanctionné le viol comme un crime contre l'humanité. Des juges ont également utilisé des dispositions du Statut de Rome pour renforcer la protection des victimes et des témoins, comme ce fut le cas dans les procès de Minova. En effet, le premier jugement mis en évidence dans cette compilation souligne comment, des responsables militaires de haut rang, y compris le Général de Brigade Jérôme Kakwavu et plusieurs Colonels ont été condamnés pour viol, en vertu des dispositions pertinentes du Statut de Rome, sur la responsabilité de commandement.

Ce bulletin compile également plusieurs autres décisions judiciaires importantes prises par les autorités judiciaires congolaises, qui pourraient servir de référence pour les juges et autres praticiens du droit sur la poursuite des crimes de violence sexuelle en RDC.

Je suis convaincue que les praticiens du droit, les étudiants, les citoyens congolais et la communauté internationale trouveront cette publication utile, et apprécieront à sa juste valeur l'ampleur des efforts déployés par la justice militaire congolaise dans la lutte contre les crimes de violence sexuelle.

Zainab HAWA BANGURA

Secrétaire-Générale Adjointe et Représentante Spéciale du Secrétaire-Général sur la violence sexuelle dans les conflits.

Preface

In recent years, addressing the issue of accountability for sexual violence crimes in the Democratic Republic of Congo (DRC) has remained at the centre of national and international efforts. In March 2013, the Government of DRC and the United Nations signed a Joint Communiqué on the fight against sexual violence in conflict. In this communiqué, the Government reaffirmed its commitment to reinforce a "Zero Tolerance" policy for sexual violence crimes and adopt measures to fight against impunity by holding perpetrators of sexual violence accountable. Additionally, the Government committed to establish measures for the protection of victims and witnesses, in order to encourage victims to come forward, report cases, and participate in judicial processes. The military justice system has had a central role in the senational efforts to fight impunity for sexual violence in the DRC.

This Bulletin of Judgments is a compilation of jurisprudence that highlights the work of the Congolese military justice system in addressing sexual violence crimes in a context where sexual violence has been used systematically by various parties in conflict. This evolution in Congolese jurisprudence was made possible by amendments of two laws in 2006 that established an adequate legal framework.

First, by introducing amendments to the Penal Code, the Congolese legislature ensured that the crime of sexual violence was adequately defined, and that the existence of various forms of sexual violence was acknowledged. These amendments have consequently extended victims' legal protections.

Second, the Congolese legislature amended the Code of Criminal Procedure in order to facilitate access to justice for the victims. These changes included expediting certain procedures and establishing measures to ensure victims' protection.

Beyond the legal framework, this Bulletin of Judgments also gives concrete examples where Congolese judges have had direct recourse to international law in order to remedy lacunae in national law. In accordance with the Rome Statute of the International Criminal Court, Congolese judges have sanctioned rape as a crime against humanity. The judges have also used provisions of the Rome Statute to strengthen the protection of victims and witnesses, as was the case in the *Minova* trials.

Indeed, the first judgment highlighted in this Bulletin underscores how Congolese jurists used relevant provisions of the Rome Statute on command responsibility to convict several senior military officials, including Brigadier General Jérôme Kakwavu and several colonels, for rape.

The Bulletin also compiles several other recent and important judicial decisions by Congolese military justice authorities, which may serve as benchmarks for judges and other legal practitioners regarding the prosecution of sexual violence crimes in the DRC.

I trust that legal practitioners, students, Congolese citizens and the international community will find this publication useful, and through its contents appreciate the efforts made by Congolese legislators and military justice authorities in addressing sexual violence crimes.

Zainab HAWA BANGURA
Under-Secretary-General and Special Representative of the
United Nations Secretary-General on Sexual Violence in Conflict.

Liste des principales abréviations

- AFDL	:	Alliance des Forces Démocratiques pour la Libération du Congo (Parti Politique et Mouvement de libération)
- AMANI LEO	:	Le nom d'une opération militaire de pacification de l'Est de la RD Congo
- Art	:	Article
- ASBL	:	Association sans but lucratif
- Brux	:	Bruxelles
- Bull	:	Bulletin
- CA	:	Cour d'Appel
- CCC	:	Code Civil Congolais
- CI	:	Centre d'Instruction
- CICR	:	Comité International de la Croix Rouge
- CPI	:	Cour Pénale Internationale
- Col	:	Colonel
- CJM	:	Code Judiciaire Militaire
- CM	:	Cour Militaire
- CM OPS	:	Cour Militaire Opérationnelle
- CMR	:	Comité Militaire pour la restauration de la République (Mouvement Armé)
- CNDP	:	Congrès National du Peuple (Mouvement armé)
- DGDA	:	Direction Générale des Douane et Accises
- PCM	:	Prison Centrale de MAKALA
- CPM	:	Code Pénal Militaire
- CPOLI	:	Code Pénal Ordinaire Livre Premier
- CPOLII	:	Code Pénal Ordinaire Livre Deuxième
- CPrP	:	Code de Procédure Pénale
- CPRK	:	Centre Pénitentiaire et de Rééducation de KINSHASA
- CSJ	:	Cour Suprême de Justice
- DEMIAP	:	Détection Militaire des Activités Anti patrie
- DGM	:	Direction Générale des Migrations
- DI	:	Dommages-Intérêts
- Ed	:	Edition
- Elis	:	Elisabethville (la Ville de LUBUMBASHI)

- EPM : Ecole de Police Militaire
- EX-FAZ : Ex Forces Armées Zaïroises
- FAPC : Forces Armées du peuple congolais (Groupe Armé)
- FARDC : Forces Armées de la République Démocratique du Congo
- FC : Francs Congolais
- FDLR : Forces Démocratiques pour la libération du RWANDA (Groupe Armé)
- FJ : frais de justice
- FNI : le Front des Nationalistes et intégristes (Groupe Armé)
- FRPI : Forces de résistance patriotique en ITURI (Groupe Armé)
- Gen : Général
- GP : Grande Puissance, Pistolet ou revolver
- G1, G2, G3, G4, G5 les Directions de l'Etat-major d'une Armée chargées respectivement des Personnel, Renseignements, Organisation et Instruction, Logistique et Social
- HCM : Haute Cour Militaire
- Kin : KINSHASA
- LGDJ : Librairie Générale de droit et de Jurisprudence (France)
- Léo : Léopoldville
- LtCol : Lieutenant-colonel
- MONUSCO : Mission des Nations Unies pour la stabilisation du Congo
- Mr : Monsieur
- M 23 : Mouvement du 23 Mars (Mouvement politico-militaire)
- OFIDA : Office de Douane et accises actuellement DGDA
- O-L : Ordonnance-loi
- OMP : Officier du Ministère Public
- OPJ : Officier de Police Judiciaire
- § : Paragraphe
- PNC : Police Nationale Congolaise
- PUSIC : Parti pour la sauvegarde de l'intégrité du Congo (Groupe armé)
- PV : Procès-verbal

- RCD : Rassemblement Congolais pour la Démocratie (parti politique)
- RDC : République Démocratique du Congo
- RJC : Revue juridique Congolaise
- RA : Rôle d'annulation
- Rgn Mil : Région Militaire
- RMP : Registre du Ministère Public
- RP : Rôle Pénal
- RPA : Rôle Pénal d'Appel
- RR : Rôle de révision
- S2 : Section 2 : Chargée des renseignements d'une brigade d'infanterie
- S3 : Secton3 : Chargée de l'organisation et instruction
- $USD : Dollars Américains (Monnaie des Etats-Unis d'Amérique)
- $: Dollars
- SPP : Servitude pénale Principale
- Statuts du TPI : Statut du Tribunal Pénal International
- TGI KIN/KALAMU : Tribunal de Grande Instance de KINSHASA/KALAMU
- TMG : Tribunal Militaire de Garnison
- TPIY : Tribunal Pénal International pour la Yougoslavie
- TPIR : Tribunal Pénal International pour le RWANDA
- UNAZA : Université Nationale du Zaïre
- UNIKIN : Université de KINSHASA
- UPC : L'Union des Patriotes Congolais (Groupe armé)

HAUTE COUR MILITAIRE

Audience publique du septième jour du mois de novembre de l'an deux mille quatorze

VIOLENCES SEXUELLES – APPRECIATION PAR LE JUGE DES MESURES DE PROTECTION DES VICTIMES ET DES TEMOINS – NON PREJUDICIABLES AUX DROITS DE LA DEFENSE ET DES AUTRES PARTIES EN LA CAUSE.

En matière de violences sexuelles, le juge apprécie les mesures nécessaires à prendre pour assurer la protection, la dignité et le bien être des victimes et des témoins sans porter préjudice aux droits de la défense et des autres parties en la cause.

LES CRIMES INTERNATIONAUX--ACTES DES SUBORDONNES-IDENTIFIES DANS L'UNITE-RESPONSABILITE PENALE DU COMMANDANT-ETABLIE

Le Commandant est pénalement responsable des actes commis par ses subordonnés même si ceux-ci ne sont pas individuellement identifiés pourvu qu'il soit établi qu'il s'agit des éléments de son unité.

ARRET

RPN°004/2010

AU NOM DU PEUPLE CONGOLAIS
(Article 149 al.3 de la constitution)

La Haute Cour Militaire, siégeant en matière répressive en premier et dernier ressort dans la salle habituelle de ses audiences sise au N° 289, Avenue SHAUMBA, dans la Commune de la GOMBE à KINSHASA, a rendu et prononcé en audience publique de ce Vendredi 07 Novembre 2014, l'arrêt suivant :

EN CAUSE : Auditeur Général, Ministère Public et Parties Civiles.

CONTRE : Général de Brigade Jérôme KAKWAVU BUKANDE , Matr : 1658847785488, né à GOMA, le 06 Mars 1967, fils de KAKWAVU (ev) et de SIFA (ev), Originaire de la localité de KIRINGA, Secteur du BUISHA, Territoire de RUTSHURU, District du

NORD KIVU et Province du NORD KIVU, marié à Madame KAVIRA TSHIRIMUENGE, Père de 14 enfants, Etudes Faites : 6 ans Secondaires, Section Pédagogique, domicilié sur Avenue KIMPESE N°16 Quartier : OZONE, dans la Commune de NGALIEMA à KINSHASA.

PREVENU DE :

1. Avoir commis des crimes de guerre par viol ;
   En l'occurrence avoir à ARU, Territoire du même nom, District de l'ITURI, en Province Orientale, sans préjudice de date précise, mais dans la période allant du mois de février 2003 à décembre 2004, étant Chef du Groupe armé dénommé « UNION DES DEMOCRATES CONGOLAIS/ FORCES ARMEES DU PEUPLE CONGOLAIS (UCD/AFPC en sigle) » commis de manière habituelle des viols sur la nommée Elisabeth KADI TINIDE BALANGA âgée de 18 ans.

   Faits prévus et punis par les articles 8.2, C) VI) et 77 du statut de Rome de la CPI.

2. Avoir, dans les mêmes circonstances de lieu que dessus, au courant du mois d'avril 2004, sans préjudice de date précise, commis deux fois un viol sur la nommée Caroline VAN REETH, âgée de 13 ans ;
   Faits prévus et punis par les articles 8.2) c) VI) et 77 du Statut de Rome de la CPI.
   Vu la décision de renvoi du 19 novembre 2010 établie par l'Auditeur Général à charge du prévenu ci-dessus cité ;

   Vu la fixation de la cause à l'audience du 25 mars 2011, suivant l'ordonnance du 1er Président de la Haute Cour Militaire en date du 8 février 2011 ;
   Vu la citation à prévenu établie et notifiée au prévenu KAKWAVU Jérôme en date du 11 février 2011 par l'exploit du Greffier en Chef, le Colonel Jean Philippe N'KIAMA MATA, l'invitant à comparaître à l'audience du 25 mars 2011 de la Haute Cour Militaire au lieu habituel de ses audiences ;

   Vu le procès-verbal de tirage au sort des membres assesseurs de la composition du siège de la 1ère chambre de la Haute Cour Militaire dressé à KINSHASA en date du 2 février 2011 ;

   Vu la prestation de serment desdits membres assesseurs à la première audience à laquelle ils sont appelés à siéger ;

Vu l'appel de la cause à l'audience du 25 mars 2011 à laquelle le prévenu KAKWAVU comparaît en personne, assisté de ses Conseils Maître Peter NGOMO, Maître KAZADI MWAMBA et Maître Charlène YANGAZO, tous Avocats à la Cour d'Appel et à laquelle les Parties Civiles ne comparaissent pas mais sont représentées par leur Conseil, Maître Théodore MUKENDI, Avocat au Barreau de KINSHASA/MATETE ;

Vu à cette audience après vérification de l'identité du prévenu pré qualifié, la remise de ladite cause à l'audience du 15 Avril 2011 ;

Vu la requête de Maître Théodore MUKENDI, Avocat Conseil des parties civiles, déposée au Greffe de la Haute Cour Militaire en date du 19 mars 2011 relative à la protection des victimes et des témoins laquelle requête a été confirmée à l'audience du 25 mars 2011 ;

Vu le mémoire unique de la défense relatif à l'exception soulevée par celle-ci, lequel mémoire a été déposé au Greffe de la Haute Cour Militaire en date du 19 mars 2011 et ayant trait aux nullités de procédures avant la comparution du prévenu devant la juridiction de jugement ;

Vu la demande de mise en liberté provisoire du prévenu introduite suivant la lettre N°/réf : 118/CA/PNM/11 du 22 mars 2011 ;

Ouï, le Ministère Public en ses avis et répliques par rapport à la requête des Parties Civiles et à l'exception soulevée par la défense ;

Sur quoi, la Haute Cour Militaire, se conformant aux dispositions de l'article 246 alinéa 3 in fine du Code Judiciaire Militaire, prend l'affaire en délibéré et rend ce vendredi, le 15 Avril 2011, avant l'examen du fond de la cause, l'arrêt avant-dire droit dont la teneur suit :

PAR CES MOTIFS

La Haute Cour Militaire

Statuant contradictoirement en audience publique et à la majorité des voix de ses membres ;

Le Ministère Public entendu ;

Vu la Constitution, spécialement en ses articles 21 et 149 al.3 ;

Vu la loi N°023/2002 portant Code Judiciaire Militaire, notamment en ses articles 211, 246,247 ;

Vu le statut de Rome de la Cour Pénale Internationale à son article 68, 1 in fine ;

DISANT DROIT

Dit recevable mais non fondée l'exception des nullités de la procédure avant la comparution du prévenu devant la juridiction de céans et la rejette ;

Rejette en outre, la demande de mise en liberté provisoire introduite par le prévenu ;

Dit recevable et fondée la requête des Parties Civiles relative à la protection des victimes et des témoins et en conséquence :

Ordonne le huis clos chaque fois que les victimes et témoins seront appelés à comparaître ;
Décide que d'autres mesures supplémentaires seront prises chaque fois que de besoin ;
Ordonne au Ministère Public de prendre toutes les mesures utiles et appropriées pour assurer la sécurité des victimes et des témoins en dehors des audiences.

Ainsi arrêté et prononcé à l'audience publique de ce vendredi 15 Avril 2011 à laquelle siégeaient :

1. Le Général de Brigade NYEMBO ya BUZILU Delphin, Premier Président ;
2. Le Général de Brigade BIVEGETE PINGA SOLO Jean, Président et Rapporteur ;
3. L'Inspecteur Divisionnaire Adjoint, SABITI ABDALLAH Patrick, Membre ;
4. L'Inspecteur Adjoint, BARUKU ALIMASI, Membre,
5. Le Général de Brigade MONGAPA SUMBI, Membre ;

Avec le concours du Général de Brigade TIM MUNKUNTO KIYANA, Premier Avocat Général, Officier du Ministère Public et l'assistance du Colonel N'KIAMA MATA Jean Philipe, Greffier du Siège.

Le Greffier **Le Président**

Vu la remise de la cause à l'audience du 29 avril 2011 ;

Vu l'appel de la cause à cette audience à laquelle le prévenu KAKWAVU BUKANDE Jérôme comparaît en personne assisté par ses conseils habituels et les Parties Civiles représentées par leur conseil habituel ;

Vu l'instruction faite à cette audience ;

Vu la remise de la cause à l'audience du 02 septembre 2011 ;

Vu l'appel de la cause à cette audience à laquelle le prévenu KAKWAVU BUKANDE Jérôme comparaît en personne assisté par ses conseils habituels tandis que les Parties Civiles représentées par leur conseil aussi ;

A cette audience, l'ancien membre de la composition, l'Inspecteur Divisionnaire BARUKU ALIMASI, en soins médicaux en Afrique du sud est remplacé par le Général de Brigade ONOYA Victor, après avoir prêté serment conformément à la loi ;

Vu le résumé des débats lui fait à l'audience conformément à l'article 36 in fine du Code Judiciaire Militaire ;

Vu l'instruction faite à cette audience ;

Vu la remise de la cause à l'audience du 09 septembre 2011 ;

Vu l'appel de la cause à cette audience à laquelle le prévenu pré qualifié comparaît en personne assisté par ses conseils habituels et les Parties Civiles représentées par leur conseil habituel ;

Vu le procès-verbal établi en date du 23 mai 2011 par l'OPJ KOMBI, Commissaire de Police et Commandant Sous Commissariat de ARIWARA au sujet du désistement de Mademoiselle KADI TINIDE, l'une des victimes dans la présente cause ;

Vu l'instruction faite à cette audience ;

Vu la remise de la cause à l'audience du 18 novembre 2011 ;

Vu l'appel de la cause à cette audience à laquelle le prévenu KAKWAVU BUKANDE Jérôme comparaît en personne assisté de ses conseils habituels et les Parties Civiles représentées par leurs conseils, Me KOYAKOSI MBAWA, Avocat au Barreau de KINSHASA/ GOMBE conjointement avec Me Théodore MUKENDI Avocat au Barreau de KINSHASA/MATETE ;

A cette audience l'Inspecteur Divisionnaire Adjoint SABITI ABDALLAH, ancien membre de la composition muté à Lubumbashi est remplacé par le Général de Brigade BIKWETO après avoir prêté serment conformément à la loi ;

Vu le résumé des débats lui fait à l'audience en application de l'article 36 du Code Judiciaire Militaire ;

Vu la suite de l'instruction faite à cette audience ;

Vu les remises successives de la cause aux audiences du 25 novembre 2011, du 17 et 24 février 2012 ainsi que celle du 06 avril 2012 ;

Vu l'instruction faite à ces audiences ;

Vu la remise de la cause à l'audience du 18 mai 2012 ;

Vu l'appel de la cause à cette audience à laquelle le prévenu pré qualifié comparaît en personne assisté de son conseil, Maître Peter NGOMO, Avocat au Barreau de KINSHASA/GOMBE tandis que les Parties Civiles représentées par leurs conseils habituels ;

Vu la décision de renvoi additive de l'Auditeur Général sous RMP N°0343/TMK/012 notifiée au prévenu le 13 avril 2012 pour :

1. Avoir commis un crime de guerre par tortures ;
   En l'occurrence, avoir à ARU, dans le district de l'ITURI, le 22 Mai 2003, comme coauteur, par abus de pouvoir, fait arrêter et fait détenir le nommé COMBE NGABU avec cette circonstance qu'il a fait asperger sur lui les liquides des sachets brûlés pendant un mois sans se laver.
   Faits prévus et punis par les articles 8.2) c) i) et 77 du statut de Rome de la CPI.
2. Avoir commis un crime de guerre par tortures ;
   En l'occurrence, avoir dans les mêmes circonstances de lieu que dessus, au courant de l'année 2003, sans préjudice de date précise, comme auteur, par abus de pouvoir, fait arbitrairement arrêter et détenir le nommé MAWA ASIA alias Volvo, fouetté pendant 12 jours de 11heures à 15 heures.

Faits prévus et punis par les articles 8.2)c) i) et 77 du statut de Rome de la CPI.

3. Avoir commis un crime de guerre par meurtre ;
   En l'occurrence, avoir dans les mêmes circonstances de lieu que dessus, le 22 novembre 2002, comme auteur, par abus de pouvoir, dans le cadre d'une attaque généralisée ou systématique lancée contre la population civile, provoqué les meurtres des nommés ENEKO et ANDRUA LEBURU Archange.
   Faits prévus et punis par les articles 7 a) et 77 du statut de Rome de la CPI.
4. Avoir commis un crime de guerre par meurtre ;
   En l'occurrence, avoir dans les mêmes circonstances de lieu que dessus, le 22 mai 2003, comme coauteur, par abus de pouvoir, provoqué le meurtre du nommé Léopold LETI, à l'aide d'une houe.
   Faits prévus et punis par les articles 8.2)c) et 77 du Statut de Rome de la CPI.
5. Avoir, dans le district de l'ITURI, plus précisément dans le territoire de MAHAGI, en Province Orientale, au cours de la période allant de février 2002 à 2004, dans le cadre d'un conflit armé ne présentant pas un caractère international, commis un crime de guerre par meurtre.

En l'espèce, n'avoir pas pris toutes les mesures nécessaires et raisonnables pour empêcher ou en réprimer l'exécution ou pour en référer aux autorités compétentes aux fins d'enquête et des poursuites alors qu'il savait ou aurait dû savoir en tant que supérieur hiérarchique ou en raison des circonstances que ses forces commettaient des meurtres à l'encontre des personnes qui ne participent pas directement aux hostilités, notamment sur les nommés UCICAN TSHOMBE, Denis UKERBO,NGANGENI dans le village NDRELE, sur UKABA DEPANDA dans le village MAKOFI, sur Raphaël UCIBA dans le village TILALI, sur AVE ANDREANO, dans le village PAMITUGOZA, sur UNEN MUSA à MAHAGI.
Fait prévus et punis par les articles 8.2) c) i), ii) et 77 du Statut de Rome de la CPI.

A cette audience, la Cour de céans ordonne la jonction des procédures du dossier RP N°004/10 et celui enrôlé sous RP N° 005/12 ;

Vu l'instruction faite à cette audience ;

Vu la remise de la cause à l'audience du 01 juin 2012 ;

Vu l'appel de la cause à cette audience à laquelle le prévenu KAKWAVU BUKANDE Jérôme comparaît en personne sans assistance de ses conseils habituels et les Parties Civiles représentées par leurs conseils habituels ;

Vu l'instruction faite à cette audience ;

Vu la remise contradictoire à l'audience du 10 juillet 2012 pour la comparution à titre de renseignant du Docteur AKUMU Angèle, Ministre de la Santé de la Province Orientale ;

Vu l'appel de la cause à la susdite audience à laquelle le prévenu pré qualifié comparaît en personne assisté par son conseil, Me Peter NGOMO, Avocat au Barreau de KINSHASA/ GOMBE et les Parties Civiles représentées par leurs conseils habituels ;

Vu l'instruction de la cause à cette audience et la comparution du Docteur AKUMU en ses dépositions ;

Vu la remise contradictoire de la cause à l'audience du 27 Juillet 2012 suite à l'état de santé du Général de Brigade MUNGAPA SUMI, l'un des membres de la composition du Siège ;

Vu l'appel de la cause à cette audience à laquelle le prévenu pré qualifié comparaît en personne assisté de ses conseils habituels et les Parties Civiles représentées par leurs conseils habituels ;

Vu l'instruction faite à cette audience ;

Vu la remise de la cause à l'audience du 10 Août 2012 ;
Vu l'appel de la cause à cette audience à laquelle ont comparu l'Adjudant

NDUYIHINI BISHA Michael et Monsieur le Chef de localité KAWA PANGA MANDRO Yves à titre des renseignants ;

Vu la remise de la cause en date du 24 août 2012 en attendant la suite de la commission rogatoire adressée au premier Président de la Cour Militaire du Bas Congo afin d'entendre le Colonel NDAYISABA à KITONA.

Vu l'appel de la cause à l'audience du 02 novembre 2012 à laquelle le prévenu pré qualifié comparaît en personne assisté de ses conseils habituels et les Parties Civiles représentées par leurs conseils habituels ;

A cette audience, la Cour de céans soumet aux débats les conclusions de ladite commission rogatoire ;

Vu l'instruction faite à cette audience ;

Vu l'instruction faite aux audiences successives du 09, 16,23 et 30 novembre 2012 ainsi que celle du 07 décembre 2012 ;

Vu la comparution à ces audiences du Colonel DEHOLO Antoine, du Colonel MATESO MINGA Jacques alias KUNG FU et celle du Major SEMUSHI MUTAKANA Ricky à titre des renseignants ;

Vu l'appel de la cause à l'audience du 19 avril 2013 à laquelle le prévenu pré qualifié comparaît en personne assisté de ses conseils habituels et les Parties Civiles représentées par leurs conseils habituels ;

A cette audience, le Général de Brigade KINKELA KAMBWA André remplace dans la composition de la Cour de céans, le Général BIKWETO NTUYENDE Alphonse décédé en date du 24 décembre 2012 après avoir prêté serment conformément à la loi;

Vu le résumé des débats lui fait à l'audience conformément à l'article 36 du Code Judiciaire Militaire ;

Vu la remise de la cause à l'audience du 25 avril 2013 ;

Vu l'appel de la cause à la sus dite audience à la laquelle le prévenu par le biais de ses conseils a formulé une requête sollicitant à la Cour de céans de rendre un arrêt avant-dire droit ordonnant la descente en ITURI.

Vu la remise de la cause à l'audience du 16 mai 2013 ;

Vu l'appel de la cause à cette audience à laquelle le prévenu pré qualifié comparaît en personne assisté de ses conseils habituels et les Parties Civiles représentées par leurs conseils habituels ;

Vu l'arrêt avant-dire droit rendu par la cour de céans à cette audience sur requête de la défense dont le dispositif est ainsi conçu :

PAR CES MOTIFS

La Haute Cour Militaire statuant sur la requête de la Partie prévenue tendant à obtenir de la Haute Cour Militaire une descente sur les lieux des infractions en vue d'accomplir quelques devoirs d'instruction ;

Vu le pacte international relatif aux droits civils et politiques spécialement son article 14.3 ;
Vu la loi N°023/2002 portant Code Judiciaire Militaire, spécialement son article 253 ;

Vu le Code de Procédure Pénale Ordinaire, spécialement ses articles 46, 74 point 4, 74 bis et 78 Al 2 ;

DISANT DROIT

Commet le Rapporteur de la composition, le Général de Brigade Jean BIVEGETE PINGA SOLO, accompagné du Greffier en Chef, le Colonel N'KIAMA MATA, aux fins de :

1. Se rendre à ARU, MAHAGI, NDRELE, MAKOFI, TILAL, PAMITUGOZA et DJUPAWO DWEGI ;
2. D'office ou sur proposition des Parties, inviter les victimes et les témoins à charge et à décharge dont les noms ci-dessous indiqués, et leur poser des questions d'éclaircissement sur les faits infractionnels mis à charge du Général de Brigade KAKWAVU BUKANDE :

a. Pour les cas de crime de guerre par viol : MICHELINE VAN REETH et Claude POBI, Agent SONAS ARU ; Dr LOMOYO ;
b. Pour les cas de crime de guerre par meurtre et par tortures : Mr COMBE NGABU, Mr MAWA alias VOLVO, Honorable ODUA, Mr BATUMOPO, Papa CORNEILLE AFEDRE, MAWA ENZURUNZI, Prof ADEREBO, Prof IDRINGI, Mr AMISI Président Fec/ARU, Mr MACHINE, Mr FLORY de L'OFIDA/ARU, Mr Archevêque UTENDI, Mr BWENDO, Chef de Collectivité de MAHAGI.

3. Veiller à la confidentialité et à la protection de la sécurité, du bien-être physique et psychologique, de la dignité et du respect de la vie privée des victimes et des témoins ;
4. Soumettre aux débats les conclusions de cette mission à la prochaine audience publique de la Haute Cour Militaire.

Ainsi arrêté et prononcé à l'audience de ce jeudi 16 Mai 2013 à laquelle siégeaient :

1. Le Général de Brigade NYEMBO ya BUZILU TULIWA Delphin, Premier Président,
2. Le Général de Brigade BIVEGETE PINGA SOLO Jean, Rapporteur ;
3. Le Général de Brigade ONOYA, Membre ;
4. Le Général de Brigade MONGAPA SUMPI, Membre ;
5. Le Général de Brigade KINKELA, Membre.

Avec le concours du Général de Brigade TIM MUNKUNTO KIYANA, Premier Avocat Général, Officier du Ministère Public et l'assistance du Colonel N'KIAMA MATA Jean Philippe, Greffier du siège.

Le Greffier **Le Président**

Vu l'appel de la cause à l'audience du 28 février 2014 à laquelle le prévenu pré qualifié comparaît en personne assisté de ses conseils habituels et les Parties Civiles représentées par leurs conseils habituels ;

A cette audience, les Généraux de Brigade DIASUKA DIAKIYANA et YONDO PANDE remplacent dans la composition de la Cour de céans deux autres Généraux de Brigade en la personne de ONOYA Victor et MUNGAMPA SUMPI retraités par l'ordonnance N°13/086 du 07 juillet 2013, et ces derniers prêtent serment conformément à la loi ;

Vu le résumé des débats leur fait à l'audience conformément à l'article 36 du Code Judiciaire Militaire ;

Vu le rapport de la mission relatif à la descente effectuée en ITURI tel que soumis aux débats dont la lecture a été faite à l'audience ;

Vu l'instruction faite à cette audience ;

Vu la remise de la cause à l'audience du 07 mars 2014 ;

Vu l'appel de la cause à cette audience à laquelle le prévenu pré qualifié comparaît en personne assisté de ses conseils habituels tandis que les Parties Civiles ne comparaissent pas ni personne en leurs noms et la remise faite pour le 15 mars 2014 ;

Vu la remise de la cause à l'audience du 28 mars 2014 suite à l'indisponibilité du Ministère Public ;

Vu l'appel de la cause à cette audience à laquelle le prévenu pré qualifié comparaît en personne assisté de ses conseils habituels et les Parties Civiles représentées par leurs conseils habituels ;

Vu l'instruction faite à cette audience ;

Vu la non tenue de l'audience en date du 04 avril 2014 suite au décès du Colonel Magistrat KALONGA LOKOKA Simon, Conseiller à la Haute Cour Militaire ;

Vu l'appel de la cause aux audiences successives du 25 Avril et du 2 mai 2014 ;

Vu l'instruction faite à ces audiences successives ;

Vu la remise de la cause à l'audience du 18 mai 2014 suite à l'indisponibilité d'un membre de la composition en la personne du Général de Brigade YONDO MPANDE ;

Vu l'appel de la cause à l'audience du 18 juillet 2014 à laquelle le prévenu a comparu assisté de ses conseils habituels et les Parties Civiles représentées par leurs conseils aussi ;

Vu l'instruction faite à cette audience ;

Vu la remise de l'audience au 15 août 2014 suite à l'indisponibilité d'un des membres de la Cour de céans en la personne du Général de Brigade KINKELA ;

Vu l'appel de la cause à cette audience à laquelle le prévenu comparaît en personne assisté par ses conseils habituels et les parties civiles représentées par Maître Théodore MUKENDI, avocat au barreau de KINSHASA/ MATETE.

Ouï, conformément à l'article 250 du Code Judiciaire Militaire, l'Officier du Ministère Public, représenté par le Général Major TIM MUNKUNTO KIYANA 1er Avocat Général des Forces Armées de la République Démocratique du Congo dans ses réquisitions conformes tendant à ce qu'il plaise à la Haute Cour Militaire de dire :

- Etablie en fait comme en droit l'infraction du crime de guerre par viol commise sur la nommée Caroline Van Reeth (CVR) ;
- Etablie en fait comme en droit l'infraction du crime de guerre par viol commise sur la nommée KADI TINIDE BALANGA (KTD);

- Etablie en fait comme en droit l'infraction de crime de guerre par meurtre commise sur le nommé Léopold LETI ;
- Etablie en fait comme en droit l'infraction de crime de guerre par meurtre commise sur le nommé ENEKO ;
- Etablie en fait comme en droit l'infraction de crime de guerre par torture commise sur le nommé COMBE NGABU ;
- Etablie en fait comme en droit l'infraction de crime de guerre par torture commise sur le nommé MAWA ASIA VOLVO ;
- De retenir sa responsabilité en tant que supérieur hiérarchique pour les meurtres commis par ses subordonnés sur les nommés UKABA DEPANDA, Raphaël UCIBA, AVE ANDREANO, UNEN MOUSSA, Christine ADA KORAKI, UCICAN TSHOMBE, Denis UKERBO et NGANGENI.
- De condamner le prévenu KAKWAVU avec admission de larges circonstances atténuantes :
  - A 8 ans de Servitude Pénale principale pour crime de guerre par viol sur la nommée Caroline Van Reeth (CVR) ;
  - A 8 ans de Servitude Pénale principale pour crime de guerre par viol sur la nommée KADI TINIDE BALANGA (KTD) ;
  - A 8 ans de Servitude Pénale Principale pour crime de guerre par meurtre sur le nommé Léopold LETI ;
  - A 8 ans de Servitude Pénale Principale pour crime de guerre par meurtre sur le nommé ENEKO ;
  - A 5 ans de Servitude Pénale Principale pour crime de guerre par torture sur COMBE NGABU ;
  - A 5 ans de Servitude Pénale Principale pour crime de guerre par torture sur MAWA ASIA VOLVO ;
  - A 5 ans de SPP sur la responsabilité en tant que supérieur hiérarchique pour crime de guerre par meurtre commis par ses subordonnés sur les nommés UKABA DAPANDA, Raphaël UCIBA, AVE ANDREANO, UNIEN MOUSSA, Christine ADO KORAKI, UCICAN TSHOMBE, Denis UKERBO et NGANGENI ;
  - De ne retenir que la seule peine, la plus forte, soit 08 ans de SPP en application de l'article 7 du Code Pénal Militaire ;
  - De le condamner en outre au paiement des frais d'instance à tarifier par le Greffier dans le délai de la loi ou à défaut de paiement de le condamner à 03 mois de Contrainte par Corps ;
  - De déclarer les actions civiles introduites recevables et fondées ;
  - De condamner le prévenu seul au paiement des dommages et intérêts que la Haute Cour Militaire fixera en tenant compte des préjudices tant matériels que moraux subis par les victimes ;
  - Ou encore, à toute autre peine que la Haute Cour Militaire estimera en bonne justice être convenable.

Ainsi, vous aurez rendu justice, la meilleure ;

Vu l'acte donné par la cour de céans aux réquisitions de l'Officier du Ministère Public avec promesse d'en tenir compte lors du délibéré ;

Vu la remise de la cause à l'audience publique du 27 août 2014;

Vu l'appel de la cause à cette audience à laquelle le prévenu pré qualifié comparaît en personne assisté de ses conseils habituels, les Parties Civiles représentées par leurs conseils habituels ;

Ouï, les conseils des Parties Civiles dans leurs conclusions tendant à ce qu'il plaise à la Haute Cour Militaire de leur rendre une justice équitable en tenant compte des préjudices subis:

1. Pour CVR : avoir subi des souffrances et des traumatismes physiques à la suite des violences sexuelles. Elle a été atteinte des infections génitales. Elle a eu un choc psychologique grave jusqu'à être prise en charge par une ONG COOPI. Elle a abandonné ses études.
2. Pour sa mère MVR :
   a. Elle a enduré des souffrances morales d'une maman qui se trouve avec sa fille violée et contaminée d'infections vaginales qu'il faut soigner pour sauver sa vie et par ce fait engager beaucoup de dépenses ;
   b. Avoir honte dans nos sociétés coutumières où tout regard est vite interprété comme une moquerie ;
   c. Avoir perdu son emploi à l'OFIDA du fait de quitter ARU pour MAHAGI à la recherche des centres de santé plus appropriés pour les soins de sa fille ;
   d. Avoir engagé des frais de déplacement de MAHAGI à KINSHASA pour suivre le procès et perdre ensuite son emploi à la Procure de MAHAGI. Pour toutes ces raisons, elle réclame l'équivalent en Francs Congolais de 50.000$US ;
3. Pour Léopold LETI, son cousin Gervais ANGOWO pleure la perte d'un être cher qui a été sauvagement tué à l'aide d'une houe. Il réclame pour ce préjudice subi l'équivalent en Francs Congolais de 30.000$US.
4. Pour UKABA DEPANDA, son cousin Jacan UKUN, le considérait comme son propre fils pour l'avoir pris en charge dès le jeune âge. Sa mort lui a causé un préjudice moral. Il réclame l'équivalent en Francs Congolais de 30.000$US.

5. Dénis UKERBO, grand frère de Acer UWEKE Marceline. Celle-ci se plaint de la perte de son grand frère qui pouvait lui assurer une sécurité dans son ménage, elle réclame l'équivalent en francs congolais de 30.000$USD.
6. Archange LEBURU son cousin ANGARAZIA FEVI ANDROGINE pleure la perte d'un être cher qui lui a laissé les enfants. Il réclame 50.000$US en Francs Congolais.
7. COMBE NGABU : il fut soumis à des coups de fouet, des sachets en plastiques brûlés déversés sur lui et il était détenu nu dans le container. Il n'avait pas droit au bain. Il a ainsi subi des souffrances atroces. Il réclame 30.000$US en Francs Congolais.
8. MAWA ASIA alias VOLVO pour avoir été arrêté et torturé à l'époque de l'UPC et ensuite lors de la mutinerie et ce, avec une sauvagerie inégale. Il réclame 20.000$US en Francs Congolais.
9. Christine ADOKORAGI qui a laissé deux enfants à charge de sa mère UZELE Régine née en 1925. Cette vieille dame qui n'a plus assez d'énergie pour encadrer ces enfants. Elle réclame 50.000$US en Francs Congolais.
10. Raphaël UCIBA, le père de UCAMBA Déogratias et Uvon UKERO, assassiné brusquement la nuit. Ses fils ont subi un préjudice moral certain. Ils réclament chacun 30.000$US en Francs Congolais.
11. NGANGENI, jeune garçon de 17 ans exécuté sommairement. Son père PIRONGA MBAMBA Sévérino ayant vu l'espoir brisé, réclame 30.000$US en Francs Congolais.
12. UCICAN TSHOMBE, mari de BINENA Rogeline, mort des suites des coups reçus. Elle a subi un choc et réclame 50.000$US en Francs Congolais.
13. UNEN MUSSA qui a creusé sa tombe avant d'être abattu. Son grand frère choqué réclame 30.000$US en Francs Congolais.

Vu l'acte donné aux parties Civiles par la Cour de céans pour leurs conclusions et promesse d'en tenir compte lors du délibéré ;

Vu les remises successives aux audiences du 28 août et du 03 septembre 2014 pour soumettre aux débats les trois documents ci-après : les lettres de désistement émanant de KADI TINIDE BALANGA (KTD) et de Caroline VAN Reeth (CVR) ainsi que le mot de circonstance prononcé aux obsèques du Gouverneur ENEKO par les notables de l'ITURI ;

Vu l'instruction faite à ces audiences ;

Vu la remise de la cause à l'audience publique du 10 septembre 2014 ;

Vu l'appel de la cause à cette audience à laquelle le prévenu pré qualifié comparaît en personne assisté de ses conseils Maître NADIA ZAGABE conjointement avec Maître Charlène YANGAZO tous deux Avocats au Barreau de KINSHASA/MATETE tandis que les Parties Civiles représentées par leurs conseils habituels Me KOYAKOSI MBAWA Avocat au Barreau de KINSHASA/GOMBE conjointement avec Me Théodore MUKENDI Avocat au Barreau de KINSHASA/MATETE ;

Ouï, le prévenu KAKWAVU dans ses dires et moyens de défense présentés tant par lui-même que par ses conseils tendant à ce qu'il plaise à l'auguste Cour :

- De dire non établies en fait comme en droit toutes les infractions mises à sa charge et l'en acquitter ;
- Dire recevable mais non fondée l'action des Parties Civiles ;
- Si par impossible, les infractions sont déclarées établies, il faut penser à ses qualités et considérer que c'est un délinquant primaire.

Vu l'acte donné à la défense par la Haute Cour Militaire pour sa plaidoirie et promesse d'en tenir compte lors du délibéré.

Vu la remise de la cause à l'audience publique du 12 septembre 2014 ;

Vu l'appel de la cause à cette audience à laquelle le prévenu KAKWAVU comparaît en personne assisté par ses conseils Maître NADIA ZAGABE conjointement avec Maître Charlène YANGAZO tous deux Avocats au Barreau de KINSHASA/MATETE et les Parties Civiles représentées par leurs conseils habituels Me KOYAKOSI MBAWA, Avocat au Barreau de KINSHASA/GOMBE conjointement avec Me Théodore MUKENDI, Avocat au Barreau de KINSHASA/MATETE ;

Ouï, l'Officier du Ministère Public, dans le cadre de ses répliques, ses nouvelles réquisitions tendant à ce qu'il plaise à la Haute Cour Militaire, de condamner le prévenu avec admission des larges circonstances atténuantes à :

- 10 ans de Servitude Pénale Principale pour crime de guerre par viol sur la nommée CVR ;
- 10 ans de Servitude Pénale Principale pour crime de guerre par viol sur la nommée KTD ;
- 10 ans de servitude Pénale Principale pour crime de guerre par meurtre sur le nommé Léopold LETI ;
- 10 ans de Servitude Pénale Principale pour crime de guerre par meurtre sur le nommé ENEKO ;

- 7 ans de Servitude Pénale principale pour crime de guerre par torture sur le nommé COMBE NGABU ;
- 7 ans de Servitude Pénale Principale pour crime de guerre par torture sur le nommé MAWA ASIA VOLVO ;
- 7 ans de SPP sur la responsabilité en tant que supérieur hiérarchique pour crime de guerre par meurtre commis par ses subordonnés sur les nommés UKABA DEPANDA, Raphaël UCIBA, AVE ANDREANO, UNEN MOUSSA, Christine ADOKORAKI, UCICAN TSHOMBE, Denis UKERBO et NGANGENI.
- De ne retenir que la seule peine, la plus forte, soit 10 ans de SPP ;

Vu, les répliques et contre répliques de toutes les autres parties en la cause ;

Ouï, le prévenu en sa dernière parole clamant une fois encore son innocence tout en se soumettant au réquisitoire du Ministère Public ;

Sur quoi, le 1er Président clôt les débats, et la Haute Cour Militaire prend la cause en délibéré pour rendre à la majorité des voix de ses membres, après vote au scrutin secret, l'arrêt dont la teneur suit :

ARRET

Par décisions de renvoi respectivement du 19 novembre 2010 et du 31 mars 2012 de l'Auditeur Général, le Général de Brigade KAKWAVU BUKANDE Jérôme a été déféré devant la Haute Cour Militaire aux fins de se voir juger sur des faits tels que libellés dans lesdites décisions de renvoi.

L'article 246 du Code Judiciaire Militaire stipule que, quelle que soit la manière dont elle est saisie, la juridiction devant laquelle le prévenu est traduit apprécie sa compétence d'office ou sur déclinatoire.

Appréciant sa compétence d'office, la Cour de Céans, se déclare compétente pour juger le Général de Brigade KAKWAVU BUKANDE Jérôme pour les crimes de guerre commis pendant les conflits armés en ITURI au regard du préambule du Statut de Rome en son alinéa 7, de l'article 156 de la Constitution du 18 février 2006 telle que révisée à ce jour et des articles 80 et 81 du Code Judiciaire Militaire.

En effet :
Le préambule du Statut de Rome en son alinéa 7 stipule qu' : « il est du devoir de chaque Etat de soumettre à sa juridiction criminelle les responsables des crimes internationaux ».

L'article 156 de la constitution dispose que : « les juridictions militaires connaissent des infractions commises par les membres des Forces armées et de la Police nationale ».

Les articles 80 et 112 Al.6 du Code Judiciaire Militaire déterminent la compétence ainsi que suit :

Article 80 : « Les juridictions militaires sont compétentes pour connaître des infractions commises, depuis l'ouverture des hostilités, par les nationaux ou par les agents au service de l'administration ou des intérêts ennemis, sur le territoire de la République ou dans toute zone d'opération de guerre :

- Soit à l'encontre d'un national ou d'un protégé congolais ;
- Soit au préjudice des biens de toutes les personnes visées ci-dessus et de toutes les personnes morales congolaises lorsque ces infractions, même accomplies à l'occasion ou sous le prétexte du temps de guerre, ne sont pas justifiées par les lois et coutumes de guerre ».

Article 112 : « sont également justiciables des juridictions militaires :6) Les membres des bandes insurrectionnelles ».
Par rapport à la compétence personnelle, la Haute Cour Militaire est compétente pour juger le Général de Brigade Jérôme KAKWAVU en référence aux dispositions combinées des articles 104 et 120 du Code Judiciaire Militaire, l'intéressé ayant été nommé à ce grade des FARDC par décret présidentiel N°04/94 du 11/12/2004.

L'article 104 dispose que : « la compétence personnelle des juridictions militaires est déterminée par la qualité et le grade que porte le justiciable au moment de la commission des faits incriminés ou au moment de sa comparution ».

L'article 120 stipule que : « sont justiciables de la Haute cour militaire : (a) : les officiers généraux des Forces armées congolaises et les membres de la Police Nationale du même rang ».

I. EXPOSE DES FAITS

De 2002 à 2004, le District de l'ITURI était en proie aux conflits armés menés avec rage et dont les affres étaient d'une telle ampleur que certains analystes des conflits armés ont affirmé qu'il s'agissait de l'une des crises humanitaires les plus sévères de cette époque.

Les principaux protagonistes qui ont mis cette contrée à feu et à sang causant la mort et la désolation parmi la population civile sont :

1. **L'Union des Patriotes Congolais, (UPC) :**
2. **L'Union des Patriotes Congolais- KISEMBO**
3. **Le front des Nationalistes et Intégrationnistes (FNI)**
4. **Forces de Résistance Patriotique en ITURI, FRPI.**
5. **Le parti pour la Sauvegarde de l'Intégrité du Congo (PUSIC)**
6. **Front de l'Intégration pour la Pacification de L'ITURI (FIPI)**
7. **Les Forces Armées du Peuple Congolais (FAPC)**

Les groupes armés, à l'exception des FAPC, étaient constitués essentiellement sur des bases ethniques. Les causes de ces conflits en étaient : la haine, les rivalités hégémoniques, la conquête et le contrôle des territoires stratégiques sur le plan économique.

A l'occasion et à la faveur de ces conflits, des atrocités ont été commises par leurs membres au préjudice de la population civile, notamment : de nombreux cas de violences sexuelles, de torture, de meurtre.

C'est pour ces faits que le Général KAKWAVU a été déféré devant la Justice.

DE LA CREATION, DE L'ORGANISATION ET DU FONCTIONNEMENT DU GROUPE ARME « FAPC »

Il ressort de l'instruction de la cause que le Général KAKWAVU est un ancien militaire des ex Forces armées Zaïroises (ex-FAZ). Il a suivi la formation de parachutiste au Centre d'instruction de MIKONDO (31ème Brigade) et celle de Commando à KOTAKOLI. A la 31ème Brigade des Parachutistes, il avait le grade de Sergent. De 1987 à 1988, selon ses propres déclarations, il a suivi une formation à l'Ecole de Police Militaire à MATADI MAYO (EPM) où il a obtenu un brevet de Gendarme. Après cette formation, il sera versé à la Gendarmerie et affecté au SUD KIVU ; il fut ensuite muté au NORD KIVU.

A l'entrée de l'AFDL, il avait le grade d'adjudant-chef. En août 1998, il se retrouve dans le RCD, et après scission du RCD, il sera dans le RCD/Kisangani qui deviendra RCD/K-ML où il assumera les fonctions de commandant bataillon.

Au début de 2003, il quitte le RCD/KML pour soutenir Mr Thomas LUBANGA qui venait de créer son propre mouvement appelé UPC. Il était commandant de la 5ème zone opérationnelle.

Le 06 mars 2003, sous l'instigation et l'appui des autorités civiles et militaires ougandaises, il fait dissidence et crée un nouveau groupe armé sous la dénomination de « Forces Armées du Peuple Congolais » en sigle « FAPC ». En fait, ce nouveau groupe armé dissident est composé presque entièrement des commandants d'unités et hommes de rang des forces armées de l'UPC dans le secteur opérationnel couvrant les Territoires d'ARU, de MAHAGI et une partie du territoire de DJUGU.

Cependant, comme le rapporte le professeur IDRINGI, à l'annonce de la création de ce nouveau mouvement politico-militaire par le général auto-proclamé KAKWAVU, la population de ARU a marché pour manifester sa colère et son opposition à ce mouvement et à son chef.

Avec l'appui extérieur, il réussit à contrôler les territoires d'ARU, MAHAGI et une partie de DJUGU. Son pouvoir s'exerçait non seulement dans le domaine militaire mais aussi dans les domaines politique, administratif et économique.

- ***Dans le domaine militaire***

Pour exercer un contrôle effectif sur des Territoires sous son occupation, le prévenu avait besoin d'une armée forte.

Il entreprit à organiser son groupe armé en mettant en place des structures et des organes comparables à ceux d'une armée classique.

Ainsi les FAPC avaient au sommet un commandement et un Etat-major. Le commandant en chef était lui-même. Il se proclama Général Major. Le Chef d'Etat-major était le colonel Manu. Le G1 était le Colonel BOFUETU, le G2, colonel DALAGO remplacé par la suite par le colonel ALI MBUYI GATANAZI, le G3, colonel KUYETI, le G4et5, colonel MAKELA NZOLAMESO.

Les FAPC comprenaient trois brigades. La 1ère brigade était commandée par le Colonel MUGISHA Paul, son Etat-major à MAHAGI ; la 2e était commandée par le Colonel SALUMU MULENDA et son Etat-major était à ARIWARA et la 3e brigade était commandée par le Colonel SEYI et son Etat-major était à MBIDJO dans le territoire de DJUGU.

Les différentes brigades étaient subdivisées en bataillons, etc.

- ***Dans le domaine politique et administratif***

Le prévenu avait créé une branche politique dénommée« UNION DES CONGOLAIS POUR LA DEMOCRATIE » et il mit en place un gouvernement dont les membres en majorité étaient désignés parmi les notables autochtones.

Le prévenu était lui-même Président, chef du gouvernement et Ministre de la Défense. Mr ABOK était Premier Vice-Président, Mr MAWA ENZORONZI ,Deuxième Vice-Président, Pierre NZIA, Ministre en charge des Mines, Mr Combe NGABU Vice-Ministre en charge des mines et des hydrocarbures.

Tous les responsables des services publics de l'Etat et spécialement ceux des régies financières devaient faire allégeance au nouveau Maître des lieux. Certains cadres et agents étaient engagés ou mutés par lui-même ou sur son ordre, ce fut le cas de l'administrateur du territoire d'ARU et celui de MAHAGI ; des cadres de l'OFIDA tels que Mr Paul POBI et Mr MUGANGUZI BOB.

Les agents de la fonction publique étaient payés rarement avec des salaires dérisoires.

- ***Dans le domaine économique***

Pour pouvoir disposer d'importants moyens financiers, il mit en place un solide réseau pour percevoir les recettes douanières, fiscales et autres recettes provenant des comptoirs d'or. Toutes ces recettes étaient versées directement entre ses mains. Il est à noter que les postes douaniers d'ARU, ARIWARA et MAHAGI sont de grands générateurs des recettes. Bref, il disposait des fonds du trésor public selon son bon vouloir.

Il réussit à avoir l'emprise sur l'économie locale en s'appuyant notamment sur les opérateurs économiques. Il accordait des facilités fiscales et douanières particulièrement aux opérateurs économiques qui acceptaient de collaborer avec lui. C'est ce qui explique ses relations étroites avec certains hommes d'affaires, par exemple Mr OZIA, ancien chef de la FEC ARIWARA, Mr AMASSI Robert opérateur économique nommé chef de la FEC ARU, Mr CONGA UCUMA Fidèle homme d'affaires de MAHAGI, MR MISHO KEROSHIBA, opérateur économique influent de MAHAGI.

DES OPERATIONS MILITAIRES DES FAPC

Pour conserver longtemps le contrôle de ces territoires, villes ou sites, les FAPC ont eu des affrontements fréquents avec d'autres groupes armés. Selon les déclarations du Général KAKWAVU devant l'OMP en date du 29/12/2012, il y eut des combats entre les FAPC et les groupes armés ennemis, notamment, les troupes de l'UPC restées fidèles à Thomas LUBANGA, les troupes de l'APC de MBUSA NYAMUISI, les combattants LENDU des FNI et même les éléments des FAPC dissidents.

Il y a lieu de signaler notamment les affrontements violents entre les FAPC et les FNI qui s'étaient déroulés à NDRELE ainsi que les combats acharnés entre les FAPC en coalition avec les FNI contre l'UPC à MONGBWALU, les FAPC contre les FNI à DJALASIGA et ensuite les FAPC en coalition avec l'UPC contre les FNI toujours à DJALASIGA.

DES ACTES CRIMINELS COMMIS PAR LE GENERAL KAKWAVU ET LES MEMBRES DE SON GROUPE ARME.

Le Général Jérôme KAKWAVU ainsi que les membres de son groupe armé se sont livrés à de nombreux abus et atrocités au préjudice de la population civile : des meurtres, des tortures et des viols. Mais personne ne pouvait oser les dénoncer aussi longtemps que Jérôme KAKWAVU était l'homme fort de ARU, ARIWARA ET MAHAGI.
Il a fallu attendre son départ pour Kinshasa et son arrestation pour voir les langues des victimes directes et indirectes se délier et dénoncer quelques-uns de ces crimes.

Les faits répréhensibles portés à la connaissance de la Justice sont les suivants :

1. *Le viol sur KTD et sur CVR.*
2. *Le meurtre de Mr LETI LEOPOLD, les tortures, physiques et morales infligées à Mr COMBE NGABU et à Mr MAWA ALIAS VOLVO*
3. *Le meurtre de Mr ENEKO et Mr LEBURU*
4. *Le meurtre des personnes suivantes : Messieurs NGANGENI, UNEN MOUSSA, RAPHAEL UCIBA, AVE ANDREANO, UKABA DEPANDA, DENIS UKERBO, UGICAN TCHOMBE.*

1. Le viol sur KTD et sur CVR

Cas KTD

Ayant appris comme tant d'autres à ARU et à ARIWARA que le Gen KAKWAVU était arrêté et détenu à la Prison de MAKALA depuis le 23 avril 2010 et que la Justice enquêtait sur les actes criminels par lui commis, la demoiselle KTD en tant que victime, décida d'aller porter plainte contre lui. Le 21/6/2010 elle se présenta volontairement et librement devant le Magistrat LIANZA exposer les affres qu'elle avait subies de la part du Gen KAKWAVU.

Voici le récit :

Un jour du mois de février 2003, sans préjudice de la date certaine, Mr Jérôme KAKWAVU entouré des éléments de son escorte bien armée, a vu la demoiselle KADI TINIDE BALANGA qui passait non loin de là où il s'était arrêté. Il ordonna à l'un de ses gardes du corps d'aller à la trousse de la jeune fille et l'amener auprès de lui. La jeune fille apeurée n'avait d'autre choix que de se laisser conduire et ce jusque dans la résidence du Général Jérôme KAKWAVU. Elle décrit l'endroit où elle avait été emmenée comme une maison gardée par beaucoup de militaires et où il y avait beaucoup d'armes.

Après l'avoir menacée avec son pistolet, il abusa d'elle. Depuis, selon les propres termes de celle-ci, chaque fois qu'il voulait d'elle, il envoyait ses gardes du corps toujours armés la prendre à partir de chez sa tante paternelle qui ne pouvait non plus s'y opposer. Mlle KTD finira par concevoir et accoucher d'une fillette le 18/10/2004 à l'hôpital Général de ARIWARA.

Cas CVR

Fille de dame Micheline UGANDA Van Reeth (MVR), CVR est née le 7 décembre 1990. Dans la période de 2003 à 2004, elle habitait chez son oncle paternel Claude BOBI, agent, à l'époque, de la SONAS à ARU. Le prévenu KAKWAVU qui allait de temps en temps faire ses travaux dans la bureautique chez ce dernier y voyait la petite CVR.

Un jour, le prévenu qui était à bord de son véhicule et avec son escorte, a aperçu Mademoiselle CVR, alors qu'elle se rendait à l'école primaire BAKITA où elle était élève. Il a aussitôt envoyé ses militaires pour la prendre, mais ceux-ci n'avaient pas réussi car elle a pu s'enfuir. C'était la première fois qu'elle avait échappé à la tentative d'enlèvement.

La deuxième fois, alors qu'elle se rendait au défilé en compagnie de mademoiselle SAFI qui se disait cousine du prévenu Jérôme KAKWAVU, elle fut informée par celle-ci que les mêmes militaires la cherchaient.
Aussitôt, elle dut retourner à la maison.

La troisième fois, c'était au mois d'Avril à l'approche des vacances de Pâques. Lorsque la fillette se rendait à l'Eglise CHRISCO, le prévenu l'a aperçue et a vite envoyé son chauffeur le nommé Michel et six autres militaires pour la prendre.

Elle fut prise de force et conduite immédiatement à sa résidence, laquelle résidence était aussi son Poste de commandement opérationnel. Elle fut installée au salon, ensuite le prévenu KAKWAVU la prit et la conduisit dans sa chambre à coucher. Il lui braqua son arme et lui intima l'ordre de ne pas crier. Il la déshabilla et l'étendit sur son lit et se mit à forcer les rapports sexuels avec elle qui, intimidée et tétanisée, ne pouvait que se laisser faire.

Après ce forfait, le prévenu ordonna à sa victime de n'en parler à personne. Il lui présenta de l'argent qu'elle refusa de prendre. Ensuite, il la confia à son chauffeur MICHEL et Mr Fiston pour la reconduire et la déposer aux environs de la résidence de sa mère. Il est bon de signaler que quelques jours plus tard, par l'intermédiaire de Michel et Fiston, le prévenu enverra à sa victime de l'argent et un appareil téléphonique. Mais, celle-ci refusa de les prendre.

De retour du service, Dame Micheline trouva sa fille à la maison entrain de pleurer et se tordre des douleurs. A la question de savoir de quoi elle souffrait, la petite CVR raconta ce qu'elle venait de subir. La santé de sa fille étant préoccupante, elle eut, en sa qualité d'infirmière A2, le réflexe de lui administrer les premiers soins. C'est ainsi qu'elle la soumit au traitement de bain de siège au permanganate et aux antibiotiques. Elle appela le Docteur LOMOYO, médecin-Directeur à l'hôpital Général d'ARU qui viendra le lendemain. Celui-ci approuva les premiers soins administrés.

Après avoir examiné la fillette, il constata notamment :

- Des traces de coups d'ongle des deux côtés du cou.
- L'ecchymose au niveau des faces internes des cuisses et du mont venus.
- Une lésion superficielle sur la partie extérieure du sexe de la fillette. Il lui prescrit d'autres médicaments en complément de ce que lui avait administré sa mère.

Il est important de souligner que le Docteur LOMOYO était aussi médecin des FAPC. Il avait même été élevé par le Général KAKWAVU au grade de Major dans son armée. Ayant appris de la fillette et de sa mère qu'elle a été violée par le Général Jérôme qui non seulement était Président fondateur des FAPC, mais aussi son chef direct, le Docteur leur recommanda une extrême prudence et le silence absolu sur cette affaire et leur prodigua le conseil d'aller plutôt se faire soigner dans un centre spécialisé en matière de violences sexuelles, loin d'ARU, notamment à TASSO en Uganda.

Abattue et démoralisée à cause de ce qui était arrivé à sa fille, Madame Micheline VAN REECH UCANDA se confia à dame ANDRONGA DRIDJANO qui était sa meilleure amie et confidente, pour avoir ne fut-ce que du réconfort moral.
Le 18 juillet 2004, Madame MVR obtint une feuille de route pour se rendre à MAHAGI pour les soins de sa fille (voir feuille de route n° DP OR/CONTROFIDA/ARU/063).

A MAHAGI, elle fut reçue par madame Catherine AKELO, qui était collaboratrice de l'ONG internationale COOPI chargée de sensibiliser la population et les victimes, à dénoncer, à ne pas taire les cas de viol et d'autres actes de violences sexuelles. Elle consulta la fillette qui lui exposa son cas. Ensuite elle l'accompagna au Centre médical de LOGO où elle sera examinée par le Docteur ANGELE.

2. Le meurtre de Mr LETI Léopold, les tortures infligées à Mr COMBE NGABU et Mr MAWA ASSIA alias VOLVO.

Le 22 mai 2003, vers 5h00, la population d'ARU-Centre, a été réveillée par le crépitement de balles. Il s'agit des combats entre d'une part les militaires des FAPC fidèles au Général KAKWAVU qui lui, en ce moment-là se trouvait en Uganda et d'autre part ceux qui voulaient le renverser. Les combats étaient très intenses si bien que bon nombre d'habitants, se réfugièrent loin d'ARU et en OUGANDA.

Après quelques heures d'affrontements, alors que les putschistes avaient l'avantage sur le terrain, des militaires ougandais vinrent appuyer le camp fidèle au Gen KAKWAVU. Il y eut renversement de la situation : Les putschistes furent mis en déroute, le camp fidèle au Gen KAKWAVU récupéra la situation.

Le Général Jérôme KAKWAVU qui se trouvait encore en Ouganda, dut revenir en catastrophe, escorté par de nombreux militaires ougandais, il

arriva à ARU, dans l'après-midi alors que les affrontements venaient de prendre fin. Certaines personnes qui étaient impliquées de près ou de loin dans ce coup, dont le nommé Raymond, un ancien garde du corps du Gouverneur ENEKO et qui logeaient au Centre diocésain, avaient réussi à prendre la fuite pour une destination inconnue.
La situation étant récupérée et sous contrôle des hommes fidèles au Président KAKWAVU, la chasse à l'homme et des represailles violentes voire meurtrières furent enclenchées.

Vers 14h00, le Centre diocésain soupçonné d'être le sanctuaire des mutins est encerclé par des militaires du Général Jérôme KAKWAVU, sous le Commandement du Colonel MANU, le chef d'état-major ou le numéro deux des FAPC. Ils y pénètrent et se mettent à fouiller minutieusement toutes les chambres et tous les locaux. Toutes les personnes qui s'y trouvaient, dont l'abbé DHEBO, madame CECILE, femme de chambre du diocèse, Mr Léopold LETI APO et Mr COMBE NGABU, étaient suspectées d'être des complices de ce putsch.

Un moment donné, Monsieur RICKY, un de ses commandants bataillon prit un morceau de brique cuite et le lança en visant la tête de Léopold LETI, mais celui-ci l'esquiva. Ensuite, il sauta sur lui, le fit tomber par terre et le blessa grièvement au dos à l'aide d'un poignard.

Après la fouille de tous les bâtiments du centre diocésain, le Colonel MANU ordonna que Monsieur l'abbé DHEBO, madame CECILE, Mr Léopold LETI déjà blessé et Mr COMBE NGABU soient embarqués à bord d'un véhicule et conduits au container-cachot, lequel était situé près de la résidence du général et poste de commandement opérationnel des FAPC.

Aussitôt arrivé à ARU, Jérôme KAKWAVU reçoit de Manu, le rapport sur les événements, et sans tarder, il se rendit au container-cachot pour voir les personnes qui étaient déjà arrêtées.

Tous les détenus étaient en sous-vêtement et ligotés. Il va ordonner à ses militaires de ramasser des sachets en plastique, de les bruler et d'asperger le liquide sur le corps de quelques détenus dont Mr COMBE NGABU.
Il est à noter que c'est après la visite du container-cachot par le prévenu, que Monsieur MAWA ASIA alias Volvo sera arrêté et incarcéré dans ce même cachot au motif qu'il était aussi de mèche avec ceux qui voulaient renverser le Président Jérôme KAKWAVU.

Ayant été mis au courant des protestations de l'Evêque au sujet du traitement réservé aux personnes arrêtées au centre, le Général Jérôme KAKWAVU enverra un véhicule pour chercher ce Prélat et l'emmener à sa résidence.
Arrivé auprès du Général Jérôme KAKWAVU qui était entouré de son staff, l'évêque fut accueilli par des admonestations lui adressées directement par le Seigneur de guerre.
Il fut ensuite invité à accompagner le Général à la station d'une radio locale dénommée « MAISON OCEAN », pour adresser des messages à la population d'ARU.

A cette radio, après le message de réconfort de la part du Commissaire de Zone et de Mgr AITI, le Général prit la parole pour mettre en garde la population et particulièrement ses militaires contre ce genre de révolte. Il préviendra cette population en disant que si le soir on entendait des coups de balles, qu'on ne s'inquiète pas et qu'on comprenne qu'il est entrain de corriger les mutins.

Après la diffusion de ces messages, l'Evêque fut autorisé à retourner au Centre diocésain avec madame CECILE et Monsieur l'abbé DHEBO.

En fin d'après-midi, le Général tint une réunion avec ses collaborateurs les plus proches, à l'issue de laquelle furent prises des décisions importantes relatives au sort à réserver à ceux qui ont tenté de le renverser.

Monsieur MAWA ASIA qui venait de passer 1H30 au container-cachot eut la chance d'être libéré par le Colonel MANU, tandis que d'autres détenus furent maintenus au cachot, d'autres encore furent extraits l'un après l'autre pour aller subir le châtiment suprême.
Mr LETI Léopold fut l'un de ceux qui, extraits, fut conduit en brousse non loin du container où il sera exécuté à l'aide d'une houe.
Pendant qu'on l'emmenait au lieu du supplice, il criait « COMBE na KUFI » c'est-à-dire « COMBE je suis mort ». Mais COMBE NGABU qui était dans le container voyait à travers un trou, comment on l'emmenait ; il ne pouvait lui venir en aide d'autant plus qu'il craignait aussi pour sa vie.
Un peu plus tard, deux mutins qui appartenaient aux FAPC dont le S3 du bataillon du Major Ricky seront aussi exécutés par balles.

S'agissant de COMBE NGABU, il restera enfermé dans ce cachot, trente jours durant. Pendant sa détention, outre les douleurs causées par l'aspersion sur son corps du liquide de sachets en plastique brûlés, il a dû subir d'autres tortures dans ce container, où il faisait très chaud la

journée et très froid la nuit. Il était interdit aux détenus d'être en contact avec les membres de famille, de porter des vêtements, à part le sous vêtement. De plus, ils étaient obligés de faire tous leurs besoins à l'intérieur du container et se lavaient rarement.
Après un mois de détention et de tortures, COMBE NGABU comparut devant le Conseil de discipline des FAPC. Ce tribunal le déclara innocent et le libéra immédiatement. Quelques jours après, comme pour le consoler, le Président Jérôme KAKWAVU le nomma Ministre dans le gouvernement qu'il venait de former.

3. Le meurtre de Mr ENEKO

En 2002, Monsieur ENEKO fut nommé Gouverneur de la Province de l'ITURI par Thomas LUBANGA DYLO Président de l'UPC. Etant donné la persistance des rivalités voire des conflits armés entre différentes ethnies ou tribus, il décida au mois de novembre d'entreprendre une mission de pacification ;

Le Commandant Jérôme KAKWAVU qui, à cette époque, était Commandant de l'UPC, secteur ARU et MAHAGI, mit à sa disposition quelques éléments pour assurer sa sécurité pendant son voyage.
Arrivé à MAHAGI-Centre qui était le fief de l'UPC et où le commandant Brigade était le Colonel NDAYISABA, il tint le premier meeting. Ensuite, il poursuivit sa route pour aller à KPANDRUMA. A plus ou moins trois kilomètres de MAHAGI-Centre, il tomba dans une embuscade, c'était précisément le 21/11/2002.

Des miliciens qui se cachaient dans un buisson au bord de la route se mirent à tirer sur le convoi du nouveau gouverneur ENEKO. Celui-ci et les membres de sa suite furent tués. Il n'y eut que deux rescapés, BISHA et LUSHIMA.

4. Les atteintes aux personnes physiques et aux biens de la population commises par les forces ou les subordonnés du Général KAKWAVU

Certains éléments des FAPC se sont illustrés par des atrocités et des homicides.
Les cas dont la justice a été saisie sont : le meurtre de Messieurs NGANGENI, UNEN MOUSSA, RAPHAEL UCIBA, AVE ANDREANO, UKABA DEPANDA, DENIS UKERBO, UGICAN TCHOMBE.

a. Le meurtre de Monsieur NGAGENI

En date du 18 Aout 2004, Mr NGAGENI, fils de Mr PIRONGA MAMBA, se trouvant au marché de NDRELE, lance une alerte selon laquelle les combattants LENDU étaient en train de venir pour attaquer NDRELE. Il y eut panique, les gens commençaient à prendre fuite. Vérification faite, c'était une fausse alerte. Mr NGAGENI voulait voler les biens abandonnés par les vendeurs en fuite. Les militaires des FAPC qui en étaient informés, l'ont arrêté, lui administrèrent des coups et l'emmenèrent au camp SIGRACO, concession de Mr ADUBANGO, où il fut exécuté et enterré.

b. Le meurtre de Monsieur UKERBO DENIS

Un jour du mois de Décembre 2004, UKERBO DENIS, accusé de stellionat, a été arrêté par des militaires des FAPC et conduit au camp SIGRACO à NDRELE.

Il y sera détenu et torturé jusqu'à l'éclatement de la vessie. Ensuite, il sera acheminé à l'hôpital de LOGO où il rendra l'âme.

c. Le meurtre de Monsieur UGICAN TSHOMBE

Au courant du mois de Mars 2003, un vendredi, UGICAN TSHOMBE est allé vendre quelques articles au marché à NDRELE où il est arrêté par des militaires. Le lendemain, il sera trouvé mort des suites d'un coup de balle tiré au dos.

d. Le meurtre de Monsieur UNEN MUSA

Au début du mois de février 2004, aux environs de 14H00' les miliciens de Jérôme KAKWAVU, positionnés sur le mont PONO, sont allés à DJUPAWODWEGI où ils ont arrêté Mr Abdulay HUBERT UKUMU, ses jeunes frères UNEN MUSA et UCHOKURU PIROWA sans en donner le motif d'arrestation et d'acheminement à leur position. En cours de route, Mr UCHOKURU réussit à s'enfuir. Quant aux autres, aussitôt arrivés à la position des militaires, ils furent battus et mis dans un cachot souterrain. Au troisième jour, quelques miliciens ont escorté Abdulay HUBERT UKUMU à son domicile pour aller prendre 200$US et trois chèvres, prix pour recouvrer sa liberté. Trois jours après, le Major BOZI MOTUKA reviendra avec plusieurs miliciens chez Abdulay HUBERT UKUMU pour lui dire qu'il avait de jeunes gens formés militairement et qu'il ne voulait pas les mettre à sa disposition pour utilisation. Avant son départ, il l'obligea de lui donner de l'argent pour payer de l'essence soit 12.500 Shilling (5L).

Ce jour même, il fut informé par quelqu'un de la suite du Major BOZI MOTUKA que son jeune frère UNEN MUSSA et deux autres personnes ont creusé eux-mêmes leur tombe avant d'être tués. Pour ne pas connaître le même sort, il dut se réfugier en OUGANDA

e. Le meurtre de Mademoiselle ADOKORAGI

CHRISTINE ADOKORAGI habitait MAHAGI. En 2003, un jour vers 22H00, elle est sortie de la maison pour aller à la toilette. Un militaire non identifié l'a aperçue et a tiré sur elle, et elle est morte sur le coup.

f. Le meurtre de Messieurs *UCIBA RAPHAEL et AVE ANDREANO*

Les miliciens des FAPC avaient leur position à NSIMBI ASI et à AWASI. Sous le fallacieux prétexte de faire des patrouilles, ils se rendaient souvent le soir ou la nuit à TILAL, PAMITU, PAMITU GOZA et dans les villages environnants pour rançonner la population. C'est ainsi que beaucoup de citoyens préféraient passer la nuit en brousse.

Parmi les victimes, il y a lieu de mentionner l'homicide de Mr UCIBA RAPHAEL et de AVE ANDREANO.

Cas de UCIBA RAPHAEL

Dans la nuit du 1er /07/2004, des miliciens FAPC sont arrivés au domicile de UCIBA Raphaël, ils ont exigé à celui-ci de leur remettre une chèvre. Suite au refus de celui-ci, ils ont commencé à lui administrer des coups et lui ont même donné un coup de poignard à la tête. Mr UTEMBI Dénis qui habitait juste à côté est venu au secours de son Papa mais un milicien lui a lancé un poignard qui le blessa au niveau de la cheville. Ensuite, ils sont repartis en tirant en l'air pour ne pas se faire rattraper par des villageois alertés par Mr UTEMBI et qui les avaient pourchassés jusqu'à une certaine distance pour savoir là où ils se dirigeaient. Cette nuit même, Monsieur UCIBA Raphaël blessé grièvement fut amené au Centre de santé de TILAL où il rendit l'âme le lendemain matin.

Cas de AVE ANDREANO

Dans la nuit du 8/7/ 2004, six miliciens dont quatre en arme, sont arrivés chez Mr AVE ANDREANO. Ils ont forcé la porte de la maison et ont exigé de leur remettre des chèvres et des poules. Suite au refus de celui-ci, ils ont ouvert sa valise et retirèrent 20.000 Shillings, ils ont aussi pris trois chèvres. Puis, ils ont tiré sur lui au niveau des cotes gauche. Son fils UVON UKELO caché en brousse assistait impuissant à la scène. En partant, ces miliciens tiraient en l'air pour empêcher d'être poursuivis.

Saisi de la plainte de l'oncle du défunt, le chef de l'unité de SIMBI, le nommé SOUDANAIS, effectua une enquête sur ce cas et réussit à découvrir les éléments de son unité qui avaient commis ce crime. Ceux-ci étaient même arrêtés, mais ils ont été libérés quelques jours après.

g. **Le meurtre de Monsieur UKABA DEPANDA**

En date du 25/09/2003, Mr UKABA DEPANDA venant de ARIWARA pour se rendre à BUNIA, a reçu une balle tirée sur lui par des miliciens près du village de MAKOFI. Il sera enterré dans ce village par des membres de sa famille.

II. ANALYSE DES FAITS

Certains des actes criminels ont été commis par le Général Jérôme KAKWAVU en personne ou sur son ordre, d'autres l'ont été par des miliciens FAPC, mais qui engagent sa responsabilité pénale.

- **Des actes criminels commis par le Général Jérôme KAKWAVU en personne ou sur son ordre.**

Comme ses avocats l'ont reconnu à l'audience, le Général KAKWAVU avait manifestement un penchant pour le sexe. Il aimait avoir à sa disposition *comme objets de plaisirs sexuels*, des jeunes filles qui lui paraissaient belles. Les filles adolescentes et de teint clair étaient sa préférence. Elles étaient en danger permanent d'être enlevées et violées. Pour éviter ce danger, certaines filles durent vivre en cachette, ou s'éloigner d'ARU et ARIWARA voire même se réfugier à l'étranger pour celles qui le pouvaient, comme ce fut le cas de Mlle MADO, fille de Mr ULUNGU.

Le prévenu avait même recruté des commissionnaires pour l'aider à rechercher, identifier, localiser et conduire chez lui les filles de son goût. Les plus connus de ces commissionnaires sont Mr MICHEL, le nommé SCARPA, Mr WAIDI et Mlle NADINE laquelle se présentait comme sa cousine ainsi que TANDEMA NYAKUNI Fiston qui travaillait dans un salon de coiffure situé au croisement route ARU-ARIWARA.

Plusieurs cas d'enlèvement, de tentative d'enlèvement et de viol des jeunes filles ont été commis par le seigneur de guerre KAKWAVU, mais peu ont été dénoncés par les victimes par pudeur ou par peur de représailles de la part du prévenu et des membres de son réseau maffieux mais aussi par peur d'être stigmatisées et rejetées par les membres de famille et par la société.

Les quelques filles victimes tombées sous ses griffes ou l'ayant échappé de justesse sont :

- **Mlle MONGA qui avait été emmenée chez le Président KAKWAVU par TANDEMA NYAKUNI Fiston ;**
- **Mlle MADO, fille de Monsieur ULUNGU**, que les combattants ont tenté d'enlever à l'école pour l'emmener chez Jérôme en date du 26 janvier 2004. Cette élève avait échappé à l'enlèvement et au viol grâce à la résistance du préfet de l'école et à la menace de soulèvement et de marche de colère de toute l'école. Après avoir été cachée chez Madame Céline TRAMBLEY responsable d'une ONG canadienne évoluant à ARU, elle sera exfiltrée nuitamment d'ARU pour être envoyée en refuge en OUGANDA.

Seuls les cas de viol de KTD et CVR ont été déférés devant la justice pour jugement.

- **Le cas de KTD**

S'agissant des faits de viol de KTD, la Cour de céans note qu'il y a deux versions des faits données par Mademoiselle KTD.

La première a été faite le 21/6/2010 au cabinet de l'OMP le Magistrat LIANZA où elle est allée volontairement et librement porter plainte contre le Général KAKWAVU pour le viol qu'elle avait subi de la part de celui-ci. Elle a porté plainte, comme tant d'autres victimes ayant appris que le Général était détenu à la Prison de MAKALA depuis le 23 avril 2010 et que la Justice enquêtait sur les actes criminels qu'il aurait commis.

La seconde version ressort de la lettre de retrait de sa plainte datée du 22/10/2010 ainsi que des PV devant l'OMP Déo LUBOYA, des PV devant l'OPJ Hilaire KOMBI MOLILA du 23/10/2010 et du PV de désistement dressé par ce dernier en date du 23/5/2011.

Il s'agit en réalité d'une rétractation de la plaignante, qui affirme que les relations sexuelles avec le Général Jérôme KAKWAVU étaient volontaires, libres et non forcées.

Le prévenu pour sa part reconnaît avoir eu effectivement des rapports sexuels fréquents avec KTD, mais, ajoute-t-il c'était avec le consentement de celle-ci et l'accord de sa tante paternelle entre les mains de QUI il avait versé la pré dot. Il réfute la version des faits telle que rapportée dans les PV d'audition de KTD devant l'OMP en date du 21/6/2010. Il prétend que ce sont des ONG qui avaient poussé KTD à porter plainte contre lui. Aussi, demande-t-il à la Haute Cour Militaire de ne prendre en considération que les PV de l'OMP établis en date du 23/10/2010, la lettre de retrait de plainte de KTD datée du 22/10/2010, le PV de désistement dressé par l'OPJ ainsi que la lettre de démenti datée du 23/5/2011 adressée au premier Président de la HCM par KTD.

La Cour de céans estime que la version donnée de manière spontanée devant l'OMP le Maj LIANZA lors de sa première audition en date du 21/6/2010 est plus crédible que celle faite ultérieurement, en date du 23/10/2010 devant le S/Lt EDY LUBOYA, sous influence et sur insistante du prévenu et des proches de celui-ci.

En effet, les nouvelles déclarations de KTD datées du 23/10/2010 et selon lesquelles elle avait eu des relations sexuelles volontaires, libres et non forcées avec le Général Jérôme KAKWAVU, sont le résultat des négociations entreprises par le prévenu auprès de sa victime. Ces négociations étaient menées par le prévenu lui-même par voie téléphonique, et ce, après son interrogatoire sur le cas de viol de KTD le 13 octobre 2010 lors du passage du Colonel Magistrat NZABI à la prison. Il est important de signaler que devant l'OMP en date du 19 Octobre 2010, le prévenu a reconnu avoir eu des contacts téléphoniques avec KTD juste après son interrogatoire sur le cas de viol de KTD.

En outre, les pièces versées au dossier après entretiens téléphoniques entre KTD et le prévenu contiennent des incohérences et contradictions et même des falsifications de certains éléments, ce qui entame la valeur probante desdites pièces.

C'est le cas par exemple de la date de naissance qui devient 1985, alors que dans sa déposition devant le Maj LIANZA le 26/10/2010, KTD avait déclaré être née en 1986.

Le document adressé au Premier Président de la HCM et écrit à la machine indiquait aussi 1986 comme date de naissance de KTD, mais, le chiffre 6 sera effacé à l'aide du correcteur pour être remplacé par le chiffre 5 écrit au stylo.

La Haute Cour Militaire retient la première version des faits tels que consignés dans le procès-verbal établi par l'Officier du Ministère Public le Major LIANZA. Cette version contient des éléments suffisants pour établir que KTD avait toujours des rapports sexuels avec le Général KAKWAVU sous contrainte. S'agissant particulièrement des premiers rapports sexuels, il est établi que KTD avait été enlevée et intimidée au moyen d'arme avant d'être abusée. Le prévenu a déclaré lui-même à l'audience publique du 2/9/2011 ceci : « J'étais devant un supermarché où j'étais allé visiter un frère ; c'était en 2003. J'avais plusieurs gardes du corps. C'est moi-même qui l'ai fait appeler (KTD) en envoyant les gardes corps »

Pour prouver qu'il n'a jamais eu des relations forcées avec KTD, le prévenu insiste sur les éléments suivants :

- il est connu de tous à ARIWARA que KTD était sa femme ;
- J'ai versé la pré-dot auprès de ses parents ;
- J'ai cohabité avec KTD pendant au moins une année, et avec elle nous avons eu un enfant s'appelant PAMELA KAKWAVU.

Pour apprécier la valeur probante des éléments avancés par le prévenu, la Cour de Céans se réfère aux principes applicables à l'administration de la preuve en matière de violences sexuelles spécialement à la règle 70 du règlement de procédure et de preuve du Statut de Rome de la CPI qui stipule :

« Dans les cas de crimes de violences sexuelles, la Cour suit et, le cas échéant, applique les principes suivants :

Le consentement ne peut en aucun cas être inféré des paroles ou de la conduite d'une victime lorsque la faculté de celle-ci de donner librement un consentement véritable a été altérée par l'emploi de la force, de la menace ou de la contrainte, ou à la faveur d'un environnement coercitif ;

Le consentement ne peut en aucun cas être inféré des paroles ou de la conduite d'une victime lorsque celle-ci est incapable de donner un consentement véritable ;

Le consentement ne peut en aucun cas être inféré du silence ou du manque de résistance de la victime de violences sexuelles présumées ;

La crédibilité, l'honorabilité ou la disponibilité sexuelle d'une victime ou d'un témoin ne peut en aucun cas être inférée de leur comportement sexuel antérieur ou postérieur ».

Or dans le cas sous examen, la Cour de Céans relève d'abord une contradiction entre la version de la tante de KTD, dame GTK et celle de sa nièce :

Dame GTK dit que, c'est après payement de la pré-dot de 1500 Dollars américains que KTD était libre et sortait avec le Gen KAKWAVU ; et qu'elle est tombée enceinte, pendant les vacances de fin d'année de 2003.

Demoiselle KTD pour sa part affirme ceci : « c'est lorsque j'étais tombée enceinte que mes parents ont su que j'avais eu des relations sexuelles avec le Gen KAKWAVU. Ils l'ont invité chez Mr OZIA ; il est venu se présenter et il a accepté toute responsabilité. Il a payé 500 dollars pour cela ».

En outre, le fait d'avoir des relations sexuelles fréquentes avec KTD et au su des autres personnes jusqu'à la rendre grosse ne prouve pas que cette fille était toutes les fois consentante ou toutes les relations qu'elle avait eues avec le Général étaient volontaires et libres.

Il ressort de l'instruction de l'affaire, que KTD n'était pas consentante au regard des éléments suivants :

- *l'environnement coercitif, soit le contexte des conflits armés et la menace exercée sur* KTD étaient tels que celle-ci était dans *l'incapacité de donner un consentement véritable et ne pouvait opposer la moindre résistance.*
- *Les mêmes circonstances expliquent que les rapports fréquents qui ont eu lieu après le premier viol, ne sont pas non plus volontaires et libres.* Autrement dit, la disponibilité sexuelle de KTD ne prouve pas son consentement, celui-ci ne pouvant être valable à cause des susdites circonstances.

Donc le viol dans le chef du prévenu est établi en fait.

- **Le Cas de CVR**

Le prévenu ne reconnaît pas avoir eu des rapports sexuels avec CVR. Il se contente de déclarer qu'il ne connait rien et qu'il s'agit d'une invention pure et simple des ONG. Mais, lors des plaidoiries, les conseils du prévenu ont reconnu que CVR a été violée, non, par le prévenu le Général KAKWAVU, mais probablement par ses miliciens.

Pour appuyer cette thèse, ils brandissent le rapport médical établi par le DR Angèle AKUMU de l'Hôpital de LOGO où il est écrit que la victime a déclaré avoir été violée toutes les deux fois par deux miliciens des FAPC.

Les conseils du prévenu considèrent ce rapport médical comme pièce maîtresse, et preuve irréfutable de l'innocence du Général KAKWAVU par rapport au viol de CVR.

Appelée à l'audience du 10/7/2012 Dr Angel AKUMU a déclaré que le rapport médical lui présenté contenait des surcharges et des ratures. Toutefois, elle se rappelle bien que pendant qu'elle recevait sa patiente, CVR, celle-ci avait très peur et qu'elle n'avait pas révélé l'identité de la personne ou des personnes qui l'avaient violée.

En tout état de cause, la doctrine et la jurisprudence constantes affirment qu'il appartient au juge d'apprécier souverainement la valeur probante qu'il entend accorder aux moyens qui lui sont présentés (Cass, 24 Novembre 1927, Doc et jur col). Les rapports établis par les experts (médecins, psychologues etc..), même s'ils émanent des hommes de l'art, ne s'imposent nullement au juge (Boma, 20 septembre 1904, jur. Etat, p.398).

En matière répressive, le juge du fond apprécie souverainement la valeur probante des éléments de la cause qui lui ont été régulièrement soumis et que les parties ont pu contredire, tels que notamment les éléments d'un rapport d'expertise ; rien ne l'empêche d'accorder crédit à un ou plusieurs des éléments de ce rapport et d'accorder peu ou pas de crédit à d'autres éléments du même rapport, (Cass. b., 28 fév. 1995, Pas. 1,234,).

L'expert n'a que l'obligation de faire rapport ou de donner son avis. Et, selon la doctrine, les experts ne sont pas habilités à procéder à des confrontations, au risque d'empiéter gravement sur les pouvoirs du Ministère public ou du juge. Les experts peuvent recueillir les déclarations de l'inculpé, mais il s'agit-là de simples notes et non d'un procès-verbal qu'ils n'ont pas qualité d'établir. L'expert doit s'abstenir de conclure « ultra petita » au risque de s'ériger à la fois en juge du fait et du droit. Il doit se limiter à sa mission, et laisser le juge exercer la sienne en procédant aux déductions nécessaires sur l'innocence ou la culpabilité de l'accusé. Seul le juge décide de la qualification et de la responsabilité pénale:« Le juge doit demeurer d'autant plus souverain dans l'appréciation de la valeur probante du rapport d'expert, que celui-ci n'est pas à l'abri de l'ignorance, de l'erreur ou de la méchanceté » (Paul-Julien DOLL, La réglementation de l'expertise en matière pénale, 2ème éd., Paris, L.G.D.J., 1969, p.158.).

De l'analyse des circonstances ayant entouré le viol de CVR, il ressort de nombreux éléments à charge du Général KAKWAVU.

Avant les rapports sexuels avec CVR:

- Le prévenu a reconnu s'être souvent rendu chez Mr BOBI pour ses travaux de bureautique. Et c'est là que vivait CVR
- Il a tenté la première fois le rapt lorsque CVR se rendait à l'école BAKITA. Elle a pu s'échapper.
- Il a tenté la seconde fois quand la fille se rendait au défilé en compagnie de sa cousine SAFI. Celle-ci l'informera de la présence des militaires pour l'enlever et la conseillera de rentrer à la maison. Ce qui fut fait.
- La troisième fois a été fatale pour la fille, lorsqu'elle se rendait à l'église CHRISCO. Le Général l'ayant aperçue dépêcha une équipe de six militaires, mais la fille reconnaîtra Michel (un des commissionnaires du prévenu). Elle fut prise de force et conduite à la résidence du prévenu qui l'a d'abord installée au salon puis l'a conduite en chambre où après lui avoir braqué l'arme pour l'empêcher de crier la violera. Après ce viol, il donnera de l'argent à sa victime, mais celle-ci refusa cette offre.

- **S'il s'agissait des militaires du prévenu qui l'auraient violé en ces lieux, la Haute Cour Militaire se pose la question de savoir si ceux-ci l'auraient violée dans la maison et surtout sur le lit de leur Commandant ? Assurément non. Voilà ce qui écarte l'hypothèse des violeurs militaires.**

Après les rapports avec CVR :

C'est Michel bien connu de la victime qui sera chargé par le prévenu de la ramener et recevra du Général de l'argent à remettre à CVR ; mais celle-ci refusa.

Par la suite, il lui enverra encore de l'argent et un appareil de téléphone par l'intermédiaire du même Michel et de TANDEMA NYAKUNI Fiston (un autre commissionnaire du prévenu). Ce dernier a reconnu sur procès-verbal avoir reçu de Michel l'argent provenant du prévenu à remettre à la fille. Mais celle-ci a aussi refusé ce cadeau. L'on peut ainsi se demander pourquoi le prévenu devait-il ainsi payer s'il ne se reprochait de rien. Le témoignage du Dr LOMOYO est aussi explicite : « lorsque la fille a cité le nom de Jérôme, il a préféré ne pas la traiter à son hôpital, car c'était pendant la rébellion, puis Jérôme était son chef et il le connaissait bien ». Donc la fille avait cité Jérôme.

Le témoignage de Madame Catherine AKELO abonde dans le même sens. Il est important de noter que cette dame, collaboratrice de l'ONG COOPI, avait reçu CVR avant de la conduire chez le médecin pour examen et soins appropriés. Ayant été mise à l'aise et en confiance, CVR avait raconté à Catherine AKELO comment elle avait été violée. Elle lui avait dit que c'est le Général Jérôme KAKWAVU qui l'avait fait. Mais, à l'hôpital d'Etat de Logo, devant le Dr Angèle, elle n'était plus à l'aise et avait peur, c'est ainsi qu'elle n'a pas révélé l'identité de la personne qui l'avait violée.

La Cour relève que le modus operandi du viol et surtout les actes préparatoires de celui-ci sont pratiquement identiques pour le cas du viol de KTD et celui du viol de CVR :

- Rencontrer la jeune fille en route ou de passage sur des voies publiques
- Dépêcher des gardes du corps pour appréhender ou enlever la fille l'emmener à la résidence du Général Jérôme KAKWAVU, résidence qui est aussi le poste de commandement opérationnel ;
- Ensuite le Général conduit la fille dans la chambre à coucher ; et l'intimide en lui braquant son pistolet ;
- Enfin, il lui impose des rapports sexuels.

Toutes les deux victimes déclarent avoir été emmenées à un endroit où il y avait beaucoup d'armes, ce que le prévenu a reconnu étant donné que sa résidence était en même temps son quartier général opérationnel.

Il convient de relever aussi les réactions du Général KAKWAVU depuis sa première comparution devant l'OMP, spécialement les démarches entreprises et des stratagèmes montés pour faire étouffer l'affaire du viol de CVR:

- Le prévenu a utilisé DJUMA Freddy alias Freddy POMBA pour intervenir auprès de la Maman de CVR afin de retirer la plainte moyennant 10.000$US. Il lui donna le numéro d'appel 0810078859 que le prévenu a reconnu à l'audience être le sien. Le même monsieur lui transmit aussi le numéro 0999970427 de l'Auditeur Général pour que la maman introduise son désistement. Le prévenu n'a pas nié que Mr DJUMA Freddy alias Freddy POMBA a entrepris des démarches en sa faveur auprès de MVR. En outre, vérification faite, ce numéro est bel et bien celui de l'Auditeur Général.
- Mr BAGUME, responsable de SEP-Congo était aussi sollicité par le prévenu pour entreprendre des démarches en sa faveur et cela n'a pas été nié par celui-ci. Mr BAGUME a demandé à MVR de retirer la plainte et d'accepter un arrangement à l'amiable pour préserver la vie car Jérôme a plusieurs antennes, il peut lui arriver n'importe quoi.
- La dame Sylvie, agent DGDA MAHAGI était aussi entrée dans la danse. Elle va mettre la maman en contact téléphonique avec le prévenu lequel va l'implorer de retirer sa plainte en lui disant qu'il venait de perdre son frère KAJAMBE pendant qu'il était en prison. Et à l'audience le prévenu a reconnu ces contacts pris et a confirmé avoir effectivement perdu son frère KAJAMBE
- Après l'échec des tentatives de régler cette affaire à l'amiable, le prévenu est passé aux menaces. Lui-même et ses conseils ont même recouru aux procédés illicites et déloyaux pour dérouter la justice ou étouffer cette affaire.
- En effet CVR a été contrainte à signer une lettre dans laquelle il était indiqué que c'est sa mère qui s'acharnait à poursuivre l'affaire alors qu'elle-même s'y opposait. Enquête faite, il s'agit des deux avocats de la défense qui avaient exercé des pressions et des intimidations à l'endroit de cette victime en vue d'obtenir cette lettre qui, pour eux, devait constituer une preuve de l'innocence du prévenu. Rubbens écrit que pareils procédés sont déloyaux et que le Tribunal ne peut les recevoir. (A.Rubbens : Droit Judiciaire Congolais T.III p.147)

La Cour de céans note aussi que ces pressions et intimidations à l'endroit de CVR violent l'article 55. 1. b et l'article 68.1 du Statut de Rome. En effet, l'article 55. 1.b stipule que dans une enquête ouverte en vertu du présent Statut, une personne N'est soumise à aucune forme de coercition, de contrainte ou de menace, ni à la torture ni à aucune autre forme de peine ou traitement cruel , inhumain ou dégradant.

L'article 68.1 qui protège de manière particulière les victimes et les témoins des crimes relevant de sa compétence, dispose que la Cour prend les mesures propres à protéger la sécurité, le bien-être physique et psychologique, la dignité et le respect de la vie privée des victimes et des témoins. L'article 74 bis du code de procédure pénale reprend pratiquement les mêmes termes que ceux de l'article 68 du statut de Rome de la CPI.

Dans les deux arrêts avant-dire droit rendus respectivement le 15 avril 2011 et le 16 mai 2013 et dont la teneur est reprise dans le préambule du présent arrêt, la Cour de Céans avait décidé que des mesures devraient être respectées scrupuleusement, mais de manière à ce qu'elles ne soient ni préjudiciables ni contraires aux droits de la défense et aux exigences d'un procès équitable et impartial, comme il est prévu à l'article 68. 1 in fine.

La Cour de Céans relève que les révélations faites au sujet des stratégies et des démarches entreprises par le prévenu et ses conseils constituent des preuves, indirectes soient-elles, du viol commis sur CVR par le Général KAKWAVU.

Par ailleurs, comme il a été démontré pour le cas de KTD, l'environnement coercitif et la menace exercée sur CVR étaient tels que celle-ci était dans l'impossibilité de donner un consentement véritable et ne pouvait opposer la moindre résistance.

Donc, l'infraction de viol commise au préjudice de CVR est aussi établie en fait.

Des actes criminels commis par le Général Jérôme KAKWAVU par l'intermédiaire de ses subordonnés

- **Du meurtre de Léopold LETI, des tortures de Mr Combe NGABU et de Mr MAWA ASSIA alias VOLVO.**

Par rapport à la mort de Léopold LETI, le prévenu déclare d'abord devant l'OMP en date du 19/10/2010, que Mr LETI est mort comme tant d'autres à l'occasion de l'attaque menée contre ses militaires loyalistes sous l'instigation de l'Administrateur du territoire et des prêtres du Diocèse.

En date du 29/2/2012, devant l'OMP, le prévenu déclare que Léopold LETI faisait partie des assaillants, qu'il était avec le Colonel Bruce, G2 à l'UPC et qu'il est mort pendant les affrontements entre ses hommes et les mutins qui étaient manipulés par les politiciens, dont lui-même LETI Léopold.

A l'audience publique du 06/07/2012, le prévenu change de version et affirme que LETI est mort à la suite des représailles, comme beaucoup d'autres mutins parmi lesquels se trouvaient aussi des officiers. Peu après, toujours à la même audience, oubliant la réponse qu'il venait de donner à la question de savoir comment LETI est-t-il décédé, le prévenu dira à ce sujet ceci : « on m'a dit qu'on l'avait tabassé ». Ensuite, il déclare que LETI est mort le jour de la tentative du putsch la journée et non le soir. En outre, il prétend que c'est le soir qu'il était avec l'évêque.
La Haute Cour Militaire relève cependant que les déclarations du prévenu sont contredites non seulement par celles de Mgr AITI, de Mrs COMBE NGABU et MAWA ASSIA VOLVO mais aussi, par celles du Major FAPC Ricky. Son ancien Commandant Bataillon.

En effet, Monsieur COMBE NGABU apporte les précisions suivantes :

- Il avait été arrêté au Centre Diocésain et détenu au container-cachot avec Monsieur Léopold LETI bien après les affrontements.
- Déjà au Centre Diocésain, Monsieur Léopold LETI avait été blessé au dos par le Major Ricky.
- Après les évènements, le Gen KAKWAVU rentré à ARU, s'est adressé à la population par la radio invitant celle-ci au calme et lui prévenant que des coups de feu seront tirés pour corriger les mutins.
- Après, six personnes passaient tour à tour à l'interrogatoire en présence du Gen KAKWAVU et de l'OPJ NGABU à la paillote près du container. Vers 17 heures, c'était le tour de Léopold LETI. Vers 18 heures, celui-ci sera conduit en brousse pour être exécuté à l'aide d'une houe.
  Ceci sera confirmé par l'OPJ NGABU qui présentera même cet instrument de mort à Monsieur COMBE NGABU.
- Monsieur MAWA ASIA VOLVO déclare ce qui suit :
- Il était aussi détenu avec Léopold LETI dans le même container-cachot et sept ou huit autres détenus parmi lesquels se trouvaient, Mrs COMBE NGABU et un certain ALAIN ;
- Léopold LETI avait une blessure au dos ;
- Au moment de sa libération vers 15 heures, Léopold LETI s'y trouvait encore ;
- Il avait appris que les détenus étaient extraits du cachot pour passer à l'interrogatoire à la paillotte en présence du Gen KAKWAVU ; Après quoi, certains étaient exécutés.
- Quant à Mgr AITI dans sa note adressée à l'Auditeur Militaire de Garnison de l'ITURI en date du 26/06/2010, il écrit ce qui suit :

• Léopold LETI a été arrêté avec Mr l'Abbé DHEBO et Dame ANDROFENI par le Colonel MANU vers 13 heures ;
• Ayant été mis au courant de la protestation de Mgr AITI au sujet de l'arrestation des précités, le Gen KAKWAVU a dépêché immédiatement

un véhicule pour chercher ce prélat. Celui-ci a été reçu par le Général, entouré de son staff au grand complet.

- Ensuite, le Gen l'a invité à l'accompagner à la Radio « Maison Océan » où il est allé s'adresser à la population d'ARU.

- Le Maj FAPC Ricky qui, selon les déclarations de MAWA ASSIA VOLVO, était le superviseur des opérations d'exécutions sommaires, a tenté de se désolidariser des auteurs des tueries commises à la suite dudit putsh avorté. Ce faisant, il a fait des révélations confirmant certaines déclarations de Mrs COMBE NGABU et MAWA ASSIA VOLVO. Par exemple :
- A l'audience du 30/11/2012, le Maj FAPC Ricky a confirmé qu'à l'arrivée du Gen KAKWAVU Jérôme à ARU, on lui a présenté LETI et tous ceux qui avaient été arrêtés à la suite du putsh et c'est alors que Ricky a pris la fuite.
- A l'audience du 02/05/2014, il a confirmé que son S3 qui était aussi détenu au container-cachot a été exécuté par balle par les gardes du corps du Gen KAKWAVU à plus ou moins 20 mètres du container. L'on se rappellera que COMBE NGABU avait déclaré que le septième détenu a été exécuté, c'était un militaire.

  Le Maj FAPC Ricky dit encore qu'il a décidé de se retirer du lieu et disparaitre car la mort planait à cet endroit, c'est-à-dire, précise-t-il, on tuait les gens et qu'il a vu mourir deux personnes en sa présence. De plus, il a confirmé qu'à ce moment-là, le Gen KAKWAVU était dans sa paillotte.

De toutes ces déclarations, il se dégage des éléments suivants :

- Le Gen KAKWAVU se trouvait déjà à ARU à 15 heures car à cette heure-là, lui-même, l'Administrateur du territoire KANINZIA et Mgr AITI ont parlé, tour à tour, à la radio « MAISON OCEAN » pour apaiser la population.
- LETI Léopold, considéré par le Gen KAKWAVU comme un des principaux instigateurs du pusth avorté n'est pas mort pendant les mutineries, mais qu'il a été plutôt exécuté sommairement entre 17 et 18 heures, et ce, après la réunion que le Général a tenue avec ses plus proches collaborateurs.

  Qu'il a été extrait du cachot alors qu'il criait COMBE NAKUFI puis exécuté au moyen d'une houe.

Donc Léopold a été exécuté sur son ordre et en sa présence.

La détention et les tortures de COMBE NGABU au cachot container pendant au moins trente jours sont confirmés comme en témoignent les photos prises lors de sa comparution devant le conseil de discipline qui avait pris la décision de le déclarer innocent et de le libérer. Les faits sont donc établis.

Quant à MAWA ASIA alias VOLVO, il a déclaré que par rapport à l'affaire du putsch manqué, il n'a passé que deux heures au container-cachot sans subir des tortures avant d'être libéré par le Colonel MANU.

Les faits ne sont pas établis en ce qui le concerne.

Du meurtre de Mr ENEKO et de Mr LEBURU

Mr ENEKO, nommé Gouverneur de l'ITURI par Monsieur Thomas LUBANGA de l'UPC avait entrepris une tournée de pacification.
Arrivé à MAHAGI, il a tenu un rassemblement populaire puis il a poursuivi son voyage vers BUNIA. Arrivé à 3km de MAHAGI, il a été attaqué et trouva la mort.
Le Ministère public retient l'embuscade tendue contre lui par les miliciens du prévenu KAKWAVU.
Il justifie sa position par :

- Le retrait de l'escorte habituelle du Gouverneur ENEKO et le remplacement par des éléments moins aguerris ;
- Le chauffeur de Mr ENEKO, certainement au courant du complot ourdi a refusé de le conduire dans cette mission ;
- La hargne avec laquelle le prévenu a réprimé Mr LETI, considéré comme très proche d'ENEKO, montre à suffisance qu'il se reprochait de quelque chose vis-à-vis d'ENEKO. Il était conscient que les partisans d'ENEKO à l'instar de toute la population d'ARU le considéraient comme le meurtrier d'ENEKO ;
- En outre les déclarations du prévenu faites à l'audience sur l'itinéraire suivi par ENEKO ont été contredites par BISHA, l'un des rescapés de l'attaque contre ENEKO.

Cependant, le procès-verbal établi par le rapporteur de la composition lors de sa descente en ITURI en complément d'instruction renseigne que WATU MAMBA, témoin des faits a affirmé qu'il y avait des affrontements entre l'UPC de Thomas LUBANGA et l'APC de MBUSA NYAMWISI. Au cours de ces affrontements l'UPC avait chassé l'APC, mais celle-ci ne s'était pas repliée loin des lieux des combats. Les troupes étaient revenues et ont tendu l'embuscade près de la maison de WATU. Le convoi d'ENEKO est tombé dans cette embuscade. D'ailleurs ce WATU était blessé par balle au niveau de l'œil gauche.

Les faits se sont déroulés à UKEYABO, Village de Mr WATU.

Lorsque le convoi est arrivé sur les lieux, il y avait des tirs sporadiques. Puis WATU a entendu la voix des militaires dire : « Halte, qui êtes-vous ? »

ENEKO a répondu : « c'est moi, le Gouverneur ENEKO » alors ils ont commencé à tirer sur le véhicule en disant : « C'est vous qu'on cherchait » (Cote 123).

La version de WATU rejoint celle de BISHA qui a déclaré avoir d'abord trouvé deux corps qui gisaient sur la route ; le convoi est passé et quelques mètres plus loin le convoi a encore trouvé deux autres corps. Et puis une voix a été entendue de la brousse, posant la question : « Qui êtes-vous ? Et le Gouverneur s'est présenté et immédiatement, il y a eu des tirs sur le convoi. Mr ENEKO et sa suite, y compris Mr LEBURU, chef du protocole furent tués sur le coup. Il y eut deux rescapés, dont MR BISHA.

Sur ce terrain où venaient de se dérouler des affrontements armés entre les miliciens de l'UPC et ceux de l'APC qui ne s'étaient pas éloignés des lieux des combats, peut-on affirmer avec certitude que ce sont les miliciens de l'UPC qui ont tué Mr ENEKO et Mr LEBURU. Rien n'est moins sûr. La Haute Cour Militaire n'a pas d'éléments suffisants pour établir dans le chef du prévenu Jérôme KAKWAVU la responsabilité du meurtre des précités.

Des actes criminels commis par des miliciens des FAPC et qui engagent la responsabilité pénale du Général Jérôme KAKWAVU.

A ce stade, il est question de répondre à la question de savoir si des miliciens des FAPC sous le commandement du GEN KAKWAVU ont-ils effectivement donné la mort à NGANGENI, à DENIS UKERBO, à UNEN MOUSSA, à RAPHAEL UCIBA, à AVE ANDREANO, à UKABA DEPANDA, à UGICAN TCHOMBE et à CHRISTINE ADOKORAGI.

Du meurtre des Messieurs UGICAN TSHOMBE, NGANGENI et Dénis UKERBO au camp SIGRACO à NDRELE

La Haute Cour Militaire note que les récits des faits concernant la mort de Mr UGICAN TSHOMBE à la cité de NDRELE, de Mr NGANGENI et de Mr Dénis UKERBO au camp SIGRACO de NDRELE, sont suffisamment cohérents, clairs et précis.

- De plus, l'instruction préparatoire et l'instruction complémentaire effectuée par le rapporteur lors de sa descente à NDRELE et dont les conclusions ont été soumises aux débats à l'audience publique de la Cour, apportent les éléments qui permettent d'affirmer qu'ils ont été tués par des éléments des FAPC basés au Camp SIGRACO à NDRELE:

En effet :
- La cité de NDRELE et les villages environnants étaient sous contrôle des FAPC ;

- En 2003 et 2004, un bataillon FAPC était cantonné au Camp SIGRACO à NDRELE. Cette Unité était commandée par le Major FAPC KAKULE BISHOKE, secondé par le Maj FAPC Laurent. Le S3 était le Major BOZI MOTUKA qui sera aussi commandant bataillon en second et plus tard commandant bataillon titulaire.
- Différents témoins, dont notamment Mr ADUBANGO Ali propriétaire de la Concession et ses fils TUGOYA et WATUM ainsi que Mr ENEGA BAUDOIN Emmanuel, activiste des droits de l'Homme évoluant à MAHAGI et à NDRELE, renseignent qu'entre 2003 et 2004, à NDRELE et dans ses environs, il arrivait souvent que des personnes accusées à tort ou à raison d'un quelconque fait répréhensible soient arrêtées par des miliciens des FAPC.
- Certaines d'entre elles étaient détenues, torturées et même exécutées et enterrées au camp SIGRACO.
- Mr ADUBANGO ALI et ses fils TUGOYA et WATUM ainsi que Mr ENEGA Baudouin Emmanuel confirment les cas de Mr NGANGENI et de Mr Dénis UKERBO.
- L'instruction complémentaire a confirmé l'existence dans cette concession des fosses communes lesquelles avaient été repérées par les experts des Nations Unies agissant sur réquisition du Procureur de la République de BUNIA. Des ossements humains ont même été exhumés de l'une des susdites fosses, sur ordre du Rapporteur et en présence de toutes les parties.

En effet, sur requête et en présence du procureur de la République a.i de BUNIA, et avec l'assistance du Bureau du Procureur de la CPI, des opérations d'expertise ont été effectuées du 15 au 16 décembre 2004 par des experts de l'unité « activités médico-légales et criminalistique » de la MONUC aux fins de vérifier l'existence des sites ou fosses d'inhumation au camp SIGRACO à NDRELE. Ces experts ont effectivement constaté l'existence de plusieurs fosses dans lesquelles se trouvaient des ossements humains, comme en témoignent les photos prises à cet endroit. Il convient de souligner que les miliciens des FAPC avaient d'abord opposé une résistance armée pour empêcher les opérations d'expertise avant de céder face à la force supérieure des éléments de la MONUC.

Du meurtre de Mr UCIBA RAPHAEL à TILAL et à AVE ANDREANO.

La descente du rapporteur de la Cour de céans dans les localités de TILAL, PAMITU et PAMITU GOZA en date du 28 Nov 2013 dans le cadre de l'instruction complémentaire, a permis d'identifier l'unité ou les unités y cantonnées et de vérifier les circonstances de la mort du catéchiste Raphaël

UCIBA, que d'aucuns appelaient pasteur, et de celle de Mr AVE ANDRE ANO.

Mr AWINGA VIANNEY, chef de localité de TILAL, les deux fils du catéchiste Raphaël UCIBA, à savoir MR UNEGA UCAGIUM, enseignant à l'école primaire à PAMITU et Mr UTEMBI DENIS déclarent que ce sont les miliciens des FAPC qui contrôlaient l'espace territorial où sont situés ces villages et que leurs positions se trouvaient à NSIMBI, NSI et à AWASI. Cela était confirmé par les villageois avec qui le rapporteur de la Cour et les représentants des parties ont eu des entretiens en date du 28 Nov 2013 à l'occasion de la descente sur les lieux.

Tous confirment que ces miliciens, sous prétexte de faire des patrouilles, venaient souvent le soir ou la nuit dans les villages susmentionnés pour rançonner, brutaliser de paisibles citoyens.

Le mode opératoire de la plupart de leurs forfaits était le suivant : les miliciens exigent à leur victime de l'argent, des poules ou des chèvres. En cas de résistance ou de refus, ils n'hésitent pas de tirer sur la victime ou administrer des coups. Pour dissuader leur poursuite éventuelle, ils repartent en tirant en l'air.

C'est effectivement par ce mode que Mr UCIBA RAPHAËL a été tué à TILAL la nuit du 1er/07/2004 par des miliciens qui venaient de NSIMBI comme le confirment les habitants de TILAL dont Mr AWINGA VIANNEY, MR UNEGA UCAGIUM ainsi que Mr UTEMBI DENIS, témoin oculaire des faits qui lui-aussi, à la même occasion , avait été blessé à la cheville de la jambe gauche par les mêmes miliciens.

C'est de la même manière que Mr AVE ANDREANO a été aussi tué en date du 8/7/2004 comme le précise son fils UVON UKELO ainsi que les villageois qui ont aidé le rapporteur à trouver celui-ci à PAMITUGOZA.

Du meurtre de Monsieur UNEN MUSA

Il ne fait l'ombre d'aucun doute que UNEN MUSA a été tué à DJUPAWODWEGI au début du mois de Février 2004 par des militaires de FAPC parmi lesquels se trouvaient le Maj FAPC BOZI MOTUKA bien connu et reconnu par un des rescapés en la personne de Mr Abdulay HUBERT UKUMU. Celui-ci avait retrouvé sa liberté après avoir donné aux miliciens FAPC qui l'avaient arrêté, y compris le Major BOZI MOTUKA, 200 $US, 12.500 Shilling et trois chèvres.

Du meurtre de Monsieur UKABA DEPANDA

Mr UKABA DEPANDA, chauffeur de son état, revenait d'ARIWARA pour BUNIA ; arrivé près de MAKOFI, il a été abattu, le 25 septembre 2003 par les éléments des FAPC qui étaient basés dans le village. Il fut enterré à MAKOFI par ses membres de famille.

L'instruction à l'audience a établi que cette zone de défense était effectivement contrôlée par les troupes des FAPC. Et que le Commandant de la Zone n'a rien fait pour réprimer ces militaires.

S'agissant de la preuve de la mort de NGANGENI, DENIS UKERBO, UNEN MOUSSA, RAPHAEL UCIBA, AVE ANDREANO, UKABA DEPANDA, à UGICAN TCHOMBE, il existe des certificats de décès qui l'attestent.

D'ailleurs la preuve de décès d'une personne peut aussi être déduite des circonstances et de toutes les autres preuves présentées au juge, et celui-ci en apprécie souverainement la valeur probante.

Du meurtre de Mademoiselle CHRISTINE ADOKORAGI

La Haute Cour Militaire note que le récit des faits sur la mort de Christine ADOKORAGI n'est pas précis.
En effet, la fille avait été abattue la nuit par une personne qui n'a pu être identifiée car personne n'ayant vu l'assaillant.
Il a été supposé du fait de sa mort par balle comme ayant été abattue par un militaire.
L'instruction tant pré-juridictionnelle qu'à l'audience n'a pu apporter un éclaircissement sur les circonstances de cette mort. Il n'y a donc pas suffisamment d'éléments permettant d'affirmer, au-delà du doute raisonnable que ce sont des éléments FAPC qui ont tiré sur elle.
Ainsi, la Haute Cour Militaire retient le doute qui doit profiter à l'accusé.
Après cette analyse la HCM est convaincue qu'excepté les cas de MAWA ASIA VOLVO et de CHRISTINE ADOKORAGI, tous les autres cas mis à charge du prévenu sont suffisamment établis en fait.

A présent, la Cour de céans se doit de confronter au droit, les crimes mis à charge du Général KAKWAVU et des miliciens des FAPC.

III. ANALYSE EN DROIT

L'Officier du Ministère Public près la Haute Cour Militaire reproche au prévenu :

1. **D'avoir, comme auteur ou co-auteur, commis des infractions ci-après** :
    - pour le cas de KTD : *Crime de guerre par viol,* fait prévu et puni par les articles 8.2), c ; VI) et 77 du Statut de Rome de la CPI.
    - pour le cas de CVR : *Crime de guerre par viol,* fait prévu et puni par les articles 8.2), c ; VI) et 77 du Statut de Rome de la CPI ;
    - pour le cas de LEOPOLD LETI : *Crime de guerre par meurtre*, les articles 8.2)c)i) et 77 du statut de Rome du Statut de Rome de la CPI
    - pour le cas de MAWA ASSIA VOLVO : *Crime de guerre par tortures,* fait prévu et puni par les articles 8.2)c)i) et 77du statut de Rome de la CPI.
    - pour le cas et de COMBE NGABU : *Crime de guerre par tortures,* fait prévu et puni par les articles 8 2)c)i) et 77du statut de Rome de la CPI.
    - Pour le cas de Mr ENEKO et Mr LEBURU : *Crime de guerre par meurtre,* fait prévu et puni par les articles 8.2)c)i) et 77 du statut de Rome de la CPI

2. **De n'avoir pas pris des mesures nécessaires et raisonnables pour empêcher ou réprimer l'exécution des crimes relevant de la compétence de la CPI ou en référer à l'autorité compétente aux fins d'enquête et des poursuites.**

    Il s'agit des crimes de meurtre de Mr NGANGENI, Mr DENIS UKERBO, Mr UN EN MOUSSA, Mr RAPHAEL UCIBA, Mr AVE ANDREANO, Mr UKABA DE PANDA, Mr UGICAN TCHOMBE et Mlle CHRISTINE ADOKORAGI;

    Faits prévus et punis par les articles 8.2 ; c i) ; 28. a. i) ii) et 77 du statut de Rome de la Cour pénale internationale.

    L'OMP près la Haute Cour Militaire poursuit le prévenu sur pied des articles 8 et 28 du statut de Rome de la Cour pénale internationale.

    D'entrée de jeu, il se pose la question de l'applicabilité du Statut de Rome de la CPI par des juridictions nationales civiles et militaires.

    Par rapport à cette question préalable, la Cour de Céans estime que l'article 153 et l'article 215 de la Constitution du 18 février 2006 telle que révisée à ce jour, donnent une réponse claire et précise.

    En effet :

- L'article 153 alinéa 4 stipule : « Les Cours et Tribunaux, civils et militaires, appliquent les traités internationaux dûment ratifiés, les lois, les actes réglementaires pour autant qu'ils soient conformes aux lois ainsi que la coutume pour autant que celle-ci ne soit pas contraire à l'ordre public ou aux bonnes mœurs ».

- L'article 215 dispose : « Les traités et accords internationaux régulièrement conclus ont, dès leur publication, une autorité supérieure à celle des lois, sous réserve pour chaque traité ou accord, de son application par l'autre partie. »

Ces dispositions constitutionnelles autorisent les Cours et tribunaux civils et militaires de la République démocratique du Congo à appliquer les traités internationaux dûment ratifiés et leur donnent une autorité supérieure par rapport aux lois internes de la République. Elles consacrent le système moniste du droit congolais, donnant primauté aux instruments internationaux dûment ratifiés.

Or, le Statut de Rome portant création de la cour pénale internationale a été ratifié par la République démocratique du Congo par Décret-loi N°003/2002 du 30 mars 2002.

L'autorisation constitutionnelle ainsi donnée, justifie l'application directe du statut de Rome par les cours et tribunaux civils et militaires de la République démocratique du Congo (Self executing).

Etant donné que la base légale des incriminations mises à charge du prévenu est le Statut de Rome, les réponses aux questions posées par les cas sous examen seront recherchées principalement dans ce Statut et dans la jurisprudence de celle-ci. Cependant, en cas de besoin, la Cour de Céans pourra invoquer une quelconque jurisprudence d'un autre Tribunal pénal international, pour autant qu'elle soit compatible avec le Statut de Rome de la CPI. Tout naturellement en cas de renvoi au droit interne celui-ci ne sera pas ignoré.

Il est observé que les faits d'accusation ont été commis dans le contexte de conflit armé. Il s'agit donc des crimes de guerre.

DES CRIMES DE GUERRE COMMIS PAR LE GENERAL KAKWAVU, INDIVIDUELLEMENT OU PAR L'INTERMEDIAIRE D'UNE AUTRE PERSONNE

Les crimes de guerre mis à charge du Général KAKWAVU ont été commis par lui-même soit individuellement, donc comme auteur matériel, soit sur son ordre, donc comme auteur intellectuel. Dans ces deux cas de figure, sa *responsabilité pénale individuelle est engagée sur la base de l'*article 25. 2 et 3 *du Statut de Rome de la CPI.*

L'article 25.2 dispose : « Quiconque commet un crime relevant de la compétence de la Cour est individuellement responsable et peut être puni conformément au présent Statut ».

L'article 25.3 stipule : « Aux termes du présent Statut, une personne est pénalement responsable et peut être punie pour un crime relevant de la compétence de la Cour si :

- Elle commet un tel crime, que ce soit individuellement, conjointement avec une autre personne ou par l'intermédiaire d'une autre personne, que cette personne soit ou non pénalement responsable ;
- Elle ordonne, sollicite ou encourage la commission d'un tel crime, dès lors qu'il y a commission ou tentative de commission de ce crime ».

DES CRIMES DE GUERRE COMMIS PAR LE GENERAL KAKWAVU INDIVIDUELLEMENT, COMME AUTEUR MATERIEL : LE VIOL SUR KTD ET SUR CVR

Il est reproché au prévenu Jérôme KAKWAVU d'avoir commis individuellement un viol au préjudice de KTD et CVR.

Or le viol se trouve parmi les actes rentrant dans la catégorie des violations des lois et coutumes applicables aux conflits armés ne présentant pas un caractère international, dans le cadre établi du droit international. Le viol comme crime de guerre est prévu par le statut de Rome de la CPI en son article 8 2) e) vi)-1 mais, pour que le crime de guerre par viol soit réalisé, ses éléments spécifiques prévus dans le texte des « Eléments des crimes » doivent être réunis (Cour Pénale Internationale : éléments des crimes, P.38)

Il s'agit de quatre éléments ci-après:

- L'auteur a pris possession du corps d'une personne de telle manière qu'il y a eu pénétration, même superficielle, d'une partie du corps de la victime ou de l'auteur par l'organe sexuel, ou de l'anus ou du vagin de la victime par un objet ou toute autre partie du corps.
- L'acte a été commis par la force ou en usant à l'encontre de la dite ou desdites ou des tierces personnes de la menace, de la force ou de la coercition, telle que celle causée par la menace de violences, contrainte, détention, pressions psychologiques, abus de pouvoir, ou bien à la faveur d'un environnement coercitif, ou encore en profitant de l'incapacité de ladite personne de donner son libre consentement.
- Le comportement a eu lieu dans le contexte de et était associé à un conflit armé ne présentant pas un caractère international.
- L'auteur avait connaissance des circonstances de fait établissant l'existence d'un conflit armé.

1. **l'existence d'un acte criminel**

Au sujet du premier élément soit, l'existence d'un acte qualifiable de crime de guerre , l'acte en question doit s'agir de l'un quelconque des actes énumérés à l'article 8 du statut de Rome, qui, commis dans un contexte exceptionnel de guerre, est rangé parmi les violations graves des lois de la guerre à l'encontre des personnes ainsi définies comme des victimes de guerre [Affaire MUSEMA, 1ère instance, 27 janvier 2000], c'est-à-dire celles qui ne participent pas ou plus aux hostilités [TPIY, Appel cité par TPIR, Affaire SEMANZA, 1ère instruction, 15 mai 2003].
Dans le cas d'espèce, il est question de démontrer que le général KAKWAVU a commis individuellement, comme auteur matériel et direct un viol tel qu'il est prévu par le statut de Rome de la CPI en son article 8 2) e) vi)-1 et que tous les éléments constitutifs du viol prévus dans le texte des « Eléments des crimes » à la page 38 sont réunis.

D'abord, il est important de noter que KTD et CVR victimes de viol étaient, mineurs, âgées respectivement de 17 ans pour KTD et de 13 ans et 4 mois pour CVR.
Au regard des éléments développés dans l'analyse des faits dans leur matérialité, il ne fait l'ombre d'aucun doute que :

Le *Général KAKWAVU* en personne a pris possession du corps de KTD et du corps de CVR de telle manière qu'il y a eu pénétration, même superficiel, dans l'organe sexuel de celles-ci par l'organe sexuel du prévenu. Pour KTD, le prévenu lui-même a reconnu les faits. Pour CVR, les éléments à charge du prévenu et développés ci-haut sont suffisants pour affirmer, au-delà de tout doute raisonnable que le prévenu avait eu des relations sexuelles avec la précitée.

2. **L'environnement coercitif et l'usage de la menace**

Les viols commis par le Général KAKWAVU, l'ont été à la faveur d'un environnement coercitif, en l'occurrence, des conflits armés dans les territoires et villes sous contrôle des FAPC.
Les rapports sexuels ont eu lieu en un endroit et en présence des éléments qui, pour les civils, intimident ou inspirent la peur, en l'occurrence : la résidence du commandant en chef des FAPC qui était aussi le poste de commandement opérationnel. La présence d'une grande quantité d'armes dans la chambre à coucher et la menace de la victime avec arme avant d'être abusée constitue sans nul doute un environnement coercitif et une menace déterminante pour la réalisation de l'acte de viol.

Pour le cas de KTD, le prévenu prétend que celle-ci était consentante depuis les premières relations sexuelles. Mais, il a été démontré que s'agissant des premiers rapports sexuels, KTD avait été enlevée en cours de route et conduite malgré elle chez le Général KAKWAVU qui abusera d'elle après l'avoir intimidée avec son revoler. Ces premiers rapports n'étaient pas volontaires et libres. Même les autres fois que le général a fait venir KTD chez lui pour avoir des relations sexuelles avec elle, en raison du contexte des conflits armés et donc de l'environnement coercitif qui prévalait à l'époque, le consentement de la jeune fille, si consentement il y a eu, n'était pas du tout valable.

En effet, dans un environnement coercitif ou intimidant et dans les conditions décrites ci-dessus, KTD n'avait d'autre choix que de se résigner et subir la volonté du Tout puissant Seigneur de guerre KAKWAVU.
L'acte sexuel commis personnellement par le Général KAKWAVU dans les conditions décrites ci-dessus est incontestablement un viol. Le comportement sexuel ultérieur de la victime après ces premières relations sexuelles non consentantes n'a aucune incidence sur l'existence et la qualification de celui-ci comme viol.

3. **Le lien étroit entre le viol de KTD et de CVR et les conflits armés.**

A ce niveau, il est question de démontrer qu'il existe un lien entre le viol de KTD et de CVR et les conflits armés dans les territoires et villes contrôlés par le Général KAKWAVU, lesquels conflits ne présentaient pas un caractère international.
L'instruction de la cause a démontré suffisamment que les crimes visés, y compris le viol de KTD et de CVR, ont été commis non seulement dans un contexte des conflits armés, mais aussi sous le couvert, sous le prétexte ou à la faveur des conflits armés qui avaient traumatisé la population de l'ITURI.
Les éléments ci-dessous établissent le lien étroit entre le viol de KTD et de CVR par le Général KAKWAVU et la situation de fait des conflits armés :

- La situation de fait de conflits armés dans l'espace territorial sous contrôle des FAPC a déjà été démontrée.
- L'attitude et le comportement manifestement intimidants de la part des gardes du Général KAKWAVU auteur du viol: démonstration des forces, position de combat, l'attitude des combattants en alerte ou sur pied de guerre etc.
- Du mode opératoire des actes préparatoires du viol: le rapt ou l'enlèvement de la victime, en plein jour et en cours de route, par des gardes du corps toujours surarmés et l'acheminement de la victime à la résidence du Général KAKWAVU;
- La qualité de l'auteur du viol : chef ou seigneur de guerre, commandant des FAPC en la personne du Général KAKWAVU;

- Du lieu précis de la commission du viol : la résidence du commandant qui est aussi le poste de commandement opérationnel, un lieu fortement gardé par de nombreux miliciens surarmés, une chambre à coucher inspirant la peur à cause de la présence remarquable et impressionnante de plusieurs armes de guerre ;
- Des actes entourant l'exécution du viol : l'intimidation de la victime au moyen d'une arme de guerre, interdiction de crier avant et pendant le viol.

  C'est à la faveur et sous le couvert des conflits armés que le Général KAKWAVU s'est permis d'abuser des KTD et CVR et a pu le faire de la manière décrite ci-dessus. Autrement dit, le viol de KTD et celui de CVR ont été commis par le Seigneur de guerre, Général KAKWAVU et les circonstances de leur perpétration, ont été favorisées de manière significative par une situation de fait des conflits armés.

4. **La connaissance des circonstances de fait établissant l'existence d'un conflit armé**

Le prévenu Général Jérôme KAKWAVU était fondateur et commandant suprême des FAPC. Il a reconnu lui-même que les FAPC se battaient avec d'autres groupes armés qu'il qualifiait d'ennemis.

Il ressort d'ailleurs de l'instruction de la cause que les FAPC et les FNI s'étaient affrontées de manière très violente à NDRELE et à DJALASIGA. En aucun cas, le prévenu ne peut donc prétendre qu'il ignorait les circonstances de fait établissant l'existence des conflits armés dans le territoire sous le contrôle des FAPC.

En outre, le prévenu était conscient que tous les actes criminels reprochés à lui-même ou aux miliciens de son groupe armé étaient commis à la faveur et sous le couvert des conflits armés.

Les éléments constitutifs du crime de guerre par viol de KTD et de CVR sont donc réunis dans le cas d'espèce.

DES CRIMES DE GUERRE PAR L'INTERMEDIAIRE D'UNE AUTRE PERSONNE

La Cour de Céans rappelle qu'aux termes de l'article 25.3 du Statut de Rome de la CPI, une personne est pénalement responsable et peut être punie pour un crime relevant de la compétence de la Cour si elle commet un tel crime par l'intermédiaire d'une autre personne, que cette personne soit ou non pénalement responsable.

Dans le cas d'espèce, il est reproché au prévenu Jérôme KAKWAVU d'avoir commis des crimes de guerre par meurtre et par tortures par l'intermédiaire de ses miliciens donc comme auteur intellectuel.

a. Crimes de guerre par meurtre

Le crime de guerre par meurtre tel que prévu par le Statut de Rome de la CPI et le texte des éléments des crimes à l'article 8.2) c) i)-1, n'est réalisé que si les éléments suivants sont réunis. Il s'agit de :

- L'auteur a tué une ou plusieurs personnes ;
- Ladite ou lesdites personnes étaient hors combat ou des personnes civiles ou des membres du personnel sanitaire ou religieux ne prenant pas activement part aux hostilités ;
- L'auteur avait connaissance des circonstances de fait établissant ce statut ;
- Le comportement a eu lieu dans le contexte de et était associé à un conflit armé ne présentant pas un caractère international ;
- L'auteur avait connaissance des circonstances de fait établissant l'existence d'un conflit armé.

Du meurtre de Léopold LETI

L'analyse des faits a démontré que Mr Léopold LETI n'avait pas trouvé la mort au cours des affrontements armés entre les miliciens FAPC fidèles au général KAKWAVU et ceux qui voulaient le renverser. Il a été tué à l'aide d'une houe par des miliciens FAPC sur décision de leur commandant en chef, le général KAKWAVU.

Il convient de rappeler que, c'est après un bref interrogatoire en présence du général KAKWAVU dans sa paillote que Mr Léopold LETI, pour avoir été un des proches collaborateurs de Mr ENEKO, était suspecté comme étant un des instigateurs du putsch manqué.

L'on se rappellera aussi que dans un message radiodiffusé, le Général KAKWAVU avait déclaré qu'il corrigerait ceux qui avaient tenté de le renverser. C'est donc en exécution de cette décision que Mr Léopold LETI a été exécuté, avec tant d'autres personnes suspectées d'être impliquées dans cette tentative de putsch.

L'exécution arbitraire et sommaire de Mr LETI constitue un meurtre. En effet, le meurtre est un homicide volontaire ou le fait de tuer volontairement une personne. Il s'agit donc de tout acte volontaire ayant conduit à la mort d'une personne qui était vivante.

Quant à son statut de personne protégée par le droit international humanitaire, il importe de rappeler que l'article 3 commun des conventions de Genève et le protocole additionnel, protègent de manière générale les personnes qui ne prennent pas part aux hostilités, (TPIR, aff. SEMANZA, chambre de 1ère Instance, 15/5/2003, par. 363-366). La chambre d'appel du TPIY a souligné que l'article 3 commun s'applique à toute personne qui ne participe pas aux hostilités. Les personnes protégées par les dispositions des conventions de Genève et le protocole additionnel, sont : des civils ou des personnes civiles qui ne participent pas directement aux hostilités, y compris des membres de forces armées qui ont déposé les armes et les personnes qui ont été mises hors de combat par maladie, blessures, détention ou par toute autre cause.

Pour le Statut de Rome de la CPI, en cas de conflit armé ne présentant pas un caractère international, les personnes protégées et mentionnées à l'article 8.2.c sont : des personnes hors de combat ou des personnes civiles ou des membres du personnel sanitaire ou religieux ne prenant pas activement part aux hostilités.

Léopold LETI rentre donc dans la catégorie des victimes susmentionnées étant donné qu'il était une personne civile et ne prenait pas activement part aux hostilités.

L'autre élément important constitutif du crime de guerre par meurtre est que le meurtre de LETI Léopold a été commis dans un contexte, sous le couvert, sous le prétexte ou à la faveur d'un contexte des conflits armés ne présentant pas un caractère international qui prévalait dans les territoires sous contrôle des FAPC, ainsi qu'il a été démontré dans l'analyse des faits.

Le Général KAKWAVU est donc individuellement responsable pénalement du meurtre de Mr LETI pour avoir commis ce crime par l'intermédiaire de ses subordonnés.

Comme indiqué ci-dessus, cette modalité de responsabilité pénale individuelle se fonde aussi sur l'article 25.3,a.

La Cour de Céans note que *la théorie de responsabilité pénale individuelle d'une personne par l'intermédiaire d'une autre* est non seulement reconnue et développée en doctrine, mais aussi approuvée et appliquée, dans certains cas , par des juridictions pénales internationales, dont la CPI. En effet, il est de jurisprudence que les affaires les plus pertinentes en droit international pénal sont celles dans lesquelles une personne commet un crime par l'intermédiaire d'une autre personne, et ce en exerçant un contrôle sur une organisation (l'affaire le Procureur c/ Germain KATANGA et Mathieu

NGUJOLO CHUI, Décision de confirmation des charges, 30 septembre 2008, par. 495 à 499)

Dans le cas d'espèce, le Général KAKWAVU est tenu pénalement responsable à titre individuel, comme auteur intellectuel derrière les auteurs matériels. En l'occurrence ses miliciens qui n'étaient que des exécutants. En effet, de par sa qualité et ses fonctions effectives dans l'organisation politico-militaire dénommée UCD/FAPC, le Général KAKWAVU avait effectivement le contrôle de la volonté des auteurs matériels, exécutants matériels du meurtre de LETI Léopold.

Les Forces Armées du Peuple Congolais (FAPC) étaient organisées et hiérarchisées et le Général KAKWAVU exerçait effectivement une forte autorité et un contrôle sur les FAPC dont il était fondateur et commandant suprême.

Il a abusé de son autorité et de son pouvoir en ordonnant l'exécution et le meurtre de LETI ; ce qui fut fait par ses subordonnés qui obéissaient de manière quasi automatique à ses ordres. Le pouvoir, l'autorité et le contrôle que le Général KAKWAVU exerçait dans les FAPC étaient tels que, même ses plus proches collaborateurs ne pouvaient poser aucun acte important sans que leur chef suprême n'ait ordonné ou autorisé et ils ne pouvaient lui désobéir sans subir un châtiment sévère et parfois suprême.

En conclusion, le crime de guerre par meurtre à charge du prévenu est établi tant en fait qu'en droit.

DU MEURTRE DE MR ENEKO ET DE MR LEBURU

Dans la décision de renvoi, le meurtre de *Mr ENEKO et Mr LEBURU* était qualifié de crime contre l'humanité, fait prévu par l'art 7.1.a du Statut de Rome de la CPI. Mais au cours de l'instruction, l'OMP a disqualifié cette infraction en crime de guerre. Qu'à cela ne tienne, car la Cour est saisie des faits et non de leurs qualifications.

S'agissant du meurtre des précités, un fait certain, est que le convoi de Mr ENEKO qui était désigné gouverneur de l'ITURI par le Président de l'UPC, Mr Thomas LUBANGA, a essuyé des tirs provenant du buisson et à un endroit où venaient de se dérouler des combats meurtriers entre deux groupes armés ennemis. Mrs ENEKO, LEBURU et tous les autres membres de la délégation sont morts sur le champ; il n'y a eu que deux rescapés.
Mais, l'instruction de cette affaire à l'audience, y compris la descente sur le lieu du crime, n'a pas pu apporter un éclairage suffisant sur les zones d'ombre persistantes autour de la question de savoir à quel groupe armé appartenaient les personnes qui ont attaqué ce convoi.

Autrement dit la Cour de Céans n'a pas pu avoir des éléments suffisants permettant d'imputer la mort de Mr ENEKO et de Mr LEBURU à tel groupe armé plutôt qu'à tel autre.

Ainsi, faute d'éléments suffisants permettant d'affirmer que Jérôme KAKWAVU est le commanditaire du meurtre des précités, la Cour de céans dira qu'il y a un doute raisonnable quant à ce, d'autant plus qu'à l'époque des faits, Jérôme KAKWAVU était encore dans l'UPC sous le haut commandement de Thomas LUBANGA.

b. Crime de guerre par tortures

Il est reproché au général KAKWAVU d'avoir commis, comme auteur intellectuel ou par l'intermédiaire d'une autre personne, un crime de guerre par tortures sur COMBE NGABU et MAWA alias VOLVO.

S'agissant du crime de guerre par torture, celui-ci est prévu par l'article 8.2) c) i)- 4 du Statut de Rome de la CPI.

Pour sa réalisation, outre les éléments qui concernent tous les crimes de guerre, les éléments de ce crime prévus dans le texte des « Eléments des crimes » à la page 34, doivent être réunis, à savoir:

- L'auteur a infligé à une ou plusieurs personnes une douleur ou des souffrances aiguës, physiques ou mentales ;
- L'auteur a infligé cette douleur ou ces souffrances afin, notamment d'obtenir des renseignements ou des aveux, de punir, d'intimider ou de contraindre, ou pour une raison fondée sur une discrimination, quelle qu'elle soit ;
- Lesdites personnes avaient été mises hors de combat ou étaient des civils ou des membres du personnel médical ou religieux ne prenant pas activement part aux hostilités ;
- L'auteur avait connaissance des circonstances de fait établissant ce statut ;
- Le comportement a eu lieu dans le contexte de et était associé à un conflit armé ne présentant pas un caractère international ;
- L'auteur avait connaissance des circonstances de fait établissant l'existence d'un conflit armé.

DES TORTURES INFLIGEES A MR COMBE NGABU

Le Général KAKWAVU a ordonné aux gardes du cachot de brûler des sachets en plastique et d'en asperger le liquide sur le corps de COMBE NGABU. En outre, celui-ci avait été déshabillé pour rester en sous vêtement.

Il est resté dans ce container-cachot où il faisait très chaud la journée et très froid la nuit, sans prendre bain pendant plusieurs semaines.

Le Général KAKWAVU l'a soumis à ces tortures dans le but de le punir pour la simple raison qu'il était suspecté d'être de mèche avec ceux qui avaient tenté de le renverser.

Le fait de causer des douleurs et de souffrances aiguës physiques et morales constitue des tortures imputables au général KAKWAVU qui en a ordonné l'exécution.

Les conseils du prévenu estiment que si tortures il y avait, celles-ci auraient dû laisser des cicatrices sur le corps de la victime présumée, ce qui n'est pas le cas. A ce sujet, la Cour de céans signale que toutes les tortures causant des douleurs et de souffrances physiques aiguës ne laissent pas forcément des cicatrices ou des traces sur le corps de la victime. D'ailleurs la loi relative à cette incrimination ne le prévoit pas comme condition ou élément constitutif des tortures.

Les tortures infligées à Mr COMBE NGABU ont été commises dans un contexte, sous le couvert, sous le prétexte ou à la faveur des conflits armés.

COMBE NGABU était, un civil et notable de ARU bien connu, même des miliciens. Il n'a jamais participé aux hostilités. C'est donc une personne protégée par les conventions de Genève. COMBE NGABU comme victime d'un crime de guerre par torture est concerné par les literas a, c, e du point 2 de l'article 8 du Statut de Rome de la CPI, à savoir, des personnes protégées par les dispositions des conventions de Genève , des civils ou des personnes civiles qui ne participent pas directement aux hostilités.

Sur la base de l'article 25.3. a, le Général KAKWAVU est individuellement responsable pénalement du crime de guerre par tortures pour avoir, par l'intermédiaire de ses subordonnés, infligé des tortures à COMBE NGABU.

DES TORTURES INFLIGEES A MR MAWA ASIA ALIAS VOLVO

L'analyse des faits a démontré que MAWA VOLVO a été arrêté deux fois. La première fois, il a été arrêté par les hommes du prévenu, à l'époque de l'UPC. Mais informé, le prévenu est intervenu pour empêcher ces tortures. Ce qui l'écarte des poursuites sur pied de l'article 28 du statut de Rome.

Par la suite, il a été de nouveau arrêté dans le cadre du putsch, il a été gardé dans le container durant deux heures sans tortures. Cette arrestation de courte durée ne constitue pas un fait de valeur à être qualifié de torture.

En conclusion, la prévention de crime de guerre par torture de MAWA alias VOLVO n'est pas établie.

DES CRIMES DE GUERRE PAR MEURTRE COMMIS PAR LES FORCES OU LES SUBORDONNES DU GENERAL KAKWAVU

La Cour de céans relève avant tout que, par sa décision de renvoi du 31 mars 2012, l'OMP n'a pas saisi cette juridiction aux fins de juger les auteurs des crimes de guerre commis par les forces ou les subordonnés du Général KAKWAVU. La juridiction pénale étant saisie in rem et in personam par l'acte qui la saisit, elle est liée par le contrat judiciaire et ne peut juger au-delà de sa saisine.

L'OMP a saisi la Haute Cour Militaire aux fins de juger plutôt le Général KAKWAVU pour n'avoir pas pris les mesures nécessaires et raisonnables pour empêcher ou réprimer l'exécution de divers crimes de guerre par meurtre commis par les forces ou les subordonnés ou en référer aux autorités compétentes aux fins d'enquête et des poursuites , alors qu'il savait ou aurait dû savoir , en tant que chef militaire ou en raison des circonstances , que ses forces commettaient ou allaient commettre ces crimes.

Cependant, avant d'établir la responsabilité pénale du Général KAKWAVU des crimes de guerre par meurtres commis par ses forces ou ses subordonnés, il sied au préalable de prouver que ces crimes dont la matérialité a été établie lors de l'analyse des faits, sont également établis en droit et ce, en application de l'article 8.2)c)i)-1 du Statut de Rome.

Il s'agit des crimes de guerre par meurtre commis sur Messieurs NGANGENI, UNEN MOUSSA, RAPHAEL UCIBA, AVE ANDREANO, UKABA DEPANDA, DENIS UKERBO, et UGICAN TCHOMBE.

Il convient de rappeler que pour qu'un crime de guerre par meurtre existe, ses éléments constitutifs doivent être réunis. Il s'agit de :

1. L'auteur a tué une ou plusieurs personnes.
2. Lesdites personnes étaient hors combat ou des personnes civiles ou des membres du personnel médical ou religieux ne prenant pas activement part aux hostilités.
3. L'auteur avait connaissance des circonstances de fait établissant ce statut.
4. Le comportement a eu lieu dans le contexte de et était associé à un conflit armé ;
5. L'auteur avait connaissance des circonstances de fait établissant l'existence d'un conflit armé.

1. De l'acte homicide

Messieurs NGANGENI, UNEN MOUSSA, RAPHAEL UCIBA, AVE ANDREANO, UKABA DEPANDA, DENIS UKERBO, de UGICAN

TCHOMBE ont été effectivement tués, comme en témoignent les certificats de décès versés au dossier.
Les actes matériels ayant entrainé la mort des précités ont été décrits dans l'analyse des faits.
S'agissant de la question de l'identification des auteurs matériels, la Cour de Céans se réfère à l'article 28 du Statut de Rome qui dispose au point (a) qu'un chef militaire est pénalement responsable des crimes relevant de la compétence de la Cour *commis par des forces* placées sous son commandement et son contrôle effectifs, ou sous son autorité et son contrôle effectifs ... »

Selon l'esprit de cette disposition, il importe peu que les auteurs ou co-auteurs matériels présumés aient été individuellement identifiés ou non, que leurs noms aient été révélés ou non. L'essentiel est d'identifier, sans équivoque, sans ambigüité et avec certitude, les forces auxquelles appartiennent les auteurs des crimes visés, pour pouvoir déterminer le chef militaire dont la responsabilité pénale des crimes pourrait être engagée.

Par forces, il faut entendre l'unité ou la formation militaire, l'organisation ou le groupe armé.
L'identification des forces ou de l'unité militaire ou du groupe armé auquel appartiennent les auteurs présumés des crimes de guerre visés peut se faire par tout moyen de preuve, étant donné que le principe de la liberté de preuve appliqué en droit pénal congolais est aussi admis en cas de crimes relevant de la compétence de la CPI. La note explicative du Règlement de procédure et preuve adopté par l'Assemblée des Etats Parties du statut de Rome, lors de sa première session, précise que le Règlement de procédure et preuve n'affecte en rien les règles de procédure qu'applique tout tribunal ou système juridique national dans le cadre des poursuites nationales.

Dans le cas d'espèce, il ressort de l'instruction tant pré-juridictionnelle qu'à l'audience publique que les auteurs des susdits crimes appartenaient aux FAPC. Cela a été confirmé par les éléments récoltés lors de la descente sur les lieux des faits en complément d'instruction juridictionnelle par le rapporteur de la Cour de céans accompagné des représentants de toutes les parties. Il convient de souligner que ces éléments ont été soumis aux débats contradictoires à l'audience publique.

En effet, l'entretien avec des habitants résidant aux lieux des crimes ou ses environs a permis de comprendre, par exemple, que la population pouvait facilement distinguer un groupe armé d'un autre. Chaque groupe armé se distinguait des autres par certains éléments spécifiques, notamment, l'habillement porté, la langue parlée, le lieu de leur cantonnement ; les notables du terroir connaissaient même, avec précision près, le ressort territorial de chaque groupe armé, soit l'étendue et les limites de l'espace territorial occupé ou contrôlé par l'un ou l'autre groupe etc.

Par ailleurs, il est important de signaler que les miliciens des différents groupes armés ne se mélangeaient pas les uns avec les autres et ne partageaient pas une même zone d'influence. Le contrôle d'une zone par un groupe armé se faisait de manière à exclure la présence des membres des autres groupes armés considérés comme ennemis.

S'agissant particulièrement des FAPC, il est important de rappeler que les miliciens de ce groupe armé sont quasiment ceux qui étaient dans l'UPC et sont demeurés aux mêmes endroits. A titre d'illustration, le camp SIGRACO était occupé par les mêmes éléments pendant plus de deux ans. Avant le 6 mars, ils appartenaient à l'UPC sous le commandement suprême et l'autorité de Mr Thomas LUBANGA. Après le 6 mars, ils appartiendront aux FAPC sous le commandement suprême et l'autorité du Général Jérôme KAKWAVU.

Donc la population pouvait dire, sans se tromper, que les auteurs de tel crime appartenaient à tel groupe armé.

Les différentes personnes entendues au sujet des susdits crimes ont donné le récit des faits de manière bien détaillée et cohérente.

C'est ainsi qu'à l'exception du cas de mademoiselle Christine ADOKORAGI, les auteurs matériels des meurtres susmentionnés étaient identifiés par plusieurs personnes, soit avant, soit pendant soit après la commission des faits, comme étant des miliciens des FAPC. Après forfait, souvent au vu et au su des témoins du crime, ils retournaient à leur cantonnement ou positions connues comme étant des FAPC. C'est ainsi que:

- les auteurs matériels du meurtre de NGANGENI, de DENIS UKERBO et de UGICAN TCHOMBE sont des miliciens des FAPC qui étaient cantonnés dans la concession SIGRACO à NDRELE ;
- les auteurs matériels du meurtre de RAPHAEL UCIBA et de AVE ANDREANO sont des miliciens des FAPC qui étaient en position à SIMBI ;
- les auteurs matériels du meurtre de UNEN MOUSSA sont des miliciens des FAPC qui étaient en position au Mont PONO près de DJUPOWADWEGI ;
- les auteurs matériels du meurtre de UKABA DEPANDA étaient connus comme étant des miliciens FAPC qui étaient déployés à MAKOFI et ses environs.

Les noms de certains chefs militaires directs des auteurs des crimes avaient été aussi révélés : par exemple, le major KAKULE BISHOKE, le major LAURENT et le major BOZI MOTUKA étaient des chefs militaires au camp SIGRACO à NDRELE où messieurs NGANGENI ET DENIS UKERBO ont été tués ; le nommé alias SOUDANAIS était Commandant de l'unité stationnée à SIMBI d'où étaient venus des miliciens qui ont tué RAPHAËL UCIBA et AVE ANDREANO.

S'agissant particulièrement du meurtre de UNEN MOUSSA, le Major BOZI MOTUKA qui était bien connu de la population a été cité parmi les miliciens qui ont donné la mort au précité.

2. Le statut civil des victimes et la connaissance de ce statut par les auteurs des crimes

Toutes les personnes susmentionnées et qui ont été tuées par des miliciens des FAPC étaient des personnes civiles et de simples paisibles citoyens qui ne prenaient pas part aux hostilités.
Dans leur milieu de résidence et aux lieux des crimes dont elles ont été victimes, tout le monde, y compris les miliciens qui les ont tués, les connaissaient comme étant des personnes civiles. D'ailleurs personne n'a contesté leur qualité de civil.

3. La connaissance par l'auteur du crime des circonstances de fait établissant l'existence d'un conflit armé et le lien entre le crime et le conflit armé

Au regard des éléments des crimes de meurtre au préjudice des précités lesquels ont été analysés et établis dans leur matérialité, il y a lieu d'affirmer que ces crimes ont été commis non seulement dans le contexte des conflits armés, mais aussi sous le couvert, sous le prétexte ou à la faveur desdits conflits armés, les auteurs desdits crimes étant eux-mêmes des acteurs de ces conflits.

D'ailleurs, certains d'entre eux s'adressant à leurs victimes n'hésitaient pas à rappeler le contexte de conflit armé qui prévalait ; d'autres, dans leur divagation, prétendaient qu'ils faisaient des patrouilles de combat. D'autres encore, après avoir commis le forfait, retournaient à leur cantonnement en tirant en l'air et en criant qu'ils étaient des éléments du redoutable et redouté seigneur de guerre, pour ainsi dissuader ceux qui pourraient s'aventurer à les pourchasser et chercher à les attraper.

DE LA RESPONSABILITE PENALE DU GENERAL KAKWAVU POUR DES CRIMES DE GUERRE COMMIS PAR SES FORCES OU SES SUBORDONNES

Il s'agit ici de *la responsabilité des chefs militaires* telle qu'elle est prévue à l'article 28 du statut de Rome de la CPI. Il existe donc deux catégories principales de supérieurs hiérarchiques :

Les chefs militaires et assimilés (Par. a de l'article 28) et - Les supérieurs hiérarchiques qui ne rentrent pas dans cette première catégorie, par exemple les civils investis de fait et de droit d'une autorité (par. b de l'article 28).

En effet, aux termes de l'article 28 du statut :

a. Un Chef Militaire ou une personne faisant effectivement fonction de chef Militaire est pénalement responsable des crimes relevant de la compétence de la Cour commis par des forces placées sous son commandement et son contrôle effectifs ; ou sous son autorité et son contrôle effectifs, selon le cas, lorsqu'il ou elle n'a pas exercé le contrôle qui convenait sur les forces dans les cas où :
   i. Ce chef Militaire ou cette personne savait ou, en raison des circonstances, aurait dû savoir que ces forces commettaient ou allaient commettre ces crimes ; et
   ii. Ce chef ou cette personne n'a pas pris toutes les mesures nécessaires et raisonnables qui étaient en son pouvoir pour en empêcher ou en réprimer l'exécution ou pour en référer aux autorités compétentes aux fins d'enquête et de poursuites ;

b. En ce qui concerne les relations entre supérieur hiérarchique et subordonnés non décrites au paragraphe a), le supérieur hiérarchique est pénalement responsable des crimes relevant de la compétence de la Cour commis par des subordonnés placés sous son autorité et son contrôle effectifs, lorsqu'il n'a pas exercé le contrôle qui convenait sur ses subordonnés dans les cas où :
   i. le supérieur hiérarchique *savait* que ces subordonnés *commettaient ou allaient commettre ces crimes ou a délibérément négligé de tenir compte d'informations* qui l'indiquaient clairement ;
   ii. *Ces crimes étaient liés à des activités relevant de sa responsabilité et de son contrôle effectifs* ;
   iii. Le supérieur hiérarchique *n'a pas pris toutes les mesures nécessaires et raisonnables qui étaient en son pouvoir pour en empêcher ou en réprimer l'exécution ou pour en référer aux autorités compétentes* aux fins d'enquête et de poursuites.

S'agissant de la responsabilité des chefs militaires pour des actes commis par ses forces, cas qui nous préoccupe, la doctrine enseigne que ce type de responsabilité se comprend mieux lorsqu'on considère la règle qui veut qu'il ne peut y avoir de responsabilité pénale par omission que si la loi fait obligation d'agir. Cette obligation qui incombe aux commandants militaires d'exercer un contrôle sur leurs subordonnés est inscrite, entre autres à *l'Art 87 du protocole additionnel intitulé « Devoirs de commandant » et qui leur impose le devoir d'agir pour empêcher les personnes placées sous leur autorité de commettre des violations du droit international humanitaire, et de punir les éventuels auteurs de ces violations. Ce qui se traduit par l'adage selon lequel :* « il n'y a pas de mauvaises troupes, il n'y a que de mauvais chefs ».

Ainsi, pour établir la responsabilité du chef militaire ou d'une personne faisant effectivement fonction de chef militaire, la jurisprudence de la CPI et la doctrine estiment que certains éléments doivent être réunis.
Il ressort de *la décision de la Chambre préliminaire II de la CPI du 15 juin 2009, par. 407, dans l'affaire BEMBA*, que pour établir la responsabilité pénale du chef militaire ou d'une personne faisant effectivement fonction de chef militaire (personne assimilable à un chef militaire), les éléments suivants doivent être réunis :

- *Le suspect doit être un chef militaire ou une personne faisant effectivement fonction de chef militaire ;*
- *Le suspect doit exercer un commandement et un contrôle effectifs, ou une autorité et un contrôle effectifs, sur les forces (les subordonnés) qui ont commis un ou plusieurs des crimes recensés aux articles 6 à 8 du Statut de Rome ;*
- *Les crimes commis par les forces (les subordonnés) résultent du fait que le suspect n'a pas exercé sur celles-ci le contrôle qui convenait ;*
- *Le suspect savait ou, en raison des circonstances, aurait dû savoir que les forces (les subordonnés) commettaient ou allaient commettre un ou plusieurs des crimes recensés aux articles 6 à 8 du Statut ;*
- *Le suspect n'a pas pris les mesures nécessaires et raisonnables qui étaient en son pouvoir pour empêcher ou réprimer l'exécution de ces crimes ou pour en référer aux autorités compétentes aux fins d'enquête et de poursuites.*

1. Le suspect doit être un chef militaire ou une personne faisant effectivement fonction de chef militaire ;

a. Le prévenu doit être un chef militaire

Le terme chef militaire désigne une catégorie de personnes officiellement ou légalement nommées pour exercer les fonctions de

commandement militaire, c'est-à-dire des chefs de jure ou de facto. Il regroupe toutes les personnes qui exercent une responsabilité de commandement au sens des forces armées, quel que soit leur grade ou leur échelon.
A cet égard, un chef militaire peut tout aussi bien occuper la plus haute position dans la chaîne de commandement qu'avoir seulement quelques soldats sous ses ordres ; (*commentaire des protocoles additionnels, §3553*).
La notion de chef militaire couvre également le cas de figure où le supérieur n'exerce pas exclusivement des fonctions militaires. C'est le cas dans certains pays où le chef de l'Etat est le commandant en chef des Forces Armées, et bien que la personne n'exerce pas exclusivement des fonctions militaires, elle peut être responsable des crimes commis par ses forces (c'est-à-dire des membres des Forces Armées) *; (Affaire BEMBA, Décision du 15 juin 2009).*

b. Une personne faisant effectivement fonction de chef militaire
Par personne faisant effectivement fonction de chef militaire, il faut comprendre les personnes qui n'ont pas été légalement désignées pour assumer un rôle de chef militaire quoiqu'elles jouent de fait un tel rôle, en exerçant un contrôle effectif sur un groupe de personnes par l'intermédiaire d'une chaîne de commandement ; *(jugement KUNARAC du 22 Fev 2001, §397).*

c. Nécessité d'une hiérarchie militaire
Pour qu'un supérieur soit reconnu coupable de sa faute par rapport aux agissements d'une personne, encore faut-il que celle-ci lui soit subordonnée, il faut qu'il n'assume pas de responsabilité par rapport aux agissements de tout un chacun, mais bien seulement des personnes qui sont dans un état de subordination ou dont il est le supérieur hiérarchique.

Telle est d'ailleurs la position de la jurisprudence internationale qui s'est exprimée en ces termes dans l'affaire KORDIC et CERKEZ : « Il semble aller de soi qu'en vertu de la doctrine de la responsabilité du commandement, le lien de subordination doit être démontré pour que la responsabilité d'une personne en position d'autorité soit engagée ».

La chambre CELEBICI a considéré que « la loi ne connaît pas de supérieur sans un subordonné correspondant. La doctrine de la responsabilité du commandant s'articule et se fonde clairement sur la relation entre le supérieur et le subordonné et sur la responsabilité du commandant pour les actes commis par des membres de ses troupes ».

2. Le suspect ou l'accusé doit exercer un commandement et un contrôle effectifs ou une autorité et un contrôle effectifs sur ses forces

L'auteur ou l'accusé doit exercer un commandement et un contrôle effectifs ou une autorité et un contrôle effectifs sur ses forces.

Au regard de l'Art 28.a du Statut, chacune des expressions « commandement et contrôle effectifs » et « autorité et contrôle effectifs » peut s'appliquer tant au chef militaire au sens strict qu'aux personnes assimilables à des chefs militaires.

Pour la chambre préliminaire II de la CPI, l'expression « autorité effective », commandement effectif et « autorité effective », sont d'après la chambre, des expressions de sens proches mais distincts. L'expression « autorité effective» peut renvoyer aux modalités ou à la manière dont un chef militaire ou assimilé exerce son contrôle sur ses forces ou ses subordonnés ; *(Affaire BEMBA, Décision du 15 juin 2009 ; §412).*

Le « commandement effectif» est généralement la manifestation d'un lien de subordination entre le suspect ou l'accusé et les forces ou subordonnés dans le cadre d'une hiérarchie de droit ou de fait (chaîne de commandement).

Le concept de « contrôle effectif » vise principalement la capacité matérielle d'empêcher ou de punir un comportement criminel ; aussi, le fait de ne pas exercer pareille capacité de contrôle donne-t-il en soi naissance à la responsabilité pénale. Dans le contexte de l'Art 28 a du Statut, le « contrôle effectif » dénote également la capacité matérielle d'empêcher ou de réprimer l'exécution des crimes ou d'en référer aux autorités compétentes ; *(Affaire BEMBA, Décision du 15 juin 2009, §415).*

Il ressort des décisions de la chambre préliminaire II du TPIY rendues dans différentes affaires, qu'il existe plusieurs éléments susceptibles d'indiquer qu'un supérieur détenait une autorité et un contrôle effectifs. Il s'agit notamment :

- De la position du suspect ;
- De son pouvoir d'émettre ou de donner des ordres ;
- De sa capacité de se faire obéir (c'est-à-dire de s'assurer que les ordres émis sont exécutés) ;
- De la place qu'il occupe au sein de la hiérarchie militaire et des tâches qu'il accomplit dans la réalité ;

- De sa capacité de donner des ordres de combat aux unités placées sous son commandement immédiat ainsi qu'à celles placées à des échelons inférieurs ;
- De sa capacité d'ordonner la subordination d'unités ou de modifier la structure du commandement ;
- De son pouvoir de promouvoir, remplacer et sanctionner les membres des forces, ainsi que de les démettre de leurs fonctions, etc.
- De son autorité d'envoyer des forces là où se déroulaient des combats et de les en retirer à tout moment.

  Il ne suffit pas de démontrer que l'auteur ou le suspect exerçait un contrôle effectif sans préciser la période à laquelle ce pouvoir doit avoir été exercé. En particulier, il semble que le « contrôle effectif » et le comportement criminel doivent être concomitants.

  Au vu de ce qui précède, la chambre a considéré que, selon l'Art 28.a du Statut, le suspect doit avoir exercé un contrôle effectif à tout le moins au moment où les crimes allaient être commis. Cette conclusion est étayée par le libellé du chapeau de l'Art 28.a du Statut qui dispose en sa partie pertinente qu'un chef militaire ou une personne faisant effectivement fonction de chef militaire est pénalement responsable des crimes commis par des forces placées sous son contrôle effectif « lorsqu'il n'a pas exercé le contrôle qui convenait » sur ces forces.

Dans le cas d'espèce, la Cour de Céans estime que les deux premières conditions relatives respectivement à la qualité de chef militaire ou d'une personne faisant effectivement fonction de chef militaire et à l'exercice d'un commandement et d'un contrôle effectifs par le chef militaire, sont remplies.

En effet, le point consacré à la création, à l'organisation et au fonctionnement des FAPC, a fourni des éléments suffisants indiquant que le prévenu KAKWAVU faisait effectivement fonction de chef militaire et exerçait un commandement, une autorité et un contrôle effectifs sur les militaires FAPC qui ont commis les crimes si l'on tient compte :

- Du fait que c'est le Général Jérôme KAKWAVU qui était le fondateur de la milice UCD/FAPC ;

- De la place officiellement occupée par le prévenu au sein de l'UCD/FAPC : il était le président l'UCD/FAPC et il n'y avait aucune autre autorité au-dessus de lui dans cette structure politico-militaire.

- Il était connu et reconnu comme l'autorité suprême dans les territoires de MAHAGI, de ARU et une partie de DJUGU. En effet, lors de ses différentes tournées, il a toujours été reçu avec les honneurs et accueilli par les miliciens tout comme par les cadres de l'administration publique, par les autorités politico- administratives et par la population comme l'autorité Suprême de la contrée.

- C'est lui-même qui nommait et le cas échéant relevait de leurs fonctions les cadres politico-administratifs, ceux des entreprises publiques et régies financières etc...dans les territoires sous son contrôle. A titre d'illustration, c'est lui-même qui a désigné les Administrateurs du Territoire de ARU, et de MAHAGI. Il décidait de la mutation ou permutation ou de la révocation des agents de la douane. Les recettes fiscales et douanières étaient versées auprès de lui (déclarations de KATSHUVA alias Machine lues à l'audience du 18 Juillet 2014).

- Du fait qu'il était le premier chef militaire ou le commandant suprême des FAPC, c'est lui qui nommait et le cas échéant relevait les membres des FAPC aux grades et aux fonctions militaires dans ce groupe armé. A titre d'illustration, il a nommé BOZI commandant de bataillon à NDRELE en remplacement du Maj Laurent.

- Du fait qu'il disposait d'une autorité certaine sur le plan militaire à l'échelle de tous les Territoires susmentionnés et exerçait un contrôle effectif sur ses troupes par l'intermédiaire d'une chaîne de commandement, étant précisé que les FAPC étaient organisées comme une armée conventionnelle disposant d'un Etat-Major dirigé par le Comd MANU, d'un Service de Renseignements sous le commandement du Col ALI, de 3 Bdes déployées respectivement à MAHAGI (1Bde avec comme Comd le Col MUGISHA Paul), à ARIWARA (2Bde avec comme Comd le Col SALUMU) et à MBINJO dans le Territoire de DJUGU (3Bde avec comme Comd le Col SEYI), de plusieurs Bataillons disséminés à travers les Territoires sous son contrôle notamment à SIMBI avec comme Comd le nommé alias SOUDANAIS, à NDRELE avec comme Comd le Maj BOZI, puis le Maj LAURENT, à ARU avec comme Comd le MAJ RICKY (Cfr déclarations du prévenu devant l'OMP cote 150, 151) ;

- En sa qualité de chef Suprême des FAPC, il gardait dans sa résidence, des appareils de communication puissants, notamment la phonie, l'appareil satellitaire qui lui permettait de communiquer avec son EM, avec les différentes Brigades et avec ses alliés Ougandais ; il était informé de tout, était au centre de tout ;

- Du fait que le prévenu avait le pouvoir de donner des ordres qui étaient exécutés fidèlement : l'arrestation de l'Abbé DHEBO et de Mr COMBE NGABU et de leur libération ; l'exécution de Léopold LETI etc...

- L'accord de cessation des hostilités, du 18/03/2003 (cote 245 à 248) ainsi que l'acte d'engagement du 16/05/2003 (cote 250 à 253), signés par le prévenu en tant que chef EMG/FAPC en présence de la MONUC démontrent que le prévenu avait une position d'autorité suprême sur tous les combattants FAPC et cette autorité était reconnue par toutes les autres parties impliquées dans le processus de cessation des hostilités ;

- Le fait pour le prévenu d'avoir signé cet accord pour le compte de son mouvement suppose donc qu'il avait le pouvoir de s'engager au nom des membres de cette force.
  Telle a été du reste la position de la CPI dans l'affaire Germain KATANGA qui a considéré le fait pour Germain KATANGA d'avoir signé pour le compte de FRPI l'accord de cessation des hostilités signifie qu'il avait le pouvoir de s'engager au nom des membres de cette force.

- Du fait qu'il dirigeait la délégation des FAPC à toutes les rencontres de haut niveau organisées dans le cadre de la pacification de l'ITURI (cas de la rencontre de DAR es SALAM, Acte d'engagement de 2003 (cote 250 à 253) ;

- Il avait, dans tous les domaines de la vie militaire et à l'égard de l'ensemble des commandants et des combattants FAPC, des pouvoirs de commandement et de contrôle. Cela ressort des déclarations de tous les témoins entendus lors de la descente judiciaire en ITURI ordonnée par la Cour.

3. **Les crimes commis par les forces (les subordonnés) résultent du fait que le suspect n'a pas exercé sur celles-ci le contrôle qui convenait.**
   Le troisième élément exigé aux fins de l'application de l'Art 28.a du Statut est la preuve que les crimes commis par les *forces* du suspect résultent du fait qu'il n'a pas exercé sur celles-ci le contrôle qui convenait ; *(Affaire BEMBA Décision du 15 Juin 2008, §4).*

a. Le contrôle qui convenait

La jurisprudence de la chambre rappelle que le chapeau de l'Art 28.a du Statut est formulé dans les termes suivants : *un chef militaire ou une personne faisant effectivement fonction de chef militaire est pénalement responsable des crimes relevant de la compétence de la Cour* commis par les forces placées sous son commandement et son contrôle effectifs ou sous son autorité et son contrôle effectifs, selon le cas, lorsqu'il ou elle n'a pas exercé le contrôle qui convenait sur les forces dans les cas où ce chef militaire ou cette personne n'a pas pris toutes les mesures nécessaires et responsables qui étaient en son pouvoir pour en empêcher ou en réprimer l'exécution ou pour en référer aux autorités compétentes aux fins d'enquête et de poursuites ; *(Affaire BEMBA Décision du 15 juin 2008, §421).*

La *chambre* préliminaire II a évoqué les expressions « contrôle effectif » et « exercé le contrôle qui convenait ».

Elle considère à cet égard qu'on ne saurait affirmer qu'un chef militaire n'a pas « exercé le contrôle qui convenait » avant d'avoir démontré qu'il détenait un « contrôle effectif » sur ses forces. Le contrôle effectif se définissait par « la capacité matérielle» d'empêcher ou de réprimer l'exécution des crimes ou d'en référer aux autorités compétentes, le fait de ne pas avoir « exercé le contrôle qui convenait » relève dans les faits d'un manquement à pareil devoir. Cela donne à penser que dans ce contexte, l'expression « n'a pas exercé le contrôle qui convenait » doit être lue et comprise à la lumière de la disposition *ii* de l'Art 28.a du Statut ; *(Affaire BEMBA, Décision, §422).*

En effet, il apparaît du texte qu'il existe trois types d'omission :

- omission d'empêcher ou de prévenir ;
- omission de réprimer ;
- omission d'en référer aux autorités compétentes.

Et à chaque type d'omission correspond une obligation spécifique d'agir. Ainsi, un contrôle qui convenait peut-il consister :

- En une mesure spécifique permettant de prévenir ;
- En une mesure spécifique permettant de réprimer ;
- En une mesure spécifique permettant d'en référer aux autorités compétentes.

b. Le lien de causalité entre la commission des crimes visés et le défaut de contrôle par le supérieur

L'Art 28.a du Statut établit un lien entre la commission des crimes visés et le fait que le chef militaire « n'ait pas exercé le contrôle qui convenait».
Il y a lieu de préciser la portée du lien de causalité exigé par cette disposition.

En effet, l'Art 28.a *ii* évoque trois devoirs distincts du chef militaire

- empêcher la commission des crimes ;

- en réprimer l'exécution et
- en référer aux autorités compétentes aux fins d'enquête et de poursuites.

Dans le cas sous examen, la Cour de Céans estime que cette condition relative au fait que le crime résulte du défaut de contrôle qui convenait, est également remplie.

En effet, les crimes de guerre par meurtre commis par les miliciens FAPC sur les nommés NGANGENI, DENIS UKEBO, UNEN MOUSSA, RAPHAEL UCIBA, AVE ANDREANO, UKABA DEPANDA, UGICAN TCHOMBE et CHRISTINE ADOKORAGI, résultent du fait que le prévenu KAKWAVU en sa qualité de commandant en chef des FAPC et président de UCD/F A PC était censé exercer une autorité et un contrôle effectifs sur toute la milice FAPC, mais n'a pas exercé le contrôle qui convenait sur ses troupes dans la mesure où Il n'a pas pris des mesures visant à empêcher la commission par ses hommes des crimes ci-haut décrits à travers la chaîne de commandement mise en place ni réprimer leur commission alors qu'il en avait la capacité ou en référer à l'autorité de la branche chargée des renseignements au sein des FAPC aux fins d'enquête et faire engager des poursuites.

Sa responsabilité est donc basée sur l'omission d'agir du supérieur, qui avait pourtant, à cause de la relation hiérarchique qu'il entretenait avec ses subordonnés, l'obligation d'agir.

4. Le prévenu savait ou aurait dû savoir (Mens rea)

Le Statut de Rome ne reconnaît pas le principe de responsabilité sans faute. L'attribution de la responsabilité pénale à raison de l'un des crimes relevant de la compétence de la Cour dépend de l'existence de l'état d'esprit ou du degré de faute requis.

Pour que le chef militaire , suspect ou prévenu, soit tenu pénalement responsable, au sens de l'Art 28.a du Statut, d'un crime commis par des forces (des subordonnés) placées sous son contrôle, il doit être prouvé entre autres éléments, que ce chef militaire savait, ou, en raison des circonstances, aurait dû savoir que ses forces allaient adopter, adoptaient ou avaient adopté un comportement constituant les crimes relevant de la compétence de la CPI ; *(Affaire BEMBA, Décision Idem).*

Il y a lieu d'expliciter le contenu, le sens exact de ces deux notions :

« Savait » et « **aurait dû savoir ».**

a. Le prévenu savait

Le concept « savait » signifie l'existence d'une connaissance effective.

S'agissant de la connaissance effective par le suspect du fait que ses forces ou ses subordonnés commettaient ou allaient commettre un crime, pareille connaissance ne saurait être « présumée». Elle doit plutôt être déterminée au moyen des preuves directes ou indirectes ; (Affaire *BEMBA, Décision du 15 juin 2008, §431, §432*).
La jurisprudence pertinente des tribunaux pénaux internationaux a tenu compte de plusieurs éléments ou indices pour statuer sur ce que savaient effectivement les supérieurs hiérarchiques ; *(Affaire* ***BEMBA***, *Décision du 15 juin 2008, §430*).
Parmi ces éléments figurent :
- Le nombre d'actes illégaux, leur portée, leur caractère généralisé ou non;
- La période durant laquelle ils se sont produits ;
- Le type et le nombre de forces qui y ont participé ;
- Les moyens de communications disponibles, le modus operandi d'actes similaires ;
- La portée et la nature de la place et de la responsabilité du supérieur ou du chef militaire au sein de la hiérarchie ;
- Le lieu où il se trouvait au moment où les actes ont été accomplis et le lieu géographique des actes. A cela, il faut ajouter la connaissance effective qui peut également être avérée à priori,
- filières d'informations ; *(Affaire BEMBA, Décision du 15 juin 2008, §431, §432).*

b. Le prévenu aurait dû savoir

Le concept « aurait dû savoir», exige que le supérieur ou le chef militaire ait simplement négligé de se renseigner sur le comportement illégal de ses subordonnés.

La Haute Cour Militaire adhère à la position de la chambre de première instance du TPIY, *(Affaire BLASKIC*), qui estime que, si un commandant a exercé la diligence due dans l'accomplissement de ses devoirs mais ignore pourtant que des crimes sont sur le point d'être commis ou l'ont été, cette ignorance ne peut être retenue contre lui. Cependant, dit cette chambre, lorsque, compte tenu de sa position personnelle dans la hiérarchie et des circonstances du moment, l'ignorance résulte d'une négligence dans l'accomplissement de ses devoirs, elle ne saurait constituer un moyen de défense ; *(TPIY, le Procureur contre BLASKIC*).

La chambre est donc d'avis que la norme « aurait dû savoir » exige que le supérieur hiérarchique ou le chef militaire ait pris l'initiative de mettre en place les mesures nécessaires pour s'informer sur le comportement de ses troupes , *(TPIR, le procureur contre KAYISHEMA et RUZINDANA)* et de se renseigner, indépendamment de la disponibilité ou non d'informations à ce moment-là, sur la commission du crime ; *(Affaire BEMBA, Décision du 15 juin 2008,§433)*.

La responsabilité d'un chef militaire ou assimilé peut donc être engagée même si, en fait, il n'avait pas su, l'essentiel étant qu'il aurait dû savoir.

c. Le prévenu avait des raisons de savoir

On peut notamment considérer que le prévenu savait si, en fonction des circonstances de l'espèce :

- Il disposait d'informations générales l'avertissant des crimes commis par des subordonnés ou le mettant en garde contre la possibilité que surviennent des actes illégaux ; *(TPIY, le procureur contre DELIT),* et
- Les informations disponibles suffisaient à justifier un complément d'information ou d'enquête ; *(TPIY contre LIMAY et consorts).*

La jurisprudence est également convaincue que le fait de ne pas punir des crimes commis dans le passé par le même groupe de subordonnés tend à indiquer un risque futur. *(Affaire BEMBA, Décision du 15 juin 2008, §434).*

Dans le cas d'espèce, la Cour de Céans estime que cette quatrième condition relative à l'élément moral est remplie.

En effet, l'intention coupable du prévenu résulte, du fait qu'il savait que ses forces déployées dans le Territoire de MAHAGI, et précisément à NDRELE, MAKOFI, SIMBI, NSI, TILAL, PAMITU etc.... commettaient régulièrement des crimes de guerre par meurtre à l'endroit de la population, si l'on tient compte des facteurs ci-après :

- Il était bien connu de tous que des miliciens des FAPC commettaient souvent des meurtres et tant d'autres actes illégaux (viols, extorsion) ;
- A MAHAGI et dans ses environs, il était bien connu de l'opinion qu'il existait des fosses communes à NDRELE dans la concession SIGRAGO où étaient cantonnés des miliciens des FAPC;
- Pendant que le Général KAKWAVU était Commandant des FAPC et Président de l'UCD, les Organisations non gouvernementales, tant nationales qu'internationales, des Droits de l'homme, ne cessaient de

dénoncer les exactions commises par des miliciens sous son commandement à l'endroit de la population civile, notamment le cas de plusieurs femmes violées à NDRELE, l'existence de fosses communes dans la concession SIGRACO de la même localité ;

- Le Général KAKWAVU ne peut prétendre qu'il n'était pas au courant de l'incident qui avait eu lieu le 16/12/2004 entre ses forces et celles de la MONUC avant l'opération d'expertise effectuée par les experts de l'unité « activités médico-légales et criminalistique » de la MONUC pour vérifier l'existence des sites ou fosses d'inhumation au camp SIGRACO à NDRELE.
- Les structures des FAPC mises en place par le prévenu étaient comparables à celles d'une armée conventionnelle disposant d'un Etat-Major, de 03 Bdes déployées respectivement à MAHAGI, DJUGU et ARU, des Bn disposant des moyens de communication, des filières d'Info qui leur permettaient d'entrer régulièrement en communication avec lui ;
- Le prévenu disposait d'une phonie, d'un appareil Satellitaire qui lui permettait d'être au courant de la situation journalière de ses unités ;
- A travers ses dépositions faites devant l'OMP (cote 150, 151) en date du 29 Février 2012, le précité a reconnu qu'il s'entretenait régulièrement avec ses commandants Brigades et le chef de ses services de Renseignement, le Col ALI, lui transmettait régulièrement la situation de ses unités ; il recevait quotidiennement ou régulièrement, de la part de ses commandants Brigades et de ses commandants bataillons des « intsum », c'est-à-dire des rapports de ses collaborateurs ;
- Le Général KAKWAVU ne payait pas régulièrement la solde ni ne donnait la ration alimentaire suffisante et régulière à ses miliciens. Sous ce prétexte, de nombreux miliciens vivaient sur le dos de la population. Et, dans ces conditions, le Général KAKWAVU savait ou devait savoir ou avait des raisons de savoir que, ses forces commettaient ou allaient commettre des crimes au préjudice de la population.

D'ailleurs, il se défendait en déclarant à l'audience qu'il n'y a jamais eu de guerre propre.

5. Le prévenu n'a pas pris toutes les mesures nécessaires et raisonnables qui étaient en son pouvoir pour empêcher ou réprimer l'exécution de ces crimes ou en référer aux autorités compétentes aux fins d'enquête et de poursuites.

Pour la doctrine et la jurisprudence, la teneur des « mesures nécessaires et raisonnables » doit s'apprécier au cas par cas. Un chef militaire ou assimilé ne peut être jugé responsable au sens de l'Art 28.a du Statut que pour n'avoir pas pris les mesures « qui étaient dans ses capacités matérielles ». *(Affaire BEMBA, Décision du 15 juin 2008, §443).*

L'appréciation de ce qui pouvait être matériellement possible dépendra du degré de contrôle effectif qu'exerçait le supérieur sur ses forces à la naissance de son devoir.

Il semblerait donc que ce qui constitue une mesure raisonnable et nécessaire s'appréciera sur la base tant des pouvoirs détenus de droit par le chef que de sa capacité dans les faits de prendre de telles mesures ; *(TPIY, le procureur contre KORDIT et CERKEZ, Arrêt 17/12/2004).*

Pour juger un suspect responsable en vertu de la responsabilité des supérieurs hiérarchiques ou des chefs militaires, il est nécessaire, une fois qu'il ait satisfait à l'élément psychologique, de prouver qu'il a à tout le moins manqué à l'un des trois devoirs énumérés à l'Art 28.a-ii du Statut :

Le défaut d'empêcher les crimes, celui d'en réprimer l'exécution, ou celui d'en référer aux autorités compétentes aux fins d'enquête et de poursuites ; *(Affaire BEMBA, Décision du 15 juin 2008, §435).*

Les trois devoirs consacrés à l'Art 28.a.ii du Statut naissent à trois moments distincts de la commission des crimes, *avant*, *pendant* et *après*.

De ce fait, le manquement à chacun de ces devoirs contrevient à l'Art 28.a du Statut de manière distincte ; *(Affaire BEMBA, Décision du 15 juin 2008, §436).*

Un chef militaire ou assimilé peut par conséquent être tenu pénalement responsable d'un ou plusieurs manquements à ces devoirs pour un même crime sous-jacent. Partant, lorsqu'un chef n'a pas empêché l'exécution de crime dont il avait ou aurait dû avoir connaissance, il ne peut racheter cette omission qu'en se conformant au devoir de réprimer l'exécution des crimes ou d'en référer aux autorités compétentes ; ce que le Général KAKWAVU n'a pas pu faire.

a. Le devoir d'empêcher

Le devoir d'empêcher naît lorsque le chef militaire ou assimilé savait ou aurait dû savoir que des forces placées sous son contrôle et son commandement ou autorité effectifs « commettaient ou allaient commettre des crimes » ;

Ce devoir se déclenche à tout moment précédant la commission des crimes et avant qu'ils aient été effectivement commis par ses forces.

L'Art 28 du Statut ne définit pas les mesures spécifiquement associées au devoir d'empêcher les crimes.
L'on peut penser par exemple à s'assurer sur le bon déroulement des opérations militaires en respectant les droits de l'homme.
Prendre des mesures disciplinaires en cas d'atrocités envers les populations.

b. Le devoir de réprimer

Le supérieur ou le chef militaire pourra également voir sa responsabilité pénale engagée pour son défaut de réprimer ses subordonnés qui ont commis des crimes internationaux.
Le devoir de « réprimer » couvre deux devoirs distincts, naissant à deux stades différents de la commission des crimes :

- Le premier est le devoir de faire cesser les crimes qui sont en train d'être commis.
- Le deuxième recouvre l'obligation de punir les faits en question après que les crimes aient été commis ;
  Le devoir de punir, exige du supérieur ou du chef militaire de prendre les mesures nécessaires pour sanctionner la commission des crimes: - soit lui-même, soit, s'il n'en a pas la capacité, il renvoie la question aux autorités compétentes.
  Les punitions qu'il peut appliquer, varieront en fonction des circonstances de l'espèce et, en particulier, de sa place dans la chaîne de commandement. Donc, ce sont les faits de l'espèce qui détermineront si le devoir de punir exige que le supérieur exerce son pouvoir de prendre des mesures ou qu'il en réfère aux autorités compétentes ; *(Affaire BEMBA, Décision du 15 juin 2008, §441).*

c. Le devoir d'en référer aux autorités compétentes et de poursuites

Comme celui de punir, le devoir d'en référer aux autorités compétentes naît après la commission des crimes.

Il exige du chef militaire ou du supérieur qu'il prenne l'initiative de s'assurer que les auteurs des crimes seront traduits en justice. Il permet de remédier aux cas dans lesquels les chefs n'ont pas la capacité de sanctionner leurs forces. Cela comprend les situations dans lesquelles le supérieur a la capacité de prendre des mesures mais où celles-ci ne semblent pas suffisantes ; *(Affaire BEMBA, Décision du 15 juin 2008, §443).*

Dans le cas d'espèce, la Cour de Céans estime accomplir cette condition relative au défaut de remplir au moins l'un des devoirs suivants : empêcher, réprimer l'exécution des crimes ou en référer aux autorités compétentes aux fins d'enquête et de poursuites.

En effet, comme il a été démontré, le général KAKWAVU savait ou, en raison des circonstances, aurait dû savoir que des membres des FAPC qui étaient ses subordonnés commettaient de nombreux crimes au préjudice de la population sous son contrôle.

Cependant, il n'a pas pris les mesures nécessaires et raisonnables qui étaient en son pouvoir pour empêcher ou réprimer l'exécution de ces crimes ou pour en référer aux autorités compétentes aux fins d'enquête et de poursuites.

Pour se défendre, le prévenu n'a cessé de répéter qu'il n'y a pas de guerre propre.

En réalité , la faute du prévenu consiste dans le fait qu'il n'a pas pris toutes les mesures nécessaires et raisonnables pour empêcher, réprimer l'exécution de ces crimes, alors que de par sa position au sein de la structure FAPC, il exerçait une autorité, un contrôle effectifs sur ses subordonnés et partant il avait la capacité matérielle d'user de son pouvoir pour empêcher ses subordonnés de commettre des infractions ou sanctionner les auteurs des infractions commises ou en référer à l'autorité compétente aux fins d'enquêtes et des poursuites éventuelles.

Sa responsabilité pénale est donc basée sur le défaut d'agir, car il avait à cause de la relation hiérarchique qu'il entretenait avec ses subordonnés l'obligation d'agir mais il ne l'a pas fait et il n'a pas pris l'initiative de les déférer devant les autorités judiciaires compétentes. Il n'avait même pas pris des sanctions ni des mesures disciplinaires à leur encontre. S'il avait l'intention de punir, il aurait pu les mettre à la disposition de la structure des FAPC qui, selon lui-même faisait fonction de conseil de discipline et tribunal militaire. En fait, cette structure mise en place par le Général KAKWAVU lui-même et qui était coiffée par son second le Colonel MANU avec comme Officier du Ministère Public, le Colonel ZIBERA, n'a jugé que les personnes suspectées d'avoir tenté de le renverser (Cfr. déclarations de Monsieur COMBE), mais, ce n'était qu'une mascarade.

Enfin, la Cour de céans relève que, les conseils du prévenu plaident l'innocence et le défaut de responsabilité pénale de leur client. Ils soutiennent qu'à l'instar des crimes de guerre dont il est auteur matériel ou intellectuel présumé, les crimes de guerre par meurtre mis à charge des forces ou des subordonnés du Général KAKWAVU et dont il est présumé responsable pénalement, ne sont pas du tout établis. Dans leur note de plaidoirie ,ils demandent à la Cour de dire non établies en faits comme en droit toutes les préventions mises à charge du prévenu notamment pour absence de preuve ou défaut de preuve, et ce tant à titre personnel qu'en tant que supérieur hiérarchique.

La Cour de Céans se doit de rappeler qu'il a été jugé qu'en matière répressive, le juge doit tirer son intime conviction sur la responsabilité pénale du prévenu de l'ensemble des éléments du dossier, cela de manière libre, et il n'est pas obligé de tenir compte uniquement des éléments de défense présentés par le prévenu ; *(C.S.J., 18 Jul.1980, en cause NDEFU SANGA c/MP et CRTS, BA,64).* L'intime conviction des juges sur la responsabilité pénale du prévenu est donc tirée de l'ensemble des éléments du dossier.

Ainsi, après analyse de tous les éléments à charge et à décharge lesquels avaient été soumis aux débats contradictoires des audiences publiques, après examen minutieux du réquisitoire du MP, des conclusions des parties civiles et de la note de plaidoirie des conseils du prévenu, la Cour de Céans estime qu'excepté les cas de tortures de MAWA ASIA VOLVO, d'homicide de CHRISTINE ADOKORAGI , de ENEKO et de LEBURU , toutes les préventions mises à charge du prévenu, le Général KAKWAVU , seront déclarées établies en fait comme en droit. De même, la Cour dira établie la responsabilité pénale du prévenu, étant donné que celui-ci n'avait pas, en sa qualité de chef militaire faisant effectivement fonction, exercé le contrôle qu'il convenait sur ses forces alors qu'il savait ou aurait dû savoir que celles-ci commettaient ou allaient commettre des crimes.

DE LA REPARATION EN FAVEUR DES VICTIMES ET DE L'ACTION CIVILE

Les parties civiles ont introduit une action tendant à obtenir réparation des préjudices subis par les victimes des crimes de guerre commis par le général KAKWAVU et par ses forces. A cette fin, ils ont invoqué les dispositions de l'article 258 du code civil congolais livre III, les articles 77 et 226 du code judiciaire militaire et l'article 75 du Statut de Rome de la CPI.

Dans ce cadre, ils ont présenté ci-après les préjudices subis du fait des crimes de guerre commis par le Général Jérôme KAKWAVU et par ses forces, soit pour avoir perdu des êtres chers ou avoir subi des souffrances physiques et morales.

1. Pour CVR : elle a eu des souffrances et des traumatismes physiques à la suite des violences sexuelles. Elle a été atteinte des infections génitales. Elle a eu un choc psychologique grave jusqu'à être prise en charge par une ONG COOPI. Elle a abandonné ses études.
2. Pour sa mère MVR :

- Elle a enduré des souffrances morales d'une maman qui se trouve avec sa fille violée et contaminée d'infections génitales qu'il faut soigner pour sauver sa vie et par ce fait engager beaucoup de dépenses ;
- Avoir honte dans nos sociétés coutumières où tout regard est vite interprété comme une moquerie ;
- Avoir perdu son emploi à l'OFIDA du fait de quitter ARU pour MAHAGI à la recherche des centres de santé plus appropriés pour les soins de sa fille ;
- Avoir engagé des frais de déplacement de MAHAGI à KINSHASA pour suivre le procès et perdre ensuite son emploi à la Procure de MAHAGI.

Pour toutes ces raisons, elles réclament l'équivalent en Francs Congolais de 50.000$US

3. Pour Léopold LETI, son cousin Gervais ANGOWO pleure la perte d'un être cher qui a été sauvagement tué à l'aide d'une houe. Il réclame pour ce préjudice subi l'équivalent en Francs Congolais de 30.000$US.
4. Pour UKABA DEPANDA, son cousin Jacan UKUN, le considérait comme son propre fils pour l'avoir pris en charge dès le jeune âge. Sa mort lui a causé un préjudice moral. Il réclame l'équivalent en Francs Congolais de 30.000$US.
5. Dénis UKERBO, grand frère de Acer UWEKE Marceline. Celle-ci se plaint de la perte de son grand frère qui pouvait lui assurer une sécurité dans son ménage, elle réclame l'équivalent en francs congolais de 30.000$USD.
6. Archange LEBURU son cousin ANGARAZIA FEVI ANDROGINE pleure la perte d'un être cher qui lui a laissé les enfants. Il réclame 50.000$US en Francs Congolais.
7. COMBE NGABU : il fut soumis à des coups de fouet, des sachets en plastiques brûlés déversés sur lui et il était détenu nu dans le container. Il n'avait pas droit au bain. Il a ainsi subi des souffrances atroces. Il réclame 30.000$US en Francs Congolais.
8. MAWA ASIA alias VOLVO pour avoir été arrêté et torturé à l'époque de l'UPC et ensuite lors de la mutinerie et ce, avec une sauvagerie inégalée. Il réclame 20.000$US en Francs Congolais.
9. Christine ADOKORAGI qui a laissé deux enfants à charge de sa mère UZELE Régine née en 1925. Cette vieille dame qui n'a plus assez d'énergie pour encadrer ces enfants. Elle réclame 50.000$US en Francs Congolais.

10. Raphaël UCIBA, le père de UCAMBA Déogratias et Uvon UKERO, assassiné brusquement la nuit. Ses fils ont subi un préjudice moral certain. Ils réclament chacun 30.000$US en Francs Congolais.
11. NGANGENI, jeune garçon de 17 ans exécuté sommairement. Son père PIRONGA MBAMBA Sévérino ayant vu l'espoir brisé, réclame 30.000$US en Francs Congolais.
12. UCICAN TSHOMBE, mari de BINENA Rogeline, mort des suites des coups reçus. Elle a subi un choc et réclame 50.000$US en Francs Congolais.
13. UNEN MUSSA qui a creusé sa tombe avant d'être abattu. Son grand frère choqué réclame 30.000$US en Francs Congolais. La Cour note que la réparation en faveur des victimes des crimes relevant de la compétence de la CPI est prévue par le Statut de Rome à l'article 75 qui stipule en son point 1 :

   « La Cour (la CPI) établit des principes applicables aux formes de réparation, telles que la restitution, l'indemnisation ou la réhabilitation, à accorder aux victimes ou à leurs ayants droits. Sur cette base, la Cour peut, sur demande, ou de son propre chef, dans des circonstances exceptionnelles, déterminer dans sa décision l'ampleur du dommage, de la perte ou du préjudice causé aux victimes ou à leurs ayants droits, en indiquant les principes sur lesquels elle se fonde ».

La procédure à suivre et les règles ou principes sur l'évaluation de la réparation sont prévus aux points 2 à 5 et à la sous-section 4 du règlement de procédure et de preuve du statut.

Cependant, la Cour de Céans relève que le point 6 de l'article 75 du Statut précise que les dispositions de cet article s'entendent sans préjudice des droits que le droit interne ou le droit international reconnaissent aux victimes.

En outre, la note explicative du Règlement de procédure et de preuve précise que celui-ci n'affecte en rien les règles de procédure qu'applique tout tribunal ou système juridique national dans le cadre des poursuites nationales.

Aussi, l'action en réparation sous examen, s'inscrivant dans le cadre de poursuites nationales, la Cour de Céans appliquera les règles du droit congolais en la matière, en l'occurrence, les dispositions des articles 258 et 260 du code civil congolais livre III et celles des articles 77 et 226 du code judiciaire militaire.

L'article 258 stipule : « tout fait quelconque de l'homme qui cause à autrui un dommage oblige celui par la faute duquel il est arrivé à le réparer ».

Et l'article 260 de préciser : « On est responsable non seulement du dommage que l'on cause par son propre fait, mais encore de celui qui est causé par le fait des personnes dont on doit répondre ou des choses que l'on a sous sa garde ».

Trois conditions doivent être réunies à savoir : le fait générateur du préjudice, le préjudice proprement dit et le lien de causalité entre le fait et le préjudice.

L'article 77 du Code Judiciaire Militaire dispose à son alinéa premier : « L'action pour la réparation du dommage causé par une infraction relevant de la compétence de la juridiction militaire peut être poursuivie par la partie lésée en se constituant partie civile en même temps et devant le même juge que l'action publique »

L'article 226 du Code Judiciaire Militaire dispose : « Lorsque la juridiction militaire est saisie, la partie lésée par le fait incriminé peut la saisir de l'action en réparation en se constituant partie civile.

La constitution de la partie civile peut intervenir à tout moment de l'instance, depuis la saisine de la juridiction militaire jusqu'à la clôture des débats, par une déclaration reçue au greffe ou faite à l'audience, et dont il est donné acte au requérant.

En cas de déclaration au greffe, celui-ci en avise les parties intéressées ».

Il découle de ces deux dernières dispositions que pour statuer sur la demande en réparation des dommages devant une juridiction militaire, il faut au préalable qu'il y ait eu constitution de partie civile.

Dans le cas d'espèce, pour demander réparation des préjudices subis du fait des crimes de guerre susmentionnés, les victimes ou leurs ayant droit se sont régulièrement constitués partie civile et ce conformément à l'article 226 du code judiciaire militaire.

A propos des dommages subis, la Cour de Céans estime que les précitées victimes directes et indirectes des crimes de guerre par viol , meurtres et tortures établis en fait comme en droit, ont réellement et effectivement subi, chacune en ce qui la concerne, des dommages moraux et physiques énormes tels que décrits ci-dessus.

En conséquence, la Haute Cour Militaire dira la demande en réparation des parties civiles régulièrement constituées recevable et fondée à l'exclusion de MAWA ASIA alias VOLVO, de Christine ADOKORAGI et LEBURU Archange pour qui elle se déclarera incompétente.

C'EST POURQUOI

La Haute Cour Militaire statuant contradictoirement à l'endroit du prévenu Général Jérôme KAKWAVU BUKANDE.

Le Ministère Public entendu ;

Vu la Constitution en son article 149 ;

Vu le Statut de Rome CPI en ses articles : 8.2)e)vi)-1 ; 8.2)c)i)-1 ; 8.2)c)i)-4 ; 28.

Vu la loi N°023/2002 du 18 novembre 2002 portant Code Judiciaire Militaire en ses articles 1, 2, 4, 6, 8, 10, 27, 32, 34, 76, 77, 82, 104, 106, 107, 120,112 al.6, 123, 226, 246, 250 et 253 ;

Vu le Code Pénal Ordinaire en ses articles 15, 16, 17, 18 et 19.

Vu le Code de Procédure Pénale Ordinaire en ses articles 46 ; 74 point 4, 74 Bis et 78 Al 2 ;

Vu le Code Pénal Militaire en son article 7

Vu le Code Civil Congolais Livre III en ses articles 258 et suivants.

DISANT DROIT

Statuant sur l'action publique :

1. A la question de savoir si le prévenu Jérôme KAKWAVU est coupable des faits mis à sa charge, à la majorité des voix de ses membres, la Cour a répondu :

- OUI pour le crime de guerre par viol de KTD
- OUI pour le crime de guerre par viol de CVR
- OUI pour le crime de guerre par meurtre de Léopold LETI
- OUI pour le crime de guerre par torture de COMBE NGABU
- NON pour le crime de guerre par torture de MAWA ASIA VOLVO
- NON pour le crime de guerre par meurtre de ENEKO et LEBURU

2. A la question de savoir si le prévenu est responsable pénalement des crimes commis par ses subordonnés, à la majorité des voix de ses membres, la cour a répondu :

- OUI pour le crime de guerre par meurtre de NGANGENI
- OUI pour le crime de guerre par meurtre de Dénis UKERBO
- OUI pour le crime de guerre par meurtre de UCIGAN TSHOMBE
- OUI pour le crime de guerre par meurtre de Raphaël UCIBA

- OUI pour le crime de guerre par meurtre de AVE ADREANO
- NON pour le crime de guerre par meurtre de Christine ADOKORAGI
- OUI pour le crime de guerre par meurtre de DEPANDA UKABA
- OUI pour le crime de guerre par meurtre de UNEN MOUSSA

3. A la question de savoir s'il y a lieu de retenir en sa faveur des circonstances atténuantes, à la majorité des voix de ses membres, la Cour a répondu OUI en raison du fait qu'il est père d'une famille nombreuse et qu'il n'a pas d'antécédents judiciaires connus.
   En conséquence, la Cour le condamne avec admission des circonstances atténuantes sus-indiquées à :

- 10 ans SPP pour crime de guerre par viol de KTD
- 10 ans SPP pour crime de guerre par viol de CVR
- 10 ans SPP pour crime de guerre par meurtre de Léopold LETI
- 5 ans SPP pour crime de guerre par torture de COMBE NGABU
- 5 ans SPP pour crime de guerre par meurtre de NGANGENI
- 5 ans SPP pour crime de guerre par meurtre de Dénis UKERBO
- 5 ans SPP pour crime de guerre par meurtre de UCIGAN TSHOMBE
- 5 ans SPP pour crime de guerre par meurtre de Raphaël UCIBA
- 5 ans SPP pour crime de guerre par meurtre de AVE ANDRIANO
- 5 ans SPP pour crime de guerre par meurtre de UNEN MUSSA

Faisant application de l'article 7 du Code Pénal Militaire, elle prononce une seule peine la plus forte celle de 10 ans SPP.

L'en acquitte au bénéfice du doute pour le crime de guerre par meurtre de Mrs ENEKO et LEBURU.

L'en acquitte au bénéfice du doute pour le crime de guerre par meurtre de Christine ADOKORAGI

L'en acquitte au bénéfice de doute pour crime de guerre par torture de MAWA ASIA alias VOLVO

Statuant sur l'action civile

Dit l'action civile recevable et fondée à l'exclusion de celle concernant Mlle ADOKORAGI, Mr LEBURU Archange et Mr MAWA ASIA alias VOLVO pour qui la Cour se déclare incompétente ;

En conséquence, condamne le prévenu au paiement des Dommages Intérêts fixés à :

- 30.000 $ en Francs Congolais pour MVR
- 30.000 $ en Francs Congolais pour CVR

- 20.000 $ en Francs Congolais pour Léopold LETI
- 5.000 $ en Francs Congolais pour COMBE NGABU
- 10.000 $ en Francs Congolais pour UNEN MUSSA
- 10.000 $ en Francs Congolais pour NGANGENI
- 10.000 $ en Francs Congolais pour Dénis UKERBO
- 10.000 $ en Francs Congolais pour UCIGAN TSHOMBE
- 10.000 $ en Francs Congolais pour Raphaël UCIBA
- 10.000 $ en Francs Congolais pour AVE ANDRIANO
- 10.000 $ en Francs Congolais pour UKABA DEPANDA

Condamne le prévenu au paiement des frais d'instance à tarifier par le greffier payables dans le délai de 15 jours ou 6 mois de contrainte par corps à défaut de paiement.

AINSI ARRETE ET PRONONCE EN AUDIENCE PUBLIQUE DE CE VENDREDI 07 NOVEMBRE 2014, A LAQUELLE SIEGEAIENT :

1. Le Général Major NYEMBO ya BUZILU TULILWA Delphin, Premier Président ;
2. Le Général Major BIVEGETE PINGA SOLO, Rapporteur ;
3. Le Général de Brigade KINKELA KAMBWA André, Assesseur ;
4. Le Général de Brigade YONDO MPANDE MOYOKO Claude, Assesseur ;
5. Général de Brigade DIASUKA Dia KIYANA Maurice Assesseur ;

En présence constante aux débats de l'Officier du Ministère Public, représenté par **le Général Major MUNKUTU KIYANA** Premier Avocat Général près la Haute Cour Militaire, avec l'assistance du **Colonel N'KIAMA MATA Jean Philippe**, Greffier du siège.

Le Greffier **Le Premier Président**

COUR MILITAIRE DU SUD-KIVU

Audience publique du vingtième jour du mois de mai de l'an deux mille treize

DROIT PENAL

CULPABILITE DU PREVENU-OBLIGATION DE PRONONCER UNE PEINE POUR CHAQUE INFRACTION.

Viole la loi entrainant l'annulation avec évocation le jugement qui a omis de retenir une peine pour chaque infraction dont le prévenu est reconnu coupable.

CRIME DE GUERRE-CONFLIT INTERNE-APPLICATION DU DROIT INTERNATIONAL HUMANITAIRE DANS LE TEMPS ET DANS L'ESPACE.

En cas de conflit armé interne, le Droit International humanitaire s'applique sur l'ensemble du territoire sous contrôle de chacune des parties que des combats effectifs s'y déroulent ou non jusqu'à ce qu'un règlement pacifique soit conclu.

ARRET
RPA n° 230
Au nom du peuple congolais
(Art. 149 de la Constitution)

La Cour Militaire du Sud-Kivu siégeant en matière répressive au degré d'appel, en chambre foraine à WALUNGU, dans la salle d'audience du Tribunal de Paix de WALUNGU-CENTRE, a rendu et prononcé en Audience publique du lundi vingtième jour de mois de mai de l'an deux mille treize l'arrêt suivant :

EN CAUSE : l'Auditeur militaire, Ministère public et les Parties Civiles

1. F1 ;
2. F2 ;
3. F3 ;
4. F4 ;

5. F5 ;
6. F6 ;
7. F7 ;
8. F8 ;
9. F9 ;
10. F10 ;
11. M1 ;
12. M2 ;
13. F11 ;
14. F12 ;
15. F13 ;
16. F14 ;
17. M3 ;
18. M4 ;
19. M5 ;
20. M6 ;
21. M7 ;
22. F15 ;
23. F16 ;
24. F17 ;
25. F18 ;
26. F19 ;
27. F20 ;
28. F21 ;
29. F22 ;
30. F23 ;
31. F24 ;
32. F25 ;
33. CHATECHRIRWE KAZIMIRI ;
34. AYALI NAMULWA Avocat ;
35. KILUNDU KABUBUNDA SHABAII ;
36. Lambert MONGA ;
37. KUNYIMBA MAGURU ;
38. NEEMA BANYEWESIZE ;
39. KULIMUSHI MBALIZI ;
40. WAKWAMPOKO MERIDA MWASA ;
41. WABINGA ISANDA ;
42. SANGATIA PANDEMOYA ;
43. WASSO MASTAKI Gentil ;
44. LWAMEZIRE TANI ;
45. SIKOLA VDAMA ;
46. MAOMBI UZIMA Bozy ;
47. NDIMA SELEMANI ;
48. BIKULU BONHOMME ;

49. BIKULU WETHE ;
50. FAIDA KATANDA ;
51. MASANZI WAKANDWA FITINA ;
52. MACHOZI NAMULWA MAUWA ;
53. LAMBERT MONGA ;
54. WENDA KIKUKAMA FURAHA ;
55. MUGOSHIRWA Boniface ;
56. MUTUZA AUGUSTIN ;
57. WAMBILI MUSIGWA ;
58. FIKIRI IKANDO RENE ;
59. UZIMA KATOBO ;
60. ANEE MESSE CLAIRE ;
61. DESTINE LIMANGA ;
62. KWETE LIMANGA ;
63. MAWAZO BENELETA ;
64. BYAMUNGU MIRINDI ;
65. MAZAMBI MAKWA ;
66. MUKULUMANYA WAKASWA ;
67. WABINGWA BOLINGO ;
68. SHISIKI NAMWANDA ;
69. IGYANO NDIMA ;
70. BIRAGI MUSHIGI Rachel ;
71. MBILIZI KABAZA BITITA ;
72. SERAFINE FEROUSSIE ;
73. MUKELO MASTAKI ;
74. BARTELEMI SOGO ;
75. POLEPOLE LWAMEZIRE ;
76. KATEO MULANGO ;
77. ZADUNIA KAMWENDA Bijoux ;
78. BENGI NGUFULI.
79. MUKEINA WALEMBE SONGO ;
80. MASHEYA KABONGO KALWIRA ;
81. MASTAKI LWAMUNGU ;
82. KAJINGWA BALIKE Gérôme ;
83. MASUMBUKO KIKUKAMA BELAS ;
84. BWALINGIRE DEBOUT SHESHERE ;
85. BYEKA SALUMU Judith ;
86. BILAYI KABULUBUNDA ;
87. NTAMUSONGA BYANGINGA ;
88. NDOA KATOBO Léontine ;
89. MACHOZI BAMPA Odile ;
90. BWAMI IZINGA Héritier ;
91. WIKA IZINGA Aline ;
92. BIKULO ANZALI Aline

93. WABINGWA ISANDA MPANDA ;
94. TUMUNYAMA MWEMANE Régine ;
95. MACHOZI MULAMBA Francine ;
96. MASAZI LULONGO ;
97. WATANENE MAPENZI ;
98. BIRAGI KATEMBO ;
99. KADANDE LWABOSHI Fiston ;
100. BASHAGALUKE ZIRHUMANE ;
101. CHIZA MUSOLE David ;
102. EVE BONANE ;
103. SIFA MUGENE.
104. BITONDO ZAIRWA ;
105. WABINGWA BOLINGO ;
106. ALINE BANYWESIZE ;
107. MABOKO ELIZA

CONTRE :

Le Sous-lieutenant KABALA MANDUMBA MUNDANDE, de nationalité Congolaise : Matricule :1-74-98-14765-46, Unité ; 2e bataillon, 2e Compagnie, 51e Secteur Indépendant, né à LULINGU le 12/03/1974, Fils de MANDUMBA(décédé) et de ALUWA(en vie), Originaire du village de MASAGI, secteur de BAMUKUBA-SUD, Territoire de SHABUNDA, Province du Sud-Kivu, Etat-civil ; Marié à madame Thérèse TANGULIYE et père de 07enfants, Incorporé au sein des FARDC en 1998, CI LUBERIZI, Fonction ; Commandant en second 2ème Compagnie/NYALUBEMBA, Domicilié à NYALUBEMBA.

Prévenu de :

1. Avoir, comme auteur, coauteur ou complice, selon l'un des modes de participation criminelle prévus aux articles 5 et 6 du Code Pénal Militaire, commis des crimes contre l'humanité ;
   En l'occurrence, avoir à MUPOKE, village de ce nom, collectivité de NINDJA, territoire de KABARE, province du Sud-Kivu en République Démocratique du Congo, le 17/01/2010, à l'occasion d'une attaque généralisée ou systématique lancée contre les marchands au marché de MUPOKE, en y tirant plusieurs coups de feu, causé la mort de la dame MAOMBI KUTEKALUVU, blessé les dames MAPENDO KISWA et BUNYUMBA MAGURU, enlevé plusieurs personnes dont 04 dames, à savoir ZABULONDA BIZEMBWE Eugénie, Béatrice MPUMBOLO, SHUKURU NYAMWASA et Mama DEMBI, pour le transport des biens pillés et violé ces dernières ;
   Faits prévus et punis par les articles 7 du Statut de Rome de la CPI, 5 et 6 du code pénal militaire.

2. Avoir, étant militaire ou individu embarqué, comme auteur ou complice, selon l'un des modes de participation criminelle prévus aux article 5 et 6 Code Pénal Militaire, commis en bandes des pillages ou dégâts de denrées, marchandises ou effets, soit avec des armes ou force ouverte, soit avec bris de portes et clôtures extérieures, soit avec violences envers les personnes ;
En l'occurrence, avoir dans les mêmes circonstances de lieu et de temps que dessus, à l'occasion d'une attaque du marché de MUPOKE, par exécution matérielle et par coopération directe, procédé aux pillages des sacs de haricots, farine et autres vivres et effets.
Faits prévus et réprimés par les articles 5,6 et 63 du Code Pénal Militaire.

3. Avoir comme auteur, coauteur ou complice, selon l'un des modes de participation criminelle prévus aux articles 5 et 6 du Code Pénal Militaire, commis des crimes contre l'humanité par viol ;
En l'occurrence, avoir à MUPOKE, village de ce nom, collectivité de NINDJA, situé dans le territoire de KABARE, Province du Sud-Kivu, en République Démocratique du Congo, le 17/01/2010, à l'occasion d'une attaque généralisée ou systématique, lancée contre le marché et l'église de la 5ème CELPA, imposé des rapports sexuels à Régine NYOTA, MPONGA NABIOKA, KITUMAINI KABUKIRE, CALUMBA Adèle, KIKIZA BARAME Christine, FURAHA MWESHERO et KITO MABOKO.

Faits prévus et réprimés par les articles 7 du statut de Rome de la CPI, 5 et 6 du Code Pénal Militaire.

4. Avoir, comme auteur, coauteur ou complice, selon l'un des modes de participation criminelle prévus aux articles 5 et 6 du Code Pénal Militaire, commis des crimes contre l'humanité par tortures ;
En l'occurrence, avoir dans les mêmes circonstances de lieu et de temps que dessus, par exécution matérielle de l'infraction et étant l'un des commandants, à l'occasion d'une attaque généralisée ou systématique, infligé des douleurs et des souffrances aiguës physiques et mentales à plusieurs personnes dont KIKUKAMA, BUHENDWA KINGENDA, FIKIRI BWANGE, NDOA KATOBO, ZABULONDA, SHUKURU, MAMA DEMBI, BEATY, MACHOZI BAMPA, MZAMBI MAKWA, AYALI NAMULWA ET MPONGA Jeanine en les obligeant de transporter des charges, butins, sur le parcours allant de la localité de MUPOKE à celle de NYALUBEMBA.
Fait prévu et puni par les articles 5 et 6 Code Pénal Militaire,7-1f, 25, 28 et 77 du statut de Rome de la CPI.

Vu la procédure suivie à charge du pré qualifié ;

Vu le jugement rendu le 15 octobre 2012 par le Tribunal Militaire de Garnison de Bukavu et dont le dispositif est ainsi conçu : « Le tribunal, statuant contradictoirement, pour le prévenu KABALA MANDUMBA ;

- A la question de savoir si le prévenu est coupable des faits mis à sa charge, le Tribunal, à la majorité des voix des membres de sa composition et par scrutins secrets, distincts et successifs, répond : Oui pour crime de guerre par torture ; Oui pour crime de guerre par viol ; Oui pour crime de guerre par meurtre ; Oui pour crime de guerre par pillage ; Oui pour crime de guerre par attaque contre les biens protégés ;
- Quant à celle de savoir s'il y a lieu de retenir en faveur du prévenu des circonstances atténuantes, le Tribunal, à la majorité des voix des membres et par scrutins secrets, distincts et successifs, répond : Oui pour toutes les incriminations retenues à sa charge ;
- A celle de savoir s'il y a lieu de le déclarer coupable et lui appliquer une sanction pénale et une peine complémentaire, le Tribunal, à la majorité des voix des membres et par scrutins secrets, distincts et successifs, répond : Oui.

En conséquence le condamne à 20 ans de servitude pénale principale pour crime de guerre par viol, à 20 ans de servitude pénale principale pour crime de guerre par tortures, à 20 ans de servitude pénale principale pour crime de guerre par meurtre, à 20 ans de servitude pénale principale pour crime de guerre par attaque contre les biens protégés ; faisant application combinée des articles 78-3 du Statut de Rome et 7 du code pénal militaire, prononce une peine unique, soit 20 ans d'emprisonnement ; prononce en outre sa destitution et son renvoi des FARDC ; met les frais d'instance à charge du Trésor public ;

Statuant sur l'action civile contradictoirement, en audience publique et à la majorité des voix de ses membres, dit recevable mais non fondée l'action en réparation de F18 dans son unique qualité de victime de viol ; déclare recevables et fondées les actions en indemnisation mues par toutes les parties dans la présente cause ; en conséquence condamne le prévenu solidairement avec les autres prévenus et l'Etat congolais à payer au titre du dédommagement pour tous préjudices subis, des sommes en dollars équivalents en francs congolais tel que repris sur la liste.

Ainsi jugé et prononcé à l'audience publique de ce jour à laquelle ont siégé :

- Le capitaine magistrat KABONDO PIBWE Serge, Président ;
- Le capitaine magistrat NKOLE MUKENGESHAYI, juge de carrière ;
- Le capitaine BILA MALANGO Adolphe, juge assesseur ;
- Le capitaine magistrat MBONGO RAMAZANI, juge assesseur ;
- Le commissaire adjoint MIRINDI CISARA, juge assesseur ;

Avec le concours du lieutenant magistrat KAMBALA MUKENDI Camille, substitut de l'Auditeur Militaire de Garnison, représentant le Ministère public, et l'assistance du lieutenant Jacques ZIHINDULA, greffier du siège ».

Vu les appels interjetés par le prévenu en date du 16 octobre 2010 et le Ministère public en date du 17 octobre 2010 contre ce jugement et notifiés à toutes les parties ;

Vu les actes d'appel établis par le greffier du tribunal militaire de garnison de BUKAVU en date du 17 octobre 2010 ;

Vu le procès-verbal de tirage au sort des membres assesseurs de la composition de la Cour Militaire pour la session en cours ;

Vu la prestation de serment de ces membres non revêtus de la qualité de magistrat ;

Vu la fixation de la cause à la date du 06 mai 2013 par ordonnance du premier président de la Cour Militaire prise le 17 avril 2013 ;
Vu la notification de cette date au ministère public ;

Vu la citation faite au prévenu à comparaître à l'audience du 06 mai 2013 ;

Vu l'impossibilité pour la Cour Militaire de siéger à cette date ;

Vu l'ordonnance de renvoi du 1er président de la Cour Militaire prise le 06 mai 2013 renvoyant la cause à l'audience du 09 mai 2013 ;

Vu l'impossibilité par la Cour de siéger à cette date ;
Vu l'ordonnance de renvoi du 1er président de la Cour Militaire prise le 09 mai 2013 renvoyant la cause à l'audience du 13 mai 2013 ;

Vu la notification de cette ordonnance au Ministère Public ;

Vu la citation faite au prévenu KABALA à comparaitre à l'audience du 13 mai 2013 ;

Vu l'appel de la cause à cette audience du 13 mai 2013 à laquelle le prévenu comparait en personne assisté de ses conseils, Me KABEMBE MUSHAGALUSA Dieudonné et Me Jean-Marie ZAGABE, avocats du Barreau de BUKAVU, tandis que les partie civiles, bien que n'ayant pas reçu notification de la date d'audience, comparaissent volontairement représentées par leurs conseils, Me BISIMWA NTAKOBAJIRA, Me SAFARI ZOZO, Me Romain NGANGA, tous avocats à la Cour d'Appel de BUKAVU, ainsi que Me Nadine SAIBA, avocat à la Cour d'Appel de Goma, alors que la République Démocratique du Congo, partie civilement responsable, n'ayant pas été citée, ne comparait pas ni personne pour elle ;

Vu la décision prise par le 1er président de la Cour Militaire sur le banc, ordonnant au greffier de procéder à la citation de la République Démocratique du Congo, partie civilement responsable, en vue de comparaître à la date du 18 mai 2012 ;

Vu la citation faite au civilement responsable pour comparaitre à l'audience du 18/05/2013 ;

Vu la remise contradictoire à l'audience du 14 mai 2013 ;

Vu l'appel de la cause à cette audience du 14 mai 2013 à laquelle les parties civiles, par le biais de leurs conseils munis de procurations spéciales, introduisent leurs appels incidents par voie de conclusions orales ;

Vu l'instruction faite aux audiences successives de la Cour ;

Vu l'arrêt avant-dire droit de la Cour Militaire du 14 mai 2013 ordonnant une mesure d'instruction complémentaire consistant en une expertise psychologique sur les parties civiles se prétendant victimes de violences sexuelles et dont le dispositif est ainsi conçu : « La Cour, statuant contradictoirement, ordonne une expertise psychologique sur toutes les parties civiles qui sollicitent réparation pour faits de viol, à savoir F1 à F25, KITO MABOKO, Béatrice MPOMBOLO, SHUKURU NYAMWASA et MAMA DEMBI ; requiert à cet effet la dame Clarisse KASOLVA MUTOMBO, psychologue clinicienne, afin de procéder à cette expertise ; réserve les frais » ;

Vu l'arrêt avant-dire droit de la Cour Militaire rendu à cette audience ordonnant le huis clos et des mesures de protection des victimes de violences sexuelles et dont le dispositif est ainsi conçu : « La Cour, statuant avant-dire droit ;
Vu la Constitution de la RD Congo en ses articles 20 et 21 ;
Vu l'article 74 bis du code de procédure pénale ;

Vu l'article 68 du Statut de Rome de la Cour Pénale Internationale, ordonne le huis-clos pour toutes les audiences au cours desquelles les victimes de viol seront entendues ; elle ordonne en outre les mesures suivantes :

- La désignation des victimes de viol et autres actes de violences par des codes ;
- Le maquillage et le port de voiles pour garder leur identité secrète ;
- La présence de la psychologue à leur côté pendant leurs dépositions ;
- Réserve les frais » ;

Vu la non comparution de la République Démocratique du Congo, partie civilement responsable, à l'audience du 18 mai 2013 à laquelle elle était régulièrement citée à comparaître et la poursuite de la procédure par défaut à son égard ;

Les renseignants entendus en leurs dépositions ;

Les parties civiles entendues en leurs conclusions tendant à reconduire leurs prétentions soutenues devant le 1er juge et à solliciter de la Cour des dommages-intérêts pour tous les préjudices subis ;

Le Ministère Public entendu en ses réquisitions conformes, tendant à ce qu'il plaise à la Cour de céans de dire recevable et fondé son appel, confirmer l'œuvre du premier juge sauf en ce qui concerne la peine prononcée, émender quant à ce et condamner le prévenu à la servitude pénale à perpétuité pour chacune des infractions retenues à sa charge, faire application de l'article 7 du code pénal militaire et prononcer une seule peine, soit la servitude pénale à perpétuité ; de recevoir l'appel du prévenu et le dire non fondé ; de recevoir les demandes incidentes des parties civiles et y faire droit ; de condamner le prévenu aux frais d'instance ;

Le prévenu entendu en ses dires et moyens de défense présentés tant par lui-même que par ses avocats et tendant à ce qu'il plaise à la Cour de recevoir son appel, de le dire fondé, de dire non établies les infractions mises à sa charge et l'en acquitter et, par conséquent, se déclarer incompétente pour examiner les actions des parties civiles, frais comme de droit ;

Toutes les parties présentes entendues en leurs répliques et contre-répliques ;

Le prévenu entendu enfin en ses dernières déclarations tendant à se rallier totalement à la plaidoirie de ses conseils ;

Sur quoi, la Cour Militaire, après clôture des débats par le premier président, a pris la cause en délibéré et rend l'arrêt dont la teneur suit :

ARRET

Par sa lettre missive du 16 octobre 2012 adressée et reçue au greffe du tribunal militaire de garnison de BUKAVU le 17 octobre 2012, le prévenu KABALA MANDUMBA MUNDANDE a relevé appel du jugement RP N° 708/12 rendu par ledit tribunal en date du 16 octobre 2012, l'ayant condamné par l'effet conjugué des articles 78-3 du Statut de Rome et 7 du Code Pénal Militaire à une peine de vingt ans de servitude pénale principale des chefs de crime de guerre par viol, crime de guerre par torture, crime de guerre par meurtre et crime de guerre par attaque contre les biens protégés.

Il a en outre été destitué et renvoyé des FARDC. Solidairement avec l'Etat Congolais, le prévenu précité a été condamné au titre des dommages-intérêts pour tous préjudices confondus au paiement aux différentes parties civiles citées ci-avant, de l'équivalent en francs congolais des sommes variant entre cinquante-cinq et cinquante mille dollars américains (55 et 50.000$ USD).

En vertu de l'article 82 du Règlement Intérieur de l'Auditorat Général et des Auditorats Militaires, le Ministère Public a relevé appel contre le jugement sus indiqué au motif que la peine infligée au prévenu KABALA MAMDUMBA MUNDANDE n'est pas proportionnée à la gravité des faits ayant conduit à sa condamnation.

A l'audience publique du 14 mai 2013, quatre-vingt-seize (96) des cent sept (107) parties civiles, par le truchement de leurs conseils, maîtres Sylvestre BISIMWA NTAKOBAJIRA, Jean-Claude SAFARI ZOZO, Romain KISIBO NGANGA, Thérèse KULUNGU, tous avocats à la Cour d'Appel de BUKAVU, et maître Nadine SAIBA, avocate à la Cour d'Appel de Goma, ont introduit par voie de conclusions orales, des appels incidents contre le jugement évoqué supra.

Introduits dans les formes et délais de la loi, les appels principaux du prévenu KABALA et du Ministère Public ainsi que les appels incidents des parties civiles intimées seront reçus.

A l'audience du 18 mai 2013 à laquelle cette cause a été appelée sur remise contradictoire, plaidée et prise en délibéré, les prévenus et les parties civiles ont comparu comme suit: le prévenu KABALA MANDUMBA MUNDANDE en personne assisté par ses conseils maîtres Jean-Marie ZAGABE CIGANGU et Dieudonné KABEMBE MUSHAGALUSA, tous avocats à la Cour d'Appel de BUKAVU, les parties civiles représentées par leur conseils maîtres Sylvestre BISIMWA NTAKOBAJIRA, Jean-Claude SAFARI ZOZO, Romain KISIBO NGANGA, Thérèse KULUNGU, tous

avocats au barreau de BUKAVU et maître Nadine SAIBA, avocat au barreau de GOMA, tandis que la République Démocratique du Congo, partie civilement responsable, bien que régulièrement citée, n'a pas comparu ni personne pour elle.
La procédure est donc régulière : contradictoire à l'égard de toutes les parties présentes ou représentées et par défaut à l'égard de la République Démocratique du Congo, partie civilement responsable.
D'emblée, la Cour fait observer que, conformément à l'article 94 alinéa 2 du Code de Procédure Pénale, elle n'a pas appelé à la procédure les personnes condamnées par défaut par le premier juge.

En effet, l'article 94 al.2 du Code de Procédure Pénale dispose : « Il est sursis à la poursuite de la procédure en appel engagé par le Ministère Public, la partie civilement responsable ou la partie civile contre un jugement de condamnation par défaut à l'égard du prévenu ».

Ainsi ne sera examiné que l'appel contre les dispositions du jugement entrepris qui concernent le prévenu KABALA MANDUMBA MUNDANDE, condamné en première instance par un jugement contradictoire.

I. QUANT AUX FAITS DE LA CAUSE ET RETROACTES

Il ressort des pièces du dossier et de l'instruction faite tant devant le premier juge que devant la Cour de céans que les faits de la présente cause peuvent être ainsi résumés :

En date du 15 janvier 2010, une réunion se tient à NYALUBEMBE, localité du Territoire de KABARE, qui abrite l'Etat-major du 2ème bataillon du 51ème secteur indépendant des FARDC, autour du commandant de cette unité, un certain colonel SADAM, non autrement identifié.
Les officiers de l'Etat-major et les commandants des compagnies y participent. Des informations provenant de certaines sources révèlent que chaque dimanche, jour du marché, les éléments des FDLR (Forces Démocratiques pour la Libération du Rwanda), un groupe armé constitué des ressortissants Hutu Rwandais ayant fui leur pays depuis le génocide perpétré en 1994, quittent leurs positions dans la forêt et viennent percevoir des taxes illicites et collecter des vivres auprès des marchands dans la localité de MUPOKE.

Une opération est alors mise sur pied en vue de surprendre ces hors-la-loi et les neutraliser. Il faut noter que depuis plusieurs années, l'Armée régulière mène des opérations militaires pour traquer et anéantir les groupes armés qui pullulent dans l'Est du pays et particulièrement les éléments armés des

FDLR ; Ces opérations dénommées successivement KIMIA I, KIMIA II et enfin AMANI LEO ont conduit l'Etat-major Général des FARDC à déployer plusieurs unités dans différentes localités du Nord et du Sud-Kivu.

Le Lieutenant KASEREKA DONAT, Chef S3 du 1052ème bataillon reçoit mission de conduire cette opération avec des éléments de la 2ème compagnie commandée par le Sous-lieutenant KABALA MANDUMBA MUNDANDE et de la 4ème compagnie commandée par le Lieutenant NDAHISABA Emmanuel.
Un quatrième officier, le Lieutenant MONGA MUKANGABANTU du bureau des renseignements du bataillon, est également de la partie.

Le dimanche 17 janvier 2010, environ une trentaine de militaires quittent NYALUBEMBE et se dirigent vers MUPOKE, à plus ou moins cinq heures de marche, avec des guides pour leur indiquer le chemin.
Ils arrivent à MUPOKE en début d'après-midi au moment où les fidèles sortent de l'église 5ème CELPA sous la responsabilité du pasteur M6 (WABENGA NDIMA) et se déversent sur le marché fourmillant déjà de monde, notamment les marchands venant de plusieurs localités voisines.
Sur ordre du Lieutenant KASEREKA, Chef S3, les militaires se mettent à tirer et progressent jusqu'au marché et à l'église voisine. Les marchands, pris de panique, s'éparpillent dans toutes les directions pour se mettre à l'abri.

C'est dans ces circonstances qu'une jeune fille du nom de MAOMBI KUBOTA est touchée à l'abdomen par une balle tandis que les dames F2 et F3 sont atteintes, l'une à la poitrine et l'autre à la jambe droite. La jeune fille précitée succombe quelques temps après alors que les deux blessées parviennent à être soignées à l'unique dispensaire du coin tenu par l'infirmier MONGA KYALUNDAWA.

Des femmes qui se sont cachées en brousse sont pourchassées par les militaires. Débusquées, certaines sont violées, d'autres tabassées et ramenées sans ménagement au marché où les militaires les forcent à transporter le « butin » de cette razzia constitué des marchandises raflées sur les étalages ou des effets pillés dans les habitations. Les hommes ne sont pas épargnés de cette corvée et des sévices corporels.
Lorsqu'enfin le calme revient, la colonne, sous le commandement des quatre officiers cités ci-avant, reprend la route pour regagner NYALUBEMBE. A la nuit tombante, ils arrivent à la localité du Chef KATUKU à deux heures de marche où ils font escale en vue de se reposer et repartir le lendemain.

Certains porteurs jugés inaptes sont renvoyés à MUPOKE, d'autres parviennent à se soustraire à la vigilance de leurs gardiens alors que quatre dames, F1, F15, Mama DEMBI et SHUKURU sont amenées chacune dans une case où elles se voient imposer des rapports sexuels jusqu'au matin.

Elles seront à leur tour libérées avant que la colonne ne poursuive sa route jusqu'à NYALUBEMBE avec un groupe de porteurs composé uniquement d'hommes et dans lequel se trouvent M1, M2 et M4.

Arrivés à leur Etat-major, les quatre officiers ne font nullement mention dans leur rapport à leur hiérarchie des incidents survenus lors de cette opération et assurent que tout s'est bien déroulé, sans le moindre accroc (PV d'interrogatoire du prévenu KABALA du 15 septembre 2010 devant l'OPJ du 51ème Secteur).
Plusieurs mois plus tard, un rapport du CICR daté du 16 juillet 2010 alerte les autorités militaires sur ces incidents. C'est alors que les enquêtes sont diligentées. Elles aboutissent à l'arrestation des quatre officiers ayant participé à l'opération du 17 janvier 2010. Le lieutenant KASEREKA s'enfuit suivi par les lieutenants NDAHISABA Emmanuel et MONGA MUKANGABANTU qui ont pu néanmoins être interrogés par l'OPJ de l'Etat-major des opérations « AMANI LEO ».

Seul le sous-lieutenant KABALA MANDUMBA MUNDANDE est finalement transféré à l'Auditorat Militaire et, par la suite, renvoyé devant le Tribunal Militaire de Garnison de BUKAVU qui l'a déclaré coupable de crime de guerre et l'a condamné comme dit ci-avant, alors que ses compagnons étaient également reconnus coupables et condamnés mais par défaut.

Lors de son interrogatoire le 15 septembre 2010 devant l'OPJ MUBIALA MUYAYA du 51ème Secteur Indépendant, le prévenu KABALA a reconnu avoir effectué la mission de MUPOKE avec dix-sept (17) éléments de sa compagnie qu'il commandait. Il dit avoir reçu mission d'attaquer les éléments des FDLR au nombre de dix (10) à MUPOKE, qu'arrivé sur les lieux, l'ennemi avait ouvert le feu sur lui et ses hommes. Il avait riposté et, après fouille du terrain, rien d'anormal n'avait été constaté. Toutefois, il reconnait avoir effectué cette attaque au milieu de la population en plein marché.

Un mois plus tard, le 07 octobre 2010, devant l'OPJ Pascal KALUMUNA de l'Etat-major Opérations « AMANI LEO », le même prévenu KABALA confirme qu'il y avait un marché et une église d'où sortaient les fidèles lorsque lui et les autres militaires sont arrivés à MUPOKE. Il poursuit en précisant qu'il avait vu trois (03) éléments des FDLR se mêler à la population civile et, à ce moment, il avait filé tout droit derrière l'église où se trouvait le bivouac ennemi.

Quant aux tirs sur le marché, il rejette la responsabilité sur les lieutenants KASEREKA et MONGA. Il prétend avoir pris dans ledit bivouac des sacs de farine et de haricots que lui et ses compagnons ont fait transporter par sept (07) personnes dont trois (03) femmes. Celles-ci ont passé la nuit à KATUKU mais, dit-il, elles étaient à la charge des Chefs S2 et S3, avant d'être libérées le lendemain matin.

Devant l'Officier du Ministère Public qui l'entend le 21 juin 2011, tout en confirmant certaines de ses déclarations faites antérieurement, il en réfute d'autres. Il dit notamment qu'il n'est pas passé derrière l'église en arrivant à MUPOKE mais a pris le chemin de droite, que ce sont les Lieutenants KASEREKA et MONGA qui se sont mal comportés et qui ont même fait transporter les sacs de farine et de haricots par des femmes.
Devant le premier juge tout comme devant cette Cour, il se ravise et déclare qu'il n'a vu aucun marché à MUPOKE et qu'en ce qui le concerne, il avait fait un débordement par la gauche pour attaquer le bivouac des éléments FDLR, situé en brousse derrière l'église.

Quant au Lieutenant NDAHISABA Emmanuel, lors de son interrogatoire devant l'OPJ du 51ème Secteur, il a confirmé que la mission consistait à attaquer l'ennemi au marché de MUPOKE et qu'arrivés sur les lieux, trois (03) éléments des FDLR qui les avaient aperçus avaient ouvert le feu sur eux, les obligeant à riposter et c'est cela qui avait créé la panique générale. Il ajoute que sa compagnie a opéré sur l'aile gauche et celle du sous-lieutenant KABALA sur l'aile droite. Il ne reconnait ni pillage ni viol.
Pour sa part, le Lieutenant MONGA MUKANGABANTU déclare que c'est KASEREKA qui avait ordonné de tirer sur le marché lorsqu'il avait vu dix (10) éléments FDLR en train de collecter des vivres. Il reconnait qu'il y a eu une femme blessée à la poitrine et une autre victime d'extorsion d'une somme de 100 $ US. Il reconnait aussi que les deux (02) commandants de compagnie ont utilisé des femmes comme porteuses.

Pour lui, le chef KATUKU a alerté les autorités et fait de fausses allégations contre les FARDC parce qu'il coopère avec les éléments FDLR.
Du côté des parties civiles, toutes allèguent la perte de leurs biens lors de cette opération. Cependant, elles n'ont pu présenter aucune preuve des articles ou des quantités vantées au motif que leurs cahiers d'inventaires ont été perdus pour les unes alors que les autres justifient le défaut de la tenue d'inventaires par l'insuffisance de leur niveau d'instruction.

Ainsi, les pertes alléguées se présentent comme suit :

- **F20 :** avait été dépouillée des biens suivants : trois (03) chèvres, des haricots et des fretins.

- **F19 :** avait été dépouillée d'un lot de poissons salés et de fretins, pour une valeur estimée à huit cent cinquante dollars américains (850 USD).
- **F10 :** avait été dépouillée d'une somme d'argent de trente dollars américains (30 USD) et un lot d'arachides d'une valeur de quatre-vingt-dix mille francs congolais (90.000FC).
- **F13 :** s'est vue dépouillée de la somme de trois mille dollars américains (3.000 USD) et une somme de soixante mille francs congolais (60.000 FC).
- **F8 :** a déclaré avoir été dépouillée de ses marchandises : des arachides et poissons salés et une somme de deux cent cinquante dollars américains (250 USD).
- **F14 :** a déclaré avoir perdu ses marchandises d'une valeur estimée à huit cents dollars américains (800 USD) composées de divers articles de première nécessité.
- **F11** : a déclaré avoir perdu ses poissons salés.
- **F5 :** a perdu ses marchandises : un demi-sac de fretins, un panier de poissons fumés, un demi-sac de sel, un demi-panier des poissons salés qu'elle a estimé à mille cinq cent dollars américains (1.500 USD).
- **F6 :** a perdu ses marchandises composées de poissons salés et de tomates qu'elle estime à sept cents dollars américains (700 USD).
- **F4 :** avait été dépouillée de six casiers de bière PRIMUS et deux (02) grammes d'or qu'elle avait acheté à ce marché avant le crépitement des balles.
- **F9 :** avait perdu six (06) chèvres, des poisons salés, dix (10) grammes d'or et une somme de trois cents dollars américains (300 USD) et des sommes en francs congolais dont elle a oublié la valeur.
- **F1 :** était en cette date au marché de MUPOKE où elle vendait la farine de maïs et des poissons salés qu'elle avait perdus et qu'elle estime à une valeur de deux cent cinquante mille francs congolais (250.000 FC).
- WABIEWA ISANDA : avait perdu un lot d'arachides qu'elle avait acheté au marché de MUPOKE et une somme d'argent en francs congolais équivalent à trois (03) cents dollars américains (300 USD).
- KATEO MULABO : avait perdu des biens suivants : quatre paires de piles, trente (30) poissons salés, des haricots et six (06) grammes d'or, pour une valeur estimée à huit cents dollars américains (800 USD).
- UZIMA KAMBO : était en cette date à ce marché où il vendait quelques produits de première nécessité tels que : les piles, savons, qu'il a perdus, pour une valeur qu'il estime à quatre cents dollars américains (400 USD).
- KULIMUSHI MBILIZA : était présent au marché de MUPOKE pour y acheter de la cassitérite. Il avait été dépouillé de 25 kilos de cette matière déjà achetés avant le crépitement des balles et un sac à main qui contenait la somme de cinq cents dollars américains (500 USD).

- **F22 :** était présente à ce marché où elle vendait des arachides et des ignames qui ont été emportés par les éléments des FARDC.
- **F21 :** vendait du riz, des piles, des savons et des arachides au marché de MUPOKE en date du 17/01/2010, qui ont été emportés par les éléments des FARDC.
- **M6 :** avait été dépouillé de : deux (02) sacs de haricots, une horloge, biens appartenant à l'Eglise 5ème CELPA de MUPOKE. Pour son propre compte, il a perdu 14 poules, deux (02) costumes, quatre (04) marmites, plusieurs vêtements de son épouse et ses enfants, deux paires de godillots ;
- Il avait perdu la somme de vingt mille francs congolais (20.000 FC), pagnes WAX, 100kg de farine de maïs, une paire de godillots, une montre disco, pour une valeur qu'il estime à deux cent quatre-vingt dollars américains (280 USD).
- **M1** : vendait du sel, des habits et de petits articles de première nécessité que les militaires FARDC avaient ravis.
- **F23** : vendait des courges et des arachides et avait une somme de cent vingt dollars américains (120 USD) contenue dans un sac à main emporté dans cette circonstance.
- LWAMIZIRE STANY : vendait des articles suivants : trois pièces WAX, des piles et devait acheter de l'or avec les deux cent quarante dollars américains (240 USD) dont il disposait. Tous ces biens lui ont été ravis par les éléments des FARDC.
- **M4** : vendait des pagnes WAX, et des articles de première nécessité tels que : du savon, du sel, des bonbons, des biscuits etc. Il avait été en plus dépouillé de cinquante dollars américains (50 USD) et de trois (03) grammes d'or.
- **F18 :** vendait des pagnes WAX, des haricots, des arachides et des ignames pour une valeur qu'elle a estimée à cent dollars américains.
- SHUKURU NYAMWASA : vendait des arachides que les militaires FARDC ont emportées pour une valeur qu'elle estime à cent mille francs congolais (100.000 FC).
- Pour certaines de ces victimes, elles déclarent avoir subi des brutalités de la part des éléments sous la conduite de KABALA MANDUMBA MUNDANDE et consorts. C'est le cas de : M4, M7, F10, F15, F23 etc.
- D'autres ont été forcées à transporter le butin des assaillants jusqu'à KATUKU et même à NYALUBEMBE à respectivement deux et cinq heures de marche.
- Par ailleurs une personne a été présentée comme victime de meurtre. Il s'agit de la fille MAOMBI dont le père, sieur M3, a déclaré l'avoir enterrée à MUPOKE le lendemain des incidents. Ce décès a été confirmé par plusieurs personnes, notamment l'infirmier de la localité, sieur MONGA KYALONDAWA, dame F2, le pasteur M6, etc.

II. ANALYSE DES FAITS DANS LEUR MATERIALITE

S'agissant des actes commis à MUPOKE, il ressort des déclarations recueillies auprès de la quasi-totalité des personnes interrogées, à l'exception de l'infirmier MONGA KYALONDAWA MUKANGABANTU, qu'en cette date du 17 janvier 2010, aucun élément des FDLR armé ne se trouvait au marché de MUPOKE.

Et même s'il s'en trouvait un, il n'était pas en mesure d'affronter la force venue de NYALUBEMBE et ne pouvait donc prendre le risque d'ouvrir le feu le premier.

Ce qui est sûr, c'est qu'il y avait bien un marché et plusieurs civils vendeurs et acheteurs aussi bien habitants de MUPOKE que des localités voisines et même ceux venus de très loin à plusieurs heures de marche.
Personne, y compris le prévenu et ses compagnons, ne conteste que l'attaque des FARDC a été dirigée vers ce marché en début d'après-midi, c'est-à-dire au moment où l'activité y était intense.

Les volte-face du prévenu KABALA qui tantôt reconnait qu'il y avait un marché à MUPOKE (devant l'OPJ, cotes 243-247, 316-319), tantôt qu'il n'y en avait pas, dénotent de sa part une crainte de se voir interrogé sur les faits qui s'y seraient déroulés.

Pour la Cour, il est inconcevable qu'une troupe en opération, qui s'est déployée sur terrain en deux ailes, ne se regroupe pas à la fin de la mission pour un débriefing, avant de regagner son point de départ. Cela relève de la tactique la plus élémentaire que le prévenu, en sa qualité de commandant de compagnie, ne peut ignorer.

Par ailleurs, plusieurs témoignages font état de la présence du prévenu KABALA MANDUMBA aussi bien au marché qu'à l'église. C'est le cas de F16 et le pasteur M6 qui l'ont formellement reconnu, étant donné que les incidents s'étaient déroulés en plein jour.
En outre, parmi les personnes ayant été contraintes à transporter les biens pillés, certaines ont entendu des militaires citer le nom de KABALA avec d'autres, notamment YAMBONGO et LE BLANC, que le prévenu reconnait comme étant les gardes du corps du chef S3 du bataillon.
Il ressort des feuilles d'audience du premier degré ainsi que des procès-verbaux d'interrogatoire et d'audition du prévenu que celui-ci, après avoir nié l'existence du marché de MUPOKE, a fini par reconnaitre avoir fait les déclarations actées par l'Officier de Police Judiciaire MUBIALA et dans lesquelles il confirme qu'ils avaient attaqué le marché et une position des FDLR.

Pour la Cour cependant, cette position des FDLR n'est qu'une affabulation parce qu'il est tactiquement invraisemblable que la compagnie commandée par le prévenu ait poursuivi un ennemi hypothétique dont elle ne connaissait pas la localisation exacte en se mettant dans la ligne de mire des forces amies qui, en ce moment-là, étaient aux prises avec les éléments avancés de l'adversaire.

En sus, comment KABALA, comme il le prétend, pouvait-il tendre une embuscade à un ennemi se trouvant devant lui et dont les bases de repli se situaient encore plus loin dans la forêt. Cela parait inconcevable parce qu'une embuscade se monte en principe sur le parcours que l'ennemi doit emprunter.

Lorsque le prévenu prétend qu'il a quitté le premier avec sa troupe le théâtre des opérations pour se rendre en direction de KATUKU où l'avaient rejoint les autres miliaires, la Cour ne le croit pas pour la simple raison qu'il n'aurait pas dans ce cas remarqué les sacs de farine et de haricots transportés par des femmes et des hommes sur ordre du chef S3 qui était censé se trouver derrière lui.

S'agissant des viols, le prévenu KABALA a reconnu que les femmes qui avaient été obligées de transporter les effets pillés à MUPOKE avaient passé la nuit à KATUKU et étaient à la disposition de KASEREKA et MONGA. Selon sieur M3, habitant et membre de la famille de cette localité, KATUKU ne compte qu'un petit nombre d'habitations et il est impossible qu'un officier, commandant de compagnie, y passe la nuit avec sa troupe sans savoir ce que font ses hommes, d'autant plus que c'était au retour d'une opération à seulement deux heures de marche du lieu où des affrontements venaient de se dérouler avec l'ennemi.
Quant à savoir s'il y a eu effectivement viol, la Cour fait remarquer qu'en cette matière, surtout s'agissant d'actes commis par plusieurs personnes sur plusieurs victimes, les témoins se confondent souvent avec les victimes elles-mêmes.

Ainsi, appliquant le principe de la liberté qui lui est reconnue en matière pénale pour l'appréciation de la preuve, le juge peut-il retenir tout élément susceptible d'emporter sa conviction. Dans le cas d'espèce, les témoignages directs ou indirects des autres victimes, leurs déclarations constantes et consistantes, la mentalité et la culture du milieu, les dénégations systématiques du prévenu sur des faits qui paraissent évidents, tout cela peut constituer un faisceau d'éléments considérés comme des présomptions graves, à même d'être retenues comme des preuves.

Ainsi en est-il :
des déclarations de l'infirmier MONGA qui a reçu, examiné les victimes et observé des signes de grande fatigue et des secrétions séminales dans leurs parties intimes ;
des témoignages des personnes ayant transporté les biens pillés qui confirment que des femmes ont été conduites dans les habitations occupées par les commandants pour y passer la nuit avec eux ;
Des témoignages des victimes et d'autres renseignants qui déclarent que le fait d'être violée expose la femme à la stigmatisation dans ce milieu rural de MUPOKE où elle vit, au risque d'être abandonnée par son mari ou de ne plus en trouver ainsi qu'à l'opprobre. Ce qui exclut la tentation pour elle de se « victimiser » ;
Les rapports établis par l'expert psychologue qui a relevé sur les victimes la persistance de troubles émotionnels, cognitifs et affectifs, un repli sur soi voire des idées suicidaires, de l'agressivité ou des cas d'amnésie partielle, bref tout un tableau symptomatique provoqué par une situation de choc psychologique pouvant survenir lors d'une agression sexuelle.
Pour toutes ces raisons, la Cour retiendra le récit des faits donné par les parties civiles et rejettera les dénégations du prévenu truffées d'incohérences et caractérisées par des volte-face à chaque étape de la procédure.

III. DISCUSSION EN DROIT

a) DES MOYENS D'APPEL DES PARTIES

Contre le jugement entrepris, le ministère public articule un seul grief tenant au fait que la peine de vingt ans de servitude pénale principale infligée au prévenu KABALA MANDUMBA MUNANDE n'est pas proportionnée à la gravité des faits, invoquant à cet effet l'article 83 du règlement intérieur de l'Auditorat Général et des Auditorats Militaires.
Il sollicite ainsi de cette Cour qu'elle réforme l'œuvre du premier juge quant à ce et prononce la peine de servitude pénale à perpétuité.

Le prévenu KABALA MANDUMBA MUNDANDE, par le biais de ses deux conseils susnommés, estime qu'il est innocent et que le premier juge l'a, à tort, déclaré coupable.
En outre il articule quatre griefs contre le jugement a quo, à savoir :

Primo :
La motivation insuffisante quant à l'existence d'un conflit armé. A ce sujet, il soutient que le premier juge n'a pas fait la démonstration d'une quelconque intensité des affrontements entre les FARDC, plus précisément les éléments de l'ex-512ème bataillon, et les éléments des FDLR, encore

moins d'une quelconque organisation des parties, éléments indispensables pour l'existence d'un conflit armé au sens du Droit International.

Pour lui, les agissements des éléments des FDLR (enlèvements des populations, diverses tracasseries) s'apparentent plus à des activités terroristes ne relevant pas du Droit International Humanitaire ;

Secundo :
La motivation erronée sur le droit de la preuve. Sur ce point, il rappelle qu'en droit congolais, la charge de la preuve de tous les éléments constitutifs de l'infraction et de l'absence des causes d'exonération incombe tout entièrement au ministère public en vertu de l'adage « actori incumbit probatio ».

Il précise que la même obligation incombe à la partie civile qui joint à l'action publique la sienne en réparation du dommage que lui a causé le prévenu.
Dans le jugement entrepris, il estime que le juge a renversé la charge de la preuve en déclarant que toutes les parties, en ce compris le prévenu, doivent produire les preuves qui fondent leurs allégations ;

Tertio :
La violation des articles 21 de la Constitution de la République Démocratique du Congo et 87 du Code de Procédure Pénale en ce que le premier juge n'a pas motivé sa décision quant à l'existence de la participation criminelle ;

Quarto :
La violation de l'article 34 du Code Pénal Militaire en ce que le premier juge a prononcé la peine complémentaire de renvoi des FARDC à l'encontre du prévenu alors qu'il n'avait été condamné ni pour vol ni pour détournement des effets militaires.

Pour toutes ces raisons, le prévenu KABALA sollicite de la Cour de céans qu'elle annule l'œuvre du premier juge dans toutes ses dispositions et que, par évocation, elle réexamine les faits mis à sa charge, les déclare non établis et l'en acquitte en le renvoyant libre de toutes fins des poursuites. En conséquence, qu'elle se déclare incompétente à statuer sur l'action civile.

Les parties civiles ont relevé les appels incidents pour que la Cour de céans revoie les montants leur alloués par le premier juge au titre des dommages-intérêts.

En cela, elles invoquent le fait qu'elles ressentent encore leurs souffrances car certaines continuent à présenter des troubles psychologiques et d'autres ont vu leurs foyers brisés définitivement.
En conclusion, elles sollicitent que les montants leur alloués soient revus à la hausse.

En réaction aux réquisitions du Ministère Public, le prévenu KABALA MANDUMBA clame son innocence et estime qu'il doit être acquitté car la démonstration de sa culpabilité n'a pas été faite.
Par rapport aux moyens du prévenu, les parties civiles, appuyées par le Ministère Public, rétorquent ceci :

- Pour le **premier moyen :** les parties civiles, se référant à la jurisprudence en Droit International, notamment à celle du TPIY, estiment que tous les éléments sont réunis pour conclure à l'existence d'un conflit armé ne présentant pas un caractère international. Ce qui justifie l'application de l'article 8 du Statut de Rome de la CPI.
- Pour le **deuxième et le troisième moyen :** les parties civiles, par le truchement de leurs conseils, considèrent que l'œuvre du premier juge est suffisamment motivée en ce qu'en une vingtaine de feuillets, il a laborieusement démontré de quelle manière les infractions retenues à charge du prévenu étaient établies.
- S'agissant du **dernier moyen** : les parties civiles estiment, à l'instar du Ministère Public, que le juge ayant prononcé la peine de destitution qui a pour effet l'interdiction de servir dans l'Armée à quelque titre que ce soit, il n'a en aucune manière violé la loi.

En conclusion, les parties civiles tout comme le Ministère Public sollicitent que la Cour de céans rejette les moyens d'appel du prévenu et confirme sa culpabilité et sa responsabilité civile.
De prime abord, la Cour de céans relève ce qui suit :

Primo :
Le premier juge saisi des faits de viol commis sur F9 et KITO MABOKO et de pillage au préjudice de cette dernière ne les a pas examinés.
En ne se prononçant pas sur ces faits dont il était pourtant saisi par la décision de renvoi émanant de l'Auditeur Militaire, il n'a pas vidé sa saisine, violant ainsi le principe général de droit qui prescrit cette exigence.

Secundo :
S'agissant de la partie civile F4, le premier juge, tout en reconnaissant que celle-ci n'a pas été violée (42ème feuillet), lui alloue pourtant des dommages-intérêts comme victime de viol sans en avoir fait la démonstration. Ce qui constitue une contradiction entre le motif et le dispositif et équivaut à une absence de motivation (KENGO WA DONDO, l'évolution jurisprudentielle

de la Cour Suprême de Justice au Zaïre, Mercuriale prononcée à la rentrée judiciaire du 4 novembre 1978, p.114).

Tertio :
Le premier juge, tout en déclarant le prévenu KABALA MANDUMBA MUNDANDE coupable de crime de guerre par pillage (6e feuillet), a omis de prononcer une peine pour cette infraction, violant ainsi le prescrit de l'article 262 du Code Judiciaire Militaire qui oblige le juge à prononcer une peine pour chaque infraction dont le prévenu est reconnu coupable, avant de faire application de l'article 7 du Code Pénal Militaire, Livre Premier.

Ces griefs relevés par la Cour entachent l'œuvre du premier juge et justifient son **annulation** dans toutes ses dispositions avec obligation pour la Cour de céans **d'évoquer,** conformément à l'article 107 du Code de Procédure Pénale.
Ainsi l'examen des autres moyens d'annulation articulés par le prévenu, plus particulièrement ceux se rapportant à l'absence de la motivation, s'avèrent dès lors superfétatoire.

b) DU DROIT APPLICABLE

La Cour s'est avant tout penchée sur le droit applicable.
Elle note que dans ses décisions de renvoi, l'auditeur près le tribunal militaire de garnison avait saisi cette juridiction de quatre préventions, à savoir :

- Le crime contre l'Humanité par attaque contre la population civile ayant causé mort d'homme, blessures, enlèvement et viol de personnes, prévu et puni par les articles 7 et 77 du Statut de Rome de la Cour Pénale Internationale ;
- Le pillage prévu et puni par l'article 63 du code pénal militaire ;
- Le crime contre l'Humanité par viol, prévu et puni par les articles 7 et 77 du Statut de Rome de la Cour Pénale Internationale ;
- Le crime contre l'Humanité par autres actes inhumains de caractère analogue, prévu et puni par les articles 7.1) f, 25, 28 et 77 du Statut de Rome de la Cour Pénale Internationale.

Par ailleurs, dans toutes ces préventions, le Ministère Public a indiqué que les auteurs ont agi en participation criminelle selon les articles 5 et 6 du code pénal militaire.

Ainsi, la Cour relève que le parquet se réfère aussi bien au droit interne qu'au Statut de Rome de la CPI pour des faits qui se sont déroulés dans les mêmes circonstances de temps et de lieu.

La Cour note également que les articles 153 alinéa 4 et 215 de la Constitution de la République Démocratique du Congo disposent respectivement que :

- « Les cours et tribunaux civils et militaires appliquent les traités internationaux dument ratifiés, les lois, les actes règlementaires pour autant qu'ils soient conformes aux lois ainsi que la coutume pour autant que celle-ci ne soit pas contraire à l'ordre public ou aux bonnes mœurs» ;
- « Les traités et accords internationaux régulièrement conclus ont dès leur publication une autorité supérieure à celle des lois, sous réserve pour chaque traité ou accord de son application par l'autre partie ».
  Au regard de ces dispositions constitutionnelles, la Cour de céans est en droit d'appliquer le Statut de Rome de la CPI. C'est ainsi qu'en ce qui concerne le pillage prévu aussi bien par le code pénal militaire (article 63 et article 166.7) que par le Statut de Rome [article 8.2.b)xvi], la Cour appliquera les dispositions du Statut.

) DE LA QUALIFICATION DES FAITS

Le prévenu, par le biais de ses conseils, estime que l'application du Statut de Rome ne se justifie pas en l'espèce parce qu'aucun critère n'est réalisé. Pour lui, les agissements des FDLR (enlèvements de population, diverses tracasseries etc) s'apparentent plus à des actes terroristes ne relevant pas du Droit International Humanitaire.

La Cour, abondant dans le même sens que les parties civiles, estime quant à elle que les faits tels que résumés supra ont bien eu lieu dans un contexte de conflit armé ne présentant pas un caractère international.

En effet, il y a conflit armé ''chaque fois qu'il y a recours à la force armée entre Etats ou un conflit armé prolongé entre les autorités gouvernementales et des groupes armés organisés ou entre de tels groupes au sein d'un Etat'' (TPIY, Affaire Procureur contre DUSKOTADIC, Chambre de 1ère Instance, N° IT-94-1-AR 78, Oct 1995).

Le juge dans cette affaire ajoute : « le Droit International Humanitaire s'applique dès l'ouverture de ces conflits armés et s'étend au-delà de la cessation des hostilités jusqu'à la conclusion finale de la paix ou, dans le cas de conflits internes, jusqu'à ce qu'un règlement pacifique soit atteint. Jusqu'alors, le Droit International Humanitaire continue de s'appliquer sur l'ensemble du territoire des Etats belligérants ou, dans le cas de conflits internes, sur l'ensemble du territoire sous le contrôle d'une partie, que des combats effectifs s'y déroulent ou non ».

Dans l'affaire AKAYESU, le TPIR dit que l'expression ''conflit armé'' évoque en soit l'existence d'hostilités entre forces armées plus au moins organisées. En sont dès lors exclus les troubles et les tensions internes.

Dans son article intitulé ''Typologie des conflits armés en Droit International Humanitaire : concepts juridiques et réalités'', Sylvain Vité, conseiller juridique à la division juridique du CICR, renseigne que deux caractères fondamentaux permettent de déterminer le conflit armé non international. C'est l'intensité de la violence et l'organisation des parties. C'est ainsi qu'il estime que le fait pour un Etat d'être contraint à recourir à son armée, ses forces de police n'étant plus en mesure de faire face à la situation, laisse présager que l'intensité du conflit armé non international a atteint le niveau requis.

La durée du conflit, la fréquence des actes de violence et les opérations militaires décidées, la nature des armes utilisées, les déplacements des populations civiles, le nombre de victimes sont aussi des éléments qui peuvent être pris en compte dans l'appréciation de l'intensité d'un conflit armé [TPIR, Affaire Procureur c/AKAYESU, chambre 1ère instance I, 2 septembre 1998 (ICTR 96-4-T), § 620].

S'agissant du critère d'organisation, on pourrait considérer, pour les groupes armés non gouvernementaux, notamment l'existence d'un organigramme exprimant une structure de commandement, le pouvoir de lancer des opérations coordonnant différentes unités, la capacité de recruter, de former de nouveaux combattants ou l'existence d'un règlement interne.

Dans le dossier soumis à l'examen de la Cour de céans, il ressort que :

Depuis 1994, la République Démocratique du Congo est en proie à des conflits armés successifs, notamment la guerre de 1996 dite de l'AFDL qui a abouti au renversement du régime du Président MOBUTU, la guerre dite du RCD (1998), les conflits armés entre milices en ITURI, les conflits armés entre le Gouvernement de la République et le CNDP de Laurent NKUNDA puis entre le Gouvernement et le groupe armé dénommé M23, etc.

Les exactions commises sur la population civile et l'occupation de certaines portions du territoire national par ces groupes armés, notamment les zones minières, où se perçoivent des taxes illégales, ont poussé le Gouvernement de la République à décréter des opérations militaires contre les ex-militaires Rwandais retranchés en R.D. Congo et organisés sous l'appellation de FDLR (Forces Démocratiques pour la Libération du Rwanda).

Refusant d'être désarmés et rapatriés dans leur pays d'origine, ces rebelles se sont structurés et organisés en unités de combat qui s'attaquent aux forces régulières ou s'affrontent avec d'autres groupes armés locaux, notamment les Maï Maï.

Ils ont une direction politique et un commandement structuré. Le Gouvernement de la République a dû engager d'importants moyens en hommes (plusieurs brigades) et en matériel qu'il a déployés sur une grande échelle (deux provinces : Nord et Sud-Kivu) dans le cadre des opérations militaires contre ces combattants des FDLR.

Au vu de tous ces éléments, il est indéniable pour la Cour qu'il existe bien un conflit armé interne qui exige de la part des belligérants le respect du Droit International Humanitaire (DIH). Ainsi lorsque le 512ème bataillon, auquel appartient le prévenu KABALA MANDUMBA MUNDANDE, déployé dans un secteur comprenant notamment la localité de MUPOKE, mène des opérations militaires (raids, embuscades, offensives, défensives) contre les éléments des FDLR, il le fait dans le cadre de ce conflit armé interne qui commande l'application de Droit International Humanitaire.

A la lumière de ce qui précède, la Cour retiendra que tous les actes reprochés au prévenu ont été commis dans des circonstances telles qu'ils constituent des infractions graves aux conventions de Genève du 12 août 1949 et leurs protocoles additionnels.

Ainsi les faits tels que libellés dans les préventions seront requalifiés en crimes de guerre :

- par atteinte à la vie
- par pillage
- par viol
- par atteinte à la dignité de la personne (traitements humiliants et dégradants) ;

Ces actes sont prévus respectivement par les articles 8.2.c) i, 8.2.c) ii, 8.2.e)v et 8.2.e)vi du Statut de Rome de la Cour Pénale Internationale. Ils sont punis par l'article 77 du même Statut.

d) DE L'EXAMEN DE CHAQUE PREVENTION

1. Des crimes de guerre en général

Il ressort des instruments internationaux de droit humanitaire notamment, le Statut de Rome de la Cour Pénale Internationale (CPI) et la jurisprudence des tribunaux pénaux ad hoc, que pour être constitutif de crime de guerre, le comportement doit avoir eu lieu dans le contexte d'un conflit armé ou était associé à un conflit armé. Bref, il y a exigence d'un conflit au moment des faits.

Le Droit International (jus cogens) reconnait deux catégories de conflits armés : internationaux et non internationaux. Cette appréciation relève du juge qui déterminera les règles du droit international humanitaire applicables à la situation qui lui est déférée.

Il sera question dans le cas sous examen du conflit armé ne présentant pas un caractère international qui appelle l'application de l'article 3 commun aux quatre conventions de Genève et le Protocole I de 1977.

Est réputé conflit armé non international, tout conflit qui se déroule sur le territoire d'un Etat, entre ses forces armées et des forces dissidentes ou groupes armés organisés qui, sous la conduite d'un commandement responsable, exercent sur une partie de son territoire un contrôle tel qu'il leur permette de mener des opérations militaires continues et concentrées et d'appliquer le droit international établi par ce type de conflit (Article 1er du protocole additionnel II aux conventions de Genève du 12 août 1949 relatif à la protection des victimes des conflits armés internationaux du 08 juin 1977).

Dans l'arrêt TADIC relatif à l'exception préjudicielle d'incompétence, la Chambre d'appel du TPIY a estimé qu'un conflit armé interne existe chaque fois qu'il y a conflit armé prolongé entre les autorités gouvernementales et des groupes armés organisés ou entre tels groupes au sein d'un Etat. Le droit international humanitaire s'applique dès l'ouverture de ces conflits armés et s'étend au-delà de la cessation des hostilités…dans le cas de conflits internes, jusqu'à ce qu'un règlement pacifique soit atteint.

Dans le jugement AKAYESU, le TPIR, a proposé un «critère de référence » en vertu duquel il convient d'apprécier l'intensité des combats et l'organisation des parties au conflit afin de se prononcer sur l'existence d'un conflit armé.

En effet, le droit humanitaire s'adresse alors aux forces armées, régulières ou non, qui prennent part au conflit, et protège tout individu ou catégorie d'individus ne participant pas ou ne participant plus activement aux hostilités, tels que :

- les combattants blessés ou malades ;
- les personnes privées de liberté en raison du conflit ;
- la population civile ;
- le personnel sanitaire et religieux, des organismes de protection civile.
- Dans le cas sous examen, le Gouvernement de la République Démocratique du Congo a décrété depuis l'année 2007, des opérations militaires contre le groupe armé constitué des militaires Rwandais qui ont fui leur pays en 1994 après la chute du Président HABYARIMANA.

Ces éléments vivent sur une partie du territoire Congolais où ils sont organisés au sein du mouvement dénommé « Forces Démocratiques pour la Libération du Rwanda », FDLR en sigle.

Sur le territoire, ils se substituent à l'autorité de l'Etat et se livrent à des exactions contre les populations civiles.

Ces différentes opérations menées par les Forces Armées de la République Démocratique du Congo (FARDC) contre ces groupes armés dans le Nord et Sud-Kivu dont les FDLR ont pris successivement les dénominations de : KIMIA I, KIMIA II et AMANI LEO. Elles manifestent l'effectivité des hostilités engagées par l'Armée gouvernementale dans les provinces du Nord et du Sud-Kivu.

La présence de la deuxième et quatrième compagnie du 5112ème bataillon sous le commandement de quatre officiers prénommés dont notamment le prévenu KABALA MANDUMBA dans la localité de MUPOKE, le dimanche 17 janvier 2010, est justifiée par lesdites opérations.

Ainsi pour la Cour, comme dit ci-avant, il y a eu effectivement conflit armé réalisant la condition requise pour parler de crime de guerre dans la mesure où l'exécution de l'opération du 17 janvier 2010, à MUPOKE a été réalisée en violation du droit international humanitaire.

En effet, pour la Cour, l'attaque a été dirigée contre des personnes ou des biens protégés. Pour que le comportement soit qualifié de crime de guerre, il faut donc que la personne ou le bien soit protégé et que l'auteur ait eu connaissance de ce statut.

Les personnes protégées sont celles auxquelles s'applique une convention particulière, leur offrant un régime de protection, lorsqu'elles se trouvent au pouvoir de la partie belligérante adverse.

Au sens plus large, ce sont celles auxquelles le droit humanitaire conventionnel et coutumier assure une protection, notamment les personnes mises hors combat, les blessés, malades et naufragés, les prisonniers de guerre et autres personnes privées de liberté. Il en est de même des personnes civiles, du personnel sanitaire et religieux, ainsi que des personnes participant aux actions de secours et des personnels des organismes de protection civile.

Sont considérés comme biens protégés en cas de conflit armé, ceux auxquels le droit coutumier ou des conventions internationales accordent une protection contre des attaques ou autres actes hostiles (destruction, représailles, capture, confiscation, etc.).

Ainsi en est-il des biens à caractère civil (écoles), les biens culturels, les lieux de culte, les unités des soins (hôpitaux, centres de santé) et des moyens de transport sanitaire.
La connaissance des circonstances de fait établissant la protection suffit pour cristalliser ce crime.

Dans le cas de figure, le prévenu KABALA MANDUMBA MUNDANDE est un officier des FARDC qui est censé connaitre les personnes et les biens protégés en cas d'un conflit armé. Il a reconnu par ailleurs avoir été formé en cette matière de Droit International Humanitaire.

Pour cette connaissance de l'existence d'un conflit armé, les articles 8.2.c) i), 8.2.c) ii, 8.2.e) v) et 8.2.e) vi-$_1$ du Statut de Rome précisent que les éléments des crimes requièrent que l'auteur ait eu « connaissance des circonstances de fait établissant l'existence d'un conflit armé », sans qu'il soit nécessaire d'établir que l'auteur ait déterminé sur le plan juridique, l'existence d'un conflit armé ou le caractère international ou non international du conflit.

Dans le cas d'espèce, les prévenus : KASEREKA DONAT, MONGA MUKANGABANTU, NDAYISABA EMMANUEL, KABALA MANDUMBA et tous les éléments de troupe qui les ont accompagnés savaient qu'ils allaient combattre les éléments armés des Forces Démocratiques pour la Libération du Rwanda (FDLR) en vue de rétablir l'autorité de l'Etat dans cette contrée. A la réunion d'Etat-major du 5112ème bataillon, ils avaient reçu mission de se rendre dans la localité de MUPOKE en vue de combattre ou neutraliser les dix éléments FDLR qui y étaient signalés et qui se livraient à des exactions contre la population de cette localité et de celles environnantes notamment par la perception de taxes illicites et la collecte des vivres. Malgré que lesdits éléments n'avaient pas été identifiés, la deuxième compagnie dudit bataillon commandée par le prévenu KABALA MANDUMBE avait ouvert le feu sur la population civile qui était en pleine activité au marché de MUPOKE, au motif que cette population était en connivence avec les éléments armés FDLR.

A la suite de cette fusillade, plusieurs actes d'atteinte aux droits de l'homme ont été perpétrés en ce lieu, qualifiés juridiquement comme suit :
- Crimes de guerre par meurtre,
- Crimes de guerre par viol ;
- Crimes par pillage ;
- Crimes de guerre par comportements inhumains et dégradants.

2. Du Crime de guerre par meurtre

Le statut de Rome ne définit pas le meurtre.
Il est qualifié différemment selon qu'il s'agit d'un conflit armé international ou du conflit ne présentant pas un caractère international. Dans le 1er cas il est qualifié d'homicide intentionnel et dans le second de meurtre.
Selon l'article 8.2. c i)-1 pour que le meurtre soit établi, il faut que « l'auteur ait tué une ou plusieurs personnes ».
D'après la jurisprudence des tribunaux pénaux internationaux en matière de crimes de guerre par meurtre, les éléments constitutifs dudit crime sont :

- Le décès de la victime ;
- Un acte illégal ou une omission illégale de l'accusé ou de son subordonné ;
- L'accusé ou son subordonné doit avoir été animé de l'intention de donner la mort à la victime ou de porter des atteintes graves à son intégrité physique, dont il ne pouvait que raisonnablement prévoir qu'elles étaient susceptibles d'entrainer la mort.

[*TPIR, Procureur contre MUSEMA, Chambre 1ère instance, 27 janvier 2000, (ICTR-96-13), § 215*].

La même jurisprudence précise que l'intention doit être établie mais la préméditation n'est pas requise. (*TPIR, Procureur contre SEMANZA, op cit, § 373*).

La preuve qu'une personne a bien été tuée ne doit pas nécessairement découler de la preuve que le corps de cette personne a été retrouvé, elle peut être déduite des circonstances et de tous les éléments de preuve présentés devant le tribunal [TPIY, procureur contre KRNO JOLAC, Ch.1ère instance, 15 mars 2002, (IT-97-25) § 326].

Selon le Statut de Rome, les éléments du crime de guerre par meurtre sont les suivants :

- L'auteur a tué une ou plusieurs personnes ;
- Lesdites personnes étaient hors combat ou des personnes civiles ou des membres du personnel sanitaire ou religieux ne prenant pas activement part aux hostilités ;
- L'auteur avait connaissance des circonstances de fait établissant ce statut ;
- Le comportement a eu lieu dans le contexte de et était associé à un conflit armé ne présentant pas un caractère international ;
- L'auteur avait connaissance des circonstances de fait établissant l'existence d'un conflit armé.

Dans le cas sous examen, la demoiselle MAOMBI KUBOTA, personne reconnue sans conteste civile, avait été atteinte à l'abdomen d'une balle parmi les nombreuses tirées par les éléments de la 2ème compagnie du 5112ème bataillon qui ont attaqué le marché de MUPOKE le dimanche 17 janvier 2010 et ce, sous le commandement du prévenu KABALA MANDUMBA MUNDANDE.

L'intention de donner la mort dans le chef de ces éléments et de leur chef, le prévenu précité, se dégage au-delà de tout doute raisonnable par le fait qu'ayant utilisé les armes de guerre du Type AK 47, instruments spécialement conçus pour donner la mort, ils en avaient prévu la survenance car cette population civile était prise au dépourvu par cette attaque alors qu'elle se livrait à ses activités de petit commerce dans le marché de MUPOKE ;

L'existence d'un conflit armé ainsi que la connaissance des circonstances de fait établissant son existence ont été démontrées ci-avant.
La Cour de céans demeure convaincue que cette attaque était plutôt motivée par un sentiment de vengeance dans le chef de ces militaires qui taxaient cette population d'être en connivence avec les éléments armés des FDLR.

La Cour dira cette infraction établie à suffisance de droit.

3. Des Crimes de guerre par viol

Le viol en tant que crime de guerre commis dans le contexte des conflits ne présentant pas un caractère international est prévu par l'article 8.2.e. vi-1 du Statut de Rome.

Les éléments constitutifs de cette infraction sont inspirés par la jurisprudence [TPIR, Procureur, c/AKAYESU, op.cit, § 688], et sont repris dans les éléments des crimes, à savoir :

1) L'auteur a pris possession du corps d'une personne de telle manière qu'il y a eu pénétration, même superficielle, d'une partie du corps de la victime ou de l'auteur par un organe sexuel, ou de l'anus ou du vagin de la victime par un objet ou toute partie du corps.
2) L'acte a été commis par la force ou en usant à l'encontre de ladite ou desdites ou de tierces personnes de la menace, de la force ou de la coercition, telle que celle causée par la menace de violences, contrainte, détention, pressions psychologiques, abus de pouvoir ou bien à la faveur d'un environnement coercitif ou encore en profitant de l'incapacité de ladite personne de donner son libre consentement.
3) Le comportement a eu lieu dans le contexte de et était associé à un conflit armé ne présentant pas un caractère international.

4) L'auteur avait connaissance des circonstances de fait établissant l'existence d'un conflit armé. Dans le cas d'espèce, par rapport au premier élément, l'instruction menée par-devant la Cour de céans a pu démontrer que :

- F14 : a été tour à tour violée par deux militaires des FARDC qui ont chacun réussi l'intromission de leur organe viril dans son organe génital ;
- F11 : lors de sa fuite dans la brousse, a été rattrapée par un militaire FARDC qui lui a imposé des rapports sexuels par intromission de son pénis dans son organe sexuel.
- F5 : à la suite des crépitements des balles, avait fui dans la brousse où elle a été interceptée par deux (02) militaires des FARDC. Elle a, sur ces entrefaites, perdu connaissance. Lorsqu'elle avait repris ses esprits, elle s'est retrouvée nue et a constaté des secrétions de liquide séminal dans son vagin. C'est ainsi qu'elle a compris qu'elle avait été violée.
- F6 : a déclaré que dans sa fuite, elle avait été rattrapée par un militaire des FARDC, qui a d'abord pris possession de sa personne et a réussi à lui imposer des relations sexuelles par la pénétration de son organe viril dans son vagin, après lui avoir bandé les yeux avec un mouchoir.
  Ensuite le même militaire l'a privée de sa liberté de mouvement en lui faisant transporter une partie du butin du pillage opéré dans le marché de MUPOKE. Après quelques minutes de marche, elle a été relaxée. Par un hasard heureux, elle s'est rencontrée avec sa sœur F5 avec laquelle elle a passé nuit dans la brousse et, ensemble, elles ont regagné leur village de CIRAMBO le lendemain.
- F9 : avait déjà terminé la vente de ses marchandises et attendait les gens de son village pour retourner ensemble, quand subitement les balles ont commencé à crépiter. Ayant pris fuite en brousse avec deux hommes, des civils non identifiés, elle a été rattrapée par trois militaires des FARDC qui lui ont, à tour de rôle, imposé des rapports sexuels par l'intromission de leurs organes virils dans son organe sexuel et ce, pendant qu'elle était enceinte de six (06) mois, avec comme conséquence qu'elle avait avorté deux (02) semaines après.
  Par hasard, elle avait obtenu le secours de deux hommes qui l'ont accompagnée jusque dans son village de NYALUBEMBE où se trouve basé l'Etat-major du bataillon du prévenu.
- F1 : habitait le village MUPOKE et s'est retrouvée au marché lorsque les militaires des FARDC ont lancé l'attaque. Comme plusieurs autres personnes qui s'y trouvaient, elle s'était mise à couvert, en s'allongeant au sol, face contre terre.

Lorsque les balles ont cessé de crépiter, les militaires des FARDC les ont obligés de se relever et les ont scindés en deux groupes : les femmes d'un côté et les hommes de l'autre.

Elle a été du nombre des personnes qui devaient transporter le butin du pillage sus évoqué. Ainsi elle a marché jusqu'au village du chef KATUKU où le convoi avait passé la nuit. C'est là qu'un des officiers des FARDC va l'obliger à dormir ensemble avec lui, au motif qu'elle fut concubine du commandant des éléments armés des FDLR qui opèrent dans cette contrée.

C'est ainsi que cet officier lui a imposé des rapports sexuels par la pénétration de son organe viril dans son vagin durant toute la nuit. Elle a été relaxée le lendemain avec les dames F15 et feue Mama DEMBI.

- **F15** : a précisé qu'elle a été parmi les personnes qui ont transporté les bagages, après avoir été retrouvée dans un petit trou où elle s'était cachée, non loin du marché. Arrivée au village de KATUKU, un militaire des FARDC l'avait amenée en brousse où il lui a imposé des relations sexuelles par l'intromission de son organe viril dans son vagin. Après avoir terminé, ce militaire l'avait renvoyée et elle avait passé nuit dans la brousse sous un arbre en attendant les trois autres dames qui avaient aussi été violées à KATUKU, en vue de retourner ensemble dans leur village.

- Il en est de même de F18, de KITO MABOKO et F14 qui ont également été violées dans les mêmes circonstances que celles évoquées précédemment.

  Il appert des déclarations de toutes les victimes précitées que celles-ci étaient placées dans un environnement coercitif et avaient subi les menaces d'être tuées par les armes de guerre dont les auteurs, militaires des FARDC du 5112e bataillon, étaient porteurs. Elles ne pouvaient dans ces circonstances leur opposer aucune résistance.

  Les comportements affichés par les militaires FARDC ont eu lieu dans le contexte d'un conflit ne présentant pas un caractère international.
  En effet, comme précisé avant, les éléments des FARDC avaient reçu mission de combattre les éléments armés des FDLR qui s'illustraient par des exactions contre la population de MUPOKE et ses environs pour les mettre hors d'état de nuire. Ce qui rentre dans leur mission de protéger l'intégrité du territoire national et d'appuyer la Police Nationale Congolaise, qui n'était pas présente dans cette contrée ; Certains d'entre eux ont profité de cette opération pour satisfaire leur libido.

  Pour avoir reçu le briefing de leur hiérarchie au sujet de l'exécution de cette mission, chacun des militaires des FARDC savait que les FARDC étaient en situation de conflit armé ne présentant pas un caractère international en ce qu'elles étaient engagées dans les opérations militaires dénommées KIMIA II contre les groupes armés qui opèrent dans le Nord et le Sud-Kivu, dont notamment les éléments armés des FDLR opérant dans la contrée de MUPOKE.

La Cour de céans dira cette infraction établie à suffisance de droit.

4. Des Crime de guerre par pillage

Ces crimes sont prévus et punis par l'article 8.2.e) v du Statut de Rome de la CPI.

L'infraction visée exige pour sa réalisation les éléments constitutifs ci-après :

i. L'appropriation de certains biens par l'auteur ;
ii. La volonté de l'auteur de spolier à des fins privées ou personnelles ;
iii. Le défaut du consentement du propriétaire ;
iv. Le comportement d'expropriation doit avoir lieu dans le contexte de et être associé à un conflit armé ne présentant pas un caractère international ;
v. L'auteur doit avoir eu connaissance des circonstances de fait établissant l'existence d'un conflit armé.

Dans le cas sous examen, les éléments des FARDC se sont appropriés des biens essentiellement constitués des marchandises vendues ou achetées et des sommes d'argent que détenaient les personnes qui se trouvaient au marché de MUPOKE le dimanche 17 janvier 2010 vers 14 heures.

A cette occasion, les pertes suivantes ont été enregistrées :

- F20 : avait été dépouillée des biens suivants : trois (03) chèvres, des haricots et des fretins.
- F19 : avait été dépouillée d'un lot de poissons salés et de fretins, pour une valeur estimée à huit cent cinquante dollars américains (850 USD).
- F10 : avait été dépouillée d'une somme d'argent de trente dollars américains (30 USD) et d'un lot d'arachides d'une valeur de quatre-vingt-dix mille francs congolais (90.000FC).
- F13 : s'est vue dépouillée de la somme de trois mille dollars américains (3.000 USD) et une somme de soixante mille francs congolais (60.000 FC).
- F8 : a déclaré avoir été dépouillée de ses marchandises : des arachides et poissons salés et une somme de deux cent cinquante dollars américains (250 USD).
- F14 : a déclaré avoir perdu ses marchandises d'une valeur estimée à huit cents dollars américains (800 USD) composées de divers articles de première nécessité.

- F11 : a déclaré avoir perdu ses poissons salés.
- F5 : a perdu ses marchandises : un demi-sac de fretins, un panier de poissons fumés, un demi-sac de sel, un demi-panier des poissons salés qu'elle a estimé à mille cinq cent dollars américains (1.500 USD).
- F6 : a perdu ses marchandises composées de poissons salés et de tomates qu'elle estime à sept cents dollars américains (700 USD).
- F4 : avait été dépouillée de six casiers de bière PRIMUS et deux (02) grammes d'or qu'elle avait achetés à ce marché avant le crépitement des balles.
- F9 : avait perdu six (06) chèvres, des poissons salés, dix (10) grammes d'or et une somme de trois cents dollars américains (300 USD) et des sommes en francs congolais dont elle a oublié la valeur.
- F1 : était en cette date au marché de MUPOKE où elle vendait la farine de maïs et des poissons salés qu'elle avait perdus et qu'elle estime à une valeur de deux cent cinquante mille francs congolais (250.000 FC).
- WABIEWA ISANDA : avait perdu un lot d'arachides qu'elle avait acheté au marché de MUPOKE et une somme d'argent en francs congolais équivalent à trois (03) cents dollars américains (300 USD).
- KATEO MULABO : avait perdu des biens suivants : quatre paires de piles, trente (30) poissons salés, des haricots et six (06) grammes d'or, pour une valeur estimée à huit cents dollars américains (800 USD).
- UZIMA KAMBO : était en cette date à ce marché où il vendait quelques produits de première nécessité tels que : les piles, savons qu'il a perdus, pour une valeur qu'il estime à quatre cents dollars américains (400 USD).
- KULIMUSHI MBILIZA : était présent au marché de MUPOKE pour y acheter de la cassitérite. Il avait été dépouillé de 25 kilos de cette matière déjà achetés avant le crépitement des balles et un sac à main qui contenait la somme de cinq cents dollars américains (500 USD).
- F22 : était présente à ce marché où elle vendait des arachides et des ignames qui ont été emportés par les éléments des FARDC.
- F21 : vendait du riz, des piles, des savons et des arachides au marché de MUPOKE en date du 17/01/2010, qui ont été emportés par les éléments des FARDC.
- M6 : avait été dépouillé de : deux (02) sacs de haricots, une horloge, biens appartenant à l'Eglise 5ème CELPA de MUPOKE. Pour son propre compte, il a perdu 14 poules, deux (02) costumes, quatre (04) marmites, plusieurs vêtements de son épouse et ses enfants, deux paires de godillots ;

  Il avait perdu la somme de vingt mille francs congolais (20.000 FC), pagnes WAX, 100 kg de farine de maïs, une paire de godillots, une montre disco, pour une valeur qu'il estime à deux cent quatre-vingt dollars américains (280 USD).

- M1 : vendait du sel, des habits et de petits articles de première nécessité que les militaires FARDC avaient ravis.
- F23 : vendait des courges et des arachides et avait une somme de cent vingt dollars américains (120 USD) contenue dans un sac à main emporté dans cette circonstance.
- LWAMIZIRE STANY : vendait des articles suivants : trois pièces WAX, des piles et devait acheter de l'or avec les deux cent quarante dollars américains (240 USD) dont il disposait. Tous ces biens lui ont été ravis par les éléments des FARDC.
- M4 : vendait des pagnes WAX, et des articles de première nécessité tels que : du savon, du sel, des bonbons, des biscuits etc. Il avait été en plus dépouillé de cinquante dollars américains (50 USD) et de trois (03) grammes d'or.
- F18 : vendait des pagnes WAX, des haricots, des arachides et des ignames pour une valeur qu'elle a estimée à cent dollars américains.
- SHUKURU NYAMWASA : vendait des arachides que les militaires FARDC ont emportées pour une valeur qu'elle estime à cent mille francs congolais (100.000 FC).
- L'intention de spoliation et d'appropriation des biens énumérés ci-avant dans le chef des militaires des FARDC ne fait l'ombre d'aucun doute car, après le crépitement des balles au marché de MUPOKE, les personnes qui s'y étaient retrouvées, avaient été scindées en deux : les femmes d'un côté et les hommes de l'autre.

Les militaires ont choisi quelques-uns pour rassembler les biens dispersés et les transporter jusqu'à leur état-major à NYALUBEMBE, via le village de KATUKU.Lesdits biens ont été utilisés pour leurs besoins personnels.
L'instruction de la présente cause renseigne que les éléments des FARDC avaient annihilé la volonté des différentes victimes par le fait de les avoir tenues en respect au moyen des armes de guerre, ce qui exclut tout consentement.

Comme précisé supra, les éléments FARDC se sont comportés de cette façon en profitant de l'opération qu'ils devaient mener contre les éléments FDLR qui se livraient à des exactions contre la population en se substituant à l'autorité de l'Etat Congolais.

La Police Nationale n'existant pas dans cette contrée et ne pouvant pas contenir les actions de ce groupe armé, essentiellement composé de Hutus Rwandais, l'Etat Congolais s'est vu obligé d'engager les FARDC dans des opérations armées, d'où le conflit armé ne présentant pas un caractère international.

Et tous les militaires des FARDC qui ont participé à l'opération menée contre lesdits éléments armés signalés dans le village de MUPOKE et ses environs savaient que cette opération avait comme objectif l'anéantissement de ces éléments en vue de les mettre hors d'état de nuire et rétablir ipso facto l'autorité de l'Etat.

La Cour dira établie en droit cette infraction de crime de guerre par pillage.

5. ***Des Crimes de guerre par traitements inhumains et dégradants, (Article 8.2. c) ii)***

En plus des autres éléments analysés avant (c'est-à-dire pour les infractions analysées aux points 1, 2 et 3), ce crime repose sur deux éléments matériels : la soumission d'une ou plusieurs personnes à un traitement humiliant ou dégradant ou à toute autre atteinte à la dignité et l'humiliation ou la dégradation ou autre violation qui doit être d'une gravité suffisante pour être reconnue comme une atteinte à la dignité humaine.

Dans le cas d'espèce, les militaires des FARDC, sous la conduite notamment du prévenu KABALA MANDUMBU MUNDANDE, avaient soumis quelques personnes séquestrées au marché de MUPOKE, après le crépitement des balles, à des traitements qui contrastent avec les égards dus à la dignité humaine à laquelle tout citoyen congolais a pourtant droit.

C'était le cas de F8, F6, F1, M1, M2, M4, F1 qui avaient été obligés de transporter des bagages constitués du butin du pillage que les éléments des FARDC avaient opéré dans ce marché.

Ils étaient obligés de marcher à pied, sur une longue distance, transportant des fardeaux lourds sur la tête dans des conditions rudes, rabroués à chaque ralentissement de l'allure, bousculés et sans possibilité de réclamer la moindre pause, totalement à la merci de ces militaires.

La Cour de céans dira cette infraction établie en droit.

e) DE LA RESPONSABILITE PENALE

La question est résolue par les articles 7, 1 et 6, 1 des Statuts des TPI qui, *mutatis mutandis*, disposent comme suit : « Quiconque a planifié, incité à commettre, ordonné, commis ou de toute autre manière aidé et encouragé à planifier, préparer ou exécuter un crime visé aux articles 2 à 5 du présent Statut est individuellement responsable dudit crime ».
Ainsi sont des *actes matériels* constitutifs de la responsabilité pénale individuelle, les actes suivants :

a) Planifier, inciter à commettre, ordonner, commettre un crime visé par le Statut ;
b) Aider et encourager à planifier, à préparer ou à exécuter un tel crime. Cependant, à eux seuls les actes matériels sont insuffisants. Il faut encore un élément moral, une *mens rea*, un état d'esprit qui anime l'agent.

Pour le TPIR, outre la responsabilité que l'accusé encourt en tant qu'auteur matériel, sa responsabilité pénale individuelle peut aussi être engagée pour des actes criminels commis par des tiers si, par exemple, l'accusé a planifié lesdits actes, a incité à les commettre, les a ordonnés, ou encore s'il a aidé et encouragé autrui à les commettre (jugement MUSEMA, § 117).

S'agissant particulièrement de la participation par le fait de commettre, prévue par l'article 6 (1) du Statut du TPIR et 7 (1) du Statut du TPIY, le Jugement MUSEMA dispose qu'est engagée la responsabilité pénale d'un accusé qui "commet" effectivement l'un des crimes entrant dans le champ de compétence *ratione materiae* du Tribunal (jugement MUSEMA § 122).

Pour la Chambre, l'accusé peut participer à la commission d'un crime soit par la commission effective d'un acte répréhensible, soit par une omission, dès lors qu'il avait l'obligation d'agir (jugement MUSEMA § 123).

Pour être pénalement responsable d'un crime, l'individu qui commet ce crime en tant qu'auteur principal doit être animé de la volonté criminelle requise (jugement KAJELUILI § 767).

Dans le Statut et la jurisprudence de la CPI, le principe de la responsabilité pénale individuelle est posé par l'article 25 du Statut de cette Cour comme suit :

1. *La Cour est compétente à l'égard des personnes physiques en vertu du présent Statut.*
2. *Quiconque commet un crime relevant de la compétence de la Cour est individuellement responsable et peut être puni conformément au présent Statut.*
3. *Aux termes du présent Statut, une personne est pénalement responsable et peut être punie pour un crime relevant de la compétence de la Cour si :*

a) Elle commet un tel crime, que ce soit individuellement, conjointement avec une autre personne ou par l'intermédiaire d'une autre personne, que cette personne soit ou non pénalement responsable ;

b) *Elle ordonne, sollicite ou encourage la commission d'un tel crime, dès lors qu'il y a commission ou tentative de commission de ce crime ;*
c) *En vue de faciliter la commission d'un tel crime, elle apporte son aide, son concours ou toute autre forme d'assistance à la commission ou à la tentative de commission de ce crime, y compris en fournissant les moyens de cette commission ;*
d) *Elle contribue de toute autre manière à la commission ou à la tentative de commission d'un tel crime par un groupe de personnes agissant de concert. Cette contribution doit être intentionnelle et, selon le cas :*
   i. *Viser à faciliter l'activité criminelle ou le dessein criminel du groupe, si cette activité ou ce dessein comporte l'exécution d'un crime relevant de la compétence de la Cour ; ou*
   ii. *Etre faite en pleine connaissance de l'intention du groupe de commettre ce crime ;*
e) *S'agissant du crime de génocide, elle incite directement et publiquement autrui à le commettre ; Elle tente de commettre un tel crime par des actes qui, par leur caractère substantiel, constituent un commencement d'exécution mais sans que le crime soit accompli en raison de circonstances indépendantes de sa volonté. Toutefois, la personne qui abandonne l'effort tendant à commettre le crime ou en empêche de quelque autre façon l'achèvement ne peut être punie en vertu du présent Statut pour sa tentative si elle a complètement et volontairement renoncé au dessein criminel.*

La responsabilité pénale individuelle fait l'objet de l'article 25, 2 du Statut de Rome, qui confirme un principe qui s'est longtemps cherché, qui a mis longtemps à émerger et qui, aujourd'hui, s'impose comme faisant partie du droit international pénal coutumier. L'article 25, 3 pose les conditions pour la mise en œuvre de la responsabilité pénale individuelle d'une personne. Il s'agit en fait d'abord de ce que notre droit interne considère comme des modalités de participation criminelle soit à titre de corréité (coaction) soit à titre de complicité (article 25,a) et que le droit international coutumier et la jurisprudence des TPI qualifient de formes de participation ou de complicité.

S'il y a *des motifs substantiels* de croire que le prévenu est pénalement responsable en qualité de *coauteur* d'un crime relevant de la compétence de la Cour, celle-ci n'aura plus, aux fins de la confirmation des charges, à analyser les autres formes de responsabilité du complice prévues aux alinéas b) à d) de l'article 25-3 du Statut, ni la responsabilité du supérieur hiérarchique prévue par l'article 28 (Décision Thomas LUBANGA, relative à la confirmation des charges, 29 janvier 2007, 321 ; Décision Germain KATANGA et Mathieu NGUDJOLO CHUI, relative à la confirmation des charges, 30 septembre 2008, 471..).

En d'autres termes, la même personne, au regard des mêmes faits, ne peut pas être à la fois co-auteur et complice, ou co-auteur et supérieur hiérarchique au sens de l'article 28 du Statut.

Au regard des dispositions du Statut de Rome que la Cour de céans a décidé d'appliquer, le prévenu KABALA MANDUMBU sera tenu responsable des faits mis à sa charge pour en avoir personnellement commis certains (cas de pillage, de viol et d'atteintes à la dignité humaine) et pour en avoir ordonné ou encouragé d'autres notamment par sa présence active et son attitude devant les exactions de ses hommes.

f) DE LA PARTICIPATION CRIMINELLE

S'agissant de la participation criminelle, la Cour de céans observe que deux approches sont utilisées pour établir une distinction entre les auteurs principaux d'un crime et les complices : l'approche objective et l'approche subjective.

L'approche objective place l'accent sur la réalité d'un ou plusieurs éléments objectifs du crime. Selon cette approche, seuls ceux qui exécutent physiquement un ou plusieurs des éléments objectifs de l'infraction peuvent être considérés comme auteurs principaux du crime.

L'approche subjective, retenue par la jurisprudence du TPIY à travers la notion d'entreprise criminelle commune ou la théorie du but commun, écarte l'importance de la contribution à la commission de l'infraction en tant que critère permettant de distinguer les auteurs principaux et les complices pour mettre l'accent sur l'élément d'esprit dans lequel la contribution au crime a été apportée.

L'article 25-3-a du Statut ne tient pas compte du critère objectif permettant de distinguer les auteurs principaux des complices parce que la notion de commission d'une infraction par l'intermédiaire d'une personne n'est pas compatible avec la limitation du groupe d'auteurs principaux du crime à ceux qui exécutent physiquement un ou plusieurs éléments objectifs de l'infraction.

Ainsi la Chambre Préliminaire de la CPI note que : « en se distinguant de la notion de coaction énumérée au litera a) de l'article 25-3, le litera d), définit la notion de contribution à la commission ou à la tentative de commission d'un crime par un groupe de personnes agissant de concert, dans le but de faciliter l'attaque criminelle du groupe ou en pleine connaissance du dessein criminel ».

Adoptant cette interprétation subjective, la Cour de céans considère que tous les prévenus présents sur les lieux où les crimes ont été commis doivent être considérés comme auteurs des actes posés, dans la mesure où chaque acte commis individuellement par chacun d'eux constitue une contribution à la réalisation des crimes de masse qui ont été perpétrés et que les intéressés ont agi de concert. Ceux qui n'ont pas matériellement posé les actes incriminés ont plus au moins assisté en spectateurs-approbateurs en encourageant par leur présence et par leurs exhortations implicites ou explicites la commission des infractions.

La Cour estime qu'il est dès lors superfétatoire de se référer aux éléments constitutifs de la participation criminelle telle que prévue par le Code Pénal Militaire aux articles 5 et 6.

EXAMEN DES ACTIONS CIVILES ET DE LA RESPONSABILITE CIVILE DE L'ETAT CONGOLAIS

A. DES ACTIONS CIVILES

Cent sept (107) personnes énumérées précédemment se sont constituées parties civiles au cours de la procédure engagée au 1er degré où leurs actions étaient déclarées recevables, en vertu des prescrits notamment des articles 226 du code judiciaire militaire, 69 et 122 du code de procédure pénale.

Toutes les parties civiles, par le canal de leurs avocats, maîtres SYLVESTRE BISIMWA NTAKOBAJIRA, JEAN CLAUDE SAFARI ZOZO, ROMAIN KISIBO NGANGA, THERESE KULUNGU, tous avocats près la Cour d'Appel de BUKAVU et maître NADINE SAYIBA, avocat près la Cour d'appel de GOMA, ont relevé appels incidents sur le banc à l'audience du 13 mai 2013 et ce conformément à l'article 98 du code de procédure pénale.

Par ordonnance du Premier Président de la Cour de céans du 8 mai 2013 portant dispense de consignation des frais, cinquante-six (56) parties civiles en ont été dispensées.

Il s'agit de : M6, MUKULUBANYA WAKASWA, WABINGWA BOLINGO, BONIFACE MUGUSHIRWA, NYAMBULA BYANGENGA, F24, CHISIKI NAMWANDA, IGYANO NDIMA, BIRAGIMUSHIGI RACHELE, F23, SERAPHINE FERUZI, MUKELO MASTAKI BATASIMWA, MAZAMBI MAKINA, BARTHELEMY SONGA, POLEPOLE LWAMEZIRE, KATEO MULANGO, ZADUNIA KAMWENDA BIJOU, MUGANZA MWATI, BENGI NGUFULI, MUKEINA WALEMBE SONGO, AYALI NAMULWA AVOCAT, KAJINGWA BALIKE JEROME, MASUMBUKO KIKUKA MABELA KYALONDAWA KASHASHA, MASTAKI LWAMUNGU, BWALINGILE DEBOUT SHESHERE, BYEKA SALUMU JUDITH, BILAYI KABULUBUNDA, NTAMUSONGA BYANGINGA, NDOA

KATOBO LEONTINE, MACHOZI BAMPIODILA, BWAMI IZINGA HERITHIER, WIKA IZINGA ALINE, BIKULO ANZALI BITONDO, TAMUNYAMA MWEMANA REGINA, MACHOZI MULAMBA FRANCINE, VUMILIA SEZARI CADETTE, MAGAZI LULONGO, FURAHA MALIMBOI, WATANENE MAPENZI, F1, BIRAGI KATEMBO, KADANDE LWABOSHI FISTON, BASHAGALUKE ZIRHUMANA, CHIZA MUSOLE DAVID, WASEKA MUKONGO, FURAHA NAMWASHERWA, F25, FAIDA NYAMUMUHINGA, ALINE BANYWESIZE, EVE BONANE SIFA MUGENE, BITONDO ZAIRWA, BUNYUMBA CHISIKE LEONTINE, BITENDWA KIGENDA ET WABIGWA BOLINGO.

Soixante parties civiles ont consigné les frais. Hormis les vingt-neuf parties civiles qui ont comparu aux audiences des 14,15 et 16 mai 2013, toutes les autres ont été représentées par leurs avocats précités qui ont postulé en leur faveur le bénéfice intégral des sommes leur allouées par le premier juge.

La Cour de céans dira recevables toutes ces actions et s'attèle à en analyser la pertinence.

A cet effet l'article 258 du code civil Livre troisième qui pose le fondement de la responsabilité civile stipule que « tout fait quelconque de l'homme, qui cause à autrui un dommage, oblige celui par la faute duquel il est arrivé à le réparer ».

Il appert de cette disposition légale que la responsabilité civile est assujettie aux trois conditions suivantes :

i. l'existence d'un fait générateur, l'infraction en l'occurrence ;
ii. l'existence du préjudice (dommage) subi ;
iii. le lien de causalité entre le fait générateur et le préjudice subi.

Il faut donc que le fait générateur de la responsabilité ait été la cause efficiente du dommage sans lequel celui-ci ne se serait pas produit (Alex WEIL et Francois TERRE, cité dans l'arrêt de la Haute Cour Militaire, Aff MP c/ ALAMBA et consorts, Kin 2004).

La Cour de céans précise que la responsabilité civile sera analysée par palier suivant les infractions mises à charge du prévenu KABALA MUNDUMBA MUNDANDE qui catégorisent ipso facto les parties civiles.

1. Par rapport au crime de guerre par meurtre

Par son appel incident la partie civile M3 articule que sa fille MAOMBI KUBOTA a été atteinte à l'abdomen d'une balle parmi les nombreuses tirées par les éléments de l'ex 5112ème bataillon qui ont attaqué le marché de

MUPOKE, le dimanche 17 janvier 2010 et ce, sous le commandement du prévenu KABALA MANDUMBA MUNDANDE. M3 précise qu'il a subi une perte incommensurable et postule l'allocation de l'équivalent en francs congolais de la somme de soixante mille dollars américains (60.000 USD) au lieu des cinquante mille dollars américains lui alloués par le premier juge.

2. Par rapport au crime de guerre par viol

1. F14 a relevé appel incident et précise à la Cour de céans qu'elle est mère de quatre enfants, elle a été victime de viol par le fait des éléments de la compagnie commandée par le prévenu KABALA MANDUMBA. Elle a été aussi victime de viol de sa fille KIFUMBO VENANCIA abusée dans les mêmes circonstances de temps et de lieu qu'elle, mais qui est décédée quelques jours après.

   L'expertise de la psychologue clinicienne CLARISSE KASOLVA MUTOMBO du 14 mai 2013 conclut à son sujet notamment qu'elle a des troubles émotionnels et affectifs se traduisant notamment par l'anxiété, l'agressivité et la peur. Elle souffre également de la stigmatisation dont elle est victime. En effet, elle explique qu'elle est montrée du doigt par tous les gens du village MUPOKE et se considère comme impure et inutile à la société. Elle est rejetée par son mari et sollicite l'équivalent en francs congolais de la somme de dix mille dollars américains (10.000 USD) au titre des dommages et intérêts.

2. F11 a été violée lors de l'attaque du marché de MUPOKE en date du 17 janvier 2010 par les éléments de la compagnie du 5112ème bataillon sous la conduite du prévenu KABALA. Le rapport d'expertise évoqué supra conclut en ce qui la concerne notamment des troubles cognitifs et perceptifs qui se manifestent par des cauchemars et la dépersonnalisation. Par son appel incident elle sollicite l'équivalent en francs congolais de la somme de cinq mille dollars américains (5.000 $ US) en lieu et place de 2.500 $ US lui alloués par le premier juge.
3. F 5 a été violée par les éléments FARDC lors de la même attaque. Le rapport de l'expertise psychologique conclut notamment en ce qui la concerne à des troubles cognitifs et perceptifs se manifestant par des cauchemars, de l'obsession et de l'inattention. Par son appel incident, elle sollicite l'allocation de l'équivalent en francs congolais de la somme de cinq mille dollars américains (5.000 $ US) au lieu de 2500 $ US lui alloués par le premier juge. Elle précise qu'elle a perdu sa dignité de femme et son mari l'a abandonnée avec ses trois enfants.
4. F16 a été victime de viol dans les mêmes circonstances de temps et de lieu que les précédentes victimes. Elle sollicite par son appel incident

l'allocation de 5.000 dollars US au lieu de 2.500 $ lui accordés par le premier juge.

5. SHUKURU NYAMWASA a relevé appel incident et sollicite l'équivalent en francs de la somme de 10.000 dollars US.
6. F15 sollicite le bénéfice intégral de sa demande formulée au premier degré.

Les autres parties civiles notamment : F1, F4, F17 sollicitent le bénéfice intégral des montants leur alloués au premier degré évalués à l'équivalent en francs congolais de 2.500 dollars US.

3. Par rapport au crime de guerre par pillage

1. F19 a été victime de pillage et sollicite par son appel incident la somme de 1200 dollars US au titre des dommages intérêts au lieu de 800 dollars US lui alloués au premier degré.
2. F13 a été victime d'extorsion de la somme de 3.000 dollars US. Cette perte a conduit son époux, devenu insolvable et incapable de désintéresser ses créanciers, à disparaitre par crainte des actions en justice de ces derniers. Par son appel incident, elle sollicite l'allocation de l'équivalent en francs congolais de la somme de 5000 dollars US au lieu de 3.000 dollars US lui accordés par le premier juge.
3. F8 qui était victime de pillage, sollicite par son appel incident l'équivalent en francs congolais de la somme de 1500 dollars US au lieu de 800 dollars lui alloués au premier degré.
4. F14, victime de pillage, par son appel incident, ne précise pas le montant à lui allouer mais l'englobe dans celui sollicité pour viol.
5. F11 a été victime de pillage et elle sollicite par son appel incident la somme de 1500 dollars US au lieu de 800 dollars US lui accordés au premier degré.
6. F6 a été victime de pillage et sollicite par son appel incident l'octroi de l'équivalent en francs congolais de la somme de 4.000 dollars US au lieu de 800 dollars lui accordés au premier degré.
7. F6 a été victime de pillage et, par son appel incident, elle sollicite l'octroi de l'équivalent en francs congolais de la somme de 1500 dollars US au lieu de 800 dollars US lui accordés au premier degré.
8. UZIMA KATOBO, victime du pillage, sollicite par son appel incident l'octroi de l'équivalent en francs congolais de la somme de 1800$ au titre des dommages et intérêts au lieu de 800 dollars US lui accordés par le premier juge.
9. KULIMUSHI MBILIZI, victime de pillage de sa cassitérite et de ses 500 dollars US, sollicite par son appel incident le bénéfice de l'équivalent en francs congolais de la somme de 3000 dollars à titre des dommages-intérêts au lieu de 800 dollars lui alloués au premier degré.

10. F21, victime de pillage, sollicite par son appel incident le bénéfice de l'équivalent en francs congolais de la somme de 1.000 dollars US au lieu de 800 dollars US.
11. M6, victime de pillage de ses biens, sollicite par son appel incident l'octroi de l'équivalent en francs congolais de la somme de 1300 dollars US au lieu de 800 $US lui alloués au premier degré.
12. M1, victime de pillage, sollicite par son appel incident le bénéfice de la somme de 1500 dollars au titre des dommages intérêts au lieu de 800 dollars US lui accordés au premier degré.
13. M4, victime de pillage, sollicite le bénéfice de l'équivalent en francs congolais de la somme de 1.000 dollars US au titre de DI au lieu de 800 dollars lui alloués au premier degré.
14. F1, victime de pillage, demande par son appel incident qu'il lui soit accordé l'équivalent en francs congolais de la somme de 7500 dollars US au lieu de 800 dollars US lui alloués au premier degré au titre de DI.
15. F18, victime de pillage, sollicite par son appel incident l'octroi de l'équivalent en francs congolais de la somme de 900 dollars US au lieu de 800 dollars US accordés au premier degré.
16. F16, victime de pillage, sollicite par son appel incident l'octroi de l'équivalent en francs congolais de la somme de 1.000 dollars au titre de dommages-intérêts au lieu de 800 dollars lui accordés au premier degré.
17. SHUKURU NYAMWASA, victime de pillage, ne détermine pas le montant sollicité par son appel incident mais l'inclut dans celui sollicité pour le viol.

Pour les autres parties civiles victimes de cette infraction, leurs conseils cités supra ont sollicité le bénéfice intégral du montant de l'équivalent en francs congolais de 800 dollars US leur alloués par le premier juge.

4. Par rapport au crime de guerre par des traitements inhumains et dégradants

M2, enseignant de son état, était contraint par les éléments de la compagnie commandée par le prévenu KABALA à transporter une partie du butin du pillage perpétré au marché de MUPOKE en date du 17 janvier 2010 jusqu'à NYALUBEMBE via le village KATUKU où le convoi des transporteurs a passé nuit. Ce traitement ne s'accommode pas à son état d'enseignant et de responsable de son église, la 5e CELPA.

Par son appel incident, il sollicite l'octroi de l'équivalent, en francs congolais de la somme de 2280 dollars US au lieu de 2.000 dollars US lui alloués au premier degré.
Les autres victimes de cette infraction, notamment :

M1, F10, M4, M7, M6, F23, F10, F15, F9, MANZAMBI MUKWE, CHATECHIRWE KAZIMILI MAGWA ont, par le truchement de leurs avocats conseils précités, sollicité le bénéfice intégral des montants leur alloués au premier degré.

Le dommage causé par le fait générateur peut être matériel ou moral.

Dans les cas d'espèce, par les infractions relevées ci-avant, à savoir le crime de guerre par meurtre, les crimes de guerre par viol, les crimes de guerre par pillage et les crimes de guerre par les traitements inhumains et dégradants, les victimes ont subi des préjudices matériels et moraux certains.

En effet, en ce qui concerne le meurtre, M3, père de la victime MAOMBI KUBUTA, se remettra difficilement de la mort de sa fille qu'il avait scolarisée et qui avait devant elle toutes les chances dans la vie.

Au sujet des parties civiles victimes de viol, les rapports de l'expertise psychologique établis en date du 14 mai 2013 à WALUNGU présentent des tableaux symptomatiques qui nécessitent une trithérapie et qui peuvent se résumer notamment par des standards suivants :

a) **du point de vue somatique :**

1. Sur le plan neuro-végétatif : frissons par moment et transpirations exagérées ;
2. Sur le plan neurologique : insomnie, fatigue et maux de tête ;
3. Sur le plan sexuel : frigidité.

b) **du point de vie psychosomatique :**

1. Des troubles émotionnels et affectifs se traduisant par l'anxiété, l'agressivité et la peur ;
2. Des troubles cognitifs et perceptifs se traduisant par l'amnésie partielle, les réviviscences et la dépersonnalisation.

c) **du point de vue comportemental :**

Des inhibitions de sentiments avec un repli sur soi et l'abus de l'alcool.

En sus, la quasi-totalité de ces victimes ont été abandonnées par leurs maris et celles qui sont encore dans le couple n'ont pas la vie facile.
S'agissant des victimes de crime de guerre par pillage, elles ont principalement subi des préjudices matériels en ce qu'elles vivaient du petit

commerce qui leur procurait des ressources pour la survie. Elles sont dans l'inactivité à telle enseigne qu'elles n'arrivent plus à satisfaire leurs besoins élémentaires et ce depuis trois ans.

Les victimes de crime de guerre par traitements inhumains et dégradants ont été contraintes au transport des butins du pillage, et ce, dans des conditions qui contrastent avec la dignité à laquelle elles ont pourtant droit. Certaines ont marché pieds nus, étant à moitié vêtues, parcourant de longues distances, de MUPOKE à NYALUBEMBE. D'autres portaient de lourds colis. Tout cela pour satisfaire aux caprices et à la convoitise des éléments de la compagnie commandée par le prévenu KABALA ;

S'agissant du lien de causalité entre le fait générateur et le dommage, il se dégage clairement des motifs évoqués supra que les souffrances tant matérielles que morales qu'éprouvent toutes les parties civiles énumérées ci-avant sont les conséquences directes et immédiates des infractions que la Cour a retenues à charge du prévenu KABALA MANDUMBA et qu'elle a estimées établies tant en fait qu'en droit. Ce dernier devra par conséquent en endosser la responsabilité civile.

B. DE LA RESPONSABILITE CIVILE DE L'ETAT CONGOLAIS

Par exploit régulier adressé par le greffier de la Cour en date 14 mai 2013, la République Démocratique du Congo a été assignée en sa qualité de civilement responsable à se présenter à l'audience du 18 mai 2013 en vue d'y venir présenter ses moyens. L'Etat congolais n'avait pas comparu et la Cour de céans avait décrété le défaut à son encontre.

Le fondement de cette responsabilité est posé à l'article 260 du code civil congolais livre troisième qui établit la responsabilité pour fait d'autrui.

En tant que militaire revêtu du grade de sous-lieutenant, matricule 174981476546, administré à l'ex 5211ème bataillon des FARDC où il exerçait les fonctions de commandant en second de la 2e compagnie, le prévenu est préposé de l'Etat congolais qui est son commettant.

Il est acquis que le prévenu KABALA MANDUMBA avait été chargé par sa hiérarchie d'une mission particulière, celle d'aller traquer les éléments des FDLR qui étaient signalés à MUPOKE et ce dans le cadre de la mission traditionnelle de sécuriser les particuliers et leur biens. L'exécution de ladite mission engage la responsabilité de l'administration publique et des services décentralisés du fait des actes de leurs préposés ou organes.

Cette responsabilité découle de la présomption de faute de l'Etat dans le choix et dans la surveillance de ses agents. Il suffit de relever une mauvaise tenue générale du service public dans son ensemble, d'établir sa mauvaise organisation ou son disfonctionnement par référence à ce que l'on doit attendre d'un service public moderne. Les exemples habituels de cette faute concernent notamment le cas où le service public n'a pas fonctionné et le cas où le service public a fonctionné tardivement (Haute Cour Militaire, RP n° 001/2004, affaire Ministère Public contre Colonel A. et consorts, p. 172)

Dans le cas présent, la faute de l'Etat congolais se présume par le double motif du mauvais choix des agents mandatés pour exécuter la mission pré rappelée et de la mauvaise exécution de celle-ci.

En effet, il s'est dégagé clairement de pièces du dossier et de l'instruction menée par devant cette Cour que le prévenu KABALA MANDUMBA n'aurait pas dû ordonner aux éléments sous ses ordres d'ouvrir le feu sur la population qui était en si grand nombre dans le marché de MUPOKE en date du 17/01/2010, un dimanche, unique jour de la semaine où il se tenait. Par ailleurs les éléments armés des FDLR qui devaient être traqués n'étaient pas visibles ou à tout le moins ne pouvaient pas être distingués de la population civile à laquelle ils auraient été mêlés. Surabondamment, l'instruction de la présente cause et ce à toutes les étapes a démontré que seuls les éléments des FARDC ont tiré sur le marché de MUPOKE et ses environs occasionnant ainsi la perpétration des infractions analysées précédemment et qui sont imputables au prévenu KABALA MANDUMBA MUNDANDE.

L'Etat congolais en sa qualité de commettant en endossera la responsabilité civile.

S'agissant des préjudices subis, la Cour ne disposant pas d'éléments objectifs d'évaluation faute de présentation de pièces comptables, factures d'achat de médicaments ou de frais d'hospitalisation, registres des stocks ou autres documents analogues, la fixation des taux des réparations se fera selon l'équité. Ainsi la Cour allouera-t-elle un montant uniforme aux différentes parties civiles selon leurs catégories tout en veillant à reconduire les sommes que certaines d'entre elles ont expressément estimé satisfaisantes et qui seraient inférieures à la moyenne retenue par les juges d'appel.

Se référant au critère d'appréciation pré rappelé, la Cour estime que les sommes ci-après, payables en francs congolais, pourront être allouées aux victimes qui se sont constituées parties civiles :

- 50.000 USD pour la victime de meurtre ;
- 5.000 USD pour les victimes de viol ;

- 900 USD pour les victimes de traitements inhumains et dégradants ;
- 800 USD pour les victimes de pillage.

L'action de la 5ème CELPA ne sera pas reçue, faute de production des Statuts de cette église puisque, s'agissant d'une personne morale, son représentant en justice doit être désigné par la personne ou l'organe habilité à le faire. Pour cela il faut produire au dossier les statuts sociaux en original ou en copie certifiée conforme et la référence de la publication desdits statuts au Journal Officiel (CSJ, 8 Août 1974 in RJZ 1976, Jan-Août, n°s 1,2, p. 63).

De même ne seront pas reçus les actions et les appels incidents des personnes qui n'avaient pas été parties au premier degré parce que pour les premières, elles ne peuvent pas se constituer pour la première fois parties civiles au degré d'appel et pour les secondes, l'action n'appartient qu'aux parties intimées à l'instance d'appel (1ère Inst App Stan, 21 fév 1928, Rev Jur 1929, p. 113).

En tout état de cause, le sort du prévenu ne peut être aggravé en appel quant aux intérêts civils lorsque les parties civiles n'ont relevé ni appel principal ni appel incident. C'est le respect de la règle de l'interdiction de la réformation in pejus.

C'EST POURQUOI

La Cour militaire du Sud-Kivu, statuant par défaut à l'égard de la RD Congo, partie civilement responsable, et contradictoirement à l'égard des autres parties, après délibération et vote aux scrutins secrets, distincts et successifs, à la majorité des voix de ses membres,

Le Ministère public entendu,

Vu la Constitution de la République Démocratique du Congo en ses articles 20, 21, 149, 156 et 215 ;

Vu le code judiciaire militaire en ses articles 1, 12 à 17, 27, 32 à 38, 61, 64, 73, 76, 77, 84, 98, 104 à 107, 129, 214, 226, 228 à 264, 273 à 275, 278, 317 à 322 ;

Vu le code pénal militaire en ses articles 1, 3, 26 et 31 ;

Vu le code de procédure pénale en ses articles 49, 74, 81, 94, 96, 98, 104 et 107 ;

Vu le Statut de Rome de la Cour Pénale Internationale en ses articles 8.2.a, 8.2.c) i, 8.2.c) ii, 8.2.c) v, 8.2.c) vi, 25, 68, 70, 77 et 80 ;

Vu le code civil des Obligations en ses articles 258 et 260.

DISANT DROIT

Dit les appels du Ministère Public et du prévenu KABALA MANDUMBA MUNDANDE réguliers en la forme et les reçoit ;

Dit ces appels partiellement fondés ;

Annule le jugement entrepris en toutes ses dispositions et, évoquant,
Statuant sur l'action publique :

Requalifie les faits en crime de guerre par meurtre, crime de guerre par pillage, crime de guerre par viol et crime de guerre par atteinte à la dignité de la personne ;

A la question de savoir si le prévenu est coupable des infractions mises à sa charge après requalification, la Cour, à la majorité des voix de ses membres, répond :
Oui pour crime de guerre par meurtre ;
Oui pour crime de guerre par pillage ;
Oui pour crime de guerre par viol ;
Oui pour crime de guerre par atteinte à la dignité de la personne.

A la question de savoir s'il y a lieu de retenir en sa faveur des circonstances atténuantes, des causes de justification objectives ou subjectives, des causes d'excuses absolutoires ou le sursis, la Cour, à la majorité des voix de ses membres, répond : NON pour toutes les infractions.
A la question de savoir s'il y a lieu de lui appliquer une sanction pénale et une peine complémentaire, la Cour militaire, à la majorité des voix de ses membres, répond : OUI ;

En conséquence le condamne à :
La servitude pénale à perpétuité pour crime de guerre par meurtre ;
La servitude pénale à perpétuité pour crime de guerre par pillage ;
La servitude pénale à perpétuité pour crime de guerre par viol ;
La servitude pénale à perpétuité pour crime de guerre par atteinte à la dignité de la personne ;

Faisant application de l'article 7 du code pénal militaire, la Cour prononce une seule peine, la plus forte, soit la servitude pénale à perpétuité ;

Prononce sa destitution

Statuant sur les actions civiles ;

La Cour dit irrecevables pour les motifs sus invoqués les actions mues par l'église 5ème CELPA pour le pillage, les dames F9, F18, F15 et KITO MABOKO pour le viol, les sieurs M2, M3 et M5 pour les traitements inhumains et dégradants ;

Elle dit recevables mais non fondés les appels incidents de F1, F4 et F14, faute de preuve de l'évaluation du préjudice vanté ;

Elle dit par contre recevables et fondées les actions civiles des autres parties civiles et condamne en conséquence le prévenu in solidum avec l'Etat congolais en sa qualité de civilement responsable à leur payer les sommes ci-après à titre de dommages-intérêts pour les préjudices subis :

Pour la victime de crime de guerre par meurtre M3: 60.000 $

Pour les victimes de crimes de guerre par viol :

1) F1 : 5000 $
2) F4 : 5000$
3) F5 : 5000$
4) F6 : 5000$
5) F11 : 5000$
6) F14 : 5000$
7) F16 : 5000$
8) F17 : 5000$
9) SHUKURU NYAMWASA : 5000$

- Pour les victimes de crimes de guerre par pillage :

10) F1 : 900$
11) F2 : 900$
12) F3 : 4.000$
13) F4 : 900$
14) F5 : 900$
15) F6 : 900$
16) F7 : 300$
17) F8 : 900$
18) F9 : 2.100$
19) F10 : 800$

20) M1 : 1.350$
21) M2 : 280$
22) F11 : 900$
23) F12 : 900$
24) F13 : 5.000$
25) F14 : 900$
26) M3 : 155$
27) M4 : 800$
28) M5 : 280$
29) M6 : 800$
30) M7 : 2.750$
31) F15 : 55$
32) F16 : 900$
33) F17 : 900$
34) F18 : 900$
35) F19 : 900$
36) F20 : 900$
37) F21 : 900$
38) F22 : 900$
39) F23 : 900$
40) F24 : 900$
41) F25 : 900$
42) CHATECHIRWA KAZIMIRI : 800$
43) AYALI NAMULWA AVOCAT : 900$
44) KILUNDU KABULUNDA SHABA II : 900$
45) LAMBERT MONGA : 900$
46) KUNYIMBA MAGURU : 900$
47) NEEMA BANYWESIZE : 900$
48) KULIMUSHI MBILIZI : 900$
49) WAKWAMPOKO MERIDA MWASA : 900$
50) WABINGWA ISANDA : 900$
51) SANGATIA PANDEMOYA : 900$
52) WASSO MASTAKI GENTIL : 900$
53) LWAMEZIRE STANI : 900$
54) SIKOLA NDIMA : 900$
55) MAOMBI UZIMA BOZY : 900$
56) NDIMA SELEMANI : 900$
57) BIKULU BONHOMME : 900$
58) BIKULU WETHE : 900$
59) FAIDA KATANDA : 900$
60) MASANZI WAKANDWA FITINA : 900$
61) MACHOZI NAMULWA MAUA : 900$
62) LAMBERT MONGA : 900$

63) WENDA KIKUKAMA FURAHA : 900$
64) MUGOSHIRWA BONIFACE : 900$
65) MUTUZA AUGUSTIN : 900$
66) WAMBILI MUSIGWA : 900$
67) FIKIRI IKANDO RENE : 900$
68) UZIMA KATOBO : 900$
69) ANEE MESSE CLAIRE : 900$
70) DESTINE LIMANGA : 900$
71) KWETE LIMANGA : 900$
72) MAWAZO BENELETA : 900$
73) BYAMUNGU MIRINDI : 900$
74) MAZAMBI MAKWA : 800$
75) MUKULUMANYA WAKASWA : 900$
76) WABINGWA BOLINGO : 900$
77) SHISIKI NAMWANDA : 900$
78) IGYANO NDIMA : 900$
79) BIRAGI MUSHIGI RACHEL : 900$
80) MBILIZI KABAZA BIKITA : 900$
81) SERAFINE FEROUSSIE : 900$
82) MUKELO MASTAKI : 900$
83) BARTELEMI SONGO : 900$
84) POLEPOLE MULANGO : 900$
85) KATEO MULANGO : 900$
86) ZADUNIA KAMWENDA BIJOU : 900$
87) BENGI NGUFULI : 900$
88) MUKEINA WALEMBE SONGO : 900$
89) MASHEYA KABONGO KALWIRA : 900$
90) MASTAKI LWAMUNGU : 900$
91) KAJINGWA BALIKE GEROME : 900$
92) MASUMBUKO KIKUKAMA BELAS : 900$
93) BWALINGIRE DEBOUT SHESHERE : 900$
94) BYEKA SALUMU GIDITTE : 900$
95) BILAYI KABULUBUNDA : 900$
96) NTAMUSONGA BYANGINGA : 900$
97) NDOA KATOBO LEONTINE : 900$
98) MACHOZI BAMPA ODILA : 900$
99) BWAMI IZINGA HERITIER : 900$
100) WIKA IZINGA ALINE : 900$
101) BIKULO ANZALI ALINE : 900$
102) WABINGWA ISANDA MPANDA : 900$
103) TAMUNYAMA MWEMANA REGINE : 900$
104) MACHOZI MULAMBA FRANCINE : 900$
105) MASAZI LULONGO : 900$

106) WATANENE MAPENZI : 900$
107) BIRAGI KATEMBO : 900$
108) KADANDE LWABOSHI FISTON : 900$
109) BASHAGALUKE ZIRHUMANA : 900$
110) CHIZA MUSOLE DAVID : 900$
111) EVE BONANE : 900$
112) SIFA MUGENE : 900$
113) BITONDO ZAIRWA : 900$
114) WABINGWA BOLINGO : 900$
115) ALINE BANYWESIZE : 900$
116) MABOKO ELIZA : 900$

Pour les victimes des traitements inhumains et dégradants :

6. M1 : 2000$US
7. M2 : 2000$US
8. M4: 2000$US
9. M7: 2000$US
10. F2: 2000$US
11. F3: 2000$US
12. F10: 2000$US
13. MANZAMBI MAKWA: 2000$US
14. CHATECHIRWE KAZIMILI MWENYEXIVU: 2000$US
15. AYALI NA MULWA: 2000$US
16. KILUNDU KABULUBUNDA SHABA II: 2000$US
17. LAMBERT MONGA: 2000$US
18. F15: 2000$US
19. F9: 2000$US
20. F23: 2000$US

La Cour condamne en outre le prévenu au payement des 2/3 des frais d'instance taxés à 210.000 FC, soit la somme de 140.000 FC, l'autre tiers étant à charge du trésor public ; elle fixe à 30 jours la durée de la contrainte par corps à subir en cas de non payement dans le délai de 8 jours.

Ainsi arrêté et prononcé à l'audience publique de ce jour à laquelle ont siégé :

1. Colonel magistrat Freddy MUKENDI TSHIDJA-MANGA, 1er Président ;
2. Major magistrat Jean-René ZINGI KULANDA, Conseiller ;
3. Commissaire Supérieur Principal MASIRIKA RUZIGANE,Juge assesseur ;
4. Lieutenant-colonel OMAR MUTUNDA NKOY, Juge assesseur ;

5. Lieutenant-colonel Cyprien KANGANI, Juge assesseur ;
   Avec le concours du Lieutenant-colonel magistrat Roger WAVARA KODOROTY, représentant le Ministère public, et l'assistance du Major Théophile MIRINDI MUKUBIRO, Greffier.

Le greffier　　　　　　　　　　　　　　　　　　Le Président

COUR MILITAIRE OPERATIONNELLE DU NORD-KIVU

Audience publique du cinquième jour du mois de l'an deux mille quatorze.

1. DROIT PENAL

REPRESSION DES CRIMES INTERNATIONAUX EN DROIT PENAL CONGOLAIS : APPLICATION DES DISPOSITIONS DU STATUT DE ROME DE LA CPI PAR LES JURIDICTIONS MILITAIRES CONGOLAISES- AUTORITE SUPERIEURE A LA LEGISLATION NATIONALE- APPLICATION DES ARTICLES 153 AL4 ET 215 DE LA CONSTITUTION.

Les Juridictions Militaires Congolaises sont aptes à appliquer les dispositions du statut de Rome de la CPI dans la mesure où il est l'instrument le mieux indiqué pour la poursuite des infractions du Droit International comme le crime de guerre et le crime de génocide d'autant plus que les articles 153 al4 et 215 de la constitution de la République Démocratique du Congo en autorisent l'application et lui reconnaissent une autorité supérieure à la loi.

2. DROIT PENAL

ADMINISTRATION DE LA PREUVE DE CRIMES INTERNATIONAUX –DEPOSITIONS DES VICTIMES CORROBOREES DE TEMOIGNAGES-PRESOMPTIONS GRAVES, PRECISES ET CONCORDANTES ET AUTRES ELEMENTS DU DOSSIER-PRISE EN COMPTE DES DECLARATIONS DES CO-PREVENUS-LIBERTE D'APPRECIATION DE LA PREUVE PAR LE JUGE-MOYENS DE PREUVE SUFFISANTS-CRIME INTERNATIONAL ETABLI.

un crime international mis à charge des prévenus sera dit établi sur la base de dépositions des victimes qui ont elles-mêmes témoigné sur les faits dont elles avaient souffert, corroborées des témoignages notamment des commandants lorsqu'il s'est agi de confirmer l'absence de leurs hommes au moment des appels et des contre-appels pour prononcer la matérialité de la violation de consigne, des présomptions graves, précises et concordantes ou d'autres éléments du dossier laissés à l'appréciation du juge dont les déclarations des co-prévenus surtout lorsqu'elles présentaient une cohérence et une constance évidentes par rapport aux contradictions ou invraisemblances contenues dans les récits des prévenus.

ARRET

RPN°003/2013

La Cour Militaire Opérationnelle du Nord-Kivu, siégeant en matière répressive en premier et dernier ressort dans la grande salle de la paroisse cathédrale de GOMA, a rendu à l'audience publique de ce lundi cinq mai l'an deux mil quatorze l'arrêt suivant :

En cause : l'Auditeur Militaire, Ministère Public et les parties civiles :

1.		F1
2.		F10
3.		F100
4.		F104
5.		F106
6.		F108
7.		F110
8.		F111
9.		F114
10.		F119
11.		F120, F31
12.		F121
13.		F130
14.		F132
15.		F133
16.		F135
17.		F139
18.		F140
19.		F142
20.		F143
21.		F145
22.		F146
23.		F147
24.		F148
25.		F149
26.		F150

27.		F152
28.		F153
29.		F154
30.		F155
31.		F156
32.		F157
33.		F158
34.		F159
35.		F160
36.		F161
37.		F162
38.		F163
39.		F167
40.		F169
41.		F17
42.		F172
43.		F173
44.		F176
45.		F177
46.		F178
47.		F179
48.		F18
49.		F18
50.		F181
51.		F182
52.		F183
53.		F187
54.		F19
55.		F193
56.		F196
57.		F197
58.		F2
59.		F200, F191
60.		F203
61.		F23
62.		F28
63.		F29
64.		F30
65.		F32
66.		F33
67.		F36
68.		F37

69.		F38
70.		F40
71.		F41
72.		F43
73.		F44
74.		F45
75.		F46
76.		F48
77.		F5
78.		F51
79.		F60
80.		F166
81.		F63
82.		F64
83.		F65
84.		F66
85.		F67
86.		F68
87.		F69
88.		F7, F49
89.		F70, F64
90.		F71
91.		F73
92.		F74
93.		F74
94.		F75
95.		F76
96.		F78
97.		F79
98.		F87
99.		F88
100.		F88
101.		F89
102.		F9
103.		F90
104.		F92
105.		F96
106.		F99
107.	ANONCIATE BAZINDA	
108.	ASIFIWE TULINABO	
109.	BAGUMA MULIHANO	
110.	BAHAME KARAMBA	

111.	BARIYANGANA MUGARUMA Joseph	
112.	BUHORO BALUME	
113.	FITINA KAHAMIRE	
114.	FURAHA BAHIMBA	
115.	FURAHA CHINYAHO	
116.	HABAMUNGU JEAN	
117.	KAHINDO BORA	
118.	MATESO KAJIGULA	
119.	MUKEZA NGARUYE EDWARD	
120.	MUTARUGERA BAGOWE	
121.	MWAMINI BAHATI	
122.	NAMAVU KASOLE	
123.	NYIRANGERA NYABABIRI	
124.	NYIRANZEKUYE CATHERINE	
125.	SAFARI BANDU	
126.	SAFARI RUTEBUKA	
127.	SIFA CHIKANGI	
128.	TOYOTA MALIKANI	
129.	VUMILIYA AGNES	
130.	VUMILIYA MINCHIKO	
131.		F102
132.		F103
133.		F105
134.		F107
135.		F109
136.		F11
137.		F112
138.		F113
139.		F115
140.		F116
141.		F117
142.		F118

143.		F122
144.		F123
145.		F124
146.		F125
147.		F126
148.		F127
149.		F128
150.		F13
151.		F131
152.		F134
153.		F137
154.		F138
155.		F14
156.		F141
157.		F144
158.		F15
159.		F151
160.		F16
161.		F164
162.		F165
163.		F168
164.		F170
165.		F171
166.		F174

167.		F180
168.		F184
169.		F188
170.		F189
171.		F190
172.		F192
173.		F194
174.		F20
175.		F21
176.		F24
177.		F26
178.		F27
179.		F34
180.		F39
181.		F4
182.		F42
183.		F47
184.		F50
185.		F52
186.		F53
187.		F54
188.		F55
189.		F56
190.		F57

191.		F6
192.		F72
193.		F77
194.		F8
195.		F81
196.		F82
197.		F83
198.		F84
199.		F85
200.		F86
201.		F91
202.		F93
203.		F94
204.		F95
205.		F97
206.		F98
207.		F204
208.		M1
209.	ACHA FEZA	
210.	ADELA MAPENDO	
211.	ADIDJA KALIMONDO	
212.	ADIDJA ARUMI	
213.	ADIDJA MUHINDO	
214.	ADIDJA RAMAZANI	

215.	AGATA MALEBO	
216.	AGNES KABAGEMA	
217.	AGNES KALEGA	
218.	AIME NABUFUPI	
219.	AJUAMUNGU LUKINEHO	
220.	AJUWA MUNGU	
221.	AJUWA PAUL	
222.	AJUWAMUNGU BAHATI	
223.	AKILI KABWENDE ISAAC	
224.	AKILIMALI BYENDA	
225.	ALICE MUTENDAMEMA	
226.	ALINE BAHATI	
227.	ALINE DAUDI	
228.	ALINE KAHUMBA	
229.	ALINE KASHODWA	
230.	ALINE KASIWA	
231.	ALINE MATHE	
232.	ALINE MUDUMAI	
233.	ALINE POLE	
234.	ALLIANCE NEEMABORA SAFARI	
235.	ALOKO MBUBU	
236.	ALPHONSINE NYANVUKA	
237.	AMANI ANIELE	
238.	AMIBA SAKINA	

239.	AMINA KABALA	
240.	AMINA LEYA	
241.	AMINATA HABYARIMANA ESPERANCE	
242.	AMINI LEYA	
243.	AMISI KAKEMBO	
244.	AMNASI HAMULI	
245.	ANASTASIE BAHAVU	
246.	ANDELINA MADELEINE	
247.	ANGE NTAMULIZA	
248.	ANGEL KITENGE	
249.	ANGELA NYIRANDJU	
250.	ANICET KAZUNGU	
251.	ANIFA NYABYENDA	
252.	ANNE KYABELA	
253.	ANNE MARIE WAENE	
254.	ANNIE MAPENDANO	
255.	ANNITA BAHATI	
256.	ANNUARITE NGIYINGE	
257.	ANTOINETTE	
258.	ANTOINETTE KATANA	
259.	ANUARITE FAIDA	
260.	ANUARITE KANIEMBE	
261.	ANUARITE NGOY	
262.	ANUARITE SIFA	

263.	ANUARITE SIFA	
264.	ANYESI KABAGEMA	
265.	APPOLINE NABANYERE	
266.	APPOLLINE ANANAZI	
267.	APPOLLINE NTAKUBUSOGA	
268.	ARLETTE BANGALA	
269.	ASIFIWE KANAMBA	
270.	ASIFIWE SIFA	
271.	ATOSHA IRAGI	
272.	AWETI ARTHOSIMA	
273.	AYOLINE GODELIVE	
274.	AZIODATE- MUGANZA	
275.	AZIZA AMULI	
276.	AZIZA RWESI	
277.	AZUWA PAUL	
278.	BABWIRIZA MWAKALIRI	
279.	BACHIBOLA ANICET	
280.	BAETRICE LONGO	
281.	BAGIRA BIKUKO	
282.	BAGUMA ALINE	
283.	BAGUMA NYAMBAMBA	
284.	BAHANE BAHAMBA	
285.	BAHASA MUBEZA	
286.	BAHATI BALUME	

287.	BAHATI BARUHANE	
288.	BAHATI BAYONGWA	
289.	BAHATI BAZUZI	
290.	BAHATI CHRISTINE	
291.	BAHATI MISERERE	
292.	BAHATI MUNAZE	
293.	BAHATI NYAMUGALI	
294.	BAHATI RWIBUNZA	
295.	BAHATI SHAMAVU	
296.	BAHATI ZAINABO	
297.	BAHUNDE HAMURI	
298.	BAKAJASE MAGI	
299.	BAKENGA MATATA	
300.	BALUME JEAN	
301.	BALUME MANEGABE	
302.	BAMBONA ANTOINNETTE	
303.	BAMUKALI SAKINA	
304.	BANELE MUKUTA	
305.	BANZE KALENGA	
306.	BARAHI NABEKA	
307.	BARUNGU RUSANGWA	
308.	BASEME MAGLOIRE FRANCINE	
309.	BASHASHISE NYAMBANDE	
310.	BASIYA BALENGAYAKE	

311.	BATACHOKA KAZEREBA	
312.	BATASEMA LUKANGA	
313.	BATASEMA MACHUMU	
314.	BATASEMA NOELA	
315.	BATASEMA NTAGANO	
316.	BAZUNGU BAHUNDE	
317.	BEA SIUZIKE	
318.	BEATRICE AGNES	
319.	BEATRICE KITARA	
320.	BELINDA KASONGO	
321.	BENGENA	
322.	BENGIA TOKAYO JULES	
323.	BENITA MASUDI	
324.	BERNADETTE JUSTINE	
325.	BERTA MAPENDO	
326.	BEUGETY MBAYO	
327.	BIJOUX ASIFIWE	
328.	BINDU BIKINGI	
329.	BIRADI NABERA	
330.	BIRINGA	
331.	BISUBI KABIONA	
332.	BITAKUYA DAVALE	
333.	BIYOHIKI HONDORI JOSEPH	
334.	BLAISE BALUME MULAMBA	

335.	BOLUNZO BERNADETTE	
336.	BONA VUMILIYA	
337.	BORA BALUME	
338.	BORA DUNIA	
339.	BORA KITUMAINI	
340.	BORA MULENGERO	
341.	BORA NYENYEZI	
342.	BORA TSHILUZA	
343.	BORANYANDWI	
344.	BOSI BASNGA	
345.	BUCHAKUZI NYANGE	
346.	BUHENDWA CLAUDINE	
347.	BUHORO CELESTINA	
348.	BUHORO DANIELLE	
349.	BUHORO KAMANYI	
350.	BUHORO MANGAZA	
351.	BUHORO MUNAZI	
352.	BUHUMA MUHIMA	
353.	BUKESHIMANA ELISABETH	
354.	BUSHASHIRE ARLENE	
355.	BUSHASHIRE KASUMBIRI	
356.	BWENGE KWABO	
357.	BWIRA MUTALEMBA	
358.	BWIRA SIMWERAY	

359.	BYAMUNGU CHANCELINE	
360.	BYANDA ZIRIRANE	
361.	BYANJIRE KUBUTAMA	
362.	BYCHIMA SHAMULI	
363.	BYEGULU BULALO	
364.	BYENDA M'RUKOZO	
365.	BYENDA ZIRIRANE	
366.	CAPEWA BIJOUX	
367.	CECILE NSIMIRE	
368.	CELESTINE MULIRI	
369.	CHANCE CHAMOKA	
370.	CHANCE DUNIA	
371.	CHANCE CUBAKA MAHESHE	
372.	CHANCE MUVUNGA	
373.	CHANTAL MABANGA	
374.	CHANTAL MANENO	
375.	CHANTAL TOYOTA	
376.	CHARLOTTE FAIDA	
377.	CHARLOTTE MIRINDI	
378.	CHIBALONZA ALPHINE	
379.	CHIBALONZA KANANE	
380.	CHIBALONZA NDAMWENYE	
381.	CHIBALONZA POLEPOLE	
382.	CHIBALONZA TULINABO	

383.	CHIKURU NYANGEZI	
384.	CHILOMBO MUKADI	
385.	CHILOMBO MURAM	
386.	CHOMBA MBUYAMBA	
387.	CIBALONZA KUSIMWA	
388.	CIBALONZA MUAKATANA	
389.	CIDORO MALENGE	
390.	CIKURU MUHINDO	
391.	CLARISSE KIZURI	
392.	CLAUDINE GASHABIZI	
393.	CLAUDINE SAFARI MULINDWA	
394.	CLAUDINE MWADJIRONDI	
395.	COLLETTE KALEGANE	
396.	CUBAKA SHABIHE	
397.	DADA FURAHA	
398.	DADA NABINWA	
399.	DAMAREMBE PASSY	
400.	DANIE KASHOLOBO	
401.	DEBORAH NGOMA	
402.	DEBORAH NZIGE	
403.	DEMONO KASA	
404.	DEWA MWABIWA	
405.	DINDONGA MATINGELI	
406.	DIVINE LIMASI	

407.	DONATA MUNIHIRE	
408.	DORICA SABUNI	
409.	DORIKA NOE	
410.	EKANDA ATAMBA	
411.	EKILONIOMI	
412.	ELISABETH BOSHALA	
413.	ELISABETH FURAHA	
414.	ELISABETH KASADI	
415.	ELISABETH MURHURA	
416.	ELISABETH NAMAVU	
417.	ELISABETH SEBUHINJA	
418.	ELIYA BITAKUYA	
419.	ELYSEE MULYATA RANGI	
420.	ENOCK MASILI	
421.	ERIC BUTOTIMA	
422.	ESPE KAHINI	
423.	ESPE NEEMA	
424.	ESPERANCE NABINWA NGABO	
425.	ESPERANCE NAMASHANDA	
426.	ESTER KASINDI	
427.	ESTHA CHARLOTTE	
428.	ESTHER CHANCE	
429.	ETISHA MBAVU	
430.	EUGENIE- NIANVURA	

431.	EUGENIE SONGOLA	
432.	EVELINE CHUBAKANU	
433.	FAIDA BACIZIMA	
434.	FAIDA BAHATI	
435.	FAIDA KAILO	
436.	FAIDA KULULO	
437.	FAIDA LUKUNGU	
438.	FAIDA MASIKA	
439.	FAIDA MAYANGE	
440.	FAIDA NDUGUJE	
441.	FAIDA RUVAURA	
442.	FAIDI RIZIKI	
443.	FATUMA SHANYUNGU	
444.	FAZILA MUNDU	
445.	FAZILA MUNASUA	
446.	FEZA KABERA	
447.	FEZA NYAMBAMBI	
448.	FIFI FURAHA	
449.	FIKINA KADENI	
450.	FIKIRI MAPENDANO	
451.	FITINA CHAKA	
452.	FORONIKA MAKASI	
453.	FRANCINE ANUARITE	
454.	FRANCINE MUGANGA	

455.	FURAHA BAMAKUISHIA	
456.	FURAHA BASIMUHONEYE	
457.	FURAHA BONANE	
458.	FURAHA BWIRA	
459.	FURAHA FAIDA	
460.	FURAHA FATUMA	
461.	FURAHA GANYANDEKO	
462.	FURAHA JEAN MARIE	
463.	FURAHA JEANINE	
464.	FURAHA JISLAINE	
465.	FURAHA KASEREKA	
466.	FURAHA KASHAMAGALI	
467.	FURAHA KASIDIKA	
468.	FURAHA KIRANGWA	
469.	FURAHA LUNDI	
470.	FURAHA MABELE	
471.	FURAHA MATANYAMWE	
472.	FURAHA MATANYAMWENGE	
473.	FURAHA MINANE	
474.	FURAHA MIRINDI	
475.	FURAHA MUJA	
476.	FURAHA MWENDA	
477.	FURAHA NSENSI	
478.	FURAHA OMBENI	

479.	FURAHA RWESI	
480.	FURAHA SEBARIMBA LAURIANE	
481.	FURAHA SHAMAVU	
482.	FURAHA WIVINE	
483.	GENTIL NYARWANGU	
484.	GENTILLE KAH	
485.	GEORGETTE KALAMBIRO	
486.	GEORGINE NTABUGI MARHALE	
487.	GETOU HABAMUNGU	
488.	GISELE NAMUNTU	
489.	GORA KITUMAINI	
490.	GRACIA KABUO	
491.	HABIMANA HABYORA	
492.	HAMULI BISONGA	
493.	HELENA NGANGIRA BURAGORAGO	
494.	HENRIETTE ASIMBIZI	
495.	HERI BORA ELYSEE	
496.	HONORATE NABUKI MWA SONGE	
497.	HURUMA MUSANGAMI	
498.	ILOLONGO IMONGO	
499.	ILUNGA MULEMBELI	
500.	IMANI FRANCINE DEBA	
501.	IRENE BAGALWA	
502.	IRENE BULALE	

503.	IRENE FURAHA	
504.	IRENE KINYASI	
505.	ISONGA ASELE	
506.	JACQUELINE MUFUNGIZI	
507.	JANVIER TCHAWANAGA	
508.	JEANINE BAHATI	
509.	JEANINE ELIA	
510.	JEANINE KAVURUGA	
511.	JEANINE NYANGE	
512.	JEANNE BULETTE	
513.	JEANNE BULUBI	
514.	JEANNE FIKIRI	
515.	JEANNE KATOTO	
516.	JEANNE KYAUPANGA	
517.	JEANNE NDEHERA	
518.	JEANNETTE KENGE	
519.	JEANNETTE MUSANIYA	
520.	JEANNETTE NABUSHOKO	
521.	JEANNETTE REUSE	
522.	JOLIE MAPATANO	
523.	JOSE NGWASSI	
524.	JOSEPH BYOHIKI HONDIRI	
525.	JOSEPHINE LUBUNGU	
526.	JOSEPHINE MWASHEKE	

527.	JOSEPOHINE KALIGA	
528.	JOSIANA BAHATI	
529.	JUDITH BAHATI	
530.	JULIENNE MBULE	
531.	JULINDE MAWAZO	
532.	JUSTINE KAKULE	
533.	JUSTINE KANYOROKA	
534.	JUSTINE MOISE	
535.	KABUHO WASINGYA	
536.	KABUO DENISE	
537.	KABUO MAHENE	
538.	KABUO SAWASAWA	
539.	KAFUMBA RUGIMBANI	
540.	KAHAMBU BWIRA	
541.	KAHAMBU CHARLOTTE	
542.	KAHAMBU JEANINE	
543.	KAHINDO ADIDJA	
544.	KAHINDO CLAIRE	
545.	KAHINDO FURAHA	
546.	KAHINDO KABUNGA	
547.	KAHINDO KATALIKO	
548.	KAHINDO MWAMINI	
549.	KAHINDO NIAMVURA	
550.	KAHINDO SARA ESPERANCE	

551.	KAHINDO SARAH ESPERANCE	
552.	KAHINDO VALUTWIRANDI	
553.	KAKURU JEANINE	
554.	KAKURU NIYATA	
555.	KAMPUKA FURAHA	
556.	KAMUZUNGU BEATRICE	
557.	KANANE MABUHESI	
558.	KANANE NDAALIZA	
559.	KANDA LENA GASPARD	
560.	KANYERE KAMATE	
561.	KAPINGA ESTHER	
562.	KARHAFURU BASHONGA	
563.	KASIWA LUTABEYA KASHANDO	
564.	KASONGO BANZA MUKALAYI	
565.	KASONGO MARIE	
566.	KASUNGURU LUBANA	
567.	KATANGWE VENANTIA	
568.	KATEMBOMUDAHAMA NEEMA	
569.	KATOKA PATIENCE	
570.	KATOTA ASATE	
571.	KATUNA KATAICHI	
572.	KATUNGU KASEREKA	
573.	KAVIRA CHARMANTE	
574.	KAVIRA ESPERANCE	

575.	KAVIRA ESTHER	
576.	KAVIRA KACHUVA	
577.	KAVIRA NEEMA	
578.	KAVIRA SOLANGE	
579.	KAVIRA SOLANGE	
580.	KAVIRA VISANGI	
581.	KAYOWA AIMEE	
582.	KAZADI KABUTANE JEAN PAUL	
583.	KEZYA KALIGOPO	
584.	KIBANJA NDOOLE	
585.	KIBUYA NSESI	
586.	KILIANGO MAKURATA	
587.	KILO MASINGA	
588.	KIMUSIKA BIRAMUKA	
589.	KINYABUUMA MUSKAMO	
590.	KIPENDO ESTHER	
591.	KIRIYA NYISHA	
592.	KITSA KAHAMBU	
593.	KITUMAINI REEMA	
594.	KIZIZA PETRONIA	
595.	KOMERA JOSEPHINE	
596.	KUBUYA MUHIMA	
597.	KUKA SHABANYERE	
598.	KULIMBA MACK	

599.	KUNGWA BATSHANINWA	
600.	LANDU MOPWATINI	
601.	LEA KAHINDO	
602.	LEO YOSUA	
603.	LEONTINE NTYALUNJA	
604.	LIFOLI LUKIDA	
605.	LINDA LEONIE	
606.	LIPANDASI JOSEPHINE	
607.	LIROMUGARU	
608.	LOKULE LOUISE	
609.	LOKWA JACQUES	
610.	LOUISE HAMULI	
611.	LOUISE NGENGELE	
612.	LOUISE ZAÏRE	
613.	LUBUNGU CELINE	
614.	LUCIE NABULALO	
615.	LUKEWO NABAE	
616.	LUMENGO TSHITA	
617.	LURHAGAWA KIZUNGU	
618.	LWABOSHI NAMUSHEBE	
619.	LWAMBA	
620.	LWANGA HANGI	
621.	LYSETTE AMULI	
622.	MABI NTAGAYIMANA	

623.	MACHOZI KIBUYU	
624.	MACHOZI NJIAPANDA	
625.	MACOZI LUKANGA	
626.	MADELEINE BUNDUGU	
627.	MADO ALINABO	
628.	MADO IDUBA	
629.	MAFUTA MULAMBA	
630.	MAGUY MALA	
631.	MAHENA TABAYA	
632.	MAHOMBI BLANDINE	
633.	MAHOMBI DONAT	
634.	MAHOMBI KABI	
635.	MAHOMBI KAHINDO	
636.	MAISHA BAHATI	
637.	MAISHA DUNIA	
638.	MAJAMBENE GIKEME	
639.	MAKULATA LUGANO	
640.	MAKULATA MUSAFIRI	
641.	MALASA ESPERANCE	
642.	MALUSU MARIE JEANNE	
643.	MAMA NYANZOKE	
644.	MAMBULA SEBE	
645.	MAMY KAMUSEKA	
646.	MANBULA SEBE	

647.	MANENO ANUARITE	
648.	MANENO MWENAMBIYO	
649.	MANENO RUSERUKE	
650.	MANENO SAFARI	
651.	MANGAZA KABWE	
652.	MANISHIMWE BAZIMANIKE	
653.	MANZENA TABAYA	
654.	MAOMBI BAHATI	
655.	MAOMBI BLANDINE	
656.	MAOMBI KACHELEWA	
657.	MAOMBI KASHOLO	
658.	MAOMBI SAFARI	
659.	MAOMBI SHAMAMBA	
660.	MAPAMBU MUHASHA	
661.	MAPENDANO BINDAMWA	
662.	MAPENDO	
663.	MAPENDO BAHAYA	
664.	MAPENDO BAHIZIRE	
665.	MAPENDO FURAHA	
666.	MAPENDO MOUSSA	
667.	MAPENDO MWANANA	
668.	MAPENDO NDAGANE	
669.	MAPENDO SAVERINA	
670.	MAPENDO SHAMAVU	

671.	MAPENDO TANGAZO	
672.	MAPOLI FEZA MAMY	
673.	MAPOLI FEZA	
674.	MARANIYA LUKANGA	
675.	MARIA NAKURUNGU	
676.	MARIA NYANZOKA	
677.	MARIANA SIKUJUA	
678.	MARIE BAHATI	
679.	MARIE WIVINE	
680.	MARTHA MISOGA	
681.	MARTINE MUKUBA	
682.	MASIKA ANGELINE	
683.	MASIKA FRANCOISE	
684.	MASIKA KASONGO	
685.	MASIKA SUZANE	
686.	MATCHI SOLANGE	
687.	MATERANYA KAIHARANGA	
688.	MATESO MWABURA	
689.	MATESO NUHABURA	
690.	MATONDO MANDI CHIMANA	
691.	MAUNGA MWANZA	
692.	MAUWA MBONGA	
693.	MAUWA SEKEREBI	
694.	MAUZIKA KASHONGWA	

695.	MAWAZO BIHOGO	
696.	MAWAZO MUHIZI AHADE	
697.	MAWAZO MUKATANA	
698.	MAWAZO MUKATARA	
699.	MAYUMA MAHANO	
700.	MAZAMBI TAWAMO	
701.	MBANIBU KAHINDO	
702.	MBARUSHIMANA MKIRIYE	
703.	MBEGIA TOKAYO JULES	
704.	MBILIZI BYAMUNGU	
705.	MBULA LISUMBU	
706.	MECHACK SAFARI	
707.	MECHACK SAFARI BAHATI	
708.	MELANIYA NAMIRIMBA	
709.	MELI MACOZI	
710.	MELYA MULISHE	
711.	MICHELINE MISHANA	
712.	MIMI KASHANDO	
713.	MIRENGE ROGER	
714.	MITIMA NYAMUNGA	
715.	MITIMA GILBERT	
716.	MOBATI MISASI	
717.	MOSEKA BOLAYA	
718.	MUFUNI MUTAHIRANE	

719.	MUGANZA MARCELLINE	
720.	MUGOLI REBEKA	
721.	MUHEMIWA KAMUZEHEE	
722.	MUHIGIRWA MANONGOLI	
723.	MUHIMA KANTILO	
724.	MUHINDO KONGO	
725.	MUHINDO PASCAL	
726.	MUHUBIRINGOBI	
727.	MUILETTO ROKISA	
728.	MUJINGA YAV	
729.	MUKANDIRWA FURAHA	
730.	MUKANIRWA MUSANGANE	
731.	MUKEWABO ROSE	
732.	MUKIPANYA NE KIRUMBA	
733.	MUKIRANYA	
734.	MULEMA BIRINDWA	
735.	MULONZA BALEKE	
736.	MUMBERE LWATUMBA	
737.	MUNGUIKO DENISE	
738.	MUSANDA KUDITUWA	
739.	MUSAO ROSA	
740.	MUSAU JOLIE	
741.	MUSHAMUKA BYAMUNGU	
742.	MUTOBA ROSE	

743.	MWAMBAMBA FURAHA	
744.	MWAMBUSA CORNEIL	
745.	MWAMI BUREGEYE	
746.	MWAMINI AZIZA	
747.	MWAMINI BAHATI	
748.	MWAMINI GALUMBANDA	
749.	MWAMINI ISABELA	
750.	MWAMINI JEANNETTE	
751.	MWAMINI KABAZA	
752.	MWAMINI RUGIYEHE	
753.	MWANGAZA MIGA	
754.	MWAVITA RUGANEZA	
755.	MWAYUMA MALAHIKO	
756.	MWENYEZI MUPENZI	
757.	MWEWA SEBU	
758.	MWICHO BOKISA	
759.	MWISA YOLANDE	
760.	NABAKAZE MWEMA	
761.	NABARUNGU KADELENE	
762.	NABARUNGU MADELEINE	
763.	NABASHONGA MUHIMUZI	
764.	NABINTU BISIMWA	
765.	NABINTU FRANCINE	
766.	NABINTU MUSHOBOZI	

767.	NABUKE SABURO	
768.	NADEGE FURAHA	
769.	NADINE MUGOLI	
770.	NADINE PASY	
771.	NADINE RWANGA	
772.	NADINE SAFARI	
773.	NAKASI MASIKINI	
774.	NAKATE NAMURANGA	
775.	NAKAWA MUHIGIRWA	
776.	NAMAKOMA RUHAMBYA	
777.	NAMASHANDE PENDE	
778.	NAMASHANDE RUGUSHA	
779.	NAMASHANDE YENDA	
780.	NAMATSI MUSORO	
781.	NAMAYU NDENGEYI	
782.	NAMBOKO VERONIQUE	
783.	NAMOWA BAHIRE	
784.	NAMUBIRI NAKATUKU	
785.	NAMUBUYA ALEXIS	
786.	NAMUCHIBWE ANGE	
787.	NAMUHINDO MASTAKI	
788.	NAMULENGE JUSTINE	
789.	NAMUNGANGA TWESA	
790.	NAMWANA CHARLOTTE	

791.	NAMWANA JOSEPHINE	
792.	NAMWANA KALIZA	
793.	NANA NYANGUMA	
794.	NAOMI EZECHIEL	
795.	NATSHI AKANGA	
796.	NAWEJ YAV BERNARD	
797.	NCHIPANGA JEROME	
798.	NDABUGI MWAMI	
799.	NDABUIYU KOMANGO	
800.	NDACHO BWENEZANA	
801.	NDAMUBAYA BULIGA	
802.	NDAMUBUYA NAMIRENGE	
803.	NDAMUSINJA MWACHALE	
804.	NDAMWIRA MASIKA	
805.	NDAWISHA BAHIZI	
806.	NDOOLE FERDINAND	
807.	NDOOLE PILIPILI	
808.	NDOOLE SAKINA	
809.	NEEMA ALICE	
810.	NEEMA CHIZA	
811.	NEEMA JOELLE	
812.	NEEMA MATABARO	
813.	NEEMA MUROZA	
814.	NEEMA MUROZANI	

815.	NEEMA SADIKI	
816.	NEEMA SALAMA	
817.	NEEMA SIFA	
818.	NEEMA TANTINE MWENZE	
819.	NEEMA WETEMWAMI	
820.	NGABOYEKA KIBIRIRA	
821.	NGALULA TSHIBAMBE	
822.	NGAMIYE LEONIE	
823.	NGANGA KASALE	
824.	NGEROGEZE JOSEPHINE	
825.	NGOMERE KANYAMA	
826.	NGOY JACQUELINE	
827.	NGOY JULIENNE	
828.	NITO ANDANI	
829.	NOELLA FAIDA	
830.	NOELLA SALAMA	
831.	NOELLA ZAWADI MWAVITA	
832.	NSABIMANA JACQUELINE	
833.	NSIMIRE BAHATI	
834.	NSIMIRE MACIRE	
835.	NSIMIRE MARUME	
836.	NSIMIRE MIRINDI	
837.	NTADUGU LUGAMBA	
838.	NTAKWINJA TUHENDE	

839.	NTAMI SAVUKAHE ESPERANCE	
840.	NTANKWINJA M'BASHIZI	
841.	NYAKAHUNGA NABWIRA	
842.	NYANVURA HENRIETTE	
843.	NYOTA ADOLPHINE	
844.	NYOTA BALUME	
845.	NYOTA BYAMUNGU	
846.	NYOTA CHIBWENDE	
847.	NZABIBU KASAGWE	
848.	NZEYIMANA ANGELIQUE	
849.	NZIGIRE BAHATI	
850.	NZIGIRE BAMBA	
851.	NZIGIRE CHIMUBIRA	
852.	NZIGIRE YVETTE	
853.	NZUBA MUSUBAO	
854.	NZUNGU KALIMIRA	
855.	ODETTE CHIKURU	
856.	ODILE BIHIRA	
857.	ODILE BIHIRA	
858.	OLIVIER SAFARI	
859.	OMBENI ANGE	
860.	OMBO EKOFO	
861.	PANDA CHARLOTTE	
862.	PASCAL KAZUNGU	

863.	PASCALINE BAHATI	
864.	PASCASIE BALINGENE	
865.	PASI IMBITA	
866.	PASI LABITA	
867.	PASKAZIYA MULAHUKO	
868.	PASSY SIKUJUWA	
869.	PAUL TSHABANGWA	
870.	PENDEKI MULISI	
871.	PENDEKI NAMBULI	
872.	PENDEKI PILIPILI	
873.	RACHEL MAPENZI	
874.	RAINI FURAHA	
875.	RANGWIDA TAWINA	
876.	REBECCA ANGELIQUE KASIDIKA	
877.	REBEKA MABANGO	
878.	REGINE MWABEHA	
879.	RIZIKI BITAEZEKA	
880.	RIZIKI BOZI	
881.	RIZIKI FURAHA	
882.	RIZIKI GERMAINE	
883.	RIZIKI HABAMUNGU	
884.	RIZIKI KANANE	
885.	RIZIKI KUBU	
886.	RIZIKI MAHESHE	

887.	RIZIKI MANGA	
888.	RIZIKI MASIKA	
889.	RIZIKI MASTAKI	
890.	RIZIKI MBILIZI	
891.	RIZIKI REHEMA	
892.	RIZIKI VICTORINE	
893.	RIZIKI ZABIKA	
894.	ROGER NKINGI	
895.	ROSA BARAKA	
896.	ROSETTE CKURU	
897.	ROSINE NSIMIRE	
898.	RURAMA THERESE	
899.	RWAMBUKIRA	
900.	SADIKI MIRINDI	
901.	SAFARI MABUYA	
902.	SAFARI NGINGI	
903.	SAFARI SIMWERAY	
904.	SAKINA KACHELEWA	
905.	SAKINA KAKENGO	
906.	SALAMA BASHONGA	
907.	SALAMA MAMUTSHIBWE	
908.	SALIMA MAYAZA	
909.	SALIMA SWEDI	
910.	SALOME NYAMWERU	

911.	SAMVURA MUNGO	
912.	SANVURA BYABENE	
913.	SARAH MWEMEZI JEANNE	
914.	SEBAZURI FRANCOISE	
915.	SEBU BAZIGA	
916.	SEFANI KABIRA	
917.	SEKANABO BUSHISHA	
918.	SHAMAMBA THINYERE	
919.	SHIKARA PAUL	
920.	SHUKURU HESHIMA	
921.	SHAMAVU SHAMIAGA ROTATION	
922.	SIFA BALUNGILA	
923.	SIFA BATUMILE	
924.	SIFA BISIMWA	
925.	SIFA GUYLLAINE	
926.	SIFA KIBIRITI	
927.	SIFA MANEMO	
928.	SIFA MARIAKO	
929.	SIFA MATEGANE	
930.	SIFA MUTOTO	
931.	SIFA MWEGEREZA	
932.	SIFA NDAHULINWA	
933.	SIFA NDASIMINJA	
934.	SIFITA PUKUTA	

935.	SIKUJUA KAZIHIRO	
936.	SIKUJUWA BINWA	
937.	SIKUZANI CHRISTINE	
938.	SIKUZUWA MUAFUNDI	
939.	SIMERIDE KAMERA	
940.	SIMWERAY KARAFURU	
941.	SIMWERAY THOMAS	
942.	SIUZIKE KANANE	
943.	SIYALEO ANNE	
944.	SIYAPATA LUKANGA	
945.	SOBWE KITENGE	
946.	SOFIA MANGAZA	
947.	SOFIA MUFANZARA	
948.	SOLANGE MWAMBUKIRA	
949.	SOLANGE NGINZO	
950.	SOLANGE PAUL	
951.	SOLANGE REEMA	
952.	STEFANIE KABIRA	
953.	SUHUZIKE BULALO	
954.	SYLLA DESIRE	
955.	TABU ESPERANCE	
956.	TABU MAPENZI	
957.	TANGANIKA HANGI	
958.	BUHORO HANGI JUSTINE	

959.	TANTINE KAMILI	
960.	TATIANA SHUKURU	
961.	THERESA ANNA	
962.	TIBIMENYA SEBAGENZI	
963.	TOYOTA MALIKE	
964.	TSHIDIBI MWABANA	
965.	TUJABE NYAMIGISHA	
966.	TULINABO HABAMUNGU	
967.	TULINABO MALUMBA	
968.	TULINABO MIHUMBO	
969.	TULULA NSELE	
970.	TUMAINI BIREKA	
971.	TUMAINI BRIGITTE	
972.	TUMAINI MUSHOBEKWE	
973.	TUMAINI NESTOR	
974.	TUMSIFU BINDU	
975.	UNDOJA ANYEYOTE	
976.	VAMIZI SERAPHINE	
977.	VENANCIA KADOSHO	
978.	VERONIQUE NABINWA	
979.	VUMILIA MAKASI	
980.	VUMILIA M'CHIKO	
981.	VUMILIA PAULINA	
982.	VUMILIYA CHIKO	

983.	VUMILIYA KAVIRA	
984.	VUNINGA IGNACE	
985.	WABIWA TABUGOGA	
986.	WALILAWA KIBALA	
987.	WAYO HANGE	
988.	WEDIA ESPERANCE	
989.	WENE BIENDA	
990.	WIZEYE DASUBI	
991.	YALALA BAKELU	
992.	YALALA MUANO	
993.	YALOSEMBA WILAMANI	
994.	YENGA BANZE	
995.	YOANE BUSERINI	
996.	YVETTE KAMBALE	
997.	YVETTE MASHARIKI	
998.	ZABIBU LWEENDO	
999.	ZAINA BANTENGA AIMERANCE	
1000.	ZAINA MARARA	
1001.	ZAÏROIS MATHIAS	
1002.	ZAMIHA NTABENGANYIMANA	
1003.	ZAMUKUNDA	
1004.	ZAWADI BAHESHE	
1005.	ZAWADI ELIZA	
1006.	ZAWADI HAMULI	

1007.	ZAWADI KAFUMBIRI	
1008.	ZAWADI MARIAM	
1009.	ZAWADI MUGANDISHA	
1010.	ZAWADI MUKANIRO	
1011.	ZAWADI MUTUMAI	
1012.	ZAWADI RUSHINGWA	
1013.	ZAWADI SIFA	
1014.	ZAWADI TUMUSIFU	
1015.	ZIGASHANE MULAHUKO	
1016.	ZILENGE KARAFURU	

CONTRE : la RD Congo, partie civilement responsable et les prévenus :

1. **NZALE NKUMU NGANDU**, Militaire, grade : Lt Col, Matr :161864106124, Unité : Dipo EM 8 Rgn Mil, CI : CETA, incorporé dans l'armée en 1986, né à BUMBA, le 04.05.1961, fils de NZALE MONGA NGANDO(dcd) et de MINZELE MOSEKA SEMBE (ev) Originaire du village de YALUNDU, Secteur de MOLWA, Territoire de BUMBA, District de la MONGALA, Province de l'ÉQUATEUR, Etat-civil : marié à madame AMBONI ANDENDE et père de 10 enfants, études faites : Gradué en criminologie de l'EAPLI 14, Culte/Religion : , Domicilié au n°1 de l' avenue des aviateurs quartier Virunga commune de KARISIMBI.

2. **DJALONGA REKABA Sylvain**, Militaire, grade : LtCol, Matr :177099865473, Unité : 806 Regt, Fonction : Comd 2nd 2Bn, CI : NYALEKE, incorporé dans l'armée en 1999, né à BUBA/DJUGU, le 10.10.1977, fils de NDJABU (ev) et de BUVE (ev), Originaire du village de DHEBU, Secteur de WALENDU PITI, Territoire de DJUGU, District de l'ITURI, Province Orientale, Etat-civil : marié à madame KAVIRA et père de 4 enfants, études faites :5 ans PP, Culte/Religion :, Domicilié au groupement KPANDRUMA/DJUGU et en Ops à RUNYONYI, territoire de RUTSHURU.

3. **NZAMBE KWANDE Romain**, Militaire, grade : LtCol, Matr :169094032143, Unité : Bn PM 8Rgn Mil, Fonction : ComdBn PM 8Rgn Mil, CI : GEMENA, incorporé dans l'armée en 1987, né à GEMENA, le 14.Octobre.1969, fils de MOKILI KANDA (ev) et de DABOKO MBALIZO (ev) Originaire de la localité de BOYA SEGANU, Groupement de NGUYU II, Secteur de BOBAKUTU, Territoire de GEMENA, District du Sud UBANGI, Province de l'ÉQUATEUR, Etat-civil : marié à madame KAHENGA MWAHUMA, Père de 4 enfants, études faites : D6, Culte/Religion : , Domicilié à BWEREMANA.

4. **WASINGA NTORE Jean Marie**, Militaire, grade : Lt-Col, Matr :164862096541, Unité : 391 BnCdo, Fonction : ComdBn, CI : KINSHASA, incorporé dans l'armée en 1984, né à PAYIKONGILA, le 08.05.1964, fils de WASINGA Patrice (dcd) et de KIPUSILA Jeannette (dcd) Originaire de la localité de KORO, Groupement de PAYI KONGILA, Secteur de PAYI KONGILA, Territoire de MASIMBANIMBA, District de KWILU, Province du BANDUNDU, Etat-civil : marié à madame LEONNIE MUNDELE, Père de 7 enfants, études faites : G3 Criminologie, Culte/Religion : , Domicilié au Camp KATINDO.

5. **USUNA KITAMBI Rocky**, Militaire, grade : Maj, Matr :168831388778, Unité : 41 BnCdo, Fonction : Comd 2nd 41 BnCdo, CI : KASAPA, incorporé dans l'armée en 1983, né à KIBOMBO, le 01.05.1968, fils de USUNA(dcd) et de SAM CHACCO (dcd) Originaire du village de KIKONDA, Secteur de ALUMBA, Territoire de KIBOMBO, District de KINDU, Province de MANIEMA, Etat-civil : marié à madame TENDI LONGE et père de 6 enfants, études faites : 5 ans PP, Culte/Religion : PROTESTANT, Domicilié au Camps KATINDO.

6. **KANGWANDA SWANA Patrick**, Militaire, grade : Capt, Matr :174961515259, Unité : 391 BnCdo, Fonction : ComdBna.i., CI : KAMINA, incorporé dans l'armée en 1996, né à KOLWEZI, le 24.04.1974, fils de KAYOMBO (ev) et de NTUMBA (dcd) Originaire du village de MOSOKA TANDA, Secteur de MUSOKA TANDA, Territoire de KOLWEZI, District de LWALABA, Province du KATANGA, Etat-civil : marié à madame KAHINDA Angel, Père de 5 enfants, études faites : Gradué en sociologie industrielle, Culte/Religion : , Domicilié au Camp KATINDO.

7. **BYAMUNGU RUSEMA SEMA**, Militaire, grade : Capt, Matr :178961610959, Unité : 391 BnCdo, Fonction : Comd EM Sv, CI : KIDOTI, incorporé dans l'armée en 1996, né à KAZIBA, le 08.06.1978, fils de RUSEMA BASWERE (ev) et de FURAHA(dcd) Originaire du village de MUNANIRA, Secteur de LUBARIKA, Territoire d'UVIRA, District de LUBARIKA, Province de Sud Kivu, Etat-civil : marié à madame KAVUHO KITAMBALA Bernadette, études faites : 4 Humanité, Culte/Religion : , Domicilié au Camp KATINDO.

8. **NDJATE KUSOMBO,** Militaire, grade : Capt, Matr :158830464870, Unité : 41 BnCdo URR, Fonction : Comd Cie EM Sv, CI : LIKASI, incorporé dans l'armée en 1983, né à LODJA, le 05.01.1958, fils de NDJATE(dcd) et de ADAMBOLO LOBELA(dcd) Originaire du village de la localité de OPETA, Secteur de WATA MBOLO Sud, Groupement de l'OPETA, Territoire de LODJA, District de SANKURU, Province du KASAI ORIENTAL, Etat-civil : marié à madame KABWIZA LUEJI et père de 8 enfants, études faites : 3 ans pp, Culte/Religion : , Domicilié au Camp KATINDO.

9. **BOLA MPULU Jean-Marie**, Militaire, grade : Capt, Matr :171917024557, Unité : 41 BnCdo, Fonction : Comd Cie Batt, CI : MVULA MATADI, incorporé dans l'armée en 1991, né à KINSHASA, le 24.12.1971, fils de BOLA MPULU(dcd) et de NDOYO MPETI (dcd) Originaire du village de INONGO, Secteur de BOLIA, Territoire de INONGO, District de MAYI NDOMBE, Province de BANDUNDU, Etat-civil : marié à madame BIKYOMBE MASOKA et père de 5 enfants, études faites : 5 ans pp, Culte/Religion : , Domicilié à Goma.

10. **KILONDA PEMBA Jules**, Profession : Militaire, grade : Capt, Matr :173966946371, Unité : 391 BnCdo URR, Fonction : Comd Cie, CI : LUBUMBASHI, incorporé dans l'armée le 26.12.1996, né à LIKASI, le 14.04.1973, fils de KILONDA MALISAWA (ev) et de NZUGU BIZOL (ev), Originaire de la localité de PEMBA, Collectivité de NYEMBO, Territoire de KONGOLO, District de TANGANYIKA, Province du KATANGA, Etat-civil : marié à madame SIFA Collette et père de 5 enfants, Etudes faites : 2 ans PP, Domicilié au camp KATINDO, Ville de Goma.

11. **NZEMO RENE ALBERT**, Militaire, grade : Capt, Matr :173903884752, Unité : **41** BnCdo, Fonction : Comd 2nd Cie, CI : MALUKU, incorporé dans l'armée en 1993, né à LISALA, le 13.05.1973, fils de NZEMO NICO(ev) et de MBEDI DIENGI (ev)

Originaire du village de BOSAMBODA, Secteur de NGOMBE DOKO, Territoire de LISALA , District de UBANGI, Province de l'ÉQUATEUR, Etat-civil : marié à madame CECILE CEKANABO et père de 4 enfants, études faites : D6, Culte/Religion : PROTESTANT, Domicilié au Bon voyage Aéroport II.

12. **KAPENDE MAYIMBI Charles,** Profession : Militaire, grade : Capt, Matr :168880928500, Unité : 41 BnCdo URR, Fonction : Comd 1Cie, CI : KISANGANI, incorporé dans l'armée en 1988, né à KINSHASA, le 04.11.1968, fils de KAPENDE KAMUSI(ev) et de NZEYI LUKUTU (ev) Originaire du village de KINZUSU, Secteur de LOBO, Territoire de KENGE, Province de BANDUNDU, Etat-civil : marié à madame ETAMBA MOHESA et père de 6enfants, Etudes faites : D6, Culte/Religion : PROTESTANT, Domicilié au camp KATINDO, Ville de Goma.

13. **KASEREKA KAMBALEPaty**, grade : Lt, matr : 178962135365, unité : 391 BnCdo,né à Kisangani le 28-03-1978,Incorp en 1996, fils de SEKE MASIKINI(ev) et de MUKEYINA (ev), originaire de ZAKI, sect MWANZA-NGOMA, terr de ARU, district de l'ITURI, prov Or, marié + 06 enfants, études faites : 5 ans PP, domicilié au camp KATINDO à GOMA.

14. **SOLO MATESO Désiré**, Militaire, grade : Lt, Matr :182992239374, Unité : 391 BnCdo, Fonction : Comd 1Cie, CI : NYALEKE, incorporé dans l'armée en 1999, né à RETI, le 11.01.1982, fils de FUNDI Dieudonné (dcd) et de LASINGAKWE (ev) Originaire du village de KWANDRUMA, Secteur de BAHIJO, Territoire de NJUNGU, District de la WALE NDUPITI, Province Orientale, Etat-civil : marié à madame ALINE et père de 3 enfants, études faites : 2ème CO, Domicilié au camp KATINDO, ville de Goma.

15. **SABWE TSHIBANDA**, SLt, matr : 153780497956, unité : 1007 Regt, vol 1978, né à KONGOWELEYA le 12-12-1953, originaire de LUILU, sect NUHANDA, prov KASAÏ Or, Vol 1978, marié + 09, études vfaites : 5ans Prim ; domicilié au camp KATINDO à GOMA.

16. **MBAKI BOKINDA,** Militaire, grade : SLt, Matr :, Unité : 391 BnCdo, Fonction : Chef Pl, CI : KITONA, incorporé dans l'armée en 1975, né à KINSHASA, le 09.12.1958, fils de BOKINDA (dcd) et de DIBA (dcd), Originaire du village de BOSIMBA, Secteur de NDOLO LIBOKO, District de BUZALA, Territoire de KUNGU, Province de l'EQUATEUR, Etat-civil : marié à madame TIBILA RIZIKI et père

de 8 enfants, études faites : 5 ans PP, Culte/Religion :, Domicilié au Camp KATINDO.

17. **KALAKI MUTOMBO**, Militaire, grade : Adj 1Cl, Matr : 168964640590, Unité : 802 RegtInf, CI : KITONA, incorporé dans l'armée en 1996, né à Kinshasa, le 19.04.1968, fils de KALAKI (ev) et de MBOMBO YO KAYOWA (ev), Originaire du village de KAZUMBA, Secteur de NGOJI, Territoire de KAZUMBA, District de LULUWA, Province du Kasai Occidental, Etat-civil : marié à madame TSHIBALONZA et père de 4 enfants, études faites :5 ans PP, Culte/Religion :, Domicilié à BWEREMANA.

18. **LONGONDO ETIENNE,** Militaire, grade : Adj 1Cl, Matr : 169922934587, Unité : 391 BnCdo, Fonction : Ravitailleur Cl II, CI : Bgeto, incorporé dans l'armée en 1992, né à KISANGANI, le 15.2.1969, fils de LONGONDO (ev) et de LOKWA (ev), Originaire du village de YAMAMBU, Secteur de YANZALE, District de ISANGI, Territoire de OBILOTO, Province Orientale, Etat-civil : marié à madame Acha et père de 4 enfants, études faites : 2 ans PP, Culte/Religion :, Domicilié au Camp KATINDO.

19. **ALELE MONGA,** Profession : Militaire, grade : Adj 1Cl, Matr :182975233513, Unité : 391 BnCdo URR, Fonction : Artilleur, CI : KAMINA, incorporé dans l'armée en 1997, né à LUBUMBASHI, le 15.12.1982, fils de ALELE (dcd) et de SALA (dcd), Originaire du village BOKWELI, Secteur de BOSANGA, Territoire de LISALA, District de la MONGALA, Province de l'ÉQUATEUR, Etat-civil : marié à madame HUGUETTE et père de 2 enfants, Etudes faites : 5 ans PP, Domicilié au camp KATINDO, Ville de Goma.

20. **KABONGO KATETE,** Militaire, grade : 1 Sgt Maj, Matr : , Unité : Bn PM 8 Rgn Mil, CI : KIPOPO, incorporé dans l'armée en 1998, né à KisengeManganese, le 13.11.1973, fils de TSHANGA KATETE USEHINU ( ) et de MWENI MUJINGA ( ) Originaire du village de DJIMA/DJILOLO, Secteur de LUINA LUKOJI, Territoire de DILOLO, District de LUALABA, Province du KATANGA, Etat-civil : marié à madame SIFA et père de 4 enfants, études faites : 3 ans PP, Culte/Religion : , Domicilié à MINOVA

21. **BALONGA SANGWA Trésor**, Militaire, grade :Sgt, Matr :179982706418, Unité : 391 BnCdo, Fonction : Chef Section, CI : KIBOMANGO, incorporé dans l'armée en 1988, né à Kinshasa, le 16.06.1979, fils de BALONGA (ev) et de IKOPO MBOYO (ev), Originaire du village de YAKUMA, Secteur de MOBAYI BONGO,

District de GEMENA, Territoire de MOBAYI BONGO, Province de l'ÉQUATEUR, Etat-civil : célibataire, père de 2 enfants, études faites : D6, Culte/Religion :, Domicilié au Camp KATINDO.

22. **KASEREKA BOLALI Roger**, Militaire, grade : Sgt, Matr :187991175352, Unité : 391 BnCdo URR, Fonction : Escorte Maj T5, CI : NYALEKE, incorporé dans l'armée en 1999, né à BUTEMBO vers 1987, fils de PALUKU(dcd) et de KABUMU (ev), Originaire du village de MASEREKA, Secteur , District de , Territoire de LUBERO, Province du Nord Kivu, Etat-civil : marié à Claudine SHIMIRE, père d'un enfant, études faites : 4 ans PP, Culte/Religion :, Domicilié au Camp KATINDO.

23. **MOGISHA TIBASIMA Jules,** Militaire, grade :Cpl, Matr :187014481443, Unité : 391 BnCdo, Fonction : Chef d'équipe, CI : MANDRO, incorporé dans l'armée en 1999, né à BIGO, le 10.01.1989, fils de YOPHES (ev) et de MABONI (ev), Originaire du village de MANDRO, Secteur de WAMPARA, District de ITURI, Territoire de IRUMBU, Province Orientale, Etat-civil : célibataire, études faites : 4 PP, Culte/Religion :, Domicilié au Camp KATINDO.

24. **BETOKO IPOYA Guélord**, Militaire, grade :Cpl, Matr : 184995219006, Unité : 391 BnCdo, Fonction : Chef d'équipe, CI : KITONA, incorporé dans l'armée en 1999, né à KINSHASA vers 1984, fils de BETOKO (ev) et de Marie MBOYO (ev), Originaire du village de BOHENDE, Secteur de inconnue, District de inconnue, Territoire de inconnue, Province de l'ÉQUATEUR, Etat-civil : célibataire, père d'un enfant, études faites : 2PP, Culte/Religion :, Domicilié au Camp KATINDO.

25. **MOHINDO KIZITO**, Profession : Militaire, Grade : Cpl, Matr :180978642703, Unité : 41 BnCdo URR, Fonction : , CI : , Né à MBINGI vers 1980, Fils de YOHELI MUSHIDAWI (ev) et de AGANE SWEHERA (ev), Originaire du village de KANYABAYONGA, Secteur de WITSINGI, Territoire de LUBERO, Province du Nord Kivu, Etat-civil : Etudes faites : , Culte/Religion :Résidant

26. **KOMBE BAKALUKE Jean**, Militaire, grade : Cpl, Matr : inconnu, Unité : 341 BnCdo URR, Fonction : , CI : LIBENGE, incorporé dans l'armée en 1999, né à BOGBA vers 1984, fils de KOMBE(ev) et de MBOMBO (dcd), Originaire du village de BOGBA, Secteur NSONGO, District de , Territoire de KUNGU, Province de l'ÉQUATEUR, Etat-civil : marié à KAHAMBU Francine, père de 3

enfants, études faites : 6PP, Culte/Religion :, Domicilié au Camp KATINDO.

27. **MAGBO ALPHONSE MICHEL**, Militaire, grade : Cpl, Matr :186962773773 , Unité : 10081 Bn, Fonction : Chef Pl, CI : NYALEKE II 1997, incorporé dans l'armée en 1996, né à BOLAMA, le 19.08.1987, fils de MWENGE ALPHONSE (ev) et de METE THERESE(ev) Originaire du secteur de BOLAMA, Territoire de BUMBA district de la MONGALA, Province : Equateur, Etat-civil : marié à madame ESTA TETE et père de 3 enfants, études faites : 5 ans PP, Culte/Religion : , Domicilié à MINOVA.

28. **KABIONA RUHINGIZA,** Militaire, grade : Cpl, Matr :, Unité : 8Regn Mil,Aie, CI : KOTONGO/LUVUNGI, incorporé dans l'armée le 21.10.1998, né à LUVUNGI, le 10.11.1961, fils de RUHINGIZA Thomas ( ) et de VERI (), Originaire du village de LEMERA, Groupement de LUVUNGI, Chefferie des BAFULIRU, Territoire d'UVIRA, Province du Sud Kivu, Etat-civil : marié à madame CRIVA et père de 4 enfants, études faites : 2 ans PP, Domicilié à BWEREMANA,

29. **MUMBERE KISANGANI Désiré**, Militaire, grade : Cpl, Matr :184082713835, Unité : 391 BnCdo, Fonction : tireur MAG, CI : NYALEKE, incorporé dans l'armée en 2003, né à BUTEMBO vers 1986, fils de BOSHO(ev) et de Françoise (dcd), Originaire du village de LUKANGA, Secteur de LUBERO, District de , Territoire de LUBERO, Province du Nord Kivu, Etat-civil : marié à madame SOKI, père d'un enfant, études faites : 3 ans PP, Domicilié au Camp KATINDO.

30. **PALUKU MBOKANI Patrick**, Militaire, grade :Cpl, Matr :183027962208, Unité : 391 BnCdo, Fonction : PM, CI : NYALEKE, incorporé dans l'armée en 2000, né à BUTEMBO vers 1988, fils de KATEMBO Gilbert (ev) et de MASKA FAISI(ev), Originaire du village de ISALE, Secteur de LUBERO, District de , Territoire de LUBERO, Province du Nord Kivu, Etat-civil : marié à madame BANGWANDA Brigitte, père d'un enfant, études faites : 2PP, Domicilié au Camp KATINDO.

31. **KAMBALE BAKWANAMA,** caporal, matr : 187025591781, unité : 391 BnCdo, Vol 1996, né à KISANGANI le 12-06-1986, fils de SHAUSWA et de Marie-Elisabeth, originaire de MUSIENENE, terr de LUBERO, prov du Nord-Kivu, marié + 02 enfants, études faites : néant, domicilié au camp KATINDO à GOMA.

32. **KAMBALE KAMABU Jean**, Profession : Militaire, Grade : 1Cl, Matr :inconnu,Unité : 3Cie 41 BnCdo URR, Fonction : Chef d'Equipe, CI : RUMANGABO 1997, Né à BENI Le 4.04.1984, Fils de PALUKU MIRUNDU (dcd) et de KASHERA VIKUNGU (dcd), Originaire du village de BENI, Secteur de BULAMBO, Territoire de LUBERO, Province du Nord Kivu, Etat-civil : marié à madame Espérance, père de 2 enfants,Etudes faites : 1er CO, Culte/Religion :Résidant au camp KATINDO à GOMA.

33. **KAKULE KARUBANDIKA**, Profession : Militaire, Grade : 1Cl, Matr :186312087374, Unité : 41 BnCdo URR, Fonction : Fus, CI : 1999, Né à MANGINA vers 1983, Fils de KARUBANDIKA (ev) et de KAHINDO (dcd), Originaire du village de NOGERA, Secteur de MBAO, Territoire de BENI, Province du Nord Kivu, Etat-civil : marié à madame Clémentine, père de 3 enfants,Etudes faites : 3PP, Culte/Religion :Résidant au camp KATINDO.

34. **MANZIA MOMBI,** Profession : Militaire, Grade : 1Cl, Matr : inconnu, Unité : 41 BnCdo URR, Fonction : , CI : MOURA, incorporé dans l'armée en 2004, Né à WAMBA le 15.02.1982, Fils de MANZIA MOMBI (ev) et de BAKO Charlotte (ev), Originaire du village de WAMBA, Secteur de , District de HAUT UELE, Territoire de , Province Orientale, Etat-civil : marié à madame INEYI, Etudes faites : 3 ans PP, domicilié au camp KATINDO à GOMA.

35. **KAMBALE KAZEIRE,** Militaire, grade : 1Cl, Matr :182998557060, Unité : 41 BnCdo URR, Fonction : Fus, CI : NYALEKE, incorporé dans l'armée en 1999, né à BENI vers 1980, fils de KAKULE NZUKI(ev) et de KAVIRA (ev), Originaire du village de NOHUTU, Secteur Inconnu, District de BASWANA, Territoire de BENI, Province du Nord Kivu, Etat-civil : célibataire,, études faites : D6, Culte/Religion :, Domicilié au Camp KATINDO.

36. **PALUKU AKUFAKALA**, Profession : Militaire, Grade : Soldat de 1èreCl, Matr :182963316354, Unité : 41 BnCdo URR, Fonction : , CI : LIKASI (MURA), incorporé dans l'armée en 2002, Né à BENI le 31.02.1987, Fils de KAHOLAKEYA (dcd) et de KAHINDO JACQUERINE (ev), Originaire du village de , Secteur de , District de GOMA, Territoire de , Province du Nord Kivu, Etat-civil : Celibataire, Etudes faites : Néant, domicilié au camp KATINDO à GOMA.

37. **MUMBERE TSHONGO**, Profession : Militaire, Grade : Comd ; Matr :186982301045, Unité : 41 BN Cdo URR, Fonction : , CI : incorporé dans l'armée en 1996, Né à KIRUMBA, le 08.05.1987, Fils de MOHINDO (EV) et de JOSEPHINE (EV), Originaire du village de KAHOTE, Secteur de BATANGI, Territoire de LUBERO, Province du Nord Kivu, Etat-civil : marié à madame KAVE, père d'un enfant, Etudes faites : EP2, Résidant au Camp KATINDO, ville de Goma.

38. **MANDRO LOTIMA Jean de Dieu**, Militaire, grade : Comd, Matr :180987767773 , Unité : 810 Regt 2 Bn, Fonction : Chef Pl, CI : NYALEKE II 1997, incorporé dans l'armée en 1998, né à BUNIA, le 15.07.1982, fils de NDUNDRO (ev) et de LOVE Jeannette (ev) Originaire du village de LARGO, Groupement : TATI, Chefferie : BAHEMA NORD, Territoire de DJUGU, District d'ITURI, Province Orientale, Etat-civil : marié à madame FURAHA et père de 2 enfants, études faites : 4 ans PP, Domicilié à GOMA au camp KATINDO.

39. **BAHATI SAFARI DONATIEN**, Militaire, grade : Commandant, Matr : 187046581874, Unité : 391 BnCdo, Fonction : Fus, CI : BURAMBA, incorporé dans l'armée en 2004, né à RUTSHURU le 08.Sept. 1987, fils de SAFARI (ev) et de SYLVIE KIRUSHIZE (ev), Originaire du village de NYABUBIRO, Secteur de KIRINGA, District de , Territoire de RUTSHURU, Province du Nord Kivu, Etat-civil : marié à madame ZAWADI, père d'un enfant, études faites : 2ème CO, Domicilié au Camp KATINDO à GOMA.

PREVENUS DE :

Pour le prévenu DJALONGA REKABA Sylvain :

1. Avoir, comme auteur commis, individuellement ou conjointement avec une autre personne, modalités prévues à l'article 25 du Statut de Rome, un crime de guerre par viol dans un conflit armé ne présentant pas un caractère international, par la force ou en usant à l'encontre desdites ou des tierces personnes de la menace, de la force ou de la coercition, telle que causée par la menace des violences, contrainte, détention, pressions psychologiques, abus de pouvoir, ou bien à la faveur d'un environnement coercitif, ou encore en profitant de l'incapacité de ladite personne de donner son libre consentement.

En l'espèce, avoir à MINOVA, localité de ce nom, dans le Territoire de KALEHE, Province du Sud-Kivu, en République Démocratique du Congo, pendant la période allant du 20 au 30 Novembre 2012, conjointement avec d'autres militaires non autrement identifiés, commis des viols par la force à l'aide des armes de guerre, en introduisant son organe sexuel dans celui de certaines victimes dont la liste en annexe, avec cette circonstance que les faits ont eu lieu pendant les hostilités opposant les FARDC au groupe armé M23.

Fait prévu et puni par les articles 8.2.e.vi, 25 et 77 du Statut de Rome de la CPI.

2. Avoir, comme auteur commis, individuellement ou conjointement, modalités prévues à l'article 25 du Statut de Rome, un crime de guerre par pillage, d'une ville ou d'une localité, même prise d'assaut, dans un conflit armé ne présentant pas un caractère international.

En l'occurrence, avoir dans les mêmes circonstances de temps et de lieux évoquées au point 1, dépouillé à l'aide des menaces par arme de guerre de type AK 47, certaines victimes dont la liste en annexe de leurs commerces, de leurs biens mobiliers tels que :motos, radios, télévisions, téléphones, matelas, sacs de braise, sacs de riz, machines à coudre, casiers de bière, les effets vestimentaires, des sommes d'argent en franc congolais et en devise, des ustensiles de la cuisine, bétails et volailles. Avec cette circonstance que les faits ont eu lieu pendant les hostilités opposant les FARDC au groupe armé M23.

Fait prévu et puni par les articles 8.2.e.v, 25 et 77 du Statut de Rome de la CPI.

Pour les prévenus NZALE NKUMU NGANDO et USUNA KITAMBI Rocky, chacun :

Avoir engagé sa responsabilité pénale pour des crimes relevant de la compétence de la cour, commis par des forces placées sous son commandement et son contrôle effectif, selon le cas qu'il ou elle n'a pas exercé le contrôle qui convenait sur ces forces dans les cas où :

- Ce chef militaire ou cette personne, savait, ou, en raison des circonstances, aurait dû savoir, que ces forces commettaient ou allaient commettre ces crimes; et
- Ce chef militaire ou cette personne n'a pas pris toutes les mesures nécessaires et raisonnables qui étaient en son pouvoir pour en empêcher ou en réprimer l'exécution ou pour en référer aux autorités compétentes aux fins d'enquête et de poursuites;

En l'occurrence, étant Commandant du 41ème BnCdo ayant reçu mission de défendre l'estuaire de BULENGA, localité de ce nom, territoire de KALEHE, Province du Sud-Kivu, en République Démocratique du Congo, n'avoir pas exercé le contrôle qui convenait sur les éléments de son Bn, qui entre le 20 et 30 novembre 2012, ont commis à MINOVA et ses environs, des viols, pillages et meurtres. Avec cette circonstance que les faits ont eu lieu pendant les hostilités opposant les FARDC au groupe armé M23. En annexe la liste des victimes de pillage, viol et meurtre.

Fait prévu et puni par les articles 8.2.c), i), e), v), vi), 28, a) i), ii) et 77 du Statut de Rome de la CPI.

Pour les prévenus NDJATE KUSOMBO, BOLA MPULU, NZEMO René et KAPENDE MAYIMBI, chacun :

Avoir engagé sa responsabilité pénale pour des crimes relevant de la compétence de la cour, commis par des forces placées sous son commandement et son contrôle effectif, selon le cas qu'il ou elle n'a pas exercé le contrôle qui convenait sur ces forces dans les cas où :

- ce chef militaire ou cette personne, savait, ou, en raison des circonstances, aurait dû savoir, que ces forces commettaient ou allaient commettre ces crimes; et
- ce chef militaire ou cette personne n'a pas pris toutes les mesures nécessaires et raisonnables qui étaient en son pouvoir pour en empêcher ou en réprimer l'exécution ou pour en référer aux autorités compétentes aux fins d'enquête et de poursuites;

En l'occurrence, étant Commandant de Compagnie du 41ème Bataillon Commando ayant reçu mission de défendre l'estuaire de BULENGA, localité de ce nom, territoire de KALEHE, Province du Sud-Kivu, en République Démocratique du Congo, n'avoir pas exercé le contrôle qui convenait sur les éléments de sa Cie, qui entre les 20 et 30 novembre 2012, ont commis à MINOVA et ses environs, des viols, pillages et meurtres. Avec cette circonstance que les faits ont eu lieu pendant les hostilités opposant les FARDC au groupe armé M23. En annexe la liste des victimes de pillage, viol et meurtre.

Fait prévu et puni par les articles 8.2.c), i), e), v), vi), 28, a) i), ii) et 77 du Statut de Rome de la CPI.

Pour les prévenus WASINGA NTORE et KANGWANDA SWANA Patrick, chacun :

Avoir engagé sa responsabilité pénale pour des crimes relevant de la compétence de la cour, commis par des forces placées sous son commandement et son contrôle effectif, selon le cas qu'il ou elle n'a pas exercé le contrôle qui convenait sur ces forces dans les cas où :

- ce chef militaire ou cette personne savait ou, en raison de circonstances, aurait dû savoir, que ces forces commettaient ou allaient commettre ces crimes et ;
- n'a pas pris toutes les mesures nécessaires et raisonnables qui étaient à son pouvoir pour en empêcher ou en réprimer l'exécution ou pour en référer aux autorités compétentes aux fins d'enquête et de poursuites;

En l'occurrence, étant Commandant du 391ème Bataillon Commando ayant reçu mission de défendre l'estuaire de BULENGA, localité de ce nom, territoire de KALEHE, Province du Sud-Kivu, en République Démocratique du Congo, n'avoir pas exercé le contrôle qui convenait sur les éléments de son Bn, qui entre le 20 et 30 novembre 2012, ont commis à MINOVA et ses environs, des viols, pillages et meurtres.

Fait prévu et puni par les articles 8.2.c), i), e), v), vi), 28, a) i), ii) et 77 du Statut de Rome de la CPI.

Pour les prévenus BYAMUNGU RUSEMASEMA, KILONDA PEMBA, KASEREKA KAMBALE et SOLO MATESO, chacun :

Avoir engagé sa responsabilité pénale pour des crimes relevant de la compétence de la cour, commis par des forces placées sous son commandement et son contrôle effectif, selon le cas qu'il ou elle n'a pas exercé le contrôle qui convenait sur ces forces dans les cas où :

- ce chef militaire ou cette personne, savait, ou, en raison des circonstances, aurait dû savoir, que ces forces commettaient ou allaient commettre ces crimes; et
- ce chef militaire ou cette personne n'a pas pris toutes les mesures nécessaires et raisonnables qui étaient en son pouvoir pour en empêcher ou en réprimer l'exécution ou pour en référer aux autorités compétentes aux fins d'enquête et de poursuites;

En l'occurrence, étant Commandant de compagnie du 391eme Bataillon Commando ayant reçu mission de défendre BULAGIZA, localité de ce nom, territoire de KALEHE, Province du Sud Kivu, en République Démocratique du Congo, n'avoir pas exercé le contrôle qui convenait sur les éléments de son Bn, qui entre le 20 et 30 novembre 2012, ont commis à MINOVA et ses environs, des viols, pillages et meurtres. Avec cette circonstance que les faits ont eu lieu pendant les hostilités opposant les FARDC au groupe armé M23. En annexe la liste des victimes de pillage, viol et meurtre.

Fait prévu et puni par les articles 8.2.c), i), e), v), vi), 28, a) i), ii) et 77 du Statut de Rome de la CPI.

Pour les prévenus MBAKI BOKINDA, LONGONDO Etienne, ALELE MONGA, BALONGA SANGWA, KASEREKA BOLALI Roger, BETOKO IPOYA Guélord, PALUKU MBOKANI, KOMBE BAKALUKE, MOHINDO KIZITO, MUMBERE KISANGANI, MAGBO Alphonse, MOGISHA TIBASIMA, KAMBALE KAZEIRE, MANZIA MOMBI, KAKULE KARUBANDIKA, KAMBALE KAMABU, MUMBERE TSHONGO et BAHATI SAFARI, chacun :

1. Avoir comme individu au service des Forces Armées, de la Police Nationale et du Service National, violé une consigne générale donnée à la troupe ou une consigne qu'il a personnellement reçu mission de faire exécuter ou forcé une consigne donnée à un militaire ;

En l'occurrence, n'avoir pas à MINOVA localité de ce nom, Territoire de KALEHE, Province du Sud-Kivu, en République Démocratique du Congo, sans préjudice de date certaine mais entre le 20 et le 30 novembre 2012, période non encore couverte par le délai légal de prescription, répondu présent à l'appel de son commandant aux moments de la réorganisation de l'Unité. Avec cette circonstance que les faits ont eu lieu pendant les hostilités opposant les FARDC au groupe armé M23.

Fait prévu et puni par l'article 113, Al 1, 2 et 4 du CPM.

2. Avoir, comme auteur commis, individuellement ou conjointement, modalités prévues à l'article 25 du Statut de Rome, un crime de guerre par viol dans un conflit armé ne présentant pas un caractère international, par la force ou en usant en l'encontre desdites ou des tierces personnes de la menace, de la force ou de la coercition, tel que causé par la menace des violences, contraintes, détention, pression psychologique, abus de pouvoir, ou bien à la faveur d'un environnement coercitif, ou encore en profitant de l'incapacité de ladite personne à donner son libre consentement ;

En l'espèce, avoir dans les mêmes circonstances de temps et de lieux que dessus, conjointement avec d'autres militaires non autrement identifiés, commis des viols par la force à l'aide des armes de guerre, en introduisant son organe sexuel dans celui de certaines victimes dont la liste en annexe, avec cette circonstance que les faits ont eu lieu pendant les hostilités opposant les FARDC au groupe armé M23.

Fait prévu et puni par les articles 8.2.e.vi, 25 et 77 du Statut de Rome de la CPI.

3. Avoir, comme auteur commis, individuellement ou conjointement, modalités prévues à l'article 25 du Statut de Rome, un crime de guerre par pillage, d'une ville ou d'une localité, même prise d'assaut, dans un conflit armé ne présentant pas un caractère international ;
En l'occurrence, avoir dans les mêmes circonstances de temps et de lieux évoquées au point 1, dépouillé à l'aide des menaces par arme de guerre de type AK 47, certaines victimes dont la liste en annexe. Avec cette circonstance que les faits ont eu lieu pendant les hostilités opposant les FARDC au groupe armé M23.

Fait prévu et puni par les articles 8.2.e.v, 25 et 77 du Statut de Rome de la CPI.

Pour le prévenu MANDRO LOTIMA :

1. Avoir comme auteur commis individuellement ou conjointement selon l'une des modalités prévue à l'article 25 du Statut de Rome, un crime de guerre par pillage, d'une ville ou d'une localité, même prise d'assaut, dans un conflit armé ne présentant pas un caractère international ;

En l'occurrence, avoir, à MINOVA, localité de ce nom, dans le Territoire de KALEHE, Province du Sud Kivu, en République Démocratique du Congo, le 26 novembre 2012, dépouillé à l'aide des menaces par arme de guerre de type AK 47, une femme non autrement identifiée de son matelas. Avec cette circonstance que les faits ont eu lieu pendant les hostilités opposant les FARDC au groupe armé M23.
Fait prévu et puni par les articles 8.2.e.v, 25 et 77 du Statut de Rome de la CPI.

2. Avoir comme auteur commis individuellement ou conjointement, selon l'une des modalités prévues à l'article 25 du Statut de Rome, un crime de guerre par viol dans un conflit armé ne présentant pas un caractère international, par la force ou en usant en l'encontre desdites ou des tierces personnes de la menace, de la force ou de la coercition, tel que causé par la menace des violences, contraintes, détention, pression psychologique, abus de pouvoir, ou bien à la faveur d'un environnement coercitif, ou encore en profitant de l'incapacité de ladite personne à donner son libre consentement ;

En l'espèce, avoir dans les mêmes circonstances de temps et de lieux que dessus, conjointement avec d'autres militaires non autrement identifiés, commis des viols par la force à l'aide des armes de guerre, en introduisant son organe sexuel dans celui de certaines victimes dont la liste en annexe. Avec cette circonstance que les faits ont eu lieu pendant les hostilités opposant les FARDC au groupe armé M23.

Fait prévu et puni par les articles 8.2.e.vi, 25 et 77 du Statut de Rome de la CPI.

Pour le prévenu SABWE TSHIBANDA :

1) Avoir frauduleusement soustrait une chose appartenant à autrui ;

En l'espèce avoir à BUGANGA, village de ce nom, situé dans le groupement de BUZI, secteur de BAHAVU, territoire de KALEHE, province du Sud-Kivu en R.D.Congo, le 4 novembre 2012, dans la maison de la victime, emporté de l'argent d'une valeur en FC de 50 dollars US et une boîte de lait de beauté TOP CLAIR au préjudice de la demoiselle FURAHA Rachel. Avec cette circonstance que l'auteur était porteur d'une arme de guerre type AK 47.
Fait prévu et puni par les articles 79 et 81bis du CPO LII

2) Avoir commis un viol, soit à l'aide de violence ou menaces graves ou par contrainte à l'encontre d'une personne, directement ou par l'intermédiaire d'un tiers, soit par surprise, par pression psychologique, soit à l'occasion d'un environnement coercitif, soit en abusant d'une personne qui, par le fait d'une maladie, par l'altération de ses facultés ou par toute autre cause accidentelle aurait perdu l'usage de ses sens ou en aurait été privée par quelques artifices ;

En l'occurrence, étant un homme, avoir introduit même superficiellement son organe sexuel dans celui d'une femme ; en l'espèce avoir, dans les mêmes circonstances de temps et de lieu que dessus, à l'aide de violences graves, couché avec la demoiselle FURAHA Rachel en introduisant son pénis dans le vagin de cette dernière.

Fait prévu et puni par l'article 170 du CPO LII tel que modifié et complété par la Loi n° 06/018 du 20 juillet 2006.

Pour KALAKI MUTOMBO

Avoir extorqué à l'aide de violences ou menaces soit des fonds, valeurs, objets mobiliers, obligations, billets, promesses, quittances, soit la signature ou la remise d'un document quelconque contenant ou opérant obligation, disposition ou décharge ;

En l'espèce avoir à MINOVA, cité de ce nom, dans le territoire de KALEHE, province du Sud-Kivu en R.D.Congo, le 24 novembre 2012, extorqué à l'aide de menace par arme de guerre de type AK 47 une somme de 50.000 FC au sieur SHAMAVU SHAMIAGA Rotation et autres personnes non autrement identifiées.

Fait prévu et puni par l'article 84 CPO LII

Pour KABIONA RUHINGIZA

Avoir commis un viol d'enfant soit à l'aide de violences ou menaces graves ou par contrainte à l'encontre d'une personne, directement ou par l'intermédiaire d'un tiers, soit par surprise, par pression psychologique, soit à l'occasion d'un environnement coercitif, soit en abusant d'une personne qui, par le fait d'une maladie, par l'altération de ses facultés ou par toute autre cause accidentelle aurait perdu l'usage de ses sens ou en aurait été privé par quelques artifices.

En l'occurrence avoir à MINOVA, cité de ce nom en territoire de KALEHE dans la province du Sud-Kivu en R.D.Congo le 30 novembre 2012, passé des rapports sexuels avec l'enfant AGATHA WALENGANI Grâce, en introduisant superficiellement son pénis dans le vagin de la victime.

Fait prévu et puni par les articles 170 et 171 de la Loi n° 09/001 du 10 janvier 2009 portant protection de l'enfant.

Pour KAMBALE BAKWANAMA

Avoir, étant au service des Forces armées ou de la Police Nationale, violé une consigne générale donnée à la troupe ou une consigne qu'il a personnellement reçu mission de faire exécuter ou forcé une consigne donnée à un autre militaire.

En l'occurrence avoir à MINOVA, cité de ce nom en territoire de KALEHE, province du Sud-Kivu en R.D.Congo, le 26 novembre 2012, quitté la position militaire de KALUNGU où il était de service pour se retrouver à MINOVA sans autorisation préalable de sa hiérarchie.

Fait prévu et puni par l'article 113 du code pénal militaire.

Pour KABONGO KATETE

Avoir dissipé, volé ou détourné des armes, munitions, véhicules, deniers, effets ou autres objets à lui remis pour le service ou à l'occasion du service ou appartenant à des militaires ou à l'Etat ;

En l'espèce avoir à MINOVA, cité de ce nom dans le territoire de KALEHE, province du Sud-Kivu en R.D.Congo, le 24 novembre 2012, tiré plusieurs coups de balle en l'air à l'aide de son arme de guerre de type AK 47 sans motif valable.

Fait prévu et puni par l'article 74 du code pénal militaire

Pour MAGBO Alphonse

1. Avoir comme auteur commis, individuellement ou conjointement avec une autre personne, modalités prévues à l'article 25 du Statut de Rome, un crime de guerre par meurtre d'une ou plusieurs personnes qui étaient hors de combat ou de personnes civiles ou des membres du personnel sanitaire ou religieux ne prenant pas activement part aux hostilités dans un conflit armé ne présentant pas un caractère international.

En l'occurrence, avoir à KALUNGU, localité de ce nom, Territoire de KALEHE, Province du Sud Kivu, en République Démocratique du Congo, pendant la période allant du 20 au 30 novembre 2012, commis un meurtre par balle avec une arme AK 47, sur l'enfant MUSA MATEMBERA SAFARI, personne civile ne prenant pas activement part aux hostilités ;

Avec cette circonstance que le fait a eu lieu pendant les hostilités opposant les FARDC au groupe armé M23.

Fait prévu et puni par les articles 8.2), e), i) et 77 du Statut de Rome de la CPI.

2. Avoir, comme auteur commis, individuellement ou conjointement avec une autre personne, modalités prévues à l'article 25 du Statut de Rome, un crime de guerre par pillage, d'une ville ou d'une localité, même prise d'assaut, dans un conflit armé ne présentant pas un caractère international.

En l'espèce, avoir dans les mêmes circonstances de temps et de lieux que dessus, pillé les chèvres que gardait la victime MUSA SAFARI ; Avec cette circonstance que les faits ont eu lieu pendant les hostilités opposant les FARDC au groupe armé M23.

Fait prévu et puni par les articles 8.2.e.v, 25 et 77 du Statut de Rome de la CPI.

Vu la procédure suivie à charge des pré qualifiés ;
Vu les décisions de renvoi du 05/12/2013 émanant de l'Auditeur Militaire près la Cour Militaire Opérationnelle du Nord-Kivu ;

Vu le procès-verbal de tirage au sort des membres assesseurs de la Cour Militaire Opérationnelle du Nord-Kivu pour la session en cours ;

Vu la prestation de serment de ces membres non revêtus de la qualité de magistrat ;

Vu la fixation de la cause, inscrite sous RP 003, à la date du 20 Novembre 2013 par ordonnance du premier président de la Cour ;

Vu les citations à comparaitre à cette audience du 20 Novembre 2013 établies par le greffier de la Cour et notifiées aux prévenus ;

Vu la citation à personne civilement responsable notifiée, pour le compte de la R.D. Congo, à Monsieur le Gouverneur de Province du Nord-Kivu aux fins de comparaître à l'audience du 20 Novembre 2013 ;

Vu les assignations à témoin notifiées, à la diligence du Ministère public et des prévenus, aux personnes dont la liste au dossier aux fins de comparaitre à cette audience ;

Vu les constitutions des parties civiles faites par déclarations au greffe de la Cour ;

Vu l'appel de la cause à l'audience publique du 20 Novembre 2013 à laquelle comparaissent en personne assistés de leurs conseils respectifs, les prévenus régulièrement cités ci-après, à savoir :

- DJALONGA REKABA, SOLO MATESO et KASEREKA KAMBALE assistés de Me Matthieu MUGISHO MUNDANGA, avocat du barreau de GOMA ;
- WASINGA NTHORE et KANGWANDA SWANA assistés de Me SABRA MPOYI et Me Kenny MUTOMBO, avocats à la Cour d'Appel de GOMA ;
- USUNA KITAMBI Rocky, NZEMO René, NDJATE KUSOMBO et BOLAMPULU Jean-Marie assistés de Me Adolphe MIKUBA et Me Henri MUNGANGI, avocats à la Cour d'Appel de MBANDAKA ;
- MBAKI BOKINDA, SABWE TSHIBANDA, LOGONDO Etienne, ALELE MONGA, MUMBERE TSHONGO, BALONGA SANGWA, BETOKO IPOYA, PALUKU MBOKANI, KOMBE BAKALUKE, MOHINDO KIZITO, MUMBERE KISANGANI, KABIONA RUHINGIZA, MAGBO Alphonse, MOGISHA TIBASIMA, KASEREKA BOLALI, KAMBALE KAZEIRE, MANZIA MOMBI, KAKULE KARUBANDIKA, KAMBALE KAMABU, PALUKU AKUFAKALA, MANDRO LOTIMA et BAHATI SAFARI assistés de Me Yvette SHAKIRA NYAMVURA, avocate à la Cour d'Appel de GOMA et du capitaine KIZITO NDENGEZI, défenseur militaire agréé ;

  En personne sans assistance les prévenus régulièrement cités ci-après, à savoir :

  NZALE NKUMU NGANDO, NZAMBE KWANDE Romain, KILONDA PEMBA Jules, KAPENDE MAYIMBI, KABONGO KATETE, KAMBALE BAKWANAMA et KALAKI MUTOMBO ;

Tandis que les parties civiles sont représentées par leurs conseils, Me Sylvestre BISIMWA NTAKOBAJIRA, avocat à la Cour d'Appel de BUKAVU et à la CPI, Me KAHINDO FATUMA, Me AMANI KAHATWA Mireille, Me Liévin MIVUMBA, Me SHABANI Hervé, Me INGWA IKAYA Eve, Me Nadine SAYIBA MBILA, tous avocats à la Cour d'Appel de GOMA ainsi que Me Daniel LUABOSHI et Me SAFARI ZOZO, avocats à la Cour d'Appel de BUKAVU ;
Alors que le prévenu BYAMUNGU RUSEMASEMA ne comparait pas et la République Démocratique du Congo, partie civilement responsable, bien que régulièrement citée, ne comparaît pas ni personne pour elle ;

Vu la remise contradictoire de la cause, sauf pour la RDC et le prévenu BYAMUNGU RUSEMASEMA, à l'audience publique du 4/12/2013 aux fins de commettre des avocats pour les prévenus non assistés ;

Vu les nouvelles citations faites à la RD Congo et au prévenu BYAMUNGU RUSEMASEMA aux fins de comparaitre à l'audience du 04/12/2013 ;

Vu l'appel de la cause à cette audience du 04 décembre 2013 à laquelle toutes les parties comparaissent assistées ou représentées, l'Etat congolais par son conseil Me Patrick BIRATE, avocat au barreau de GOMA ;

Vu les exceptions soulevées et les requêtes introduites à cette audience par le Ministère public et par les parties civiles ;

Vu les arrêts avant-dire droit rendus par la Cour de céans en date du 5/12/2013, du 10/12/2013 et du 23/12/2013 et les remises contradictoires successives de la cause ;

Vu les nouvelles décisions de renvoi de l'Auditeur Militaire près la Cour Militaire Opérationnelle datées du 30 décembre 2012 et notifiées aux prévenus SABWE TSHIBANDA, KABIONA RUHINGIZA, KABONGO KATETE, KALAKI MUTOMBO et KAMBALE BAKWANANA pour les faits connexes, faits dont le 1e président de la Cour de céans par ordonnance du 29 janvier 2014 a décidé de la jonction des procédures à la présente cause pour une bonne administration de la justice conformément à l'article 222 du Code Judiciaire Militaire ;

Vu les citations faites à ces nouveaux prévenus aux fins de comparaitre à l'audience en prosécution ;

Vu l'appel de la cause et l'instruction faite aux audiences successives de la Cour à Goma ;

Vu la décision de la Cour de se déplacer jusqu'à MINOVA et d'y poursuivre l'instruction afin de faciliter l'audition des victimes et des témoins ;

Vu l'arrêt avant-dire droit de la Cour Militaire de céans du 3 février 2014 ordonnant que les audiences d'instruction des faits de viol se déroulent à huis-clos ;

Vu les mesures spécifiques décidées par la Cour en vue de sauvegarder la sécurité, le bien-être physique et psychologique, la dignité et le respect de la vie privée des victimes et des témoins, conformément à l'article 74 bis du code de procédure pénale, notamment l'utilisation des pseudonymes, des maquillages et des moyens exclusivement acoustiques ainsi que la présence de psychologues ;

Vu la descente sur terrain effectuée en date du 15 février 2014 au terrain de MINOVA où avaient été regroupées les unités de la TASK Force et du 391ème bataillon commando après leur départ de MUBAMBIRO en novembre 2012 ;

Vu la poursuite de l'instruction aux audiences de la Cour de céans à Goma auxquelles les prévenus NDJATE KUSOMBO, KAPENDE MAYIMBI, NZEMO René et BOLAMPULU n'ont plus comparu après une remise contradictoire et au moment où ils avaient déjà eu à s'expliquer suffisamment sur les faits mis à leur charge ;

Vu la décision de leur appliquer les dispositions de l'article 238 du code judiciaire militaire permettant ainsi à leur conseils de prendre la parole ;
Les témoins entendus en leurs dépositions ;

Ouï les parties civiles en leurs conclusions tendant à solliciter de cette Cour la condamnation des prévenus in solidum avec l'Etat Congolais au payement de la somme totale de 11 millions de dollars américains à titre de dommages-intérêts à leur allouer pour tous préjudices confondus ;

Ouï le Ministère public en ses réquisitions conformes tendant à voir la Cour déclarer tous les prévenus coupables des faits mis à leur charge et de les condamner comme suit en appliquant l'article 7 du code pénal militaire pour ceux coupables de plusieurs infractions :
- La peine de mort pour le prévenu MAGBO Alphonse ;
- La servitude pénale à perpétuité pour les prévenus DJALONGA REKABA, KABIONA RUHINGIZA, SABWE TSHIBANDA et pour tous les auteurs de crime de guerre par viol ;
- 20 ans SPP et 1.000.000 FC d'amende pour le viol commis par KABIONA RUHINGIZA ;

- 20 ans de servitude pénale principale pour le crime de guerre par pillage ;
- 10 ans de servitude pénale principale pour NZALE NKUMU NGANDO et WASINGA NTORE Jean-Marie et pour tous les auteurs de la violation de consigne ;
- 2 ans SPP avec le bénéfice de larges circonstances atténuantes tenant aux conditions difficiles de travail pendant cette période des hostilités pour tous les prévenus poursuivis pour leur responsabilité en tant que chefs militaires
- Le payement des frais d'instance à charge de tous les condamnés et leur condamnation aux dommages-intérêts en faveur des parties civiles.

Ouï les prévenus en leur dires et moyens de défense présentés tant par eux-mêmes que par leurs conseils respectifs, tendant à plaider non coupables des faits mis à leur charge et à solliciter leur acquittement ;
La partie civilement responsable entendue dans sa plaidoirie tendant à voir cette Cour déclarer les prévenus non coupables des faits mis à leur charge et à la mettre en conséquence hors cause ;
Toutes les parties entendues en leurs répliques et contre répliques ;

Les prévenus entendus enfin en leurs dernières déclarations ;

Sur quoi la Cour, après clôture des débats par le premier président, a pris la cause en délibéré et rend l'arrêt définitif dont la teneur suit :

II. LES FAITS ET RETROACTES

Vers la fin de mars 2012, Jean Bosco TANGANDA a annoncé la naissance du Mouvement M.23 et s'est retiré vers KIBATI, dans le territoire de MASISI. Poursuivi et mis en déroute par les FARDC, il s'est refugié dans les collines de CHANZU, RUNYONYI et MBUZI où il a été rejoint par le Colonel MAKENGA.

Le 14 Novembre 2012, le M.23 a attaqué les positions des FARDC à KIBUMBA où il a été repoussé avec d'énormes pertes. Mais, un ordre d'arrêter le combat a été donné, lequel ordre a démoralisé la troupe qui a crié à la trahison. Le M.23 est revenu alors à l'attaque à partir de KIBUMBA et les FARDC ont quitté leurs positions.

Le 19 Novembre 2012, avant la chute de Goma, le Chef d'Etat- Major de la Force Terrestre, le Général Major Gabriel AMISI KUMBA « Tango Four » a présidé une parade à MUBAMBIRO. Le Lieutenant-colonel NZALE KUMU NGANDO, Commandant a.i. du 41ème Bataillon Commando et le Lieutenant-colonel WASINGA NTORE Jean Marie, Commandant 391ème bataillon Commando, ont été déchargés de leurs fonctions et remplacés respectivement par le Major USUNA KITAMBI Rocky et le Capitaine KINGWANDA SWANA Patrick.

Le 20 Novembre 2012, le M.23 est entré à Goma et le Chef d'Etat-major de la Force Terrestre a ordonné le repli de toutes les unités à BWERIMANA en vue d'une réorganisation.

Les FARDC ont lancé une contre-attaque à SAKE, sans succès.

Les 41ème et 393ème bataillons commando ont reçu mission de se réorganiser à MINOVA, dans le ressort de la 10ème Région Militaire, en vue de défendre l'estuaire entre NZULO et BULENGA. La TASK Force et le Bataillon Sécurité de la Garde Républicaine s'y sont retrouvés aussi avec leurs engins lourds, avant de progresser vers NYABIBWE.

Mais, au soir du 22 Novembre 2012, une rumeur selon laquelle l'ennemi M.23 a débordé jusqu'à ISHASHA, KIROCHE et BWERIMANA a provoqué une grande panique à MINOVA où les militaires se sont mis à tirer en désordre, à piller boutiques, bistrots, maisons d'habitation. A l'occasion, plusieurs femmes ont été victimes de viol.

Les déclarations concordantes de Mrs. FUMBU BIENDA SADIKI, Chef de poste d'encadrement administratif de MINOVA, Dr. Michel KAKULE, Médecin Directeur de l'hôpital général de MINOVA, et des responsables des différents centres de santé, ainsi que les dépositions sur procès-verbaux des Commandants 8ème Région Militaire, 82ème Secteur, T'2 8ème Région Militaire, et du Capitaine KASOLE, Médecin du 391ème bataillon commando, ont indiqué clairement qu'il y a eu pillages et viols sur une grande échelle, et que les militaires de la 8ème Région Militaire venus de Goma ont été auteurs de ces méfaits.

Le Général BAUMA AMBAMBA de la 8ème Région Militaire a déclaré que le problème d'encadrement s'était posé, raison pour laquelle beaucoup de militaires avaient quitté leurs unités et s'étaient déversés sur la cité de MINOVA pour commettre tous ces méfaits déplorés par la population civile.

Par ailleurs, les officiers qui ont comparu pour responsabilité de chef militaire n'ont pas nié la matérialité de ces faits, bien que les déclarations ont divergé quant au moment où ils ont eu connaissance de ces méfaits.

Bien plus, lors des audiences foraines tenues par la Cour Militaire Opérationnelle du Nord-Kivu à MINOVA, les victimes de viols et de pillages ont relaté avec force détails ce qu'elles ont vécu.

III. EXAMEN DES FAITS

La Cour a examiné les faits mis à charge de chaque prévenu à la lumière des pièces du dossier et de l'instruction à l'audience.

1. NZALE KUMU NGANDO

A la matinée du 19 Nombre 2012, le Chef d'Etat-major de la Force Terrestre, le Général Gabriel AMISI KUMBA « Tango Four » a présidé une parade générale au cours de laquelle il a déchargé le Lieutenant-colonel NZALE KUMU NGANDO, Commandant ai du 41ème bataillon Commando et le Lieutenant- Colonel WASINGA NTORE Jean Marie, Commandant 391ème bataillon Commando, de leurs fonctions et les a remplacés par leurs Commandants de compagnie les plus anciens, en l'occurrence, le Major USUNA KITAMBI Rocky et le Capitaine KINGWANDA SWANA Patrick, qui ont pris immédiatement leurs nouvelles fonctions.

Le Chef d'Etat-major de la Force Terrestre a autorisé le prévenu NZALE KUMU NGANDO qu'il venait de mettre à la disposition de l'Etat-major Force Terrestre à Kinshasa, à utiliser le véhicule de commandement en vue de récupérer ses effets à Goma, véhicule que ce dernier a retourné à l'unité aussitôt arrivé à Goma.

Resté à MUBAMBIRO avec toutes les autres unités, le Général Gabriel AMISI KUMBA a ordonné le repli à MINOVA en vue de la réorganisation.

Le 20 Novembre 2012, le prévenu NZALE KUMU NGANDO, qui n'était plus à l'unité quand l'ordre de repli a été donné, est tombé dans les mains de l'ennemi M.23 et est conduit, avec les autres militaires capturés, à l'Etat-major 8èmeRégion Militaire à partir duquel il a été aussi acheminé à RUMANGABO où il resta en captivité jusqu'au 30 Novembre 2012, jour de sa fuite réussie vers Goma. Il n'est jamais arrivé à MINOVA.

2. WASINGA NTORE Jean-Marie

Le 20 Novembre 2012, le prévenu WASINGA NTORE Jean Marie est arrivé à BWERIMANA et y a séjourné avec tous les officiers de la 8ème Région Militaire. Le 11 Novembre 2012, il a été autorisé par son chef direct, le Colonel YAV, coordonnateur des 41ème et 391ème bataillons commandos, d'aller en soins médicaux à Bukavu, sans faire le moindre arrêt à MINOVA où toutes les unités ont été stationnées en vue de la réorganisation.

Il n'est rentré à BWEREMANA que le 18 Novembre 2012, avec l'argent de la 8ème Région Militaire lui remis à Bukavu. Il n'a jamais séjourné à MINOVA.

3. DJALONGA REBAKA Sylvain

Officier S'3 du 806ème Régiment Infanterie basé à RWINDI, dans le territoire de RUTSHURU, le prévenu DJALONGA REBAKA Sylvain a quitté tout seul son unité pour se rendre à BWERIMANA. Au niveau du quartier NDOSHO, il s'est emparé de la moto d'un paisible monsieur qui fuyait la guerre et l'a amenée jusqu'à BWERIMANA.

Il a soutenu que ce monsieur est oncle de son garde du corps dont il n'a pas donné le nom, et ce garde du corps avait rejoint l'ennemi M.23. Il a ainsi délibérément mis la Cour dans l'impossibilité de vérifier ses allégations.

Le propriétaire de la moto l'a suivi à BWERIMANA et l'a dénoncé auprès de son Commandant Régiment, en présence du Commandant second chargé des opérations et renseignements, le chef S'2, le chef peloton Police militaire, le Capitaine KADUAKI KIPANDE, et l'officier de renseignement, le Lieutenant AWILO.

Le Commandant Régiment a ordonné au prévenu DJALONGA la restitution de la moto à son propriétaire, moyennant la décharge signée par ce dernier.

4. USUNA KITAMBI Rocky

Ayant pris le commandement du 41ème bataillon commando le matin du 19 Novembre 2012 à MUBAMBIRO sur ordre et en présence du Chef d'Etat-major de la Force Terrestre, le prévenu USUNA amena le bataillon à BULENGA sans s'arrêter à MINOVA.

Du 21 au 22 Novembre 2012, il a détaché deux compagnies à BWERIMANA en vue de la contre-attaque de l'ennemi M.23 qui, selon les rumeurs, venait de SAKE. Après deux jours, ces deux compagnies sont encore rentrées à BULENGA en vue d'occuper d'autres positions.

Tout au long de leur parcours, à BWERIMANA et BULENGA où ils ont séjourné du 23 au 28 Novembre 2012, on a enregistré aucun tir ni exaction de la part des éléments du 41ème bataillon. En cette période, le prévenu WASINGA venait chaque fois seul à MINOVA rencontrer le Commandant 8ème Région Militaire en vue de faire rapport, de recevoir des instructions et de retirer les vivres à la MONUSCO. Pendant ses venues à MINOVA, il a mis la main sur huit de ses éléments en divagation.

Le 28 Novembre 2012, le Colonel Didier KALUNGA a repris le commandement du 41ème bataillon à partir de MINOVA, quand cette unité faisait route pour Goma.

Le séjour du 41ème bataillon commando à BULENGA a été très paisible, tel que l'ont témoigné les autorités politico-administratives et la société civile.

5. NZAMBE KWANDE Romain

Arrivé à MINOVA avec le Commandant 8ème Région Militaire et tous les autres membres de l'Etat-major, le prévenu NZAMBE KWANDE a été chargé de sécuriser l'Etat-major 8ème Région Militaire et d'ériger une barrière à la bifurcation, en vue d'empêcher les militaires de la 8ème Région Militaire de se rendre au Sud-Kivu.

A cet effet, il a organisé une patrouille mixte avec les éléments de la Garde Républicaine au cours de laquelle il a arrêté plusieurs militaires en divagation qu'il a remis à leurs unités respectives conformément à l'ordre du Commandant 8ème Région Militaire, excepté le militaire de sa propre unité, le 1er Sergent KABONGO KATETE, qu'il a déféré à l'Auditorat de MINOVA pour dissipation de munitions de guerre.

6. KANGWANDA SWANA Patrick

A la matinée du 19 Novembre 2012 à MUBAMBIRO, le Chef d'Etat-major de la Force Terrestre a remis le commandement du 391ème bataillon commando au prévenu KANGWANDA.

Celui-ci a atteint MINOVA le 22 Novembre 2012 et a été implanté au-dessus des eucalyptus, sur le terrain de football où étaient garés les chars et les auto-blindées de la TASK Force de la Garde Républicaine. Il a reçu mission de sécuriser ces engins lourds et d'empêcher le débordement de l'ennemi M.23 par les montagnes environnantes.

Du 22 au 23 Novembre 2012 vers 19 heures, quand les pillages ont commencé, il a encore fait des appels et contre-appels des militaires de son unité et a enregistré 12 absences. Il a mis la main sur trois de ces absents : le prévenu MBAKI BOKINDA, surpris avec un morceau de viande et dans un état d'ébriété, les prévenus KASEREKA BOLALI et KAMBALE BAKWANAMA qui ont été amenés à l'Auditorat de Bukavu à bord de l'hélicoptère du général OLENGA.

Ses Commandants de compagnie ont arrêté d'autres absents. Le Commandant SOLO MATESO a arrêté les prévenus BALONGA SANGWA et MOGISHA TIBASIMA, le Commandant KILONDA PEMBA Jules a arrêté les prévenus LONGONDO Etienne, ALELE MONGA et PALUKA MBOKANI et le Commandant BIAMUNGU RUSEMASEMA a arrêté les prévenus BAHATI SAFARI, MUMBERE KISANGANI, BETOKO EFUMBA et KAMBALE.

Le prévenu KANGWANDA a quitté MINOVA le 23 Novembre 2012 pour la localité de KALUNGU, et a positionné quelques militaires de son Unité à BURAGIZA.

7. BOLA MPULU Jean Marie

Toujours le 19 Novembre 2012 à MUBAMBIRO, le Général Gabriel AMISI KUMBA a fait du prévenu BOLA MPULU commandant second du 41ème bataillon commando.

Pendant le retrait des FARDC de la ville de Goma, il a gardé la compagnie qui était restée à BULENGA lorsque les deux autres compagnies de ce bataillon ont été envoyées en embuscade vers BWERIMANA. Là, aucune situation anormale n'a été signalée, les différentes compagnies faisaient rapport directement au commandant de bataillon et que pendant ce court laps de temps, le prévenu BOLA MPULU a été un simple figurant.

8. KAPENDE MAHIMBI Charles

Etant commandant de la 1ère compagnie du 41ème bataillon commando, le prévenu KAPENDE KAHIMBI a été seulement de passage à MINOVA le 21 Novembre 2012, en route pour la localité de KIRWA.

Il est rentré ensuite avec sa compagnie à BWERIMANA, au Nord-Kivu, pour tendre une embuscade à l'ennemi M.23. Il a enregistré une seule absence, le prévenu PALUKU AKUFA KALA.

9. NZEMO René Albert

Etant commandant de la 3ème compagnie du 41ème bataillon commando, le prévenu NZEMO René Albert a, lui aussi, traversé seulement MINOVA du 21 au 22 Novembre 2012 pour les localités de KIRWA et BUNGULUBE où il a été cantonné avec tous ses éléments.

10. NZATE KUSOMBO

Commandant Compagnie Etat-major Service du 41ème Bataillon Commando, le prévenu NZATE KUSOMBO a été stationné à la MONUSCO MINOVA qu'il a quittée pour la localité de MITSHIBWE où il a été déployé avec ses 90 militaires.

Deux de ses éléments, qui s'étaient soustraits de l'unité du 21 au 25 Novembre 2012, ont été arrêtés par le Commandant de bataillon à MINOVA en divagation.

11. BIAMUNGU RUSEMASEMA

Le prévenu BIAMUNGU, commandant compagnie 391ème bataillon commando, qui a effectué les mêmes mouvements que le prévenu KANGWANDA SWANA, son commandant de bataillon, a effectué à MINOVA des appels et contre-appels qui lui ont permis de découvrir l'absence des prévenus KASEREKA BOLALI Roger, MUMBERE TSHONGO, BAHATI SAFARI Donatien et KAMBALE BAKWANAMA dont il a remis les noms au commandant de bataillon.

12. KILONDA PEMBA Jules

Commandant Compagnie Etat-major Service du 391ème Bataillon Commando, le prévenu KILONDA PEMBA Jules est arrivé le 22 Novembre 2012 à MINOVA où il a fait des appels et contre-appels. Il a enregistré alors deux absents, LONGONDO ETIENNE et KALELE MONGA, qu'il a arrêtés et mis à la disposition du chef S'2 pour des poursuites judiciaires.

13. SOLO MATESO Désiré

Commandant 1ère Compagnie du 391ème bataillon commando, le prévenu SOLO MATESO est arrivé à MINOVA en même temps que son Commandant bataillon, le prévenu KANGWANDA SWANA ;

Il y a effectué des appels et contre-appels qui lui ont signalé l'absence des prévenus MOGISHA TIBSIMA et KASEREKA BOLALI Roger, qu'il a arrêtés.

14. KASEREKA KAMBALE Patty

Le prévenu KASEREKA KAMBALE a fait aussi des appels au sein de son unité, la 3ème compagnie du 391ème bataillon commando qui lui ont révélé l'absence de son élément, le prévenu BETOKO IPOYA, qu'il a arrêté.

15. MBAKI BOKINDA

Chef de peloton du 391ème bataillon commando, le prévenu MBAKI BOKINDA a été arrêté dans un état d'ébriété et avec une viande à la main dans la cité de MINOVA, où il tirait.

Il a prétexté être parti à la cité chercher de l'eau à sa famille, alors qu'il y a un robinet d'eau potable sur le terrain où ils étaient cantonnés.

La Défense a soutenu que le prévenu MBAKI BOKINDA avait touché sa solde qui lui a permis d'acheter cette viande.

On a fait remarquer à la Défense qu'en cette période de tirs, boutiques, bistrots et marchés ne fonctionnaient pas : tout le monde s'était caché.

16. KALAKI MUTOMBO

Pendant que ça tirait de partout à MINOVA, le prévenu KALAKI MUTOMBO, dans un état d'ébriété, a pénétré dans la maison de Mr. SHAMAVU SHAMIAGA Rotation, a menacé les occupants avec son arme de guerre et les a obligés à déposer tout l'argent sur la table.

L'une des victimes a couru signaler cet événement à l'Auditorat situé à quelques mètres de là.

Les militaires de l'Auditorat l'ont maîtrisé et fouillé, et n'ont présenté que 16.000 Fc au Commandant 8ème Région Militaire qui a ajouté 4.000 Fc qu'il a remis à l'une des victimes qui réclamait ses 20.000 Fc. Ces faits ont été confirmés par l'Adjudant PENZELE de l'Auditorat qui l'avait arrêté.

17et 18. LONGONDO Etienne et ALELE MONGA

Militaires de la Compagnie Etat-major et Service du 391ème bataillon commando, les prévenus LONGONDO et ALELE ont été absents, des appels et contre-appels toute la nuit du 22au 23 Novembre 2012 quand il y a eu des crépitements de balles.

Ils ont pénétré de force dans la maison d'une dame et ont consommé cinq bouteilles de bière. Après les événements, leur Commandant de bataillon a désintéressé cette dame, mais a retenu leur argent lors de la paie.

19. KABONGO KATETE

Elément de la Police Militaire (P.M.), le prévenu KABONGO a dissipé des munitions du 23 au 24 Novembre 2012 et a été arrêté dans un état d'ébriété par son commandant de Bataillon, le prévenu NZAMBE KWANDE Romain, qui le mit directement à la disposition de l'Auditorat.

20. MUMBERE TSHONGO

Absent de l'unité du 22 au 25 Novembre 2012 et arrêté par son commandant de bataillon après son apparition, il a soutenu avoir été hébergé par Mme Mado, épouse de son ami policier resté à Goma. Il ne connaît pas le nom de cet ami policier et n'a pu localiser cette maison à MINOVA.

21. KASEREKA BOLALI Roger

Militaire du 391ème bataillon commando et dans un état d'ébriété, il a dissipé les munitions de l'arme MAG et a été arrêté par l'Inspecteur de Police Judiciaire MAYIMONA de l'Auditorat de MINOVA ; son unité l'a ensuite récupéré.

22 et 23. KOMBE BAKALUME Jean et KAKULE KALUBANDIKA

Opérateurs du 41ème bataillon commando, ils ont été absents de l'unité depuis le 20 Novembre 2012. Leur commandant de bataillon les a arrêtés à MINOVA le 26 Novembre 2012, les a désarmés et les a amenés à l'unité qui était cantonnée à KALUNGA.

24. MOGISHA TIBASHIMA Jules

A disparu à partir du 22 Novembre et n'est réapparu à l'unité qu'à la position de BURAGIZA, avec une Jaquette qu'il a prétendu avoir acheté à Goma pendant les opérations, alors que c'est seulement à KALUNGU qu'on l'a vu avec cette jaquette.

25. SABWE TSHIBANDA

Chef peloton du 107ème Régiment de la 10ème Région Militaire du Sud-Kivu, le prévenu SABWA TSHIBANDA, pendant leur séjour à BUGANGA, s'est introduit la nuit dans la maison de Mademoiselle F.134 avec son arme de guerre, il a demandé de l'argent et n'a reçu que 50 $ et une bouteille de lait de beauté. Insatisfait, il a promis de la tuer s'il ne parvient pas à faire l'acte sexuel avec elle.

Devant cette grave menace de mort, Mlle F.134 s'est soumise à ses exigences. Très tôt le matin, elle a porté les faits à la connaissance de son Abbé en donnant un signe distinctif sur son corps : son pouce coupé. L'abbé a immédiatement informé le commandant de bataillon, qui a invité Mlle F.134 à la parade matinale.

Elle a réussi à désigner le prévenu SABWE TSHIBANDA parmi plusieurs militaires rassemblés. Elle a fait de même à l'audience foraine de MINOVA. La défense du prévenu a soutenu que la victime F.123 avait vu ce pouce coupé à l'instruction préparatoire. Cet argument s'est vite révélé faux : la victime en avait déjà parlé à l'Abbé et au Commandant de bataillon avant de revoir son bourreau à la parade matinale.

26. KABIONA RUHINGIZA

Pendant leur séjour à BWERIMANA, le prévenu KABIONA RUHINGIZA est logé dans un des locaux d'une école avec la famille du 1er Sergent PIKA WALENGANI, père de la fille F.191, âgée de 8 ans.

Profitant de la courte absence de son voisin PIKA WALENGANI et de son épouse F.200, le prévenu a amené la fille F.191en dehors de l'enceinte de l'école, à un endroit herbeux et isolé, sous-prétexte de lui acheter des biscuits. Elle a suivi le prévenu en toute confiance parce qu'elle le connaissait déjà grâce à leur voisinage de BWERIMANA et du camp KATINDO à Goma, et l'appelait toujours « papa ». Le prévenu a alors imposé des relations sexuelles à la fillette F.191.

Le prévenu a soutenu que la fillette l'avait suivi pour lui demander un morceau de papaye, et lorsqu'elle a voulu faire ses besoins, il lui a enlevé le sous-vêtement et l'a essuyé avec les feuilles de papayer. Peu de temps après, il a vu trois militaires envoyés par le capitaine ENDOMBE pour l'arrêter, au motif qu'il vient de violer une fillette.

Cette version du prévenu a été contredite par tout le monde. En effet, il a été surpris en pleine action par deux militaires qui s'étaient retirés auparavant à cet endroit en vue de fumer du chanvre, et par le lieutenant SITA NGONZIAMA Léonard de son bataillon qui l'avait trouvé nu sur la fillette.

Le commandant second de son bataillon, le Major MUNDEKE NDJUABA, informé, s'est rendu sur les lieux pour vérification et envoya la fillette à un hôpital de MINOVA. Les habits étaient couverts de sang.
Confus, le prévenu est passé aux aveux, même devant le Major MUNDEKE NDJUABA et a proposé au commandant et aux parents de la fillette de leur payer une certaine somme d'argent afin de terminer cette affaire à l'amiable à leur niveau.

27. BALONGA SANGWA Trésor

De la 1ère compagnie du 391ème bataillon commando, le prévenu s'est absenté de l'unité toute la nuit du 23 au 24 Novembre 2012, et toute la journée du 24 Novembre 2012.

Revenu tard à l'unité et sans justification de sa longue absence en ces moments de tirs et de désordres dans la cité de MINOVA, son commandant de compagnie, le Capitaine SOLO MATESO a procédé à son arrestation.

28. PALUKU MBOKANI Patrick

Elément P.M. (Police Militaire) au sein du 391ème bataillon, le prévenu PALUKU s'est absenté de l'unité pendant que ça tirait partout à MINOVA. Tout ivre, il s'est livré aussi aux tirs et, pour ne pas se faire arrêter, il s'est tiré aussi une balle qui l'a frôlé à la tempe droite. Mais, son commandant de compagnie a réussi à l'arrêter.

29. KAMBALE BAKWANAMA

Sorti de la prison de MUNZENZE à l'entrée de l'ennemi M.23 à Goma, il a rejoint à MINOVA son unité, le 391ème bataillon commando.

Le 25 Novembre 2012, pendant que les unités étaient en pleine réorganisation, il s'est livré aux actes d'extorsion entre MINOVA et KALUNGU. La population l'a dénoncé en train de ravir le téléphone à un paisible citoyen. Son commandant de bataillon l'a arrêté et le Chef d'Etat-major de la Force Terrestre, le Général François OLENGA, l'a embarqué dans son hélicoptère pour l'Auditorat de Bukavu.

30. MANDRO LOTIMA Jean de Dieu et31. BAHATI SAFARI Donatien

Militaires appartenant respectivement au 2ème bataillon du 810ème Régiment et au 391ème bataillon commando, les deux prévenus se sont emparés du matelas d'une dame qu'ils ont emballé dans un pocho (imperméable militaire) que le prévenu BAHATI a transporté.

Arrêté par des éléments de la Police Militaire (P.M.) de la 10ème Région Militaire, les prévenus ont soutenu qu'ils venaient de le ramasser au bord de la route, abandonné.

A l'arrivée de la propriétaire, ils ont exigé de l'argent avant toute restitution et ont perçu 300 Fc.

La version des prévenus a paru invraisemblable à la Cour au motif que si le matelas était abandonné à cet endroit-là, tout passant l'aurait vu et la propriétaire ne les aurait pas suivis pour le réclamer auprès de l'autorité Militaire.

32. MAGBO Alphonse

Militaire du 108ème Régiment basé KILORIRO, dans le territoire de MASISI, le prévenu MAGBO Alphonse s'est retrouvé sans autorisation à MINOVA sous-prétexte d'être venu à SAKE secourir son enfant malade auquel il devrait donner du sang.

Il s'est retrouvé ensuite à KALUNGU avec d'autres militaires non identifiés où il a abattu, avec son arme de guerre, le 22 Novembre 2012 vers 22 heures, MOUSSA MATEMBERA SAFARI, jeune garçon âgé de 14 ans, qui s'efforçait de protéger les chèvres de sa famille contre les pillages.

En l'absence du père du défunt, les villageois sont venus le dénoncer à MINOVA où l'autorité militaire l'a arrêté.

33. MUMBERE KISANGANI

Tireur de l'arme PKM au sein du 391ème bataillon commando, le prévenu MUMBERE s'est absenté pendant tout le temps que l'unité a passé à MINOVA, période caractérisée par de grands désordres dans cette cité.

Il ne s'est présenté à la compagnie que le 26 Novembre 2012 à la localité de BURAGIZA. Son commandant de compagnie, le prévenu BIAMUNGU RUSEMASEMA, l'a alors arrêté.

34. BETOKO IPOYA Guélord

S'est absenté de son unité, le 391ème bataillon commando, dans la nuit du 23 au 24 Novembre 2012, tel que signalé par les appels et contre appels.

Malgré ses dénégations, le prévenu KASEREKA KAMBALE Patty, son commandant de compagnie qui faisait ces appels, a confirmé son absence injustifiée.

En outre, il était monté sur les engins de la Garde Républicaine pour une destination connue de lui-même. Il n'a rejoint l'unité qu'à BURAGIZA.

35. MANZIA MOMBI

S'est absenté de l'unité, le 41ème bataillon commando, dans la nuit du 20 au 25 Novembre 2012, période des troubles. Il est arrêté dans la cité de MINOVA par son commandant de bataillon, le prévenu USUNA Rocky, alors qu'il devrait se trouver à KALUNGU.

Son commandant de bataillon lui a arraché l'arme collective PKM qu'il portait.
Le prévenu MANZIA a finalement reconnu avoir été absent parce qu'il était allé acheter la chikwangue au marché. Or, il avait aussi reçu la ration de campagne comme tout le monde.

36. KAMBALE KAZIERE

Militaire du 41ème bataillon commando basé à KALUNGU, le prévenu KAMBALE KAZIERE s'est absenté de l'unité du 19 au 23 Novembre 2012, période à laquelle il y a eu de grands désordres dans la cité de MINOVA.

Il est aussi arrêté par son commandant de bataillon pendant qu'il arrachait le téléphone à un civil. Le commandant lui a arraché l'arme qu'il détenait.

37. MUHINDO KIZITO

Sorti de la prison de MUNZENZE lors de l'occupation de Goma par l'ennemi M.23, le prévenu MUHINDO a rejoint son unité, le 41ème bataillon commando, à MUBAMBIRO où on l'a doté en tenue militaire, et il a fait mouvement avec l'unité à MINOVA d'où il a disparu, pour ne réapparaître que 4 jours plus tard à BURAGIZA.

38. KAMBALE KAMAVU Jean

Tireur de l'arme collective PKM au sein du 41ème bataillon commando, le prévenu KAMBALE KAMAVU a prétendu avoir été arrêté le 20 Novembre 2012 lorsque son unité était arrivée à MINOVA, mais, son commandant de compagnie, le prévenu NZEMO René, a confirmé devant la barre que le prévenu était absent dans la nuit du 21 au 22 Novembre 2012.

Le prévenu a alors changé de version en déclarant qu'il n'avait pas pris place à bord du véhicule qui avait transporté l'unité de MUBAMBIRO à MINOVA, qu'il était resté avec son arme et progressait tout seul jusqu'à MINOVA parce qu'il était fatigué et avait une blessure au niveau du sexe. Or, toutes ces raisons avancées devraient plutôt le contraindre à monter dans le véhicule comme ses compagnons.

Enfin, on lui a fait constater qu'en cette période des troubles, il était bel et bien à MINOVA, mais en dehors de l'unité.

39. PALUKU AKUFA KALA

Elément du 41ème bataillon commando, le prévenu s'est absenté de l'unité depuis leur arrivée à MINOVA. Malgré ses dénégations, son commandant de compagnie, le prévenu KAPENDE KAYIMBI Charles, a prouvé devant la Cour qu'il avait fui l'unité à MINOVA où il s'était livré à la consommation de boisson alcoolisée, avec son arme en main. Raison pour laquelle il avait été arrêté le 24 Novembre 2012, alors qu'en cette période-là, son unité était cantonnée à BULENGA.

5. EXAMEN DES QUESTIONS DE DROIT

La Cour s'est attelée à examiner toutes les questions de droit soulevées dans cette cause.

A. Sur l'application du Statut de Rome par la Cour de céans.

Dans ses décisions de renvoi, l'auditeur militaire poursuit les prévenus entre autres pour avoir commis des crimes de guerre prévus et punis par le Statut de Rome de la CPI.
Aussi la Cour de céans s'est-elle au préalable penchée sur la question de savoir si ce Statut pouvait être appliqué.

A ce sujet la Cour note que la RD Congo a ratifié le Statut de Rome de la CPI par le décret-loi N°003/2002 du 30 mars 2002. Ce qui a introduit ce texte dans l'ordre juridique congolais. Il a été publié au Journal Officiel le 5 décembre 2002 (N° Spécial, pp 169-243).

Cette publication au Journal Officiel après ratification par le Président de la République, autorité habilitée à le faire à l'époque, selon le décret-loi constitutionnel 096-2001 du 1er juillet 2001, rend applicable le Traité de Rome par les instances judiciaires congolaises.

En outre la RD Congo a également adhéré aux conventions de Genève de 1949 ainsi qu'à ses protocoles additionnels I et II respectivement le 24 février 1961, le 7 mai 2002 et le 12 décembre 2002.

Par ailleurs la Cour estime que le recours au Statut de Rome s'avère judicieux lorsqu'il s'agit des crimes de droit international, plus particulièrement des crimes de guerre, pour plusieurs raisons :

- Le code pénal militaire qui prévoit ces infractions en droit interne ne prévoit aucune sanction pour les réprimer. En effet l'article 173 du code pénal militaire les définit comme toutes infractions aux lois de la République commises pendant la guerre et qui ne sont pas justifiées par les lois et coutumes de la guerre. Cette référence aux lois et coutumes de la guerre aurait pu être considérée comme un renvoi au jus cogens autorisant formellement les juridictions à se référer au Droit International Humanitaire coutumier. En réalité la définition se limite aux comportements incriminés par le droit national congolais et ne correspond pas du tout à celle de l'article 8 du Statut de Rome ;
- L'article 174 du code pénal militaire présente une formulation ambigüe. Celle-ci laisse entendre que les individus poursuivis sont exclusivement des personnes au service de l'ennemi (ASF, étude de jurisprudence sur

l'application du Statut de Rome par les juridictions de la RD Congo ,mars 2009, pp 48-49) ;

- L'article 166 du code pénal militaire qui définit les crimes contre l'humanité reprend un certain nombre d'incriminations constitutives de crimes de guerre dans le Statut de Rome (article 166 points 1, 4, 11, 14,18....CPM) ;
- L'absence de peine dans le code pénal militaire pour les crimes de guerre désoriente le juge congolais qui est tenu au respect du principe de la légalité des peines (nulla poena sine lege) ;
- Enfin le droit interne ne fait pas de distinction entre les conflits internationaux et ceux qui ne les sont pas. L'utilisation du terme « guerre » suscite beaucoup de controverses. D'aucuns estiment que l'état de guerre doit être formellement proclamé par le Président de la République selon la procédure prévue aux articles 86 et 143 de la Constitution alors que l'emploi du terme « conflit armé » permet d'éviter ces controverses.

- Pour toutes ces raisons la Cour est d'avis que le Statut de Rome est l'instrument le mieux indiqué pour la poursuite des infractions de droit international comme les crimes de guerre, les crimes contre l'humanité et le crime de génocide d'autant plus que les articles 153 alinéa 4 et 215 de la Constitution de la RD Congo en autorisent l'application et lui reconnaissent une autorité supérieure à celle des lois.

B. Sur les questions de procédure soulevées

1. De la situation des prévenus NDJATE KUSOMBO, KAPENDE MAYIMBI, NZEMO RENE et BOLAMPULU.

La Cour rappelle qu'aux termes de l'article 238 du code judiciaire militaire, le prévenu régulièrement cité à personne pour une infraction punissable d'une année au moins de servitude pénale doit comparaitre. S'il ne comparait pas et s'il ne fournit pas d'excuse reconnue valable par la juridiction, il est procédé à son jugement, son défenseur choisi ou désigné d'office entendu, le jugement est réputé contradictoire.

Dans le cas d'espèce, la Cour relève qu'à l'audience du 23 décembre 2013 tous les prévenus avaient comparu en personne assistés de leurs conseils. Une remise contradictoire avait été décidée pour le 22 janvier 2014. A la date de remise, les prévenus précités n'avaient pas comparu. Leurs conseils ainsi que le Ministère public avaient justifié cette absence par l'appel du devoir, les intéressés ayant été envoyés au front dans le secteur de BENI dans le cadre des opérations contre les rebelles des ADF/NALU.

Pour la Cour, cette justification ne pouvait être retenue parce que cette juridiction est implantée justement pour accompagner les unités en opérations dans les circonstances exceptionnelles de nature à mettre en péril la vie de la nation (Article 18 du code judiciaire militaire). Les militaires en opérations sont donc ses principaux justiciables et il serait contradictoire de lui assigner la mission de les juger et en même temps les soustraire à son action.

Comme la remise contradictoire faite en présence du prévenu équivaut à une citation régulière faite à personne et que la raison invoquée pour justifier l'absence à l'audience de remise n'a pas été jugée fondée par la Cour, les conseils des prévenus NDJATE KUSOMBO, BOLA MPULU, KAPENDE MAYIMBI et NZEMO René ont été invités à prendre la parole pour le compte de ces derniers. Et la décision sera contradictoire à leur égard d'autant que, lors des audiences précédentes, les intéressés avaient eu suffisamment le temps de s'exprimer et de présenter leurs moyens de défense sur les préventions mises à leur charge.

2. Sur la jonction des procédures.

Par cinq décisions de renvoi distinctes, l'Auditeur Militaire opérationnel avait saisi la Cour de céans de cinq dossiers à charge des prévenus SABWE TSHIBANDA, KALAKI MUTOMBO, KABONGO KATETE, KABIONA RUHINGIZA et KAMBALE BAKWANAMA pour des faits de viol, extorsion, vol à mains armées, dissipation de munitions et violation de consigne.

Il s'est avéré que ces faits avaient un lien de connexité avec les infractions en instruction devant cette Cour sous RP003.

En effet les actes reprochés aux prévenus avaient été commis dans les mêmes circonstances de temps et de lieu, c'est-à-dire à MINOVA et ses environs lors du repli des FARDC après la chute de la ville de GOMA entre le 20 et le 30 novembre 2012.

En outre, en raison de ce lien de connexité, le tribunal militaire de Garnison d'UVIRA, qui avait été précédemment saisi de ces dossiers, avait décliné sa compétence au profit de la Cour Militaire opérationnelle en application des articles 100 et 102 de la Loi portant organisation, fonctionnement et compétences des juridictions de l'ordre judiciaire qui disposent :

- « lorsque plusieurs personnes justiciables des juridictions de rangs différents sont poursuivies, en raison de leur participation à des infractions connexes, elles sont jugées l'une et l'autre par la juridiction du rang le plus élevé » ;
- « Lorsque deux tribunaux compétents se trouvent saisis des mêmes faits, le tribunal de rang le moins élevé décline sa compétence ».

  Pour une bonne administration de la justice, la Cour a estimé que les causes sous RP 004 à 008 devaient être examinées au cours d'un même procès.

Ainsi le Président a pris une ordonnance portant jonction des procédures conformément à l'article 222 du code judiciaire militaire qui dispose : « Lorsqu'à raison d'une même infraction plusieurs décisions de renvoi ont été enregistrées contre différents prévenus ou lorsque plusieurs décisions de renvoi ont été enregistrées contre un même prévenu, le président peut ordonner la jonction des procédures ».

C. Sur les mesures de protection des victimes et des témoins

La Cour note que le législateur congolais fait obligation au juge saisi en matière de violences sexuelles de prendre les mesures nécessaires pour sauvegarder la sécurité, le bien-être physique et psychologique, la dignité et le respect de la vie privée des victimes ou de toute autre personne impliquée (article 74 bis du code de procédure pénale).

Toutefois le législateur ne précise pas la nature de ces mesures, se limitant à une formulation générale.
C'est pourquoi la Cour s'est inspirée de l'article 68 du Statut de Rome de la CPI pour trouver quelques mesures susceptibles de répondre à l'objectif recherché.

Elle a également eu recours à l'expérience d'autres juridictions en cette matière, notamment la pratique des tribunaux militaires du Sud-Kivu dans les affaires MP c/KIBIBI MUTWARE, RP 043 du 21 février 2011 ; MP c/BALUMISA et crts, RP 038 du 9/03/2011 ; MP c/KABALA, RPA 230 du 20 mai 2013 ; MP c/MUPIMA, RPA 189 du 27 octobre 2012 ; MP c/DJELA Félix, RP 067 du 2 septembre 2013 ; MP c/Keita, RPA 0220 du 27 octobre 2012. Ainsi, outre le huis-clos motivé décrété par un avant-dire droit du 3 février 2014, la Cour a décidé :

- De voiler les personnes à protéger ;
- De les désigner par des pseudonymes ;
- D'utiliser pour certaines des moyens exclusivement acoustiques en les laissant s'exprimer derrière un rideau sans être vues par les prévenus ;
- De laisser à leurs côtés des psychologues pour les assister en cas de besoin.

Toutefois, pour ne pas porter atteinte aux droits de la défense, les conseils des prévenus ont été préalablement informés de ces mesures et n'y ont pas fait d'objection après s'être assurés confidentiellement de l'identité des comparants.

D. Sur les preuves retenues par la Cour

La Cour, saisie de faits criminels, se devait d'accorder une attention particulière à la question de la preuve. Elle s'est attelée à jouer son rôle actif en cette matière comme il convient à tout juge pénal. A cet effet il a été fait application de l'article 249 du code judiciaire miliaire qui reconnait au Président de la juridiction le pouvoir discrétionnaire de faire apporter toute pièce qui lui parait utile à la manifestation de la vérité et d'appeler toute personne dont l'audition lui parait nécessaire.

Par ailleurs, s'agissant de crimes de droit international, la Cour a, à l'instar des juridictions internationales, entendu des victimes qui ont elles-mêmes témoigné sur les faits dont elles avaient souffert (CPI, Aff Proc c/ Germain KATANGA, 7 mars 2014). Ces dépositions, reçues sans prestation de serment, ont été néanmoins prises en compte par la Cour dans la mesure où elles venaient corroborer des témoignages, des présomptions ou d'autres éléments de preuve et surtout lorsqu'elles présentaient une cohérence et une constance évidentes par rapport aux contradictions ou invraisemblances contenues dans les récits des prévenus.

Généralement, en matière de violences sexuelles, les auteurs prennent des mesures pour ne pas être identifiés par leurs victimes. Ils agissent à la faveur de l'obscurité, aveuglent les victimes avec la lumière des lampes torches électriques, les intimident par des menaces pour les empêcher de les dévisager, éloignent les éventuels témoins. La victime se trouve dès lors être le seul témoin de son agression. D'où l'importance de sa déposition pour que le juge apprécie sa crédibilité. C'est dans cet esprit que la Cour s'est déplacée jusqu'à MINOVA où elle est restée aussi longtemps qu'il y avait des victimes à entendre. Seules 52 parties civiles se sont présentées pour les cas de viol et 76 pour les cas de pillage et ont été entendues par la Cour qui a soumis leurs déclarations au débat contradictoire. Ainsi elle a pu se forger une conviction à partir de ces auditions, des débats qui s'en sont suivis et des confrontations. La Cour a constaté que la plupart des victimes de viol se disaient avoir été également victimes de pillage.

C'est dire que les parties civiles qui ne se sont pas personnellement présentées sans motif valable devant la Cour qui l'avait exigé alors que toutes les facilités leur avaient été offertes pour ce faire, notamment la prise en charge de leur transport et de leur séjour, les mesures de protection spécifiques, l'assistance gratuite par des avocats, la dispense des frais de constitution de partie civile, ont mis les juges dans l'impossibilité de vérifier leurs allégations et laissé planer un doute dont ces derniers devront tirer les conséquences sur le plan du droit. Il est en effet de jurisprudence constante que c'est dans l'instruction orale que le juge doit puiser les éléments de sa conviction (Boma, 27 avril 1915, Jur. Etat II, p.32 ; 1ère Inst App, Coq, 2 février 1931, Rev Jur 1931, p.282 ; Boma 13 octobre 1908, Jur. Etat II, p.268 ; 9 mai 1911Jur. Congo 1912, p. 313 ; Cass B, 11 juin 1951, Pas, p. 702 ; 8 juin 1951, Pas, p.691 ; 1er Octobre 1951, Pas, 1952, p.34).

La Cour a tenu aussi à rappeler le principe de la liberté de la preuve qui s'applique en matière pénale. Selon ce principe aucune preuve ne peut à priori être écartée ni préférée par rapport à une autre. Il appartient au juge pénal d'apprécier souverainement la valeur probante qu'il entend accorder aux moyens qui lui sont fournis (Cass, 24 Novembre 1927, Doc et Jur Col, p.367). Les rapports établis par les experts (médecins, psychologues…..), même s'ils émanent des hommes de l'art, ne s'imposent nullement au juge (Boma 20 septembre 1904, Jur. Etat, p.398).

La Cour a respecté également l'autonomie du droit pénal en cette matière. Ainsi, s'agissant du décès d'une personne, la preuve peut en être apportée par tout moyen, notamment les témoignages, les rapports médicaux, les constatations matérielles et même les présomptions et pas uniquement par un acte de décès ou un certificat d'inhumation.

Dans sa quête de la vérité la Cour a tenu aussi compte des déclarations des co prévenus. A ce sujet elle fait remarquer à l'intention des conseils des prévenus, qui désapprouvaient cela, que non seulement aucune disposition légale ne s'y oppose mais également la jurisprudence l'admet. Il a été ainsi jugé que les accusations d'un co prévenu peuvent être retenues comme moyen de preuve lorsqu'elles apparaissent sincères et sont confirmées par d'autres présomptions de culpabilité (1ère Inst App. Luebo, 20 juillet 1927, RevJur 1928, p. 344) et que les juges de fond peuvent tenir compte des déclarations des co prévenus, du moins lorsqu'elles sont renforcées par des indices concordants (Cass, 15 décembre 1923, D. 1924, 1. 187 ; 9 février 1955, D. 274). Il a largement été fait recours aux témoignages des commandants lorqu'il s'est agi de confirmer l'absence de leurs hommes au moment des appels et des contre-appels pour prouver la matérialité de la violation de consigne.

Des témoignages ont également été entendus par la Cour qui les a appréciés souverainement (Crim, 27 mars 1931, 93 ; 13 janvier 1960, B, 19).
Des témoignages directs, c'est-à-dire émanant de témoins oculaires, ont été entendus. A ce sujet la Cour note que, même devant les juridictions

internationales, les juges apprécient souverainement la pertinence d'un élément de preuve. Ils peuvent dans une mesure décisive se fonder sur un unique élément de preuve directe parce qu'il est pertinent et revêt une forte valeur probante (Aff Proc c/ JP Bemba, CPI, décision de la Ch. prél. II du 15 juin 2009, pp. 16 et 18).

Certains témoins réclamés par la défense n'ont pas été appelés devant la Cour parce que celle-ci n'a pas estimé leur audition nécessaire. Il en est ainsi des hauts responsables de l'Etat-major de la Force Terrestre et de la 8ème Région militaire dont les déclarations contenues dans le dossier de l'instruction préparatoire étaient jugées suffisamment claires et précises. En tout état de cause la Cour a usé de son pouvoir souverain pour apprécier l'opportunité de les faire entendre (Cass, 24 novembre 1927, Jur Col 1927, P367), il a été jugé en effet que le juge apprécie souverainement l'opportunité d'entendre une personne même si son audition a été sollicitée par une partie. Il peut également baser son intime conviction sur les dépositions consignées aux procès-verbaux établis antérieurement et produits aux débats (CSJ, 12 novembre 1980, RP 521, BA 2001,p. 295 ; CM Sud-Kivu, RPA 060, 21 mai 2008, BA HCM, 2003-2010, 2è Ed, Kin, p. 104 ; HCM, RA 016/08, 23 mars 2010, BA HCM, 2003-2010, 2è Ed, Kin, p. 42)

D'autres preuves ont aussi retenu l'attention de la Cour. Il s'agit des présomptions ou des indices dont la défense a épinglé la faiblesse de leur force probante.

La Cour fait remarquer que les indices constituent le point de départ d'un raisonnement qui, lorsqu'il est bien mené, conduit à la vérité. L'indice doit être univoque, c'est-à-dire qu'il ne doit pas être susceptible de deux explications différentes. Doivent ainsi être éliminées au préalable toutes les explications rivales (Chris HENNEAU et J. VERHAEGEN, Droit Pénal Général, Travaux de le faculté de Droit de l'Université Catholique de Louvain, Bruxelles, 1991, n° 149-150, cité par NYABIRUNGU MWENE SONGA, Droit pénal général zaïrois, 2ème édition, DES, 1995, p. 355).

Un faisceau d'indices crée une présomption de culpabilité. Celle-ci est un raisonnement probatoire lorsqu'elle est présentée devant un juge, raisonnement qui permet d'établir un fait pertinent à partir d'une preuve indirecte.

La Cour retient que la jurisprudence, en matière de preuve, admet comme preuve, des présomptions graves, précises et concordantes. Appelées également preuves conjecturales, elles sont abandonnées aux lumières et à la prudence du magistrat et doivent être confortées par d'autres moyens,

notamment les aveux, les expertises ou les témoignages (J-C SOYER, Droit pénal et procédure pénale, 20e édition, LGDJ, Paris, 2008, n° 715, p. 286).
Les éléments de preuve indirects sont fréquemment acceptés par les tribunaux internationaux mais ils doivent être corroborés par d'autres éléments pour que le juge leur accorde une forte valeur probante (TPIY, Aff Proc c/ ALEKSOVSKI, IT-95-14/1, 16 février 1999, p. 28 ; Proc c/ MILUTINOVIC et Crt, IT-05-87-T, jugement du 26 février 2009, Par 37).

S'agissant des pièces du dossier produites en photocopies libres, la Cour estime qu'elle peut fonder sa conviction sur d'autres éléments de la cause pour apprécier la responsabilité des prévenus. La non-production des originaux des pièces contestées ne suffit pas pour déclarer l'action publique irrecevable (CSJ, 20 mars 1986, RPA 115, inédit ; CSJ, RPR 005/C, 11 mars 1998 in BA 2003, p. 348).
Enfin la Cour fait aussi remarquer que les erreurs sur les lieux et les dates ne peuvent entrainer le rejet de l'action dans la mesure où les prévenus n'ont pu se méprendre sur les faits, objet des poursuites (Cass 5 octobre 1857, Pas 1857, I, 433 ; Bruxelles, 27 octobre 1895, Pas 1896, II, 378 ; Courtrai, 31 juillet 1902, BelgJud 1903, col 14 ; Trib App Boma, 31 octobre 1911, JDC 1913, p. 28).

E. De la qualification des faits

De prime abord la Cour a aussi bien au début du procès que lors des audiences ultérieures averti toutes les parties que les faits commis à MINOVA et ses environs durant la période mentionnée dans les décisions de renvoi devaient être examinés sous deux aspects possibles, soit comme infractions de droit interne prévues par le code pénal ordinaire et le code pénal militaire soit comme crimes de droit international, c'est-à-dire des crimes graves prévus par le Statut de Rome de la Cour Pénale Internationale.
Se conformant ainsi à l'article 256 du code judiciaire militaire, la Cour a laissé la latitude aux parties de faire leurs observations à ce sujet et c'est ainsi que la défense a estimé qu'il n'y avait pas lieu de retenir les crimes de guerre et que le Ministère public s'est référé au droit interne pour les faits à charge du prévenu SABWE TSHIBANDA.
Les prévenus, par le biais de leurs conseils, estiment que, si la Cour, juridiction nationale congolaise, est habilitée à appliquer le Statut de Rome de la CPI, cela ne peut être le cas dans l'espèce parce que les faits de la présente cause n'ont pas été commis dans le contexte d'un conflit armé et n'ont aucun lien avec celui-ci. Ils estiment que la situation ayant prévalu à MINOVA et ses environs devrait être considérée comme un état de désordre, de troubles internes caractérisés par des actes isolés de la part d'individus incontrôlés.

A ce propos, s'appuyant sur le Statut de Rome, la jurisprudence des tribunaux internationaux et la doctrine, la Cour note que le Statut de Rome fait la distinction entre les conflits armés internationaux et les conflits armés non internationaux. Ce sont les articles 8b et 8c à f. Ce dernier dispose qu'il y a conflit armé chaque fois qu'il y a recours à la force armée entre Etats ou un conflit armé prolongé entre autorités gouvernementales et des groupes armés organisés ou entre de tels groupes au sein d'un Etat. La jurisprudence du TPIY va dans ce sens (Aff Proc c/ DUSKO TADIC, Ch de 1ère Inst, IT-94-1-AR 78, octobre 1995). Dans cette affaire le juge ajoute : « le droit international humanitaire s'applique dès l'ouverture de ces conflits armés et s'étend au-delà de la cessation des hostilités jusqu'à la conclusion finale de la paix ou, dans le cas de conflits internes, jusqu'à ce qu'un règlement pacifique soit atteint. Jusqu'alors le droit international humanitaire continue à s'appliquer…sur l'ensemble du territoire sous le contrôle d'une partie, que les combats effectifs s'y déroulent ou non » (dans le même sens TPIR, Proc c/ RUTAGANDA ; Proc c/ AKAYESU ; Proc c/ KAYISHEMA et RUZINDANA ; Proc c/ BAGILISHEMA ; TPIY, Proc c/ KORDIC et CERKEZ, Ch de 1ère Inst, 26 février 2001 ; Proc c/ KUNARAC, KOVAC et VOKOVIC).

Pour déterminer le conflit armé non international, deux critères fondamentaux sont pris en compte : l'intensité de la violence et l'organisation des parties.

L'intensité de la violence peut être évaluée à partir de certains facteurs, notamment le fait pour un Etat d'être contraint de recourir à son Armée parce que ses forces de police ne sont plus à même de faire face à la situation, la durée du conflit, la fréquence des actes de violence, la décision d'entreprendre des opérations militaires, les déplacements des populations civiles, le nombre élevé des victimes etc (Sylvain VITE, Typologie des conflits armés en droit international humanitaire : concepts juridiques et réalités ; TPIY, Aff Proc c/ AKAYESU, Ch de 1ère Inst, 2 septembre 1998, ICTR-4T-§ 620).

Pour ce qui est de l'organisation, on peut considérer pour les groupes armés non gouvernementaux notamment l'existence d'un organigramme exprimant une structure de commandement, le pouvoir de lancer des opérations coordonnant plusieurs unités, la capacité de recruter, de former de nouveaux combattants ou l'existence d'un règlement interne (CPI, Aff Proc c/ Germain KATANGA, 7 mars 2014).

La Cour fait observer que, s'agissant des crimes de guerre, le juge doit toujours veiller à ce qu'il existe un lien entre le comportement criminel et le conflit armé mais ce lien n'implique pas forcément que l'infraction ait été commise à l'endroit où se déroulent les hostilités. Le conflit doit néanmoins avoir joué un rôle substantiel dans la commission du crime.

A ce sujet il y a lieu de considérer notamment l'impact du conflit sur la capacité de l'auteur à commettre le crime, la décision de le commettre, la manière dont il a été commis, le but dans lequel il a été commis.

Le TPIR a pris en compte les facteurs suivants pour lier le crime au conflit armé : le fait que l'auteur soit un combattant, le fait que la victime ne soit pas un combattant, le fait que la victime appartienne au camp ennemi, le fait que le crime serve un objectif militaire, le fait que le crime soit commis par l'auteur dans le cadre de ses fonctions officielles.
Pour la Cour il convient de retenir que ces facteurs ne sont pas nécessairement cumulatifs, un seul peut suffire (TPIR, Aff AKAYESU ; voir aussi TPIY, Proc c/ KURANAC, KOVAC et VOKOVIC, § 58-59 ; Proc c/ DARIO KORDIC et MARIO CERKEZ, jugement du 26 février 2001, § 32-33 ; CPI, Aff Proc c/ Thomas LUBANGA DYLO, 29 janvier 2007, Décision sur confirmation des charges, p. 84).

Dans la présente cause il ressort que :

Depuis mars 2012 un mouvement armé avait vu le jour sous l'appellation de M23. Commandé par le général Bosco NTAGANDA et le colonel SULTANI MAKENGA, anciens bras droits de Laurent NKUNDA BATWARE, le M23 s'était organisé, structuré et doté d'une direction politique et d'un état-major militaire. Les unités qui le composaient étaient structurées à la manière des forces gouvernementales avec des brigades, des bataillons, des compagnies et les différentes sections de l'état-major général. Des informations diffusées sur les média et dans les rapports de la MONUSCO signalaient des recrutements de combattants aussi bien à l'intérieur qu'à l'extérieur du pays.
Pour faire face à ce mouvement armé, le gouvernement de la République avait dû mobiliser des dizaines de régiments d'infanterie, l'aviation de combat, l'artillerie lourde et des unités commandos de réaction rapide. Les affrontements entre les forces loyalistes et les rebelles avaient poussé des centaines de milliers de civils à quitter leurs milieux pour se réfugier dans des camps de déplacés autour de GOMA, voire à l'étranger avec l'assistance des organisations internationales.

Les combats meurtriers observés ont connu une telle intensité qu'ils ont menacé la stabilité de toute la région des Grands Lacs. Plusieurs réunions ont été tenues tant au niveau régional qu'africain et international pour résoudre cette crise. D'importantes portions du territoire national, notamment les territoires de NYIRAGONGO et de RUTSHURU, se sont retrouvées presqu'entièrement contrôlées par le M23 qui y avait nommé de nouvelles autorités administratives et y percevait des taxes.

C'est dans le déroulement de ces affrontements armés que le M23 a gagné des batailles ayant abouti à la prise de la ville de GOMA le 20 novembre 2012. Voulant poursuivre son avantage sur le terrain, la rébellion avait progressé et conquis SAKE, contraignant les forces gouvernementales à se replier à BWEREMANA et MINOVA en vue de se réorganiser et entreprendre des opérations de reconquête du terrain perdu.

Les unités des FARDC qui se trouvaient à MINOVA et ses environs y étaient donc en opération parce que le repli ainsi que la réorganisation constituent des manœuvres militaires tactiques et ne peuvent être opérés lors de simples émeutes ou troubles internes qui, généralement, requièrent l'intervention de la police en vue du rétablissement de l'ordre public.

Les pièces du dossier, notamment les déclarations des prévenus eux-mêmes, les rapports des officiels et les dépositions des témoins comme des victimes, révèlent que les exactions commises à MINOVA et ses environs s'étaient déroulées sur une grande échelle, touchant plusieurs localités et un nombre important de victimes. Il ne s'agissait donc pas d'actes isolés ou sporadiques.
Au vu de tous ces éléments, la Cour estime qu'il existait bien à l'époque des faits un conflit armé non international et non pas un simple soulèvement ou une situation de troubles internes comme des émeutes ou des actes de violence sporadiques isolés.

Et la Cour estime aussi que ce contexte de conflit armé a joué un rôle capital dans la détermination du modus operandi et la capacité des auteurs des actes criminels à agir.

Il ressort en effet des déclarations des prévenus et des témoins que les exactions commises à MINOVA ont débuté lorsqu'une rumeur s'est répandue faisant état d'une attaque imminente par l'ennemi sur la localité. C'est alors que les blindés et les chars de la Garde Républicaine s'étaient mis en mouvement en direction de NYABIBWE via KALUNGU, entrainant une montée de la tension et une panique générale parmi les militaires loyalistes qui s'en sont pris indistinctement aux civils et à leurs biens non seulement à MINOVA mais également dans les villages qui s'étendent sur la route menant vers BUKAVU, à savoir MUBIMBI, KALUNGU, KISHINDJI, BUGANGA etc.
La Cour estime que la situation de conflit a eu un impact réel sur la capacité et la détermination des auteurs à commettre les crimes instruits dans la présente cause et sur la manière d'agir.

C'est ainsi que la Cour examinera à la lumière du Statut de Rome et comme crimes de guerre :

- Les pillages mis à charge de tous les prévenus poursuivis pour cette infraction ;
- Le meurtre de MOUSSA MATEMBERA, fils de sieur SAFARI BANDU ;
- Le viol de F134 mis à charge du prévenu SABWE TSHIBANDA, prévu et puni par les articles 8.2. e)v, 8.2. c)i, 8.2.e)vi et 77 du Statut de Rome de la CPI.

Par contre elle examinera au regard du code pénal ordinaire et de la Loi 09/001 du 10 janvier 2009 portant protection de l'enfant :

- L'extorsion mise à charge du prévenu DJALONGA REKABA et
- Le viol mis à charge du prévenu KABIONA RUHINGIZA prévu et puni par les articles 84 du code pénal ordinaire et 170 à 171 de la Loi sur la protection de l'enfant sus-indiquée.

Les autres infractions non prévues par le Statut de Rome seront examinées à la lumière du code pénal militaire. Il s'agit de la violation de consigne et de la dissipation de munitions prévues et punies par les articles 113 et 74 du code pénal militaire.

F. Des réquisitions du Ministère Public sur des préventions non reprises dans les décisions de renvoi

La Cour observe que dans ses réquisitions, le Ministère public a requis à l'encontre de certains prévenus des condamnations pour des faits non repris dans les décisions de renvoi.

Ainsi :

- Le Ministère public a requis des peines contre les prévenus KALAKI MUTOMBO et MAGBO Alphonse pour violation de consigne alors que cette prévention n'est pas libellée dans leurs décisions de renvoi.
- Il en est de même pour la dissipation de munitions contre le prévenu PALUKU MBOKANI,
- Du crime de guerre par viol contre KALAKI MUTOMBO, MAGBO Alphonse et KAMBALE BAKWANAMA et
- Enfin du crime de guerre par pillage contre KABONGO KATETE et KAMBALE BAKWANAMA.

  A ce sujet la Cour fait remarquer que dans l'instruction à l'audience le juge doit respecter les droits de la défense et cela de deux manières : l'instruction doit se limiter aux faits de la prévention et elle doit revêtir les caractères oral, public et contradictoire.

Aussi la Cour a-t-elle scrupuleusement respecté le contrat judiciaire qui lie les parties.

S'agissant du prévenu DJALONGA REKABA, la Cour relève que la décision de renvoi fait état de viols qu'il aurait commis à MINOVA et ses environs entre le 20 et le 30 novembre 2012. Elle n'est donc pas saisie des cas de viol commis à KIBATI le 16 janvier 2013 et à LUPANGU le 20 février 2013 sur lesquels le prévenu n'a d'ailleurs pas été interrogé à la phase juridictionnelle.

Quant à la situation du prévenu BYAMUNGU RUSEMASEMA, la Cour relève que lors de sa comparution à l'audience, le Ministère public avait sollicité et obtenu que l'intéressé soit invité à se prononcer sur une éventuelle comparution volontaire qui permettrait de régulariser la saisine parce qu'il avait par erreur été poursuivi en tant que commandant de compagnie alors qu'il n'exerçait pas cette fonction au moment des faits. Le prévenu, assisté de son conseil, avait refusé de comparaître volontairement, usant de son droit d'exiger le bénéfice d'une instruction pré juridictionnelle et les formalités d'une nouvelle citation. Cela n'ayant pas été fait, la Cour constatera qu'elle n'est pas régulièrement saisie à l'égard de ce prévenu et, en conséquence, n'examinera pas son cas.

6. DE LA CONFRONTATION DES FAITS AU DROIT

1) Des crimes de guerre en général

Il ressort des instruments internationaux de droit international humanitaire, du Statut de Rome et de la jurisprudence des tribunaux pénaux ad hoc que pour être constitutif de crime de guerre le comportement doit avoir eu lieu dans le contexte d'un conflit armé et avoir été associé à ce conflit.

La Cour a expliqué pourquoi elle estime que dans le cas d'espèce il y a bien un conflit armé non international. Dans ce cas le droit international humanitaire s'adresse alors aux forces armées, régulières ou non, qui prennent part au conflit et protège tout individu ou catégorie d'individus ne participant pas ou ne participant plus aux hostilités, tels que :

- Les combattants blessés ou malades ;
- Les personnes privées de liberté en raison du conflit ;
- La population civile ;
- Le personnel sanitaire, religieux, des organismes de protection civile.
  Dans la présente cause les personnes victimes des exactions sont sans conteste des civils protégés par la loi.

La connaissance des circonstances de fait établissant l'existence d'un conflit armé suffit pour cristalliser ce crime. Les articles 8.2 c)i, 8.2 e)v et 8.2 e)vi-1

précisent qu'il n'est pas nécessaire que l'auteur ait déterminé sur le plan juridique l'existence d'un conflit armé ou le caractère international ou non international du conflit.
Dans le cas d'espèce tous les prévenus, commandants comme hommes de rang, savaient qu'ils étaient en opération contre les rebelles du M23, qu'ils avaient replié sur MINOVA en vue d'une réorganisation et que le conflit se poursuivait.

2) Du crime de guerre par pillage

Cette infraction, prévue à l'article 8.2 e)v du Statut de Rome exige pour sa réalisation les éléments constitutifs ci-après :

- L'appropriation de certains biens par l'auteur ;
- La volonté de l'auteur de spolier à des fins privées ou personnelles ;
- Le défaut de consentement du propriétaire ;
- Le comportement doit avoir eu lieu dans le contexte de et avoir été associé à un conflit ne présentant pas un caractère international ;
- L'auteur doit avoir eu connaissance des circonstances de fait établissant l'existence d'un conflit armé.

Dans le cas d'espèce, comme analysé dans l'examen des faits, il est reconnu que les militaires ci-après, absents de leurs unités au moment des faits, ont commis des actes de spoliation des biens des victimes à MINOVA et ses environs. Il s'agit de : MBAKI BOKINDA, LONGONDO Etienne, ALELE MONGA, BALONGA SANGWA, KASEREKA BOLALI, BETOKO IPOYA, PALUKU MBOKANI, KOMBE BAKALUKE, MOHINDO KIZITO, MUMBERE KISANGANI, MOGISHA TIBASIMA, KAMBALE BAKWANAMA, KAMBALE KAMABU, MANZIA MONGI, KAKULE KARUBANDIKA, KAMBALE KAZEIRE, MUMBERE TSHONGO, PALUKU AKUFAKALA et BAHATI SAFARI.

Les biens ravis appartenaient à autrui et les légitimes propriétaires qui se sont manifestés tant au parquet que devant cette Cour n'avaient jamais donné leur consentement à ces spoliations.

L'existence d'un conflit armé, le lien entre celui-ci et le comportement incriminé ainsi que la connaissance des circonstances de fait établissant l'existence de ce conflit ont été démontrés ci-avant.

L'intention de spoliation et d'appropriation des biens d'autrui ne fait l'ombre d'aucun doute car les auteurs ont gardé par devers eux ces biens dont ils se sont emparés de manière volontaire et délibérée, conscients de ce qu'ils appartenaient à autrui et que les propriétaires n'avaient pas donné leur consentement.

Par ailleurs la Cour estime qu'aucun consentement valable ne pouvait être donné dans les circonstances où les faits s'étaient déroulés, à savoir un environnement coercitif marqué par des tirs d'armes de guerre, des menaces de mort, des intimidations à l'endroit de civils terrorisés, contraints de se cacher et tétanisés par la peur d'être abattus par des soudards en furie.
Tous les éléments constitutifs du crime de guerre par pillage étant réunis, la Cour dira cette infraction établie à charge des prévenus précités. Elle disqualifiera la spoliation mise à charge de DJALONGA REKABA car n'entrant pas dans une série d'actes analogues commis dans le même cadre puisque ce dernier avait agi à GOMA de manière isolée. Pour la Cour il sera poursuivi pour extorsion.

Elle ne l'examinera pas à l'égard des prévenus KALAKI MUTOMBO, KABONGO KATETE et MAGBO Alphonse parce que non reprise dans leurs décisions de renvoi.

3) Du crime de guerre par meurtre

Selon l'article 8.2 c)i-1 du Statut de Rome, pour qu'il y ait meurtre il faut que l'auteur ait tué une ou plusieurs personnes.
D'après la jurisprudence des tribunaux internationaux en matière de crime de guerre par meurtre, les éléments constitutifs dudit crime sont :

- Le décès de la victime ;
- Un acte illégal ou une omission illégale de l'accusé ou de son subordonné ;
- L'accusé ou son subordonné doit avoir été animé de l'intention de donner la mort à la victime ou de porter des atteintes graves à son intégrité physique dont il ne pouvait que raisonnablement prévoir qu'elles étaient susceptibles d'entrainer la mort (TPIR, Proc c/ MUSEMA, Ch 1ère Inst, 27 janvier 2000, ICTR-96-13, § 215).

La même jurisprudence précise que l'intention doit être établie mais la préméditation n'est pas requise (TPIR, Proc c/ SEMANZA).
La preuve qu'une personne a bien été tuée ne doit pas nécessairement découler de la preuve que son corps a été retrouvé. Elle peut être déduite des circonstances et de tous les éléments de preuve présentés devant le tribunal (TPIY, proc c/ JOLAC, Ch 1ère Inst, 15 mars 2002, IT-97-25, § 326).
Selon le Statut de Rome les éléments du crime de guerre par meurtre sont les suivants :

- L'auteur a tué une ou plusieurs personnes ;
- Ladite ou lesdites personnes étaient hors combat ou des personnes civiles ou des membres du personnel sanitaire ou religieux ne prenant pas activement part aux hostilités ;
- L'auteur avait connaissance des circonstances de fait établissant ce statut ;
- Le comportement a eu lieu dans le contexte de et était associé à un conflit armé ne présentant pas un caractère international ;
- L'auteur avait connaissance des circonstances de fait établissant l'existence d'un conflit armé.

Dans le cas sous examen, le jeune MOUSSA MATEMBERA, personne reconnue sans conteste civile, avait été atteint d'une balle tirée par le prévenu MAGBO Alphonse selon les témoignages de plusieurs villageois et de l'infirmier du centre de santé où il avait été acheminé. La Cour a retenu ces témoignages qu'elle juge sincères et suffisamment probants même en l'absence d'un acte de décès.

L'intention de donner la mort dans le chef du prévenu se dégage au-delà de tout doute raisonnable du fait qu'ayant utilisé une arme de guerre de type AK 47, instrument spécialement conçu pour tuer, il ne pouvait que prévoir et vouloir ce résultat fatal (LIKULIA BOLONGO, Droit pénal spécial zaïrois, T I, 2e Ed, LGDJ, 1985, Paris, p. 52 ; Elis, 11 janvier 1926, Jur Col 1926, p. 306 ; CSJ, 3 août 1969, RJC 1970, p. 4 ; CSJ, 10 janvier 1972, RJZ 1972, p. 125). Il a été également jugé que celui qui, en connaissance de cause, met en œuvre des moyens qui, normalement, doivent donner la mort, sera considéré comme n'ayant pas eu d'autre but que celui de tuer (Gand, 27 juillet 1925, Pen 1926, n° 107). Le prévenu n'a d'ailleurs apporté aucune justification éventuelle, légitime défense ou cause accidentelle, se renfermant dans des dénégations systématiques.

L'existence d'un conflit armé ainsi que la connaissance des circonstances de fait établissant cette existence ont déjà été démontrées.

La Cour demeure convaincue que l'acte de donner la mort a été commis par le prévenu pour faciliter le vol, en l'espèce le pillage. Elle ne retiendra cependant pas la qualification de l'article 85 du code pénal ordinaire car, commis dans un contexte qui en fait un crime de guerre, le mobile importe peu et n'est pas un élément constitutif de ce crime.

Ainsi se trouvent réunis tous les éléments constitutifs requis et l'infraction sera dite établie tant en fait qu'en droit à charge du prévenu MAGBO Alphonse.

4) Du crime de guerre par viol

Pour les raisons invoquées dans l'examen de la qualification des faits, la Cour n'analysera que le viol mis à charge du prévenu SABWE TSHIBANDA, l'imputabilité des autres cas de viol aux prévenus renvoyés devant elle n'ayant pu être prouvée.
Le viol en tant que crime de guerre commis dans le contexte de conflit armé ne présentant pas un caractère international est prévu à l'article 8.2 e)vi-1 du Statut de Rome de la CPI. Les éléments constitutifs de cette infraction sont repris dans les éléments des crimes et ont été dégagés dans plusieurs décisions des tribunaux internationaux (TPIY, Aff Proc c/ AKAYESU, op. cit § 688), à savoir :

- L'auteur a pris possession du corps d'une personne de telle manière qu'il y a eu pénétration, même superficielle, d'une partie du corps de la victime ou de l'auteur par un organe sexuel, ou de l'anus ou du vagin de la victime par un objet ou toute autre partie du corps ;
- L'acte a été commis par la force ou en usant à l'encontre de ladite ou desdites ou de tierces personnes de la menace de la force ou de la coercition, telle que celle causée par la menace de violences, contrainte, détention, pressions psychologiques, abus de pouvoir, ou bien à la faveur d'un environnement coercitif, ou encore en profitant de l'incapacité de ladite personne de donner son libre consentement ;
- Le comportement a eu lieu dans le contexte de et était associé à un conflit armé ne présentant pas un caractère international ;
- L'auteur avait connaissance des circonstances de fait établissant l'existence d'un conflit armé.

Dans le cas d'espèce, l'instruction menée par devant cette Cour a pu démontrer que F 134 a été violée par le prévenu qui a réussi à lui introduire son membre viril dans son organe génital. En effet la victime avait reconnu le prévenu qu'elle voyait auparavant venir puiser de l'eau à la fontaine et qui avait un doigt manquant à la main, indice qu'elle a facilement retenu.
Il ressort des déclarations cohérentes, constantes, concises et précises de la victime que l'auteur avait usé de la menace avec son arme de guerre pour annihiler toute velléité de résistance et cela la nuit alors que des coups de feu étaient entendus çà et là dans le village. Ce qui constitue un environnement coercitif sans conteste.

Le comportement a eu lieu dans le contexte de conflit armé ne présentant pas un caractère international. Il en est de même de la connaissance des circonstances de fait établissant l'existence de ce conflit qui n'est pas contestée puisqu'il reconnait qu'il était en opération contre le M23 et que ses compagnons de chambrée étaient partis dans leurs positions.

Ainsi se trouvent réunis tous les éléments constitutifs du crime de guerre par viol qui sera dit établi tant en fait qu'en droit à charge du prévenu SABWE TSHIBANDA.

5) De l'extorsion

Cette infraction, retenue à charge de DJALONGA REKABA après disqualification pour les raisons ci-avant énoncées, est prévue et punie par l'article 84 du code pénal livre II. Elle requiert pour sa réalisation la réunion des éléments constitutifs suivants :

- Un acte matériel d'extorsion ;
- La nature de la chose extorquée ;
- L'usage de violences ou de menaces ;
- L'intention coupable.

L'acte matériel d'extorsion consiste à se faire remettre une chose parmi celles énumérées à l'article 84 du code pénal, ce qui différencie l'extorsion du vol avec violence où c'est l'agent qui s'empare lui-même de la chose convoitée (LIKULIA BOLONGO, *Op. Cit.*, p. 443).

Dans le cas d'espèce le prévenu DJALONGA REKABA a reçu de la victime une moto qu'il a emmenée avec lui jusqu'à MUBAMBIRO. Dans la panique qui a prévalu lorsque des détonations annonçaient l'entrée imminente des rebelles du M23 dans GOMA, les militaires en débandade cherchaient à quitter la ville au plus vite et les unités encore présentes avaient reçu ordre de se replier sur MUBAMBIRO. Des témoignages rapportent que plusieurs motos et vélos étaient ravis par des militaires pour transporter leurs familles et leurs effets. Munis de leurs armes, puisqu'ils étaient en état d'alerte maximum, ils s'en servaient pour déposséder les propriétaires de leurs engins. Le prévenu DJALONGA REKABA s'est retrouvé à MUBAMBIRO avec la moto d'autrui et il ne le nie pas. Les explications qu'il a voulu donner à la Cour n'ont pas été convaincantes car truffées de contradictions et d'invraisemblances.

La moto extorquée est un objet mobilier protégé par la loi et elle appartenait à autrui.

La Cour est d'avis que le prévenu n'a pu qu'user de violences ou tout au moins de menaces parce qu'il portait une arme et il n'a pas pu expliquer autrement comment un inconnu pouvait dans les conditions qui prévalaient à ce moment-là lui céder son engin sans aucune garantie ni assurance de le récupérer.

Enfin du recours-même à la violence et aux menaces de violence se dégage l'intention coupable du prévenu qui ne pouvait ignorer le caractère illégal de son acte et qui a agi avec volonté et conscience, peu importe le mobile qui l'a animé, besoin de se protéger ou autre.

La Cour estime que tous les éléments constitutifs de l'extorsion sont réunis et elle dira cette infraction suffisamment établie à charge du prévenu DJALONGA REKABA Sylvain.

6) Du viol d'enfant

Cette infraction est prévue et punie par les articles 170 et 171 de la Loi 09/001 du 10 janvier 2009 portant protection de l'enfant. Elle requiert pour sa réalisation les éléments constitutifs ci-après :

- Un acte matériel de viol ;
- L'âge de la victime ;
- L'intention coupable.

S'agissant de l'acte matériel, la loi incrimine notamment le fait pour un homme d'introduire même superficiellement son organe sexuel dans celui d'une enfant.

Dans le cas d'espèce, il ressort des témoignages et même de l'aveu du prévenu qu'il a introduit superficiellement jusqu'à éjaculation son organe sexuel dans celui de la victime qui a même déféqué. Celle-ci est une enfant au sens de l'article 2 de la loi portant protection de cette catégorie de personnes car âgée de six ans au moment des faits. La Cour a d'ailleurs constaté à l'audience à huis clos que la victime était sans conteste une petite fillette incapable même de s'exprimer devant les juges et les avocats présents dans la salle, malgré qu'elle avait sa maman à ses côtés.

Le législateur a par ailleurs établi une présomption légale d'usage de violences qui rend superfétatoire l'administration de la preuve quant à ce. En attirant la victime dans un endroit isolé, profitant de sa naïveté et du fait que l'enfant qui le connaissait ne se méfiait pas, le prévenu a agi de manière réfléchie en prenant toutes les précautions pour atteindre son but. Il ne peut avoir agi qu'avec une volonté délibérée, une intention manifeste de porter atteinte à l'intégrité sexuelle d'une enfant pour satisfaire ses bas instincts. L'intention coupable ne fait l'ombre d'aucun doute et la Cour estime que tous les éléments constitutifs du viol d'enfant sont réunis dans le chef du prévenu KABIONA RUHINGIZA.

7) De la dissipation de munitions

Cette infraction, prévue et punie par l'article 74 du code pénal militaire, a été retenue à charge du prévenu KALAKI MUTOMBO.
Elle exige pour sa réalisation la réunion des éléments constitutifs ci-après :

- Un acte matériel de dissipation ;
- La nature de la chose, objet de dissipation ;
- La chose dissipée doit avoir été remise pour le service ou à l'occasion du service ou doit avoir appartenu à des militaires ou à l'Etat ;
- L'intention coupable.

Dans le cas examiné par la Cour, comme l'atteste le témoignage de son propre chef, le Lieutenant-colonel NZAMBE KWANDE Romain, commandant du bataillon de la police militaire qui a procédé à son arrestation, le prévenu KALAKI MUTOMBO a tiré des balles de son arme de dotation AK 47, fait dont il ne conteste pas la matérialité.

Les munitions ainsi gaspillées sont des objets protégés par la loi, remis à l'intéressé pour le service, c'est-à-dire pour utilisation dans le cadre de sa mission d'assurer la défense du territoire et la sécurité des personnes et de leurs biens.

Le prévenu a volontairement tiré parce que le mécanisme de fonctionnement d'une arme AK 47 qui tire à culasse fermée ne se prête pas à l'explication d'un tir accidentel que le prévenu allègue.

L'état d'ivresse remarqué par son commandant ne peut non plus justifier l'acte parce que cette ivresse n'était ni totale ni involontaire et qu'au contraire elle était fautive.

La Cour dira l'infraction de dissipation de munitions établie tant en fait qu'en droit à charge du prévenu.

8) De la violation de consigne

Cette infraction est prévue et punie par l'article 113 du code pénal militaire.
Elle requiert pour sa réalisation les éléments constitutifs ci-après :

- La qualité de l'agent ;
- L'existence d'une consigne entendue comme toute interdiction, toute mesure prohibitive, toute instruction formelle donnée aux membres des forces armées ou assimilés ;
- L'acte matériel de violation, de transgression de ladite consigne ;
- L'intention coupable ;

- L'alinéa 4 ajoute un autre élément, c'est la circonstance aggravante découlant du temps de guerre ou des circonstances exceptionnelles.

S'agissant de la qualité de l'agent, la loi exige que celui-ci soit un militaire ou un assimilé. Dans l'espèce, tous les prévenus concernés par cette incrimination ont la qualité incontestée de militaire.

Pour ce qui est du deuxième élément, l'existence d'une consigne telle que définie par la loi elle-même, la Cour note que tous les militaires présents à MINOVA pendant cette période, en ce compris les prévenus, reconnaissent que des emplacements avaient été fixés pour chaque unité et qu'il était interdit de s'en éloigner sans autorisation. Ainsi donc toute personne ne se trouvant pas au site fixé devait être considérée comme ayant violé cette interdiction puisque s'en étant éloignée sans permission. C'est dans ce sens que la Cour entend la consigne et non, comme le déclarent les prévenus par le biais de leurs conseils, dans celui de s'absenter de son unité. Si pour l'absence irrégulière, infraction prévue à l'article 43 du code pénal militaire, le législateur exige l'écoulement d'un délai de plus de trois jours, il n'en est pas de même pour la violation de l'interdiction de s'éloigner d'un endroit où l'unité a été consignée qui se consomme dès que l'agent a franchi les limites du lieu de consignation sans autorisation.

Le fait d'avoir été absent à l'appel et au contre-appel effectué par les commandants des compagnies suffit pour établir qu'ils avaient bravé l'interdiction de s'éloigner du lieu de rassemblement, ce qui réalise l'acte matériel de la violation de consigne. Enfin l'absence de justification et les justifications inopérantes ainsi que les dénégations face aux rapports d'appel prouvent bien que les prévenus ont agi avec une volonté délibérée d'enfreindre la loi, espérant qu'ils ne seraient pas découverts. Ainsi se trouvent réunis tous les éléments constitutifs de la violation de consigne aggravée par le fait que l'infraction a été commise pendant que l'armée était en opération contre les rebelles du M23, circonstance exceptionnelle prévue à l'alinéa 4 de l'article 113. La Cour dira établie à suffisance de droit cette infraction à charge des prévenus MBAKI BOKINDA, LONGONDO Etienne, ALELE MONGA, BALONGA SANGWA, KASEREKA BOLALI, BETOKO IPOYA, PALUKU MBOKANI, KOMBE BAKALUKE, MOHINDO KIZITO, MUMBERE KISANGANI, MOGISHA TIBASIMA, KAMBALE BAKWANAMA, KAMBALE KAMAVU, MANZIA MONGI, KAKULE KARUBANDIKA, KAMBALE KAZEIRE, MUMBERE TSHONGO, PALUKU AKUFAKALA et BAHATI LOTIMA.

IV. DE LA RESPONSABILITE PENALE DES PREVENUS

La question de la responsabilité pénale est traitée aux articles 7.1 et 6.1 des statuts des tribunaux pénaux internationaux qui, mutatis mutandis, disposent : « quiconque a planifié, incité à commettre, ordonné, commis ou de toute autre manière aidé et encouragé à planifier, préparer ou exécuter un crime visé aux articles 2 à 5 du présent statut est individuellement responsable dudit crime ».

Ainsi, sont des actes matériels constitutifs de la responsabilité pénale individuelle les actes suivants :

- Planifier, inciter à commettre, ordonner, commettre un crime visé par le statut ;
- Aider et encourager à planifier, à préparer ou à exécuter un tel crime ;

S'agissant de la participation par le fait de commettre une infraction prévue par l'article 6 (1) du statut du TPIR et l'article 7 (1) du statut du TPIY, le jugement MUSEMA déclare qu'est engagée la responsabilité pénale d'un accusé qui « commet » effectivement l'un des crimes entrant dans le champ de compétence *ratione materiae* du tribunal (jugement MUSEMA, § 122) et le jugement KAJELUILI de préciser : « l'auteur doit être animé de la volonté criminelle requise » (§ 767).

Dans le Statut de Rome et la jurisprudence de la CPI le principe de la responsabilité pénale individuelle est posé par l'article 25 comme suit : « une personne est pénalement responsable si elle commet un tel crime, que se soit individuellement, conjointement avec une autre personne ou par intermédiaire d'une autre personne, que cette personne soit ou non pénalement responsable ».

La Cour de céans, dans le présent dossier, considère que les prévenus ont commis les crimes de guerre par pillage, par viol et par meurtre, selon ce qui a été démontré ci-avant, en exécutant eux-mêmes ou avec d'autres les actes répréhensibles. La résolution d'agir de concert peut d'ailleurs naître sur les lieux du crime avant de passer à l'acte.

V. DE LA RESPONSABILITE DES CHEFS MILITAIRES

Pour établir la responsabilité d'un chef militaire, les éléments suivants doivent être réunis :

- Le suspect doit être un chef militaire ;
- Le suspect doit exercer un commandement et un contrôle effectifs ou une autorité et un contrôle effectifs sur les forces (ou les subordonnés)

qui ont commis un ou plusieurs crimes recensés aux articles 6 à 8 du Statut ;

- Les crimes commis par les forces (ou les subordonnés) résultent du fait que le suspect n'a pas exercé sur celles-ci le contrôle qui convenait ;
- Le suspect savait ou, en raison des circonstances, aurait dû savoir que les forces (ou les subordonnés) commettaient ou allaient commettre un ou plusieurs crimes recensés aux articles 6 à 8 du Statut ;
- Le suspect n'a pas pris les mesures nécessaires et raisonnables qui étaient en son pouvoir pour empêcher l'exécution de ces crimes ou pour en référer aux autorités compétentes aux fins d'enquête et de poursuites (Affaire BEMBA, décision du 15 juin 2009, § 407).

Dans le cas d'espèce la Cour constate que tous les prévenus poursuivis pour leur responsabilité en tant que chefs militaires ont cette qualité de jure, c'est-à-dire qu'il s'agit de personnes officiellement nommées pour exercer les fonctions de commandant militaire. Ce sont en effet des commandants de bataillon et des commandants de compagnie.

Quant au deuxième élément, à savoir l'exercice d'un commandement et un contrôle effectifs ou une autorité et un contrôle effectifs sur les subordonnés, la Cour l'a soigneusement examiné.

Il convient d'abord de relever que les mots « commandement » et « autorité » n'ont pas d'effet sur le fond quant au degré de contrôle requis par l'article 28 du Statut.

Certaines personnes trouvent d'ailleurs qu'il y a là une redondance inutile (Affaire BEMBA, décision du 15 juin 2009, § 412). Le concept « contrôle effectif » vise principalement la capacité matérielle d'empêcher ou de punir un comportement criminel (TPIY, Proc c/DELALIC et crts, 20 fév 2001, IT-96-21-A, § 256 ; TPIR, Aff MUSEMA, 27 janvier 2000, TPIR-96-13-A, § 135 ; TPIR, Aff BAGILISHEMA, TPIR-95-1A-A, 03 juillet 2002, § 51 ; CPI, Aff BEMBA, décision du 15 juin 2009, § 415).

Il dénote également, dans le contexte de l'article 28-a du Statut, la capacité matérielle d'empêcher ou de réprimer l'exécution des crimes ou d'en référer aux autorités compétentes (Aff BEMBA, même décision).

Il faut dès lors démontrer que le supérieur avait une autorité sur ses subordonnés, c'est-à-dire qu'il avait la capacité matérielle d'user de son pouvoir pour empêcher ses subordonnés de commettre des infractions ou sanctionner les infractions commises par eux.

S'appuyant sur la jurisprudence et le concept de subordination indirecte défini à l'article 87 du protocole additionnel, la chambre saisie de l'affaire CELEBICI indique que « pour que le principe de la responsabilité du supérieur hiérarchique soit applicable, il faut que le supérieur contrôle effectivement les personnes qui violent le Droit International Humanitaire, c'est-à-dire qu'il ait la capacité matérielle de prévenir et de sanctionner ces violations » (jugement BLASKIC, 03 mai 2000, § 300).

La notion de « contrôle effectif » ne semble donc pas admettre la possibilité d'une norme de contrôle moins exigeante telle que la simple capacité d'exercer une influence sur des forces et des subordonnés, fût-elle appréciable. Un supérieur ne peut être tenu pour responsable que s'il détenait le pouvoir nécessaire pour contrôler les agissements de ses subordonnés. L'exercice d'un simple pouvoir d'influence sur les subordonnés ne saurait suffire (TPIY, Proc c/HADZIHASANOVIC et KUBURA, jugement du 15 mars 2006, IT-01-47-5, § 80 et 795 ; CPI, Aff BEMBA, décision du 15 juin 2009, § 415).

La chambre préliminaire a relevé plusieurs éléments susceptibles d'indiquer qu'un supérieur détenait une autorité et un contrôle effectifs. C'est notamment : la position du suspect, son pouvoir d'émettre ou de donner des ordres, sa capacité de s'assurer que les ordres émis soient exécutés, sa place dans la hiérarchie militaire et les tâches qu'il accomplit dans la réalité, sa capacité de donner des ordres de combat etc. (TPIY, Proc c/KORDIC et CERKEZ, jugement du 26 fév 2001, § 438 ; TPIY, Proc. c/ORIC, Ch appel, 3 juillet 2008, § 91 et 92 ; TPIY, Proc. c/HADZIHASANOVIC, Ch appel, 20 avril 2008 ; CPI Aff BEMBA, décision du 15 juin 2009, § 417 ; TPIY, Proc. c/BLASKICI, Aff IT-95-14-A, arrêt du 29 juillet 2004, § 69 ; TPIY, Proc. c/HALILOVIC, Aff IT-01-48-A, arrêt du 16 octobre 2007, § 66).

La Chambre a considéré que selon l'article 28-a du Statut, le suspect doit avoir exercé un contrôle effectif si pas concomitamment au comportement criminel, à tout le moins au moment où les crimes allaient être commis.

Au regard de toutes ces précisions, la Cour de céans estime que les prévenus NZALE NKUMU NGANDO et WASINGA NTHORE Jean-Marie n'exerçaient plus de contrôle effectif sur les éléments qui ont commis des infractions à MINOVA et ses environs parce qu'ils n'étaient plus en fonction, n'avaient plus la capacité de donner des ordres ou d'en contrôler l'exécution et n'avaient plus le pouvoir de sanctionner. Le contrôle avait été transmis à leurs remplaçants depuis leur limogeage à MUBAMBIRO le 19 novembre 2012.
Il en est de même pour le prévenu NZAMBE KWANDE Romain qui n'était pas le commandant des forces ou des éléments ayant commis les exactions à MINOVA. Il ne faisait pas partie de leur chaîne de commandement. Ces militaires relevaient du commandement d'autres commandants de bataillons comme lui.

Le troisième élément exigé pour l'application de l'article 28-a du Statut de Rome est la preuve que le crime commis par les subordonnés résulte du fait que le chef n'a pas exercé sur ceux-ci le contrôle qui convenait. « Exercer le contrôle qui convenait » veut dire prendre des mesures spécifiques pour prévenir ou empêcher, pour réprimer ou pour en référer aux autorités compétentes. Et l'omission de prendre ces mesures doit avoir eu pour résultat la commission de ces crimes ou, dans le cas de l'omission d'en référer, la commission de nouveaux crimes (TPIY, procès C/HADZIHAZANOVIC et crts, IT-01-47-A, Ch d'appel, 22 avril 2008, § 267).

Dans le cas d'espèce, s'agissant des prévenus commandant les 41ème et 391ème bataillons commando ainsi que leurs commandants de compagnies, ils reconnaissent presque tous que des crimes étaient en train de se commettre dans MINOVA, soit parce qu'ils étaient dans la localité (cas des officiers du 391ème bataillon) soit que des rumeurs leurs étaient parvenues (cas des officiers du 41ème bataillon se trouvant à BULENGA).

Il ressort de l'instruction faite devant cette Cour et des pièces produites, notamment les journaux de campagne et les listes des personnes arrêtées et transférées à la justice militaire, que les différents commandants avaient procédé à des appels et contre-appels de leurs hommes pour identifier ceux qui étaient manquants. Ensuite la mission de patrouiller dans la localité pour mettre la main sur les auteurs des exactions qui se commettaient avait été confiée à l'unité de la Police Militaire de la 8ème région militaire renforcée par des éléments de la Garde Républicaine.

La Cour estime que dans les circonstances qui prévalaient en ce moment-là les prévenus ne pouvaient prendre le risque de laisser leurs hommes seuls ou les envoyer à la recherche des indisciplinés parce que cela n'aurait fait qu'envenimer la situation. La Cour note qu'il y avait à MINOVA plusieurs centaines de militaires de différentes unités de la 8ème région militaire incontrôlés et sur lesquels les prévenus n'avaient pas la mainmise.

Les éléments portés manquants avaient été par la suite appréhendés et les prévenus n'avaient fait que respecter les instructions de leur hiérarchie au niveau de la région militaire en les mettant à la disposition de la justice.

Rien ne permet donc de dire qu'ils avaient manqué à leur devoir de sanctionner ou d'en référer aux autorités. C'est d'ailleurs grâce à eux que des militaires ont été retrouvés et déférés devant cette cour.

Pour toutes ces raisons, la Cour estime que la responsabilité des chefs militaires n'est pas établie dans le chef des prévenus NZALE NKUMU NGANDO, WASINGA NTHORE Jean-Marie, NZAMBE KWANDE Romain, USUNA KITAMBI Rocky, KANGWANDA SWANA Patrick,

BOLAMPULU Jean-Marie, NDJATE KUSOMBO, KILONDA PEMBA, NZEMO Réné, KAPENDE MAYIMBI, KASEREKA KAMBALE et SOLO MATESO.

VI. EXAMEN DES ACTIONS CIVILES

Les articles 77 et 226 du code judiciaire militaire reconnaissent le droit à toute personne lésée par une infraction de solliciter la réparation de dommage qui lui a été causé en se constituant partie civile au greffe ou à l'audience.

La Cour constate que 130 personnes se sont constituées parties civiles en consignant les frais requis, comme l'attestent les quittances versées au dossier.

Pour 886 autres, elles ont bénéficié d'une dispense de consignation accordée par le président de la juridiction dans son ordonnance du 14 mars 2014, sur présentation des attestations d'indigence délivrées par Mr WABUNGA SINGA Zébédée, administrateur du territoire de KALEHE.

Toutes ces constitutions de parties civiles sont donc régulières.

En ce qui concerne les demandes de réparation pour faits de viol, la Cour n'ayant pas établi l'imputabilité aux prévenus renvoyés devant elle au-delà de tout doute raisonnable, sauf pour le prévenu SABWE TSHIBANDA, elle se déclarera incompétente à statuer quant à ce.

Aussi se limitera-t-elle à examiner le bien-fondé des demandes de réparation pour les dommages résultant des autres infractions pour lesquelles la responsabilité pénale des prévenus a été considérée comme établie, c'est-à-dire, les crimes de guerre par pillage, le viol d'enfant et le crime de guerre par viol commis par SABWE TSHIBANDA.

S'agissant des dommages, la Cour relève que les parties civiles qui se sont constituées ont allégué la perte de leurs biens lors des pillages. Pour s'en convaincre et ne pas considérer leurs allégations comme paroles d'Evangile, la Cour a tenu à les soumettre au débat contradictoire. Pour cela, elle a exigé la comparution personnelle de chaque partie civile et des mesures ont été prises pour ce faire, notamment la tenue des audiences foraines à MINOVA-même pendant plusieurs jours, la prise en charge des frais de déplacement et de séjour pour les habitants des localités voisines, la mise en place de mesures de sécurité spécifiques pour les intervenants etc.

Après audition et confrontation la Cour a considéré uniquement les allégations qui étaient constantes, crédibles et certaines parce que confirmées par de multiples témoignages et rapports des officiels. Elle s'est également appuyée sur le rapport d'expertise médicale concernant le cas de viol sur la victime F 191, enfant mineur de la dame F 200.

L'article 258 du Code Civil L.III pose le fondement de la responsabilité civile. Il dispose que tout fait de l'homme qui cause à autrui un dommage oblige celui par la faute duquel il est arrivé à le réparer.

Pour les 76 victimes de pillage qui ont soutenu leurs prétentions devant la Cour, celle-ci a décelé plusieurs incohérences dans les dépositions de F66 et de dame FURAHA BAHIMBA qui ne se souviennent même pas des effets prétendument pillés. En outre, elles déclarent tantôt avoir été visitées par des militaires armés qui les ont menacées avant d'emporter leurs biens, tantôt qu'elles s'étaient enfuies en brousse et n'étaient revenues que le lendemain pour constater les dégâts.

Quoi qu'il en soit un doute continue à planer sur la réalité des spoliations subies par elles. Il ressort en outre des pièces du dossier de l'instruction pré juridictionnelle transmises à la Cour et des témoignages des officiels que des bruits avaient courus annonçant l'arrivée de la première dame de la RD Congo qui viendrait pour remettre une assistance aux victimes des exactions de MINOVA. Ceci aurait poussé beaucoup de personnes à se faire enregistrer sur des listes et même à se présenter au parquet militaire local en espérant se retrouver parmi les bénéficiaires. Voilà qui expliquerait le nombre élevé constaté fin 2012 par rapport à ceux qui ont comparu plus d'une année après les événements devant la Cour de céans pour se soumettre aux exigences d'un débat contradictoire.

Il est évident pour la Cour que toutes les pertes causées aux victimes l'ont été du fait des crimes de pillage mis à charge des prévenus.

Faute d'éléments objectifs d'appréciation, la Cour a estimé la réparation ex aequo et bono en catégorisant les victimes. D'une part, celles qui tenaient des activités commerciales comme des boutiques, bistrots et dépôts et d'autre part, celles qui n'avaient perdu que des biens domestiques comme des vivres, du petit bétail, des effets vestimentaires ou de la vaisselle.

Pour la F 200, mère biologique de la victime F 191, elle s'est constituée partie civile pour le compte de son enfant mineure.

L'acte générateur de responsabilité civile, c'est bien le viol commis par le prévenu KABIONA RUHINGIZA. Il en est résulté un préjudice physique et psychologique du fait que la victime a été agressée physiquement et a assurément subi un choc psychologique au vu de son très jeune âge et des séquelles qu'elle garde d'après le médecin et les psychologues.

Il en est de même de F134, victime majeure déjà traumatisée par un précédent viol qui l'avait contrainte à quitter son milieu d'origine pour venir trouver refuge ailleurs.

Le rapport de l'expertise psychologique fait état de troubles sur les plans psychosomatique et comportemental, notamment l'anxiété, l'agressivité et la peur, la dépersonnalisation, le repli sur soi. Il y a lieu de mentionner aussi le risque de stigmatisation dans le milieu rural où elle vit et où elle est désormais regardée comme une personne souillée.

Quant à la partie civile SAFARI BANDU, père de la victime de meurtre MOUSSA MATEMBERA, la perte de son enfant est un préjudice qui ne se discute pas. La Cour ne peut que déterminer une réparation en équité afin de le consoler de cette douleur.

VII. DE LA RESPONSABILITE DE L'ETAT CONGOLAIS

S'agissant de la responsabilité de l'Etat congolais, elle trouve son fondement posé à l'article 260 du code civil congolais L.III qui établit la responsabilité pour fait d'autrui.

En tant que militaires les prévenus sont des préposés de l'Etat congolais. Ils étaient tous engagés dans les opérations militaires contre les rebelles du M23 et leur présence à MINOVA et ses environs s'inscrivait dans ce cadre-là. Ils étaient donc en service. L'Etat se devait de surveiller leurs agissements pour éviter qu'ils ne causent des dommages à autrui.
Il y a ici une présomption de faute dans le chef de l'Etat pour avoir opéré un mauvais choix de ses agents et pour n'avoir pas exercé le contrôle et la surveillance qui convenaient sur eux.
Le désordre observé par tous les témoins entendus par la Cour, la divagation des militaires incontrôlés, l'absence d'encadrement dénoncée par le commandement de la 8ème Région militaire lui-même dénotent une mauvaise organisation du service public à l'époque des faits qui a conduit aux événements déplorés.
L'Etat congolais en sa qualité de commettant endossera la responsabilité des dommages causés aux victimes par ses agents.

C'EST POURQUOI

La Cour Militaire Opérationnelle du Nord-Kivu, statuant publiquement et contradictoirement, le Ministère Public entendu.

A la question de savoir si le prévenu NZALE KUMU NGANDO est coupable de crime de guerre par viols, pillages et meurtre commis par ses subordonnés, à la majorité de voix de ses membres et par scrutins secrets, a répondu « NON ».

A la question de savoir si le prévenu WASINGA NTORE Jean Marie est coupable de crime de guerre par viols, pillages et meurtre commis par les militaires sous son commandement, à la majorité de voix de ses membres et par scrutins secrets, a répondu « NON ».

A la question de savoir si le prévenu NZAMBE KWANDE Romain est coupable de crime de guerre par viols, pillages et meurtre commis par les militaires sous ses ordres, à la majorité de voix de ses membres et par scrutins secrets, a répondu « NON ».

A la question de savoir si le prévenu USUNA KITAMBI Rocky est coupable de crime de guerre par viols, pillages et meurtre commis par les militaires sous son commandement, à la majorité de voix de ses membres et par scrutins secrets, a répondu « NON ».

A la question de savoir si le prévenu KANGWANDA SWANA Patrick est coupable de crime de guerre par viols, pillages et meurtre commis par les militaires sous son commandement, à la majorité de voix de ses membres et par scrutins secrets, a répondu « NON ».

A la question de savoir si le prévenu BIAMUNGU RUSEMASEMA est coupable de crime de guerre par viols, pillages et meurtre commis par les militaires sous son commandement, à la majorité de voix de ses membres et par scrutins secrets, a répondu « NON ».

A la question de savoir si le prévenu KILONDA PEMBA Jules est coupable de crime de guerre par viols, pillages et meurtre commis par les militaires sous son commandement, à la majorité de voix de ses membres et par scrutins secrets, a répondu « NON ».

A la question de savoir si le prévenu KASEREKA KAMBALE Patty est coupable de crime de guerre par viols, pillages et meurtre commis par les militaires sous son commandement, à la majorité de voix de ses membres et par scrutins secrets, a répondu « NON ».

A la question de savoir si le prévenu SOLO MATESO Désiré est coupable de crime de guerre par viols, pillages et meurtre commis par les militaires sous son commandement, à la majorité de voix de ses membres et par scrutins secrets, a répondu « NON ».

A la question de savoir si le prévenu KAPEMBA MAHIMBI Charles est coupable de crime de guerre par viols, pillages et meurtre commis par les militaires sous son commandement, à la majorité de voix de ses membres et par scrutins secrets, a répondu « NON ».

A la question de savoir si le prévenu NZEMO René Albert est coupable de crime de guerre par viols, pillages et meurtre commis par les militaires sous son commandement, à la majorité de voix de ses membres et par scrutins secrets, a répondu « NON ».

A la question de savoir si le prévenu NZATE KUSOMBO est coupable de crime de guerre par viols, pillages et meurtre commis par les militaires sous son commandement, à la majorité de voix de ses membres et par scrutins secrets, a répondu « NON ».

A la question de savoir si le prévenu DJALONGA REBAKA Sylvain est coupable de crime de guerre par viols, pillages et meurtre commis par les militaires sous son commandement, à la majorité de voix de ses membres et par scrutins secrets, a répondu « NON » ; à celle de savoir s'il est coupable d'extorsion, à la majorité de voix de ses membres et par scrutins secrets, a répondu « OUI » ; à celle de savoir s'il peut lui être appliquée une sanction pénale, à la majorité de voix de ses membres et par scrutins secrets, a répondu « OUI » ; à celle de savoir s'il existe à sa charge des circonstances aggravantes, à la majorité de voix de ses membres, a répondu « OUI » ; à celle de savoir s'il peut bénéficier des circonstances atténuantes, à la majorité de voix de ses membres et par scrutins secrets, a répondu « NON ».

A la question de savoir si le prévenu SABWE TSHIBANDA est coupable de crime de guerre par pillage et par viol, à la majorité de voix de ses membres et par scrutins secrets, a répondu « OUI » ; à celle de savoir s'il peut lui être appliquée une sanction pénale, à la majorité de voix de ses membres et par scrutins secrets, a répondu « OUI » ; à celle de savoir s'il existe à sa charge des circonstances aggravantes, à la majorité de voix de ses membres, a répondu « OUI » ; à celle de savoir s'il peut bénéficier des circonstances atténuantes, à la majorité de voix de ses membres et par scrutins secrets, a répondu « NON ».

A la question de savoir si le prévenu MBAKI BOKINDA est coupable de crime de guerre par viol, à la majorité de voix de ses membres et par scrutins secrets, a répondu « NON » ; à celle de savoir s'il est coupable de violation de consigne, à la majorité de voix de ses membres et par scrutins secrets, a répondu « OUI » ; à celle de savoir s'il est coupable de crime de guerre par pillage, à la majorité de voix de ses membres et par scrutins secrets, a répondu « OUI » ; à celle de savoir s'il peut lui être appliquée une sanction pénale, à la majorité de voix de ses membres et par scrutins secrets, a répondu « OUI » ; à celle de savoir s'il existe à sa charge des circonstances aggravantes, à la majorité de voix de ses membres, a répondu « OUI » ; à celle de savoir s'il peut bénéficier des circonstances atténuantes, à la majorité de voix de ses membres et par scrutins secrets, a répondu « NON ».

A la question de savoir si le prévenu KALAKI MUTOMBO est coupable de crime de guerre par pillage, à la majorité de voix de ses membres et par scrutins secrets, a répondu « OUI » ; à celle de savoir s'il peut lui être appliquée une sanction pénale, à la majorité de voix de ses membres et par scrutins secrets, a répondu « OUI » ; à celle de savoir s'il existe à sa charge des circonstances aggravantes, à la majorité de voix de ses membres, a répondu « OUI » ; à celle de savoir s'il peut bénéficier des circonstances atténuantes, à la majorité de voix de ses membres et par scrutins secrets, a répondu « NON ».

A la question de savoir si le prévenu LONGONDO Etienne est coupable de crime de guerre par viol, à la majorité de voix de ses membres et par scrutins secrets, a répondu « NON » ; à celle de savoir s'il est coupable de crime de guerre par pillage, à la majorité de voix de ses membres et par scrutins secrets, a répondu « OUI » ; à celle de savoir s'il est coupable de violation de consigne, à la majorité de voix de ses membres et par scrutins secrets, a répondu « OUI » ; à celle de savoir s'il peut lui être appliquée une sanction pénale, à la majorité de voix de ses membres et par scrutins secrets, a répondu « OUI » ; à celle de savoir s'il existe à sa charge des circonstances aggravantes, à la majorité de voix de ses membres, a répondu « OUI » ; à celle de savoir s'il peut bénéficier des circonstances atténuantes, à la majorité de voix de ses membres et par scrutins secrets, a répondu « NON ».

A la question de savoir si le prévenu ALELE MONGA est coupable de crime de guerre par viol, à la majorité de voix de ses membres et par scrutins secrets, a répondu « NON » ; à celle de savoir s'il est coupable de crime de guerre par pillage, à la majorité de voix de ses membres et par scrutins secrets, a répondu « OUI » ; à celle de savoir s'il est coupable de violation de consigne, à la majorité de voix de ses membres et par scrutins secrets, a répondu « OUI » ; à celle de savoir s'il peut lui être appliquée une sanction pénale, à la majorité de voix de ses membres et par scrutins secrets, a répondu « OUI » ; à celle de savoir s'il existe à sa charge des circonstances aggravantes, à la majorité de voix de ses membres, a répondu « OUI » ; à celle de savoir s'il peut bénéficier des circonstances atténuantes, à la majorité de voix de ses membres et par scrutins secrets, a répondu « NON ».

A la question de savoir si le prévenu MUMBERE TSHONGO est coupable de crime de guerre par viol, à la majorité de voix de ses membres et par scrutins secrets, a répondu « NON » ; à celle de savoir s'il est coupable de crime de guerre par pillage, à la majorité de voix de ses membres et par scrutins secrets, a répondu « OUI » ; à celle de savoir s'il est coupable de violation de consigne, à la majorité de voix de ses membres et par scrutins secrets, a répondu « OUI » ; à celle de savoir s'il peut lui être appliquée une sanction pénale, à la majorité de voix de ses membres et par scrutins secrets, a répondu « OUI » ; à celle de savoir s'il existe à sa charge des circonstances aggravantes, à la majorité de voix de ses membres, a répondu « OUI » ; à celle de savoir s'il peut bénéficier des circonstances atténuantes, à la majorité de voix de ses membres et par scrutins secrets, a répondu « NON ».

A la question de savoir si le prévenu KABONGO KATETE est coupable de dissipation de munitions de guerre, à la majorité de voix de ses membres et par scrutins secrets, a répondu « OUI » ; à celle de savoir s'il peut lui être appliquée une sanction pénale, à la majorité de voix de ses membres et par scrutins secrets, a répondu « OUI » ; à celle de savoir s'il existe à sa charge des circonstances aggravantes, à la majorité de voix de ses membres, a répondu « OUI » ; à celle de savoir s'il peut bénéficier des circonstances atténuantes, à la majorité de voix de ses membres et par scrutins secrets, a répondu « NON».

A la question de savoir si le prévenu BALONGA SANGWA est coupable de crime de guerre par viol, à la majorité de voix de ses membres et par scrutins secrets, a répondu « NON » ; à celle de savoir s'il est coupable de crime de guerre par pillage, à la majorité de voix de ses membres et par scrutins secrets, a répondu « OUI » ; à celle de savoir s'il est coupable de violation de consigne, à la majorité de voix de ses membres et par scrutins secrets, a répondu « OUI » ; à celle de savoir s'il peut lui être appliquée une sanction pénale, à la majorité de voix de ses membres et par scrutins secrets, a répondu « OUI » ; à celle de savoir s'il existe à sa charge des circonstances aggravantes, à la majorité de voix de ses membres, a répondu « OUI » ; à celle de savoir s'il peut bénéficier des circonstances atténuantes, à la majorité de voix de ses membres et par scrutins secrets, a répondu « NON ».

A la question de savoir si le prévenu KASEREKA BOLALI Roger est coupable de crime de guerre par viol, à la majorité de voix de ses membres et par scrutins secrets, a répondu « NON » ; à celle de savoir s'il est coupable de crime de guerre par pillage, à la majorité de voix de ses membres et par scrutins secrets, a répondu « OUI » ; à celle de savoir s'il est coupable de violation de consigne, à la majorité de voix de ses membres et par scrutins secrets, a répondu « OUI » ; à celle de savoir s'il peut lui être appliquée une sanction pénale, à la majorité de voix de ses membres et par scrutins secrets, a répondu « OUI » ; à celle de savoir s'il existe à sa charge des circonstances aggravantes, à la majorité de voix de ses membres, a répondu « OUI » ; à celle de savoir s'il peut bénéficier des circonstances atténuantes, à la majorité de voix de ses membres et par scrutins secrets, a répondu «NON».

A la question de savoir si le prévenu KOMBE BAKALUKE Jean est coupable de crime de guerre par viol, à la majorité de voix de ses membres et par scrutins secrets, a répondu « NON » ; à celle de savoir s'il est coupable de crime de guerre par pillage, à la majorité de voix de ses membres et par scrutins secrets, a répondu « OUI » ; à celle de savoir s'il est coupable de violation de consigne, à la majorité de voix de ses membres et par scrutins secrets, a répondu « OUI » ; à celle de savoir s'il peut lui être appliquée une sanction pénale, à la majorité de voix de ses membres et par scrutins secrets, a répondu « OUI » ; à celle de savoir s'il existe à sa charge des circonstances aggravantes, à la majorité de voix de ses membres, a répondu « OUI » ; à celle de savoir s'il peut bénéficier des circonstances atténuantes, à la majorité de voix de ses membres et par scrutins secrets, a répondu « NON ».

A la question de savoir si le prévenu KAKULE KARUBANDIKA est coupable de crime de guerre par viol, à la majorité de voix de ses membres et par scrutins secrets, a répondu « NON » ; à celle de savoir s'il est coupable de crime de guerre par pillage, à la majorité de voix de ses membres et par scrutins secrets, a répondu « OUI » ; à celle de savoir s'il est coupable de violation de consigne, à la majorité de voix de ses membres et par scrutins secrets, a répondu « OUI » ; à celle de savoir s'il peut lui être appliquée une sanction pénale, à la majorité de voix de ses membres et par scrutins secrets, a répondu « OUI » ; à celle de savoir s'il existe à sa charge des circonstances aggravantes, à la majorité de voix de ses membres, a répondu « OUI » ; à celle de savoir s'il peut bénéficier des circonstances atténuantes, à la majorité de voix de ses membres et par scrutins secrets, a répondu «NON» ;

A la question de savoir si le prévenu MOHINDO KIZITO est coupable de crime de guerre par viol, à la majorité de voix de ses membres et par scrutins secrets, a répondu « NON » ; à celle de savoir s'il est coupable de crime de guerre par pillage, à la majorité de voix de ses membres et par scrutins secrets, a répondu « OUI » ; à celle de savoir s'il est coupable de violation de consigne, à la majorité de voix de ses membres et par scrutins secrets, a répondu « OUI » ; à celle de savoir s'il peut lui être appliquée une sanction pénale, à la majorité de voix de ses membres et par scrutins secrets, a répondu « OUI » ; à celle de savoir s'il existe à sa charge des circonstances aggravantes, à la majorité de voix de ses membres, a répondu « OUI » ; à celle de savoir s'il peut bénéficier des circonstances atténuantes, à la majorité de voix de ses membres et par scrutins secrets, a répondu « NON ».

A la question de savoir si le prévenu KAMBALE KAMAVU est coupable de crime de guerre par viol, à la majorité de voix de ses membres et par scrutins secrets, a répondu « NON » ; à celle de savoir s'il est coupable de crime de guerre par pillage, à la majorité de voix de ses membres et par scrutins secrets, a répondu « OUI » ; à celle de savoir s'il est coupable de violation de consigne, à la majorité de voix de ses membres et par scrutins secrets, a répondu « OUI » ; à celle de savoir s'il peut lui être appliquée une sanction pénale, à la majorité de voix de ses membres et par scrutins secrets, a répondu « OUI » ; à celle de savoir s'il existe à sa charge des circonstances aggravantes, à la majorité de voix de ses membres, a répondu « OUI » ; à celle de savoir s'il peut bénéficier des circonstances atténuantes, à la majorité de voix de ses membres et par scrutins secrets, a répondu « NON ».

A la question de savoir si le prévenu PALUKU MBOKANI Patrick est coupable de crime de guerre par viol, à la majorité de voix de ses membres et par scrutins secrets, a répondu « NON » ; à celle de savoir s'il est coupable de crime de guerre par pillage, à la majorité de voix de ses membres et par scrutins secrets, a répondu « OUI » ; à celle de savoir s'il est coupable de violation de consigne, à la majorité de voix de ses membres et par scrutins secrets, a répondu « OUI » ; à celle de savoir s'il peut lui être appliquée une sanction pénale, à la majorité de voix de ses membres et par scrutins secrets, a répondu « OUI » ; à celle de savoir s'il existe à sa charge des circonstances aggravantes, à la majorité de voix de ses membres, a répondu « OUI » ; à celle de savoir s'il peut bénéficier des circonstances atténuantes, à la majorité de voix de ses membres et par scrutins secrets, a répondu «NON».

A la question de savoir si le prévenu MUMBERE KISANGANI est coupable de crime de guerre par viol, à la majorité de voix de ses membres et par scrutins secrets, a répondu « NON » ; à celle de savoir s'il est coupable de crime de guerre par pillage, à la majorité de voix de ses membres et par scrutins secrets, a répondu « OUI » ; à celle de savoir s'il est coupable de violation de consigne, à la majorité de voix de ses membres et par scrutins secrets, a répondu « OUI » ; à celle de savoir s'il peut lui être appliquée une sanction pénale, à la majorité de voix de ses membres et par scrutins secrets, a répondu « OUI » ; à celle de savoir s'il existe à sa charge des circonstances aggravantes, à la majorité de voix de ses membres, a répondu « OUI » ; à celle de savoir s'il peut bénéficier des circonstances atténuantes, à la majorité de voix de ses membres et par scrutins secrets, a répondu « NON ».

A la question de savoir si le prévenu KAMBALE BAKWANAMA est coupable de crime de guerre par viol, à la majorité de voix de ses membres et par scrutins secrets, a répondu « NON » ; à celle de savoir s'il est coupable de crime de guerre par pillage, à la majorité de voix de ses membres et par scrutins secrets, a répondu « OUI » ; à celle de savoir s'il est coupable de violation de consigne, à la majorité de voix de ses membres et par scrutins secrets, a répondu « OUI » ; à celle de savoir s'il peut lui être appliquée une sanction pénale, à la majorité de voix de ses membres et par scrutins secrets, a répondu « OUI » ; à celle de savoir s'il existe à sa charge des circonstances aggravantes, à la majorité de voix de ses membres, a répondu « OUI » ; à celle de savoir s'il peut bénéficier des circonstances atténuantes, à la majorité de voix de ses membres et par scrutins secrets, a répondu «NON».

A la question de savoir si le prévenu MOGISHA TIBASIMA Jules est coupable de crime de guerre par viol, à la majorité de voix de ses membres et par scrutins secrets, a répondu « NON » ; à celle de savoir s'il est coupable de crime de guerre par pillage, à la majorité de voix de ses membres et par scrutins secrets, a répondu « OUI » ; à celle de savoir s'il est coupable de violation de consigne, à la majorité de voix de ses membres et par scrutins secrets, a répondu « OUI » ; à celle de savoir s'il peut lui être appliquée une sanction pénale, à la majorité de voix de ses membres et par scrutins secrets, a répondu « OUI » ; à celle de savoir s'il existe à sa charge des circonstances aggravantes, à la majorité de voix de ses membres, a répondu « OUI » ; à celle de savoir s'il peut bénéficier des circonstances atténuantes, à la majorité de voix de ses membres et par scrutins secrets, a répondu « NON ».

A la question de savoir si le prévenu BETOKO IPOYA Guélord est coupable de crime de guerre par viol, à la majorité de voix de ses membres et par scrutins secrets, a répondu « NON » ; à celle de savoir s'il est coupable de crime de guerre par pillage, à la majorité de voix de ses membres et par scrutins secrets, a répondu « OUI » ; à celle de savoir s'il est coupable de violation de consigne, à la majorité de voix de ses membres et par scrutins secrets, a répondu « OUI » ; à celle de savoir s'il peut lui être appliquée une sanction pénale, à la majorité de voix de ses membres et par scrutins secrets, a répondu « OUI » ; à celle de savoir s'il existe à sa charge des circonstances aggravantes, à la majorité de voix de ses membres, a répondu « OUI » ; à celle de savoir s'il peut bénéficier des circonstances atténuantes, à la majorité de voix de ses membres et par scrutins secrets, a répondu «NON».

A la question de savoir si le prévenu BAHATI SAFARI est coupable de crime de guerre par viol, à la majorité de voix de ses membres et par scrutins secrets, a répondu « NON » ; à celle de savoir s'il est coupable de crime de guerre par pillage, à la majorité de voix de ses membres et par scrutins secrets, a répondu « OUI » ; à celle de savoir s'il est coupable de violation de consigne, à la majorité de voix de ses membres et par scrutins secrets, a répondu « OUI » ; à celle de savoir s'il peut lui être appliquée une sanction pénale, à la majorité de voix de ses membres et par scrutins secrets, a répondu « OUI » ; à celle de savoir s'il existe à sa charge des circonstances aggravantes, à la majorité de voix de ses membres, a répondu « OUI » ; à celle de savoir s'il peut bénéficier des circonstances atténuantes, à la majorité de voix de ses membres et par scrutins secrets, a répondu « NON ».

A la question de savoir si le prévenu KAMBALE KAZIERE est coupable de crime de guerre par viol, à la majorité de voix de ses membres et par scrutins secrets, a répondu « NON » ; à celle de savoir s'il est coupable de crime de guerre par pillage, à la majorité de voix de ses membres et par scrutins secrets, a répondu « OUI » ; à celle de savoir s'il est coupable de violation de consigne, à la majorité de voix de ses membres et par scrutins secrets, a répondu « OUI » ; à celle de savoir s'il peut lui être appliquée une sanction pénale, à la majorité de voix de ses membres et par scrutins secrets, a répondu « OUI » ; à celle de savoir s'il existe à sa charge des circonstances aggravantes, à la majorité de voix de ses membres, a répondu « OUI » ; à celle de savoir s'il peut bénéficier des circonstances atténuantes, à la majorité de voix de ses membres et par scrutins secrets, a répondu « NON ».

A la question de savoir si le prévenu MANZIA MOMBI est coupable de crime de guerre par viol, à la majorité de voix de ses membres et par scrutins secrets, a répondu « NON » ; à celle de savoir s'il est coupable de crime de guerre par pillage, à la majorité de voix de ses membres et par scrutins secrets, a répondu « OUI » ; à celle de savoir s'il est coupable de violation de consigne, à la majorité de voix de ses membres et par scrutins secrets, a répondu « OUI » ; à celle de savoir s'il peut lui être appliquée une sanction pénale, à la majorité de voix de ses membres et par scrutins secrets, a répondu « OUI » ; à celle de savoir s'il existe à sa charge des circonstances aggravantes, à la majorité de voix de ses membres, a répondu « OUI » ; à celle de savoir s'il peut bénéficier des circonstances atténuantes, à la majorité de voix de ses membres et par scrutins secrets, a répondu « NON ».

A la question de savoir si le prévenu PALUKU AKUFA KALA est coupable de crime de guerre par viol, à la majorité de voix de ses membres et par scrutins secrets, a répondu « NON » ; à celle de savoir s'il est coupable de crime de guerre par pillage, à la majorité de voix de ses membres et par scrutins secrets, a répondu « OUI » ; à celle de savoir s'il est coupable de violation de consigne, à la majorité de voix de ses membres et par scrutins secrets, a répondu « OUI » ; à celle de savoir s'il peut lui être appliquée une sanction pénale, à la majorité de voix de ses membres et par scrutins secrets, a répondu « OUI » ; à celle de savoir s'il existe à sa charge des circonstances aggravantes, à la majorité de voix de ses membres, a répondu « OUI » ; à celle de savoir s'il peut bénéficier des circonstances atténuantes, à la majorité de voix de ses membres et par scrutins secrets, a répondu « NON ».

A la question de savoir si le prévenu MADRO LOTIMA est coupable de crime de guerre par viol, à la majorité de voix de ses membres et par scrutins secrets, a répondu « NON » ; à celle de savoir s'il est coupable de crime de guerre par pillage, à la majorité de voix de ses membres et par scrutins secrets, a répondu « OUI » ; à celle de savoir s'il est coupable de violation de consigne, à la majorité de voix de ses membres et par scrutins secrets, a répondu « OUI » ; à celle de savoir s'il peut lui être appliquée une sanction pénale, à la majorité de voix de ses membres et par scrutins secrets, a répondu « OUI » ; à celle de savoir s'il existe à sa charge des circonstances aggravantes, à la majorité de voix de ses membres, a répondu « OUI » ; à celle de savoir s'il peut bénéficier des circonstances atténuantes, à la majorité de voix de ses membres et par scrutins secrets, a répondu « NON ».

Vu la Constitution, spécialement ses art. 20, 21et 149.

Vu le code judiciaire militaire en ses articles 1, 12 à 17, 27, 31 à 33, 38, 41, 55, 61, 67, 73, 76, 77, 84, 106, 129, 222, 226, 228 à 275, 278, 317 à 320.

Vu le code pénal militaire en ses articles 1, 3, 5, 6, 7, 26, 27, 30, 31, 74 et113.

Vu le code pénal ordinaire en son article 84.

Vu les articles 8.2.c) i-1, 8.2.c) ii, 8.2.e) v, 8.2.e) vi-1, 25, 68 et 77 du Statut de Rome de la Cour Pénale Internationale.

Vu le code de procédure pénale en ses articles 74 et 104.

Vu la Loi n° 13/011-B du 11 avril 2013 portant organisation, fonctionnement et compétences des juridictions de l'ordre judiciaire en ses articles 100 et 102.

Vu l'arrêté interministériel n°243/CAB/MIN/J&DH/2010 et n° 043/CAB/MIN/FINANCES/10 du 04 Mai 2010 portant fixation des taux des droits, taxes et redevances à percevoir à l'initiative du Ministère de la Justice et Droits Humains.

Vu le code civil des obligations en ses articles 258 et 260.

Vu la Loi n° 09/01 du 10 Janvier 2009 portant protection de l'enfant, spécialement les articles 2, 170 et 171.

DISANT DROIT

Statuant sur l'action publique :

Déclare le prévenu NZALE KUMU NGANDO, WASINGA NTORE Jean Marie, NZAMBE KWANDE Romain, USUNA KITAMBI Rocky, KANGWANDA SWANA Patrick, BIAMUNGU RUSEMASEMA, KILONDA PEMBA Jules, KASERAKA KAMBALE Patty, SOLO MATESO Désiré, KAPEMBE KAYIMBI Charles, NZEMO René Albert et NZATE KUSOMBO non coupables de faits infractionnels mis à leur charge. Prononce leur acquittement ;

Les renvoie de toute fin de poursuite ;
Met, en ce qui les concerne, les frais de justice à charge du trésor ;

- Déclare le prévenu DJALONGA REBAKA Sylvain non coupable de crime de guerre par viol et l'en acquitte ; le déclare coupable d'extorsion et le condamne de ce chef à 05 ans de servitude pénale principale ; le condamne à 100.000 Fc de frais de justice, récupérables par 06 mois de contrainte par corps en cas de non-paiement dans 08 Jours ; confirme sa détention.

- Déclare le prévenu SABWE TSHIBANDA coupable de crime de guerre par pillage et le condamne à 20 ans de servitude pénale principale ; le déclare coupable de crime de guerre par viol et le condamne, de ce chef, à la servitude pénale à perpétuité ; fait application de l'art. 7 du code pénal militaire et prononce seule la servitude pénale à perpétuité ; le condamne à 100.000 FC de frais de justice, récupérables par 06 mois de contrainte par corps en cas de non-paiement dans 08 Jours ; prononce sa destitution ; confirme sa détention.

- Déclare le prévenu MBAKI BOKINDA non coupable de crime de guerre par viol et l'en acquitte ; le déclare coupable de crime de guerre par pillage et le condamne à 10 ans de servitude pénale principale ; le déclare coupable de violation de consigne et le condamne de ce chef à 10 ans de servitude pénale principale ; fait application de l'art.7 du code pénal militaire et prononce 10 ans de servitude pénale principale ; le condamne à 100.000 Fc de frais de justice, récupérables par 06 mois de contrainte par corps en cas de non-paiement dans 08 Jours ; prononce sa destitution ; confirme sa détention.

- Déclare le prévenu KALAKI MUTOMBO coupable de crime de guerre par pillage et le condamne à 10 ans de servitude pénale principale ; le condamne à 100.000 Fc de frais de justice, récupérables par 06 mois de contrainte par corps en cas de non-paiement dans 08 Jours ; prononce sa dégradation ; confirme sa détention.

- Déclare le prévenu LONGONDO Etienne non coupable de crime de guerre par viol et l'en acquitte ; le déclare coupable de violation de consigne et le condamne, de ce chef, à 10 ans de servitude pénale principale ; le déclare coupable de crime de guerre par pillage et le condamne à 10 ans de servitude pénale principale ; fait application de l'art. 7 du code pénal militaire et prononce 10 ans de servitude pénale principale ; le condamne à 100.000 Fc de frais de justice, récupérables par 06 mois de contrainte par corps en cas de non-paiement dans 08 Jours ; prononce sa dégradation ; confirme sa détention.

- Déclare le prévenu ALELE MONGA non coupable de crime de guerre par viol et l'en acquitte ; le déclare coupable de violation de consigne et le condamne, de ce chef, à 10 ans de servitude pénale principale ; le déclare coupable de crime de guerre par pillage et le condamne à 10 ans de servitude pénale principale ; fait application de l'art. 7 du code pénal militaire et prononce 10 ans de servitude pénale principale ; le condamne à 100.000 Fc de frais de justice, récupérables par 06 mois de contrainte par corps en cas de non-paiement dans 08 Jours ; prononce sa dégradation ; confirme sa détention.

- Déclare le prévenu KABONGO KATETE coupable de dissipation de munitions de guerre et le condamne à 03 ans de servitude pénale principale ; le condamne à 100.000 Fc de frais de justice, récupérables par 06 mois de contrainte par corps en cas de non-paiement dans 08 jours ; confirme sa détention.

- Déclare le prévenu MUMBERE TSHONGO non coupable de crime de guerre par viol et l'en acquitte ; le déclare coupable de violation de consigne et le condamne, de ce chef, à 10 ans de servitude pénale principale ; le déclare coupable de crime de guerre par pillage et le condamne à 10 ans de servitude pénale principale ; fait application de l'art. 7 du code pénal militaire et prononce 10 ans de servitude pénale principale ; le condamne à 100.000 Fc de frais de justice, récupérables par 06 mois de contrainte par corps en cas de non-paiement dans 08 Jours ; prononce sa dégradation ; confirme sa détention.

- Déclare le prévenu BALONGA SANGWA Trésor non coupable de crime de guerre par viol et l'en acquitte ; le déclare coupable de violation de consigne et le condamne, de ce chef, à 10 ans de servitude pénale principale ; le déclare coupable de crime de guerre par pillage et le condamne à 10 ans de servitude pénale principale ; fait application de l'art. 7 du code pénal militaire et prononce 10 ans de servitude pénale principale ; le condamne à 100.000 Fc de frais de justice, récupérables par 06 mois de contrainte par corps en cas de non-paiement dans 08 Jours ; prononce sa dégradation ; confirme sa détention.

- Déclare le prévenu KASEREKA BOLALI Roger non coupable de crime de guerre par viol et l'en acquitte ; le déclare coupable de violation de consigne et le condamne, de ce chef, à 10 ans de servitude pénale principale ; le déclare coupable de crime de guerre par pillage et le condamne à 10 ans de servitude pénale principale ; fait application de l'art. 7 du code pénal militaire et prononce 10 ans de servitude pénale principale ; le condamne à 100.000 Fc de frais de justice, récupérables par 06 mois de contrainte par corps en cas de non-paiement dans 08 Jours ; prononce sa dégradation ; confirme sa détention.

- Déclare le prévenu MAGBO Alphonse coupable de crime de guerre par meurtre et le condamne à la servitude pénale à perpétuité ; le déclare coupable de crime de guerre par pillage et le condamne, de ce chef, à 20 ans de servitude pénale principale ; fait application de l'art.7 du code pénal militaire et prononce seule la servitude pénale à perpétuité ; le condamne à 100.000 Fc de frais de justice, récupérables par 06 mois de contrainte par corps en cas de non-paiement dans 08 Jours ; prononce sa dégradation ; confirme sa détention.

- Déclare le prévenu KABIONA RUHINGIZA coupable de viol, le condamne à 20 ans de servitude pénale principale et à 1.000.000 FC d'amende ou à 06 mois de servitude pénale subsidiaire à défaut de paiement dans 08 jours ; prononce sa dégradation ; confirme sa détention.

- Déclare le prévenu KOMBE BAKALUKE Jean non coupable de crime de guerre par viol et l'en acquitte ; le déclare coupable de violation de consigne et le condamne, de ce chef, à 10 ans de servitude pénale principale ; le déclare coupable de crime de guerre par pillage et le condamne à 10 ans de servitude pénale principale ; fait application de l'art. 7 du code pénal militaire et prononce 10 ans de servitude pénale principale ; le condamne à 100.000 Fc de frais de justice, récupérables par 06 mois de contrainte par corps en cas de non-paiement dans 08 Jours ; prononce sa dégradation ; confirme sa détention.

- Déclare le prévenu MOHINDO KIZITO non coupable de crime de guerre par viol et l'en acquitte ; le déclare coupable de violation de consigne et le condamne, de ce chef, à 10 ans de servitude pénale principale ; le déclare coupable de crime de guerre par pillage et le condamne à 10 ans de servitude pénale principale ; fait application de l'art. 7 du code pénal militaire et prononce 10 ans de servitude pénale principale ; le condamne à 100.000 Fc de frais de justice, récupérables par 06 mois de contrainte par corps en cas de non-paiement dans 08 Jours ; prononce sa dégradation ; confirme sa détention.

- Déclare le prévenu KAMBALE KAMAVU Jeannot non coupable de crime de guerre par viol et l'en acquitte ; le déclare coupable de violation de consigne et le condamne, de ce chef, à 10 ans de servitude pénale principale ; le déclare coupable de crime de guerre par pillage et le condamne à 10 ans de servitude pénale principale ; fait application de l'art. 7 du code pénal militaire et prononce 10 ans de servitude pénale principale ; le condamne à 100.000 Fc de frais de justice, récupérables par 06 mois de contrainte par corps en cas de non-paiement dans 08 Jours ; prononce sa dégradation ; confirme sa détention.

- Déclare le prévenu KAKULE KARUBANDIKA non coupable de crime de guerre par viol et l'en acquitte ; le déclare coupable de violation de consigne et le condamne, de ce chef, à 10 ans de servitude pénale principale ; le déclare coupable de crime de guerre par pillage et le condamne à 10 ans de servitude pénale principale ; fait application de l'art. 7 du code pénal militaire et prononce 10 ans de servitude pénale principale ; le condamne à 100.000 Fc de frais de justice, récupérables par 06 mois de contrainte par corps en cas de non-paiement dans 08 Jours ; prononce sa dégradation ; confirme sa détention.

- Déclare le prévenu MUMBERE KISANGANI non coupable de crime de guerre par viol et l'en acquitte ; le déclare coupable de violation de consigne et le condamne, de ce chef, à 10 ans de servitude pénale principale ; le déclare coupable de crime de guerre par pillage et le condamne à 10 ans de servitude pénale principale ; fait application de l'art. 7 du code pénal militaire et prononce 10 ans de servitude pénale principale ; le condamne à 100.000 Fc de frais de justice, récupérables par 06 mois de contrainte par corps en cas de non-paiement dans 08 Jours ; prononce sa dégradation ; confirme sa détention.

- Déclare le prévenu KAMBALE BAKWANAMA non coupable de crime de guerre par viol et l'en acquitte ; le déclare coupable de violation de consigne et le condamne, de ce chef, à 10 ans de servitude pénale principale ; le déclare coupable de crime de guerre par pillage et le condamne à 10 ans de servitude pénale principale ; fait application de l'art. 7 du code pénal militaire et prononce 10 ans de servitude pénale principale ; le condamne à 100.000 Fc de frais de justice, récupérables par 06 mois de contrainte par corps en cas de non-paiement dans 08 Jours ; prononce sa dégradation ; confirme sa détention.

- Déclare le prévenu MOGISHA TIBASIMA non coupable de crime de guerre par viol et l'en acquitte ; le déclare coupable de violation de consigne et le condamne, de ce chef, à 10 ans de servitude pénale principale ; le déclare coupable de crime de guerre par pillage et le condamne à 10 ans de servitude pénale principale ; fait application de l'art. 7 du code pénale militaire et prononce 10 ans de servitude pénale principale ; le condamne à 100.000 Fc de frais de justice, récupérables par 06 mois de contrainte par corps en cas de non-paiement dans 08 Jours ; prononce sa dégradation ; confirme sa détention.

- Déclare le prévenu BETOKO IPOYA Guellord non coupable de crime de guerre par viol et l'en acquitte ; le déclare coupable de violation de consigne et le condamne, de ce chef, à 10 ans de servitude pénale principale ; le déclare coupable de crime de guerre par pillage et le condamne à 10 ans de servitude pénale principale ; fait application de l'art. 7 du code pénal militaire et prononce 10 ans de servitude pénale principale ; le condamne à 100.000 Fc de frais de justice, récupérables par 06 mois de contrainte par corps en cas de non-paiement dans 08 Jours ; prononce sa dégradation ; confirme sa détention.

- Déclare le prévenu BAHATI SAFARI non coupable de crime de guerre par viol et l'en acquitte ; le déclare coupable de violation de consigne et le condamne, de ce chef, à 10 ans de servitude pénale principale ; le déclare coupable de crime de guerre par pillage et le condamne à 10 ans de servitude pénale principale ; fait application de l'art. 7 du code pénal militaire et prononce 10 ans de servitude pénale principale ; le condamne à 100.000 Fc de frais de justice, récupérables par 06 mois de contrainte par corps en cas de non-paiement dans 08 Jours ; prononce sa dégradation ; confirme sa détention.

- Déclare le prévenu KAMBALE KAZEIRE non coupable de crime de guerre par viol et l'en acquitte ; le déclare coupable de violation de consigne et le condamne, de ce chef, à 10 ans de servitude pénale principale ; le déclare coupable de crime de guerre par pillage et le condamne à 10 ans de servitude pénale principale ; fait application de l'art. 7 du code pénal militaire et prononce 10 ans de servitude pénale principale ; le condamne à 100.000 Fc de frais de justice, récupérables par 06 mois de contrainte par corps en cas de non-paiement dans 08 Jours ; prononce sa dégradation ; confirme sa détention.

- Déclare le prévenu MANZIA MOMBI non coupable de crime de guerre par viol et l'en acquitte ; le déclare coupable de violation de consigne et le condamne, de ce chef, à 10 ans de servitude pénale principale ; le déclare coupable de crime de guerre par pillage et le condamne à 10 ans de servitude pénale principale ; fait application de l'art. 7 du code pénal militaire et prononce 10 ans de servitude pénale principale ; le condamne à 100.000 Fc de frais de justice, récupérables par 06 mois de contrainte par corps en cas de non-paiement dans 08 Jours ; prononce sa dégradation ; confirme sa détention.

- Déclare le prévenu PALUKU AKUFA KALA non coupable de crime de guerre par viol et l'en acquitte ; le déclare coupable de violation de consigne et le condamne, de ce chef, à 10 ans de servitude pénale principale ; le déclare coupable de crime de guerre par pillage et le condamne à 10 ans de servitude pénale principale ; fait application de l'art. 7 du code pénal militaire et prononce 10 ans de servitude pénale principale ; le condamne à 100.000 Fc de frais de justice, récupérables par 06 mois de contrainte par corps en cas de non-paiement dans 08 Jours ; prononce sa dégradation ; confirme sa détention.

- Déclare le prévenu MADRO LOTIMA non coupable de crime de guerre par viol et l'en acquitte ; le déclare coupable de crime de guerre par pillage et le condamne à 20 ans de servitude pénale principale ; le condamne à 100.000 Fc de frais de justice, récupérables par 06 mois de contrainte par corps en cas de non-paiement dans 08 Jours ; prononce sa dégradation ; confirme sa détention.

- Se déclare non saisie à l'égard du Capitaine BOLA MPULU Jean Marie.

Statuant sur les actions civiles :

- La Cour Militaire opérationnelle du Nord-Kivu se déclare incompétente pour connaître des demandes en réparation pour faits de crime de guerre par viol mis à charge des personnes acquittées du chef de cette infraction ;

- La Cour déclare recevables mais non fondées les actions en réparations introduites par F.66 et Mme FURAHA BAIMBA ;

- La Cour déclare recevable et fondée l'action introduite F. 134, et condamne SABWE TSHIBANDA à lui payer, in solidum avec l'Etat congolais, l'équivalant en francs congolais de 15.000 dollars américains à titre de dommages-intérêts pour réparation de tous préjudices confondus ;

- La Cour déclare recevable et fondée l'action introduite par F.200, et condamne KABIONA RUHINGIZA à lui payer, in solidum avec l'Etat congolais, l'équivalant en francs congolais de 15.000 dollars américains à titre de dommages-intérêts pour réparation de tous préjudices confondus ;

- La Cour déclare recevable et fondée l'action introduite par Monsieur SARARI BANDU, et condamne MAGBO ALPHONSE à lui payer, in solidum avec l'Etat congolais, l'équivalant en francs congolais de 100.000.000 dollars américains à titre de dommages-intérêts pour réparation de tous préjudices confondus ;

- La Cour déclare recevables et fondées les actions introduites par les parties civiles ayant comparu à l'audience et dont les noms sont repris dans les cases en gras sur la liste et condamne MBAKI BOKINDA, KALAKI MUTOMBO, LONGONDO Etienne, ALELE MONGA, MUMBER TSHONGO, BALONGA SANGWA Trésor, KASEREKA BOLALI Roger, KOMBE BAKALUKE Jean, KKULE BARUBANDIKA, MOHINDI KIZITO, KAMBALE KAMAVU Jean, PALUKU MBOKANI Patrick, MUMBERE KISANGANI, KAMBALE BAKWANAMA, MOGISHA TIBASIMA Jules, BETOKO IPOYA Guélord, BAHATI SAFARI, KAMBALE KAZEIRE, MANZIA MOMBI, PALUKU AKUFA KALA et MANDRO LOTIMA à payer, in solidum avec l'Etat congolais, pour tous préjudices confondus, l'équivalant en francs congolais, de la somme de 5.000 dollars américains à chaque propriétaire de maison de commerce dont les noms ci-après :
    - MAPAMBU MUHASHA
    - MATASEMA LUKANGA
    - F 201
    - BAHAME BAHAMBA

  et de la somme de 700 dollars américains à chacun des autres propriétaires des biens dont les noms non codés repris en gras sur la liste ;

- La Cour déclare recevables mais non fondées les actions introduites par toutes les autres parties civiles pour crime de guerre par pillage.

Ainsi arrêté et prononcé à l'audience publique de ce lundi 05 Mai 2014 à laquelle ont siégé le Colonel Magistrat Joseph MOKAKO MAYA-MADJO, Premier Président, le Colonel Freddy MUKENDI TSHIDJA-MANGA, Rapporteur , le Lieutenant-colonel TAMBI NZAMBI ZEIMO, le Lieutenant-colonel Godefroid MAMBENGIA ZEBE et le Commissaire Supérieur Joseph MBANGI IZAKE ISHORA, Juges Assesseurs, avec le concours du Ministère Public, représenté par le Lieutenant-colonel BASELEBA Bin MATETO, Auditeur Militaire près la Cour Militaire Opérationnelle, et l'assistance du Major Rigobert BONYOMA KAISALA, Greffier .

Le Greffier **le Premier Président**

COUR MILITAIRE DE L'EQUATEUR

COUR MILITAIRE DE L'EQUATEUR

Audience publique du septième jour du mois de juin de l'an deux mille six.

DROIT PENAL
INFRACTION DE PILLAGE

Sont constitutifs d'actes de pillage, les actes consistant dans l'appropriation violente ou forcée ou simplement dans la destruction collective du patrimoine des particuliers par des bandes armées.

APPEL
APPLICATION DU STATUT DE ROME

STATUT DE ROME DE LA COUR PENALE INTERNATIONALE-CRIMES INTERNATIONAUX-DEFINITION CLAIRE-CRIME CONTRE L'HUMANITE-PEINES MOINS SEVERES-DISPOSITIONS FAVORABLES AUX VICTIMES ET AUX PREVENUS –APPLICATION STATUT DE ROME.

Ne viole pas la loi, le juge militaire qui, pour la répression des crimes contre l'humanité applique le Statut de Rome de la Cour Pénale Internationale qui définit cette catégorie des crimes et prévoit des peines moins sévères et plus favorables aux prévenus et aux victimes que le Code Pénal Militaire.

CRIMES CONTRE L'HUMANITE-ELEMENTS-ATTAQUE GENERALISEE OU SYSTEMATIQUE-VIOLS MASSIFS-ETABLIS

Sont constitutifs des crimes contre l'humanité, les faits commis dans le cadre d'une attaque généralisée ou systématique dirigée contre une population civile tels des viols massifs et collectifs commis au préjudice de plusieurs femmes.

ALLOCATION DES DOMMAGES INTERETS-JURIDICTION MILITAIRE- PAS ALLOCATION D'OFFICE-DEMANDE PARTIE CIVILE-INFRACTION ETABLIE-DOMMAGES INTERETS ACCORDES

La juridiction militaire ne peut allouer d'office des dommages-intérêts, elle ne les accorde qu'à la suite d'une action en réparation du préjudice née de l'infraction qu'elle déclare établie et dans la mesure où la victime les a demandés.

Pro-Justitia

A R R E T

RPA N°014/2006

Au nom du Peuple Congolais

(Article 149 Al.3 de la Constitution)

La Cour Militaire de l'Equateur, Céans et siégeant en matière répressive et au degré d'appel, aux lieux habituels de ses audiences, sis avenue du cimetière N° 4, à MBANDAKA, a rendu l'arrêt dont la teneur suit :

EN CAUSE: L'Auditeur Militaire Supérieur, Ministère Public et parties civiles BELONGO BOFAYA, BAASA BONKESE, TIMOTHEE NZAMBA BOTAKA, IFOMA LIONZE, MOPIA ENGINZI, BONGOLE ILONDA, NSOMBO BOFUWA, BONKONO BANGANGU, BONDEKE LOKULI, BONGOLE LOKULI/ BOOMBI BOKETSU, IFOLE LOONDO, BOTONGA NKOMBE, LOFOTA BAKAMBO, LUNAYI OKOTO, BOLUMBU MOSAMBE, MARIE BOYELA, BOLIKO BOKUSA, IFILI NKOMBE et IYOLO BOTEYA...;

CONTRE : **les prévenus,**

1) Lieutenant BOKILA LOLEMI FABIEN ;
2) Sous-Lieutenant VONGA wa VONGA Maurice ;
3) Sous-Lieutenant MAHOMBO MAGBUTU
4) Adjudant YANGBANDA DUMBA Célestin ;
5) Premier Sergent MOTUTA ALONDO Jean ;
6) Premier Sergent KOMBE MOMBELE André ;
7) Sergent MOMBANYA NKOY Jean Pierre ;

PREVENUS DE :

A. POUR LE LIEUTENANT BOKILA LOLEMI FABIEN.

1. Avoir, étant embarqué ou au service des forces armées, outragé son supérieur ou un supérieur par paroles, écrits, gestes ou menaces ;

   En l'espèce, avoir à SONGO-MBOYO, localité de ce nom, secteur et territoire de BONGANDANGA, district de la MONGALA, Province de l'Equateur, en République Démocratique du Congo, le 23 décembre 2003, alors qu'il exerçait les fonctions de Commandant de la 3eme Compagnie du 9ème Bataillon, outragé son supérieur, le Capitaine RAMAZANI, Commandant de Bataillon par des propos menaçants ci-après : « OKOBOMA NGAI LELO, OKOYEBA NGAI LELO, OKOLIA NGAI LELO » ;

   Faits prévus et punis par l'article 97 du Code Pénal Militaire.

2. Avoir incité les militaires à s'armer contre l'autorité de l'Etat ou contre une partie de la population ;
   En l'occurrence, avoir dans les mêmes circonstances de lieu et de temps que dessus, étant commandant de la 3ème Compagnie du 9ème Bataillon, incité les militaires de sa Compagnie basée à SONGO-MBOYO à s'armer contre la population de cette localité.

   Faits prévus et punis par l'article 141 du Code Pénal Militaire ;

B. POUR LE LIEUTENANT BOKILA LOLEMI, LE SOUS-LIEUTENANT VONGA WA VONGA, L'ADJUDANT YANGBANDA DUMBA et le PREMIER SERGENT KOMBE MOMBELE.

Avoir, comme auteur, coauteur ou complice selon l'un des modes de participation criminelle prévus aux articles 5, 6 du Code Pénal Militaire 21, 22 et 23 du Code Pénal Ordinaire Livre Premier, dissipé, volé ou détourné des armes, munitions, véhicules, deniers, effets ou autres objets à lui remis pour le service ou appartenant à des militaires ou à l'Etat ;

En l'espèce, avoir à SONGO-MBOYO, localité de ce nom, secteur et territoire de BONGANDANGA, district de la MONGALA, Province de l'Equateur, en République Démocratique du Congo, le 23 décembre 2003, par coopération directe à l'exécution de l'infraction, détourné les armes de guerre du magasin d'armement et dissipé les munitions de guerre appartenant à l'Etat ;

Faits prévus et punis par les articles 5 et 74 du Code Pénal Militaire 21 et 23 du Code Pénal Ordinaire Livre Premier ;

C. POUR LE LIEUTENANT BOKILA LOLEMI, LE SOUS-LIEUTENANT VONGA WA VONGA, LE SOUS-LIEUTENANT MAHOMBO MANGBUTU, L'ADJUDANT YANGBANDA DUMBA ET LE PREMIER SERGENT KOMBE MOMBELE.

Avoir, comme auteur, coauteur ou complice selon l'un des modes de participation criminelle prévus aux articles 5, 6 du Code Pénal Militaire 21, 22 et 23 du Code Pénal Ordinaire Livre Premier, commis en bande les pillages ou dégâts des denrées, marchandises ou effets, soit avec des armes ou force ouverte, soit avec bris des portes et clôtures, soit avec violences envers les personnes ;

En l'espèce, avoir dans les mêmes circonstances de lieu et de temps que dessus, commis en bande les pillages de plusieurs biens dont une moustiquaire, un bidon de 25 litres, un bidon de 10 litres, un sac contenant des habits, 2 coqs et un canard au préjudice de la nommée BONKONO BANGANGU ; 4 pièces dame, un vélo, des assiettes au préjudice de la nommée BWALE NKANGA ; 5 pièces pour dame, deux moustiquaires, 2 casseroles, 2 soutiens gorge, 1 sac contenant des habits, 1 vélo et 9 poules au préjudice de la nommée IYOLO BOTEYA ; 3 casseroles, 1 bidon de 25 litres, 1 sac contenant des habits, 1 machette TRAMONTINA au préjudice de la nommée BOOMBI BOKETSHU ; des habits pour dame au préjudice de la nommée BOWOLE LOKULI ; des habits pour dame, une moustiquaire et des assiettes au préjudice de la nommée BOTONGA NKOMBE ; des pagnes et un bidon de 25 litres au préjudice de la nommée BOLUMBU MOSAMBE ; des assiettes, des habits pour dame et une moustiquaire au préjudice de la nommée BOLIKO BOKUSA ; 2 pagnes et une casserole au préjudice de la nommée BAASA BONKOSE ; une moustiquaire, un matelas, un bidon de 25 litres, 3 pièces pour dame, 4 casseroles et 6 assiettes au préjudice de la nommée LOFOTA BAKAMBO, et ce, avec armes et violence ;

Faits prévus et punis par les articles 5 et 63 du Code Pénal Militaire 21, 22 et 23 du Code Pénal Ordinaire Livre Premier ;

D. POUR LE LIEUTENANT BOKILA LOLEMI LES SOUS-LIEUTENANTS VONGA WA VONGA ET MAHOMBO MANGBUTU, L'ADJUDANT YANGBANDA PUMBA, LES PREMIERS SERGENTS KOMBE MOMBELE ET MOTUTA ALONDO ET LE SERGENT MOMBANYA NKOY.

Avoir, comme auteur, coauteur ou complice selon l'un des modes de participation criminelle prévus aux articles 5, 6 du Code Pénal Militaire 21, 22 et 23 du Code Pénal Ordinaire Livre Premier, commis un crime contre l'humanité ; En l'occurrence, avoir, dans les mêmes circonstances de lieu et de temps que dessus, par coopération directe à l'exécution de l'infraction, dans le cadre d'une attaque généralisée lancée contre la population civile de SONGO-MBOYO, et en connaissance de cette attaque, perpétré des viols collectifs sur les femmes de cette localité dont notamment EUGENIE BONGOLE, BONGOLE ILONDA, BONKONO BONGANBU, IFOLE LOONDO, BAASA BONKESE, BONGOLE LOKULI...

Faits prévus et punis par les articles 7g, 21 et 77 du Statut de Rome, 5, 165 et 169 du Code Pénal Militaire 21, 22 et 23 du Code Pénal Ordinaire Livre Premier ;

Vu le jugement rendu contradictoirement le 12 avril 2006 à SONGO-MBOYO dans le Territoire de BONGANDANGA par le Tribunal Militaire de Garnison de MBANDAKA dont le dispositif est conçu comme suit ;

« Par ces motifs ;

« Statuant contradictoirement ;

« Vu le statut de Rome de la Cour Pénale Internationale du 17 juillet 1998,
« en ses articles 7, 9, 21, 25, 26, 30, 31, 32, 33 et 77;

« Vu la loi N° 023/2002 du 18 novembre 2002 portant Code Judiciaire
« Militaire ;

« Vu la loi N° 024/2002 du 18 novembre 2002 portant Code Pénal Militaire
« en ses articles 4, 5, 62, 63, 74, 97, 140, 141, 165, 166 et 169 ;

« Vu le Décret-loi N° 013/2002 du 30 mars 2002 portant autorisation de
« ratification du Statut de Rome de la Cour Pénale Internationale du 17
« juillet 1998 ;

« Vu le Code Civil Congolais Livre Troisième, spécialement en ses articles
« 258 et 260 ;

« Faisant Droit :

« Le Ministère Public entendu;

« Le Tribunal Militaire de Garnison statuant contradictoirement pour les « prévenus :
« -Déclare les prévenus ELIWO NGOY, KALEMBA SEKWALO, BWAZU « MASEMBI, BOTONGA ILONGA et MAMBE SOYO non coupables des « faits mis à leur charge ;
« -Prononce leur acquittement ; ordonne leur libération immédiate et « met les frais à charge du Trésor Public ;
« -Déclare tous les prévenus non coupables de complot militaire, prononce « leur acquittement quant à ce ;
« -Déclare les prévenus MOTUTA ALONDO et MAHONDO MANGBUTU « non coupables de détournement d'armes de guerre et munitions de guerre, « les acquitte quant à ce;
« -Déclare le prévenu BOKILA LOLEMI FABIEN non coupable « d'usurpation de commandement ;
« -Prononce son acquittement quant à ce ;
« -Déclare le prévenu BOKILA LOLEMI FABIEN coupable d'outrage « envers son supérieur et d'incitation des militaires à s'armer contre la « population civile et le condamne comme suit :
« -s'agissant de l'outrage à son supérieur à 5 ans d'emprisonnement ;
« -s'agissant d'incitation des militaires à s'armer contre la population civile, à « 20 ans d'emprisonnement ;
« -Déclare les prévenus BOKILA LOLEMI, VONGA WA VONGA, « KOMBE MOMBELE et YANGBANDA DUMBA coupables de « détournement d'armes de guerre et dissipation des munitions de guerre ; les « condamne comme suit :
« -S'agissant du détournement d'armes de guerre à 10 ans « d'emprisonnement ;
« -S'agissant de la dissipation des munitions de guerre à10 ans « d'emprisonnement ;
« -Déclare les prévenus BOKILA LOLEMI, VONGA WA VONGA, « YANGBANDA DUMBA, MAHOMBO MANGBUTU et KOMBE « MOMBELE coupables de pillage et les condamne à 20 ans « d'emprisonnement ;
« -Déclare les prévenus BOKILA LOLEMI, VONGA WA VONGA, « MAHOMBO MANGBUTU, YANGBANDA DUMBA, KOMBE « MOMBELE, MOTUTA ALONDO et MOMBANYA NKOY coupables de « crime contre l'humanité et les condamne à l'emprisonnement à perpétuité ;
« -Faisant application de l'article 7 du Code Pénal Militaire, prononce « l'unique peine, celle la plus forte ;
« -Ainsi : BOKILA LOLEMI, VONGA WA VONGA, YANGBANDA « DUMBA, KOMBE MOTUTA, MAHOMBO MANGBUTU, « MOMBANYA NKOY et MOTUTA ALONDO, à l'emprisonnement à « perpétuité ;
« -Au paiement de 20.000 francs congolais d'amende, chacun en ce qui le

« concerne ;
« -A titre subsidiaire à la destitution des Forces Armées de la République
« Démocratique du Congo quant à BOKILA LOLEMI, VONGA wa
« VONGA MAHOMBO MANGBUTU ;
« -A la dégradation quant à YANGBANDA DUMBA KOMBE
« MOMBELE, MOTUTA ALONDO et MOMBANYA NKOYI ;
« -Laisse les frais d'instance fixés à 10.000 francs congolais à leur charge,
« payables dans 8 jours sous peine d'une contrainte par corps dont le délai ne
« pouvant excéder 6 mois ;

« **Quant aux actions mues par les parties civiles précitées ;**

« Déclare pour certaines leur constitution régulière en la forme et fondée
« quant à leurs motifs ; et par conséquent statuant ex aequo et bono,
« condamne les prévenus in solidum avec l'Etat Congolais en sa qualité de
« commettant, à payer à chaque partie civile le montant de dommages et
« intérêts selon la classification suivante :
« -10.000 $US pour victime de viol décédée ;
« -5.000 $US pour victime de viol survivante ;
« -500 $US pour marchandises pillées ;
« -200 $US pour autres effets pillés ;
« Ainsi,
« 1.Madame MARIE BOYELA aura droit à 10.000 $US payables en francs
« congolais pour viol ayant occasionné le décès de sa fille EUGENIE
« BONYOLE;
« 2.Madame BOKONO BANGANGU aura droit à 5.000 $US, payables en francs
« congolais pour préjudice à elle subi par le fait du viol et 200 $US pour pillage de ses
« effets personnels, payables en francs congolais ;
« 3.BONDEKE LOKULI aura droit à 5.000 $US payables en francs
« congolais pour préjudice à elle subi du fait du viol :
« a.BONGELE LOKULI aura droit à 5.000 $US, payables en francs
« congolais pour préjudice à elle subi du fait du viol ;
« b.IFOLE LOONDO aura droit à 5.000 $US payables en francs congolais
« pour préjudice à elle subi par le fait du viol et 200 $US payables en
« francs congolais pour pillage de ses effets personnels ;
« 4.BOLUMBU MOSAMBE aura droit à 5000 $US payables en francs
« congolais pour le préjudice à elle subi par le fait du viol et 200 $US,
« payables en francs congolais pour pillage de ses effets personnels ;
« 5.BAASA BONKOSO aura droit à 5.000 $US payables en francs
« congolais pour le préjudice à elle subi par le fait du viol et 200 $US
« payables en francs congolais pour pillage de ses effets personnels ;
« 6.NSOMBO BOFUWA aura droit à 5.000 $US payables en francs
« congolais pour le préjudice à elle subi par le fait du viol ;
« 7.BONGOLE ILONGA aura droit à 5.000 $US, payables en francs
« congolais pour le préjudice à elle subi par le fait du viol et 200 $US

« payables en francs congolais pour le pillage de ses effets personnels ;
« 8.BOALE NGANGA aura droit à 5.000 $US payables en francs congolais
« pour le préjudice à elle subi par le fait du viol et 200 $US payables en
« francs congolais pour le pillage de ses effets personnels ;
« 9.IYOLO BOTEYA aura droit à 5.000 $US payables en francs congolais
« pour le préjudice à elle subi par le fait du viol et 200 $US payables en
« francs congolais pour le pillage de ses effets personnels ;
« 10.BAYUMA MBOYO aura droit à 5.000 $US payables en francs
« congolais pour le préjudice à elle subi par le fait du viol ;
« 11.BOOMBI BOKETSHU aura droit à 5.000 $US payables en francs
« congolais pour le préjudice à elle subi par le fait du viol et 200 $US
« payables en francs congolais pour le pillage de ses effets personnels ;
« 12.IFOLE LOONDO aura droit à 5.000 $US payables en francs congolais
« pour le préjudice à elle subi par le fait du viol ;
« 13.Monsieur TIMOTHE NZAMBA BOTIKA aura droit à 500 $US,
« payables en francs congolais pour ses marchandises pillées ;
« 14.Monsieur MOBIA ENGINZI aura droit à 500$US payables en francs
« congolais pour ses marchandises pillées ;
« 15.Monsieur LOKOLE NKOY aura droit à 300 $US payables en francs
« congolais pour ses marchandises pillées ;
« Que les prétentions des parties civiles suivantes ont été déclarées
« recevables en la forme, mais non fondées quant à leur motif :
« 1.LUNATO LOKOTA .
« 2.ILANGA EFILE ;
« 3.IMOLO BAINDATE ;
« 4.LOFOTA BAKAMBO ;
« 5.BALILO BOKUSA ;
« 6.EFILE KOMBE ;
« 7.ELIMA LOKULI ;
« 8.LOKULI LOKULI ;
« 9.BOKOTSI BOLEKO ;
« 10.BASANGA ILANGA .
« 11.BOLUMBU ENTOKO ;
« 12.LOFELI BAENDE ;
« 13LIKANGA GEORGES ;
« 14.BOTONGA ;
« 15.LUMAYIOKOTO;
« 16.MBOYO ILEKOLA ;
« 17.BONGOLE ILONGA ;
« 18.DJEMI ANTOINE » ;

Vu l'appel interjeté par les parties civiles ci-haut citées suivant lettre missive reçue au Greffe du Tribunal Militaire de Garnison de MBANDAKA en date du 16 avril 2006 par le Sous-Lieutenant BANZA KASONGO, Greffier du siège ;

Vu l'appel interjeté par les prévenus BOKILA LOLEMI, VONGA WA VONGA, MAHOMBO MANGBUTU, YANGBANDA DUMBA, KOMBE MOMBELE, MOTUTA ALONDO et MOMBANYA NKOY suivant lettres missives reçues au Greffe du Tribunal Militaire de Garnison de MBANDAKA en date du 14 avril 2006 par le Greffier du siège ci-haut cité ;

Vu l'appel interjeté par l'Officier du Ministère Public suivant lettre missive reçue au Greffe du Tribunal Militaire de Garnison de MBANDAKA en date du 16 avril 2006 par le même Greffier du siège ;

Vu l'appel interjeté par la République Démocratique du Congo, civilement responsable, par lettre missive de Maître MBANGUINI, Avocat au Barreau de MBANDAKA, porteur d'une procuration spéciale, reçue au Greffe du Tribunal Militaire de MBANDAKA en date du 16 avril 2006 par le Greffier sus-identifié ;

Vu la fixation de la cause à l'audience de vendredi 2 juin 2006 par Ordonnance du Premier Président de la Cour Militaire de l'Equateur du 24 mai 2006 ;

Vu la notification de la date de l'audience à toutes les parties, par exploits du Lieutenant TONDA Martin, Greffier, en date du 25 mai 2006 ;

Vu la notification d'appel et citation à comparaître à prévenu établies par le Lieutenant TONDA MARTIN, Greffier, invitant les prévenus BOKILA LOLEMI, VONGA wa VONGA, MAHOMBO MAGBUTU, MOMBANYA NKOY, YANGBANDA DUMBA, KOMBE MOMBELE et MOTUTA ALONDO à comparaître par devant la Cour Militaire de l'Equateur à l'audience du 2 juin 2006 à 10 heures ;

Vu le procès-verbal de tirage au sort des membres assesseurs de la composition du siège de la Cour Militaire de l'Equateur ;

Vu la prestation de serment des membres assesseurs de la composition du siège de la Cour Militaire de l'Equateur ;

Vu l'appel de la cause à l'audience à laquelle comparaissent :

a. En personne tous les prévenus régulièrement cités assistés de leurs conseils à savoir : Maîtres KOYAKOSI et KONGA, respectivement Avocats aux barreaux de KINSHASA GOMBE et KINSHASA MATETE ;
b. Les parties civiles, représentées par le collectif d'avocats dont :
   a. Maître ALEXIS MIKANJI ;
   b. Maître BEATRICE LOKAYA ;
   c. Maître FAUSTIN NYEMBO ;
   d. Maître DONATIEN MBEYA ;
   e. Maître GAUDIT BOKWANGO, tous Avocats aux Barreaux de KINSHASA et de MBANDAKA ;
c. la République Démocratique du Congo, civilement responsable, représentée par Maître MBANGUINI, Avocat au barreau de MBANDAKA.

Vu l'instruction de la cause à cette audience au cours de laquelle, appelées à motiver la raison d'être de leurs appels, les parties ont respectivement exposé ce qui suit :

a) Pour les parties civiles :

Les dommages-intérêts leur alloués ont été modestes, par conséquent non satisfactoires d'une part, et que d'autre part, l'action civile mue par les victimes BELONGO BOFAYA et IFOLI, NKOMBE Mélanie et consorts, a été déclarée recevable et non fondée ;

Par ailleurs, le premier juge n'a pas répondu à la préoccupation de Monsieur RICHARD LOFELI BANDE bien que celui-ci se soit constitué régulièrement partie civile en cours d'instance ;

b) Pour le Ministère Public :

Il fonde son action sur l'article 15 de l'Arrêté d'organisation Judiciaire portant règlement d'ordre intérieur des Tribunaux et Parquets et ce, à toutes fins utiles ;

c) Pour les prévenus :

La défense des prévenus a relevé l'insuffisance de motivation du premier juge quant aux décisions prises conformément aux articles 7 du Statut de Rome et 74 et 107 du Code Judiciaire Militaire, mauvaise application de la loi et mauvaise qualification des faits ;

Par ailleurs, le Tribunal Militaire de Garnison de MBANDAKA a uniformisé les dommages-intérêts alloués aux parties civiles alors que les préjudices subis ne sont pas identiques et qu'en outre, au regard des préjudices déclarés, les dommages-intérêts s'avèrent excessifs ;

d) Pour la partie civilement responsable :

Le Tribunal Militaire de Garnison de MBANDAKA a violé les articles 21 de la Constitution, 87 du Code de Procédure Pénale et 28 du Statut de ROME en ce que la décision judiciaire prise n'a pas été suffisamment motivée ;

Vu les remises en prosécution de la cause aux audiences du 3 juin et 5 juin 2006 ;

Vu l'instruction de la cause aux audiences successives de la Cour Militaire de l'Equateur du 3 juin et 5 juin 2006 au cours desquelles les prévenus comparaissent en personne assistés de leurs conseils habituels, les parties civiles et la partie civilement responsable, régulièrement représentées par leurs conseils respectifs et habituels ;

Ouï les parties civiles dans leurs conclusions présentées par leurs conseils tendant à ce qu'il plaise à la Cour Militaire de l'Equateur de confirmer la décision du premier juge dans toutes ses dispositions exceptées celles relatives au non fondement des actions civiles ILANGA IFILI, IMOLO BAINDATE LOFOTA BAKAMBO, BOLILO BOKOSA, EFILI NKOMBE, ELIMA LOKULI, LOKULI LOKULI, BOKOTSHI BOLEKO, BOSANGA ILANGA, BOLUMBU ENTOKO, LOFELI BAENDE, LIKANGA GEORGES, BONTONGA NKOMBE, LUNAYI OKOTA, MBOYO ILEKOLA, BONGOLE ILONGA, mais également sur les taux des dommages-intérêts ; émendant quant à ce et faisant ce que le premier juge aurait dû faire ; condamner les prévenus in solidum avec la République ; allouer 10.000 $US aux victimes de viol ; 10.000 $US aux commerçants victimes de pillage, 20.000 $US à la partie Marie BOYELA et 20.000 $US à Richard LOFELI ; et ce sera justice ;

Ouï l'Auditeur Militaire Supérieur, Ministère Public dans ses réquisitions conformes tendant à ce qu'il plaise à la Cour Militaire de l'Equateur de confirmer la décision du premier juge dans toutes ses dispositions ;

Vu l'acte donné à ces réquisitions ;

Ouï les prévenus dans leurs dires et moyens de défense présentés tant par eux-mêmes que par leurs conseils ci-avant cités en ce qu'il plaise à la Cour Militaire, sous réserve d'autres causes considérées comme reprises intégralement depuis le premier degré, à titre principal de dire recevable et fondé l'appel relevé par les concluants, infirmer le jugement entrepris dans tous ses dispositifs, statuant à nouveau et faisant ce qu'aurait fait le premier juge, dire non établies en fait et en droit toutes les infractions mises à charge des concluants pour insuffisance des preuves, les renvoyer de toutes fins de poursuite ; subsidiairement si la Cour estime certains faits établis dans le chef de l'un ou de l'autre prévenu, disqualifier les faits et les requalifier autrement en retenant la qualification la plus simple, accorder aux prévenus des larges circonstances atténuantes compte tenu du fait qu'ils sont des délinquants primaires et eu égard à leur personnalité ;

Ouï la République Démocratique du Congo, civilement responsable dans ses conclusions tendant à ce qu'il plaise à la Cour Militaire de l'Equateur de dire recevable et partiellement fondé son appel, d'annuler en conséquence le jugement a quo dans ses dispositions relatives aux dommages et intérêts en ce qu'il l'a condamné ; statuant à nouveau et faisant ce que le premier juge aurait dû faire ; s'entendre condamner aux paiements in solidum avec leur civilement responsable des dommages et intérêts au bénéfice des parties civiles, dont le montant est fixé ci-dessus ; frais à charge du Trésor ;

Sur quoi, le Premier Président déclare les débats clos, la Cour Militaire de l'EQUATEUR prend la cause en délibéré et à la majorité des membres de sa composition, après vote au scrutin secret, rend l'arrêt dont la teneur suit :

I. EXPOSE DES FAITS.

Il résulte des pièces versées au dossier et des débats à l'audience que pour les besoins stratégiques de l'époque, le 9ème Bataillon Infanterie de la 39ème Brigade, commandé par le Capitaine RAMAZANI avait été implanté à SONGO MBOYO, localité située à une dizaine de kilomètres de BONGANDANGA, Territoire du même nom, dans le District de la MONGALA;

Jusqu'à la veille du 21 décembre 2003, ladite localité avait connu une vie paisible en dépit de la promiscuité des populations militaire et civile qui l'habitaient depuis cinq ans ;

Cependant, deux événements allaient bouleverser la paix dans cette localité. Il s'agit du brassage du 9ème bataillon à MBANDAKA qui impliquait donc un départ immédiat des militaires et l'application imminente du nouveau barème salarial des FARDC dont l'unique paie était d'ailleurs annoncée.

C'est justement pour assurer cette paie des militaires que le Capitaine RAMAZANI, Commandant de Bataillon s'est rendu à BASANKUSU, siège de l'Etat-Major de la Brigade. Le retour à SONGO-MBOYO, à l'aube du 21 décembre 2003 avec la paie fut salué par les militaires avec des cris de joie.

Mais, cet apparent bonheur fut de courte durée. En effet, toute la journée du 21 décembre 2003 s'écoula presque sans que la paie tant attendue ne soit effective. Le Commandant de Bataillon convoqua plutôt, vers 19 heures, une réunion d'Etat-Major avec comme ordre du jour, la paie du Bataillon sans tenir compte de l'état d'esprit de la troupe lui communiqué par le Lieutenant BOSIKO, l'Officier des Renseignements.

Cette manœuvre maladroite du Commandant paraissait suspecte aux yeux de la troupe d'autant plus d'ailleurs que le bruit courrait depuis le matin que celui-ci n'allait pas appliquer intégralement le nouveau barème.

Au cours de ladite réunion, il tenta d'imposer à ses Officiers sa décision d'organiser la paie en deux tranches, la première payable à SONGO-MBOYO et la seconde à MBANDAKA où le Bataillon devait se rendre incessamment pour le brassage.

Cette attitude manifestement malveillante du Commandant n'enchanta pas ses interlocuteurs qui mirent brutalement fin à ladite réunion vers 20 heures dans un désaccord total.

Devant cette situation, le Lieutenant BOKILA LOLEMI perdant toute retenue, apostropha durement le Commandant de Bataillon devant ses collègues Officiers entre autres les Lieutenants AGOLOWA, BOSIKO etc... en ces termes : « OKOLIA NGAI LELO, OKOBOMA NGAI LELO ».

Dans l'entre-temps, la nouvelle de l'échec de la réunion s'était vite répandue dans le camp par le fait de l'Adjudant-Chef LOFAMU BATUAFE, RSM du Bataillon qui, aussitôt après avoir quitté ses collègues, avait rejoint le gros de la troupe en prière dans l'église de l'Assemblée des Saints de la place.

Après avoir mis ses compagnons d'armes au courant de la situation, insistant sur l'attitude maligne du Commandant de Bataillon, il les poussa derechef d'aller récupérer leur paie entre les mains de celui-ci pour parer à toute velléité de détournement de sa part.

Devant ces propos, la tension des militaires monta d'un cran et dans leur affolement, ceux-ci s'étaient spontanément dirigés d'abord au magasin d'armement, chassant sur leur route les Lieutenants AGOLOWA, le Commandant Second du Bataillon et MUHOZA Félix, l'Officier d'Organisation (S'3) qui essayaient de s'interposer et plus loin, désarmant les gardes de leur Commandant.

Après s'être emparés des armes, ils se dirigèrent à la résidence de l'Officier Logistique (S'4) où ils se servirent en munitions. C'est alors seulement qu'ils s'élancèrent à la recherche de leur Commandant en fuite avec dans sa poche l'enveloppe salariale.

Ne l'ayant pas trouvé, ils firent des rondes dans le camp à la recherche de ses complices c'est-à-dire, les Officiers comme lui. Il y a lieu de retenir en passant que cette nouvelle paie avait suscité beaucoup d'espoir non seulement chez les militaires mais aussi dans la population civile de SONGO MBOYO et des villages voisins qui voyaient en elle la réalisation de bonnes affaires.
Avant donc l'arrivée des fonds, hommes et femmes avaient accouru de partout avec leurs marchandises au marché de SONGO MBOYO, espérant gagner de l'argent auprès des militaires. Ils avaient donc suivi tous la dégradation de la situation dans le camp sans en réaliser à temps l'aspect fatal.

C'est aux bruits des chansons et des coups de feu qu'ils s'étaient finalement rendus compte que les militaires avaient tourné leurs canons sur eux. Ce fut l'apocalypse dans cette localité de SONGO-MBOYO. En effet, les crépitements d'arme fusaient de partout et les pauvres villageois avaient cru trouver la vie sauve en se barricadant dans leurs habitations. Cependant, déchaînés et surtout livrés à eux-mêmes, les militaires les y poursuivirent, les débusquant comme des bêtes sauvages.

Agissant en groupes, les insurgés se livrèrent au pillage de toutes les maisons de SONGO-MBOYO, emportant tout ce qui pouvait représenter une certaine valeur (voir liste au dossier). Parmi les militaires qui ont pillé, on pouvait notamment voir les prévenus BOKILA, YANGBANDA et KOMBE...

D'une part, les femmes du village furent massivement violées à tour de rôle en présence de leurs maris, leurs enfants, leurs sœurs, frères ou parents impuissants. D'autre part, des parents furent également violés devant leurs enfants et vice-versa. Aucune femme adulte ne fut épargnée, même les plus vieilles en furent victimes.

Parmi les bourreaux, on pouvait voir les prévenus BOKILA, YANGBANDA, KOMBE, VONGA MATUTA et MOMBANYA nettement identifiés par plusieurs victimes (voir dossier). Les hommes avaient été brutalisés, humiliés sans commune mesure devant leurs femmes et leurs enfants. Plusieurs d'entre eux avaient été contraints d'assister aux viols de leurs femmes et de leurs filles.

Du 21 décembre 2003 vers 21 heures au lendemain du 22 vers 7 heures, les militaires avaient terrorisé, saccagé et abusé de tout SONGO-MBOYO à l'aide de leurs armes.

Après ces événements, plusieurs militaires furent arrêtés sur ordre de la hiérarchie militaire et un inventaire des victimes et des dégâts occasionnés fut dressé ;

Parmi les femmes violées l'une d'elles, la nommée EUGENIE BONYOLE était décédée des suites de viol. Un rapport médical établi par le Docteur LUBAGA, Gynécologue requis par le Ministère des Droits Humains, versé au dossier en dépit du temps écoulé est assez révélateur en ce qu'il contient des indications sur les conséquences éventuelles de ces viols ;

Quant aux dégâts matériels, les enquêtes font état de plusieurs biens emportés allant de la perte de sommes d'argent, des marchandises aux simples biens usuels d'une habitation ou d'une famille ;

Tels sont les faits de la cause ;

II. DISCUSSION EN DROIT :

Les faits ci-haut décrits réalisent les infractions ci-après :

1. Outrage envers son supérieur;
2. Incitation des militaires à s'armer contre la population civile
3. Détournement et dissipation des armes et munitions de guerre;
4. Pillage;
5. Crime contre l'humanité par viol.

1. De l'outrage envers son supérieur à charge du prévenu BOKILA LOLEMI alias FABIEN :

Le prévenu sus visé est poursuivi aux termes de l'article 97 du Code Pénal Militaire pour avoir étant Lieutenant des FARDC et Commandant de Compagnie, tenu des propos menaçants à l'égard du Capitaine RAMAZANI, son Commandant Bataillon du genre « OKO BOMA NGAI LELO », expression de défiance qui veut bien dire « prêt à mourir pour sa solde » ;

L'infraction prévue par cet article requiert, pour sa constitution, la réunion de quatre éléments, à savoir :

a. la qualité de l'agent ;
b. l'acte incriminé ;
c. la victime d'outrage ;
d. l'élément moral.

a. L'agent doit être un militaire, un individu au service des FARDC ou individu embarqué ; bien entendu, dans le cas d'espèce, il s'agit du prévenu BOKILA LOLEMI Fabien, un Officier des FARDC revêtu du grade de Lieutenant et de surcroît Commandant de Compagnie dans le 9ème Bataillon ;

b. S'agissant de l'acte incriminé, il est dit qu'il doit consister dans un outrage envers un supérieur c'est-à-dire, dans un fait, des paroles, écrits, gestes ou menaces de nature à porter atteinte à l'autorité ou à la considération reconnue à son supérieur;
Sur ce point précis, l'Officier du Ministère Public a soutenu que des propos tels que « NAKOBULA YO »proférés par le prévenu BOKILA envers le Capitaine RAMAZANI, son Commandant de Bataillon, constituaient l'acte d'outrage requis pour la réalisation de l'infraction à l'article 97 du Code Pénal Militaire ;

Pour la défense, la prétention de l'Officier du Ministère Public (OMP) manque de pertinence. Selon elle, le prévenu susvisé, en sa qualité d'Officier et de surcroît Commandant de Compagnie, n'a pu se rendre coupable d'un tel comportement. D'ailleurs, il n'a avancé aucune preuve en appui à cette prétention ;

Bien entendu, la Cour de céans, puisant dans le dossier judiciaire ad hoc, constate que les propos du Ministère public sont corroborés par les dépositions du Lieutenant AGOLOWA, Commandant Second 9ème Bataillon, du Lieutenant MAHOZI FELIX du Bureau 3 et du Lieutenant BOSIKO, Officier de Renseignements, présents au moment des faits. Il y a donc lieu d'affirmer que l'acte d'outrage a bel et bien été réalisé par le prévenu précité ;

c. La victime d'outrage doit être son supérieur ou un supérieur, en d'autres termes, tout Chef hiérarchique de l'agent bénéficiant d'un grade élevé ou revêtu d'un même grade ou d'un grade inférieur, mais assumant des fonctions supérieures à celles de l'agent ;

En l'espèce, le Capitaine RAMAZANI, victime d'outrage, est non seulement supérieur en grade au prévenu BOKILA mais il est encore son Commandant Bataillon ;

d. Enfin, l'élément moral consiste dans le fait pour le prévenu précité d'avoir tenu en toute liberté des propos offensants envers son supérieur. Il s'ensuit que tous les éléments requis pour la constitution de l'infraction analysée sont réunis dans le chef du prévenu BOKILA LOLEMI Fabien ;

2. **De l'incitation à s'armer contre la population civile à charge de BOKILA LOLEMI Fabien** :

Le prévenu BOKILA LOLEMI est en outre poursuivi conformément à l'article 141 du Code Pénal Militaire pour avoir incité des militaires du 9ème Bataillon à s'armer contre la population civile de la localité de SONGO MBOYO.

La réalisation de cette infraction requiert la réunion des éléments constitutifs suivants :
- Un fait matériel d'incitation ;
- Moyens utilisés par l'agent ;
- Elément moral.

L'incitation est le fait d'exciter, d'exhorter, d'encourager, de faciliter la commission d'une infraction. En effet, pour l'Officier du Ministère Public, l'acte incitateur consiste dans le fait pour le prévenu BOKILA d'avoir désarmé, en présence des autres militaires de rang, les gardes du Capitaine RAMAZANI, son Commandant Bataillon ;

Cependant, sur ce point, la Cour note que ni dans le corps du dossier ni à l'audience, l'Officier du Ministère Public n'en a rapporté la preuve. Il est plutôt acquis à l'audience que, d'une part, bien que trouvé en possession d'une arme MAG (mitrailleuse à gaz), le prévenu BOKILA ne s'était jamais attaqué aux gardes de son supérieur pour s'emparer de cette arme et d'autre part, ce sont les militaires excités par le nommé LOFAMU, Adjudant RSM du Bataillon, qui étaient les auteurs d'exaction sur les gardes précités avant de s'élancer vers le magasin d'armement ;

Au regard de ce qui précède, la Cour conclut que l'élément matériel constitutif de l'infraction d'incitation des militaires à s'armer contre la population civile mise à charge du prévenu BOKILA n'est pas établi. Il est donc superfétatoire d'analyser les autres éléments ;

3. Du détournement et de la dissipation d'armes et munitions de guerre à charge de BOKILA LOLEMI, VONGA WA VONGA, YANGBANDA et KOMBE :

Les prévenus sus nommés sont poursuivis pour avoir détourné des armes au magasin d'armement du 9ème Bataillon et dissipé des munitions de guerre appartenant aux Forces Armées de la RDC conformément à l'article 74 du Code Pénal Militaire ;

En effet, ces infractions requièrent pour leur réalisation, la réunion des éléments suivants :

Un acte matériel de détournement ou de dissipation ; les objets protégés par la loi, l'appartenance de ces objets ; l'élément moral.

L'acte de détournement consiste dans un changement d'affectation d'un des effets visés par la loi, entre autres, les armes, les munitions de guerre etc. Ce qui implique une détention précaire de la chose.

Quant à l'acte de dissipation, celui-ci s'entend comme étant un gaspillage, une perte inutile des munitions de guerre notamment ;
Au regard de ces deux éléments, la défense, en rencontrant l'accusation, catégorise, dans ses moyens, les prévenus en deux groupes. Selon elle, si l'acte de détournement ou de dissipation semble établi pour BOKILA LOLEMI et VONGA wa VONGA, il n'en est pas de même pour KOMBE et YANGBANDA ;

En effet, le prévenu KOMBE bien qu'avouant la détention d'une arme par dévers lui, a cependant précisé, avoir ramassé celle-ci sur la voie publique pendant les événements. Ce qui écarte l'élément moral dans son chef. En outre, la défense fait également observer qu'aucune preuve n'accable le prévenu YANGBANDA quant au détournement d'une arme par lui ;

Sur ce dernier point, l'organe de la loi est resté muet. Pour sa part, la Cour de céans relève, à l'instar de la défense des prévenus, qu'il n'existe aucune preuve sur le détournement ni sur la dissipation à charge des prévenus YANGBANDA et KOMBE en dépit du fait que ce dernier aurait, devant l'Officier du Ministère Public, avoué s'être procuré lui aussi une arme au magasin au vu et au su du commerçant NZAMBA BOTAKA, de la nommée IYOLO BOTEYA Jeannine, l'épouse de l'Agronome NKUMA et de la nommée EFILI Mélanie dont les maisons sont voisines du magasin d'armement. Un tel comportement même s'il était évident ne rentre pas dans la définition sus-énoncée de l'acte de détournement.

Quant au prévenu BOKILA LOLEMI, quand bien même les Lieutenants AGOLOWA, MAHOZI FELIX et les nommés NKUMA, Agronome de la place et le Préfet de l'Ecole de SONGO MBOYO ont déclaré l'avoir vu avec deux armes MAG (mitrailleuse à gaz), la Cour de céans observe que ni les pièces du dossier de la cause ni l'instruction à l'audience n'ont pu apporter la preuve qu'il détenait lesdites armes à titre précaire avant d'en changer la destination ;

Il en est de même du prévenu VONGA wa VONGA en dépit du fait que les nommées SAFI, épouse du prévenu BOKILA LOLEMI, IYOLO BOTEYA Jeannine et de nombreuses autres femmes violées par lui ont témoigné l'avoir vu avec une arme;
De ce qui précède, la Cour de céans estime que l'acte de détournement ou de dissipation n'est pas établi à charge desdits prévenus et qu'il est superfétatoire d'analyser les autres éléments constitutifs de cette infraction.

4. Du pillage à charge de BOKILA LOLEMI, YANGBANDA, DUMBA, MAHOMBE MANGBUTU et KOMBE MOMBELE

Il est entendu que les prévenus susnommés sont poursuivis pour avoir commis en bande le pillage des biens de la population avec des armes de guerre conformément à l'article 63 du Code Pénal Militaire.

Cette infraction, pour sa constitution, requiert la réunion des éléments suivants:
- L'existence des militaires ou individus embarqués en bande,
- L'acte matériel ;
- Et les éléments intellectuels ;

D'abord, les agents doivent avoir la qualité de militaires ou d'individus embarqués. En effet, il y a impérieuse nécessité que les auteurs matériels soient en bande constituant un groupe des hors-la-loi, l'infraction étant par nature plurale.

Ensuite, l'infraction doit être caractérisée par des actes matériels de pillage stricto sensu et des dégâts qui en résultent (MUTATA LUABA, Droit Pénal Militaire Ed. KIN 2005 p.135). Ces actes consistent dans l'appropriation violente ou forcée, ou simplement dans la destruction collective du patrimoine de l'Etat, des institutions publiques ou privées ou du patrimoine des particuliers ;

Enfin, l'élément intellectuel consiste dans l'intention frauduleuse des agents, conçue pour s'emparer ou détruire des biens en véritables propriétaires alors qu'ils sont conscients de leur appartenance à autrui et indépendamment de la volonté des légitimes détenteurs (MUTATA LUABA Droit Pénal Militaire, p.136) ;

Dans le cas d'espèce, la Cour de céans constate que tous les prévenus déférés devant elle sont des militaires des FARDC qui, au regard de leur nombre constituent une bande des hors-la-loi, élément indispensable pour caractériser les pillages ;

Par bande, il faut entendre un groupe des hors-la-loi qui, même dépourvus des armes peuvent commettre des actes de pillage (MUTATA LUABA, Droit Pénal Militaire, p 134).

D'après des témoignages concordants et convergents tirés des dépositions des Lieutenants AGOLOWA, MUHOZA Félix et BOSIKO, seuls les prévenus BOKILA, VONGA et KOMBE ont méchamment détruit les habitations et emporté des biens de la population tels que marchandises, sommes d'argent etc.

Sur ce point, il y a lieu d'invoquer les dépositions des victimes survivantes en guise d'illustration étant entendu que celles-ci constituent des évidences que ni les prévenus eux-mêmes, ni leurs conseils n'ont pu écarter pendant l'instruction à l'audience de la Cour ;

En effet, le prévenu BOKILA a pillé 30 morceaux de viande au préjudice du Lieutenant DJANGO ; un montant de 200 FC, une sacoche, deux pièces wax, trois robes, un moustiquaire, un bidon de 25 litres, un bidon de 10 litres, une pompe à purger, deux pantalons, quatre complets, une jupe, une culotte au préjudice de la nommée BOKOMO BANGUNGU. Il en a fait autant également au préjudice de la nommée IYOLO BOTEYA Jeannine ;
Quant au prévenu VONGA, il a été reconnu qu'il s'était emparé des biens tels que : un vélo appartenant au nommé BWALE KANGA et un autre appartenant à la nommée IYOLO BOTEYA, l'épouse de l'Agronome NKUMA ; il a également emporté les marchandises des nommés MOBYA et LOKOLE NKOY, des hôtes du prévenu BOKILA ;

S'agissant enfin du prévenu KOMBE, celui-ci, après s'être introduit au domicile du nommé ZAMBA BOTAKA Timothée alias le Blanc, y a emporté toute sa marchandise ;

De ce qui précède, la Cour constate que tous les éléments constitutifs de l'infraction analysée sont réunis dans les chefs des trois prévenus précités (BOKILA, VONGA et KOMBE) ;

Par contre, elle note que l'Officier du Ministère Public, bien qu'il ait traduit les prévenus MAHOMBO et YANGBANDA du chef de cette même infraction, n'a pas pu apporter la preuve de leur culpabilité ;

5. Du crime contre l'humanité à charge de BOKILA, VONGA, KOMBE, MAHOMBO, MOTUTA YANGBANDA et MOMBANYA

Du Droit applicable

Les crimes contre l'humanité se trouvent réglementés aussi bien par la loi N° 024/2002 du 18 novembre 2002 portant Code Pénal Militaire dans la législation congolaise que par le Statut de Rome de la Cour Pénale Internationale du 17 juillet 1998, ratifié par l'Etat Congolais par Décret-loi N° 0013/2002 du 30 mars 2002 portant autorisation de ratification du Statut de Rome de la Cour Pénale Internationale ;

Aux termes de l'article 153 in fine de la Constitution de la République Démocratique du Congo, outre les lois, les juridictions civiles et militaires appliquent également les traités et accords internationaux dûment ratifiés;

Dans le cas d'espèce, le crime contre l'humanité imputé aux prévenus est réglementé alors par deux instruments juridiques en conflit quant à sa définition ;

Les traités et accords internationaux régulièrement conclus ont dès leur publication, une autorité supérieure à celle des lois, sous réserve pour chaque traité ou accord de son application par l'autre partie (article 213 Constitution de la RDC) ;

A ce principe de règlement de conflit des lois, le Statut de Rome de la Cour Pénale Internationale est très favorable aux prévenus et rejoint la Doctrine constante qui dispose qu'en pareille circonstance, c'est la loi la plus douce qui est d'application, en l'espèce, le Statut de Rome qui écarte la peine capitale et qui dispose des mécanismes protecteurs efficaces des victimes. En conséquence, il doit être retenu dans le cadre du procès en cours ;

Les prévenus susvisés sont poursuivis conformément à l'article 7 du Statut de Rome, pour avoir à SONGO MBOYO, dans le cadre d'une attaque généralisée, lancée contre la population civile pendant laquelle des viols massifs, collectifs ont été commis au préjudice de plusieurs femmes ;

On entend par crime contre l'humanité l'un quelconque des actes prévus à l'article 7 lorsqu'il est commis dans le cadre d'une attaque généralisée ou systématique lancée contre toute population civile et en connaissance de cette attaque (article 7 alinéa 1er, Statut de Rome in Cour Pénale Internationale, Statut, P-4);

En l'espèce, ce sont les différents viols commis massivement sur la population féminine de la localité de SONGO-MBOYO qui constituent l'infraction de crime contre l'humanité de l'article 7 alinéa 1er g ;
Les éléments constitutifs de cette infraction, au regard du Statut de Rome consistent dans les faits suivants :

- L'auteur a pris possession du corps d'une personne de telle manière qu'il y a eu pénétration, même superficielle, d'une partie du corps de la victime ou de l'auteur par un organe sexuel, ou de l'anus ou du vagin de la victime par un objet ou toute partie du corps ;
- L'acte a été commis par la force ou en usant à l'encontre desdites ou de tierces personnes de la menace de la force ou de la coercition, telle que celle causée par la menace de violences, contrainte, détention, pressions psychologiques, abus de pouvoir ou bien à la faveur d'un environnement coercitif, ou encore en profitant de l'incapacité de ladite personne de donner son libre consentement ;
- Le comportement faisant partie d'une attaque généralisée ou systématique dirigée contre une population civile ;
- L'auteur savait que le comportement faisait partie d'une attaque généralisée ou systématique dirigée contre une population civile ou entendait qu'il en fasse partie ;

Dans le cas en étude, il a été établi que les prévenus susvisés ont imposé des conjonctions sexuelles à leurs victimes dans le cadre d'une attaque généralisée.

Il a été jugé que le caractère généralisé peut résulter du fait que l'acte présente un caractère massif, fréquent et que mené collectivement, il revêt une gravité considérable et est dirigé contre une multiplicité de victimes (chambre de première instance, 6 décembre 1999, page 69, MUSOMA, TPIR) ;

En effet, le viol commis par les militaires dans le cas de figure constitue une forme de tortures à des fins d'humiliation. Il constitue donc une atteinte à la dignité de la personne ;

Sur ce point, la Cour de céans considère, partant du principe de la liberté des preuves, que les déclarations d'une victime faites de façon plus complète peuvent constituer des preuves à charge des prévenus dès lors qu'elles sont corroborées par d'autres témoignages analogues ;

S'agissant des prévenus BOKILA LOLEMI et VONGA wa VONGA poursuivis pour avoir commis le viol sur la personne de la nommée BONKOMO BANGANGU, si militairement il paraît illogique au regard du témoignage de la victime que le Lieutenant BOKILA, de loin supérieur en grade par rapport à VONGA wa VONGA puisse prendre possession de sa victime en second lieu, il se révèle que les deux prévenus avaient préalablement consommé de la boisson alcoolique ;

D'ailleurs, l'instruction à l'audience a démontré que le prévenu VONGA n'avait aucune considération pour BOKILA, du reste son promotionnel ;

Isolément, le prévenu BOKILA a commis le viol sur la personne de IYOLO BOTEYA et BONDEKE LOKULI encore célibataires ;

La prise de possession des victimes étant réalisée, l'infraction est alors établie à sa charge ;

Le prévenu VONGA wa VONGA est quant à lui poursuivi pour le viol des nommées BAASA BOKOLE, GONGO LOKULI, N'SOMBO FOFUWA, BONGOLE ILONGA, BWALE NKANGA IFILI, IYOLO BOTEYA et BAYUMA MBOYO. A cet égard, la défense, dans ses moyens rejette les faits lui imputés au motif d'impossibilité physique de prendre neuf femmes en l'espace de six heures. Elle établit en outre l'impossibilité matérielle pour le prévenu impuissant d'accomplir l'acte sexuel constitutif du viol à sa charge ;

L'Officier du Ministre Public, rencontrant ces moyens de la défense a fait observer que la réalisation du viol n'est pas soumise à la satisfaction sexuelle éprouvée par l'agent. Il faut et il suffit seulement qu'il y ait intromission de l'organe génital masculin dans celui de la femme. C'est à ce titre que l'intéressé a eu des conjonctions sexuelles avec toutes les victimes.

D'ailleurs, de toutes ses victimes, seule BWALE NKANGA reconnaît avoir reçu la semence du prévenu VONGA ;
La Cour de céans faisant siennes les observations de l'organe de la loi, note également que le prévenu vivait avec deux femmes dont l'une portait un bébé de huit mois ; un simple calcul fait remonter la grossesse à une époque voisine des faits sous examen ;

Quant au prévenu YANGBANDA, il est poursuivi pour avoir commis le viol sur les nommées BONGELI LOKULI, IFOLE LOONDO, BOTONGA NKOMBE, LUMAYI OTOKO, MBOYO ILEKOLA et BOLUMBU MOSAMBE.

Les éléments du dossier judiciaire renseignent qu'effectivement le prévenu sus visé a commis tous ces actes. Il en est de même du prévenu KOMBE qui a violé MAASA BONKESE et Eugénie BONYOLE qui en est morte d'ailleurs. Il en est de même pour le prévenu MOMBANYA qui a violé Eugénie BONYOLE, l'épouse du Commandant Bataillon. Il en est encore de même pour le prévenu MOTUTA qui a violé les nommées IFOMA LIONZE Marie Thérèse et BOLUMBU LOKULI ;

En ce qui concerne le prévenu MAHOMBO, la Cour de céans a constaté que de par son expérience dans l'armée (32 ans de carrière), il ne pouvait pas s'auto dénoncer alors qu'il commettait le viol sur la nommée LOFOTA BAKAMBO. En effet, la Cour considère que si viol il y avait, ce ne pouvait pas être l'œuvre de prévenu, mais d'une autre personne qui a usé de ce stratagème pour dérouter la victime ;

Elle accrédite la version du prévenu selon laquelle il est resté enfermé dans sa maison avec les siens et la mère du Chef de Localité aujourd'hui décédée ;

La Cour de céans constate encore que le viol reproché aux prévenus a été commis dans un environnement assez particulier à savoir, une attaque généralisée. C'est dans ce contexte que la résistance des victimes a été annihilée ;

DE LA RECEVABILITE DE L'APPEL DES PARTIES :

a. Conditions de fond.

L'article 276 du Code Judiciaire Militaire dispose qu'exceptés les arrêts rendus par les Cours Militaires Opérationnelles, les arrêts et jugements des Cours et Tribunaux Militaires sont susceptibles d'opposition et d'appel ;

Le droit de faire appel est accordé à toute partie au procès, c'est-à-dire au prévenu, à l'Officier du Ministère Public, à la partie civile et au civilement responsable (*G. Stefanî, G. Levasseur et B. Bouloc, Procédure Pénale, 10ème édition, DALLOZ, 1987, p.989*) ;

La Cour constate que toutes les parties au premier degré ont relevé appel du jugement rendu le 12 avril 2006 par le Tribunal Militaire de Garnison de MBANDAKA ;

Quant à la juridiction appelée à recevoir l'appel du jugement rendu par le Tribunal Militaire de Garnison de MBANDAKA, le principe de solution est édicté par l'article 279 alinéa 1er du Code Judiciaire Militaire sus évoqué aux termes duquel : « L'appel est interjeté devant les juridictions ci-après :...

la Cour Militaire, lorsque la décision attaquée a été rendue par le Tribunal Militaire de Garnison... » ;

La Cour constate que la décision judiciaire qui a été portée devant elle, émane d'un Tribunal Militaire de Garnison de son ressort ;

b. Conditions de forme.

Les conditions de forme de recevabilité d'appel s'analysent en termes de forme d'appel et de délai d'appel, ainsi que de la consignation des frais ;

L'alinéa 3 de l'article 278 cité supra dispose que l'appel est introduit par déclaration ou lettre missive au Greffe de la juridiction ayant rendu le jugement, tandis que l'alinéa 2 du même article renvoi au délai de cinq jours francs pour interjeter appel;

L'examen des pièces de procédure jointes au dossier renseigne à suffisance que toutes les parties au procès ont interjeté appel par lettres missives déposées et reçues au Greffe du Tribunal Militaire de Garnison de MBANDAKA respectivement le 14 avril 2006 pour les prévenus, le 15 avril 2006 pour le Ministère Public, et le 16 avril 2006 pour les parties civiles et la partie civilement responsable ;
Par ailleurs, l'article 122 du Code de Procédure Pénale dispose que : « l'opposition et l'appel de la partie civilement responsable, de même l'opposition et l'appel de la partie civile ne sont recevables que si ces parties ont consigné entre les mains du Greffier la somme que ce dernier estime nécessaire... » ;

De l'esprit de cette disposition légale, la partie civile et la partie civilement responsable, autre que l'Etat, doivent impérativement consigner des frais pour que leur appel soit recevable ;

La Cour Militaire constate, au regard des pièces versées au dossier, que les parties civiles ont consigné sur le banc entre les mains du Greffier Lieutenant TONDA Martin la somme de 86.000 FC pour 20 parties civiles, à raison de 4.300 FC par partie civile ; conformément aux usages de palais, la République Démocratique du Congo, partie civilement responsable ne peut consigner contre soi-même ;

Toutes les conditions de fond et forme étant réunies, la Cour Militaire de l'Equateur déclare les appels des parties recevables ;

DE LA COMPETENCE DE LA COUR MILITAIRE

Aux termes de l'article 246 du Code Judiciaire Militaire, quelle que soit la manière dont elle est saisie, la juridiction devant laquelle le prévenu est traduit, apprécie sa compétence d'office ou sur déclinatoire ;

Ayant déclaré les appels des parties recevables, il est donc de bon droit que la Cour Militaire vérifie sa propre compétence ;

S'agissant de la compétence de la Cour Militaire de l'Equateur, l'article 278 alinéa 1er de la loi N° 023/2002 du 18 novembre 2002 portant Code Judiciaire Militaire dispose que l'appel est interjeté devant les juridictions ci-après «... La Cour Militaire, lorsque la décision attaquée a été rendue par le Tribunal Militaire de Garnison... » ;

Dans le cas d'espèce, la décision attaquée qui justifie la compétence de la Cour Militaire de l'Equateur a été rendue par le Tribunal Militaire de Garnison de MBANDAKA qui se trouve dans le ressort territorial de ladite Cour conformément à l'article 12 de la loi sus rappelée qui dispose « il est établi une ou deux Cours Militaires dans le ressort territorial de chaque province et dans la ville de Kinshasa ».

La compétence de la Cour de l'Equateur est donc établie conformément à l'examen combiné des articles 12 et 278 alinéa 2 du Code Judiciaire évoqué ;

PAR CES MOTIFS :

La Cour Militaire de l'Equateur ;

Statuant contradictoirement, le Ministère Public entendu ;

Vu le Statut de Rome de la Cour Pénale Internationale du 17 juillet 1998, en ses articles 7, 9, 21, 25, 26, 30, 31, 32, 33 et 77;

Vu la loi N° 023/2002 du 18 novembre 2002 portant Code Pénal Militaire, spécialement en ses articles 1, 5, 7, 26, 30, 31r 63, 74, 97, 141, 165 et 169 ;

Vu le Décret-loi N° 013/2002 du 30 mars 2002 portant autorisation de ratification du Statut de Rome de la Cour Pénale Internationale du 17 juillet 1998;

Vu le Code Civil Congolais Livre III, spécialement en ses articles 258 et 260 ;

DISANT DROIT :

Reçoit les appels des parties et les déclare partiellement fondés ;

Statuant à nouveau et faisant ce que le premier juge aurait dû faire;

A. QUANT A L'ACTION PUBIQUE.

- Dit non établie l'infraction d'incitation des militaires à s'armer contre la population civile retenue à charge du prévenu BOKILA LOLEMI Fabien pour absence des preuves ; l'en acquitte et le renvoi de toutes fins de poursuite quant à ce ;
- Déclare le prévenu BOKILA LOLEMI Fabien coupable d'outrage envers son supérieur ;
- Dit non établies les infractions de détournement et de dissipation des armes et munitions de guerre retenues à charge du prévenu YANGBANDA, KOMBE MOMBELE, BOKILA LOLEMI et VONGA wa VONGA pour insuffisance des preuves, les en acquitte et les renvoie de toutes fins de poursuite quant à ce ;
- Dit non établie l'infraction de pillage mise à charge des prévenus YANGBANDA DUMBA pour insuffisance des preuves et MAHOMBO MANGBUTU au bénéfice du doute ; les en acquitte et les renvoie de toutes fins de poursuite quant à ce ;
- Dit établie à suffisance des faits et de droit l'infraction de pillage mise à charge des prévenus BOKILA LOLEMI, VONGA wa VONGA et KOMBE MOMBELE ;
- Dit non établie l'infraction de crime contre l'humanité retenue .à charge du prévenu MAHOMBO MANGBUTU au bénéfice du doute ; l'en acquitte et le renvoie de toutes fins de poursuite quant à ce ;
- Dit établie à suffisance des faits et de droit l'infraction de crime contre l'humanité mise à charge des prévenus BOKILA LOLEMI, VONGA wa VONGA, YANGBAINDA DUMBA, KOMBE MOMBELE, MOTUTA ALONDO et MOMBANYA NKOY ;

En conséquence les condamne sans admission des circonstances atténuantes à :

1. Pour le prévenu BOKILA LOLEMI .
   - 5 ans de servitude pénale principale pour outrage envers son supérieur ;
   - 20 ans de servitude pénale principale pour pillage ;
   - la servitude pénale à perpétuité pour crime contre l'humanité ;
   - Faisant application de l'article 7 du Code Pénal Militaire, ne prononce qu'une peine, la plus forte à savoir la servitude pénale à perpétuité ;

Prononce sa destitution des Forces Armées de la République Démocratique du Congo ;

2. Pour le prévenu VONGA wa VONGA.
   - 20 ans de servitude pénale principale pour pillage ;
   - la servitude pénale à perpétuité pour crime contre l'humanité ;
   - Faisant application de l'article 7 du Code Pénal Militaire, ne prononce qu'une seule peine, la plus forte à savoir la servitude pénale à perpétuité ;
   - Prononce sa destitution des Forces Armées de la République Démocratique du Congo ;

3. Pour le prévenu YANGBANDA DUMBA :
   - La servitude pénale à perpétuité pour crime contre l'humanité ;
   - Prononce sa dégradation ;

4. Pour le prévenu KOMBE MOMBELE.
   - 20 ans de servitude pénale principale pour pillage ;
   - la servitude pénale à perpétuité pour crime contre l'humanité ;
   - Faisant application de l'article 7 du Code Pénal Militaire, ne prononce qu'une seule peine, la plus forte, à savoir la servitude pénale à perpétuité ;

5. Pour le prévenu MOTUTA ALENDO.
   - la servitude pénale à perpétuité pour crime contre l'humanité ;
   - prononce sa dégradation ;

6. Pour le prévenu MOMBANYA NKOY.
   - La servitude pénale à perpétuité pour crime contre l'humanité ;
   - Prononce sa dégradation ;

   Condamne tous les prévenus au paiement dans le délai légal des frais des deux instances qui seront tarifiés et fixés par le greffier ;

QUANT A L'ACTION MUE PAR LES PARTIES CIVILES.

L'article 77 du Code Judiciaire Militaire dispose que l'action pour la réparation du dommage causé par une infraction relevant de la compétence de la juridiction militaire peut être poursuivie par la partie lésée en se constituant partie civile en même temps et devant le même juge que l'action publique alors que l'article 226 du même Code stipule que lorsque la juridiction militaire est saisie, la partie lésée par le fait incriminé peut la saisir de l'action en réparation en se constituant partie civile ;

Ces deux dispositions posent deux principes fondamentaux. Si l'article 77 sus visé pose le principe selon lequel la juridiction militaire peut connaître de l'action civile née d'une infraction à elle soumise, l'article 226 quant à lui traite des conditionnalités, il permet de répondre au questionnement ci-après : Quand et Comment cette action civile peut être exercée ?

Il s'agit, eu égard à l'article 226 susvisé de la constitution de partie civile qui s'effectue depuis la saisine du Tribunal jusqu'à la clôture des débats devant le juge de fond statuant en premier ressort et ce, après consignation des frais ;

Dans l'esprit de cette disposition, aucune partie civile ne peut être reçue pour la première fois en appel au risque d'énerver le principe constitutionnel du double degré de juridiction ;
Par ailleurs, il faut comprendre que la victime qui obtient des dommages-intérêts en réparation du préjudice qui lui a été causé par l'infraction doit les avoir demandés (la juridiction militaire ne peut prononcer d'office) et dans la mesure où elle les a demandés;

La Cour note que dans toutes ces actions en dédommagement, les parties civiles réclament réparation aux auteurs des infractions constituant les faits générateurs des dommages subis in solidum avec la République Démocratique du Congo en sa qualité de civilement responsable des militaires coupables ;

La responsabilité civile des auteurs des infractions ayant porté préjudice aux parties se fonde sur l'article 258 du Code Civil Congolais Livre III aux termes duquel « Tout fait quelconque de l'homme qui cause à autrui un dommage, oblige celui par la faute duquel il est arrivé à le réparer »

Les conditions d'exercice de l'action civile sont commandées par cette idée que l'action civile est une action en réparation d'un dommage d'origine délictueuse, résultant d'une infraction à la loi pénale ;

L'action civile peut donc être exercée devant la juridiction répressive par toute personne qui peut se prétendre personnellement lésée par l'infraction, c'est-à-dire par quiconque qui justifie avoir été victime de cette infraction dans sa personne, dans ses biens ou dans son honneur (Cass, 26 mars 1997, Bull, 1997, p.419) et si l'existence de l'infraction est constatée dans le jugement ;

Il a d'ailleurs été jugé que le juge pénal ne peut allouer des dommages-intérêts à une partie civile que s'il constate que le préjudice est né d'un fait qualifié d'infraction qu'il déclare établi (Cass, 3 mars 1992, Bull, 1992, p. 1218) ; Cependant, pour exercer l'action civile, chaque titulaire doit être capable d'ester en justice, les règles du droit civil étant d'application ;

La Cour constate que les parties civiles en la cause ont toutes été victimes des infractions soit du pillage et de crime contre l'humanité reprochées aux prévenus et qu'elles ont l'âge minimum requis pour ester en justice ;

Par ailleurs, comme en matière civile, l'action civile mue en matière pénale n'est recevable que si celui qui l'intente a effectivement subi un préjudice du fait de l'infraction et si ce préjudice est actuel, personnel et direct ;

La Cour relève aussi que toutes les parties civiles ont subi un préjudice soit moral, soit physique, soit matériel, que ce préjudice est actuel car il existe au moment même de la mise en mouvement de l'action publique ; que ce préjudice est personnel car ceux qui ont été personnellement lésés, c'est-à-dire qui, éprouvés du fait des infractions, ont subi une atteinte personnelle à leur intégrité physique, à leur patrimoine et à leur honneur; que ce préjudice est direct, c'est-à-dire qu'il est rattaché aux infractions de pillage et de crime contre l'humanité par un lien de cause à effet ;

La Cour observe, toutefois, que l'action civile est, en règle, transmissible par voie successorale, et si l'action civile n'a pas encore été intentée, les héritiers peuvent intenter l'action en leur qualité, ce qui justifiera la recevabilité de l'action mue par madame MARIE BOYELA BONKENGE, mère de la victime Eugénie BONYOLE décédée ;

Comme l'action civile est accessoire à l'action principale qui est l'action pénale, celle-ci doit être valablement portée devant la juridiction pénale. Il en résulte que la juridiction répressive est incompétente pour connaître d'une action en réparation du préjudice subi par l'infraction en cas de la mort du délinquant, ou si le juge pénal déclare la prévention non établie ou encore, si la juridiction pénale doit se déclarer incompétente pour connaître de l'action publique et enfin si le juge pénal n'a pas encore statué sur l'action publique ;

La Cour note que l'action publique est valablement portée devant elle du fait de la recevabilité de l'appel des prévenus et celui du Ministère Public ; La Cour note également que conformément à l'article 122 du Code de Procédure Pénale, les parties civiles ont consigné entre les mains du Greffier, des frais ;

En conséquence, toutes les conditions requises étant réunies, la Cour déclare l'action civile mue par les parties civiles recevable en la forme et fondée quant à son objet exceptée celle de Monsieur Richard LOFELI ;

S'agissant de la partie civile Richard LOFELI, la Cour rappelle que le Tribunal Militaire de Garnison de MBANDAKA était saisi in rem et in personam ;

Les faits infractionnels dont Richard LOFELI se prévaut d'être victime n'ayant pas été établis à charge du prévenu YANGBANDA, elle estime n'être pas compétente pour statuer sur l'action civile.

En effet, note la Cour, l'action civile de Monsieur Richard LOFELI a pour fondement le fait infractionnel de pillage à charge du prévenu YANGBANDA DUMBA ; elle constate que cette incrimination n'a pas été établie et l'intéressé a été acquitté quant à ce ; il a été jugé que le juge pénal ne peut allouer des dommages intérêts à une partie civile que s'il constate que le préjudice est né d'un fait qualifié d'infraction qu'il déclare établi (Cass, 3 mars 1932, Bull 1992, p.1218), tel n'est pas le cas en l'espèce ;

En outre, la Cour relève que les dommages intérêts alloués aux victimes de pillage par le premier juge sont, au regard des biens effectivement perdus et déclarés excessifs pour certaines victimes et dérisoires pour les autres ; ce qui paraît contrarier le principe ex aequo et bono invoqué par le premier jugé.

En tout état de cause, les dommages-intérêts tels que fixés par le premier juge laissent croire que les habitants de SONGO MBOYO étaient détenteurs des biens identiques, à tout le moins uniformes, ce qui n'est cependant pas le cas au regard des déclarations consignées dans le dossier ;

Les biens perdus et déclarés pouvaient permettre au premier juge de les évaluer valablement afin de dégager le montant réel des dommages-intérêts à allouer à chaque victime ;

Pour la Cour, les dommages intérêts alloués ne pouvaient que correspondre aux biens de chaque victime et le montant de 200 $US alloués ex aequo et bono est effectivement excessif et celui de 500 $US alloués aux commerçants victimes est dérisoire ;

En conséquence, la Cour réajustera les dommages-intérêts à allouer aux victimes de pillage en raison de la valeur réelle des biens perdus donc du préjudice subi ;

Justification de la responsabilité de la République Démocratique du Congo :

Les parties civiles ont demandé dans leurs conclusions qu'il plaise à la Cour de condamner les prévenus in solidum avec la République ;

L'action civile résultant d'une infraction peut également être dirigée contre les personnes responsables en vertu de l'article 260 du Code Civil Congolais livre III aux termes duquel « on est responsable non seulement du dommage que l'on cause par son propre fait, mais encore de celui qui est causé par le fait des personnes dont on doit répondre ou des choses que l'on a sous sa garde ; le père ou la mère après le décès du mari, sont responsables du dommage causé par leurs enfants habitant avec eux ; les maîtres et les commettants, du dommage causé par leurs domestiques et préposés dans les fonctions auxquelles ils les ont employés... » (F. CLANDORFF, ''Réflexions sur l'évolution récente du droit de la responsabilité civile des commettants et préposés'', mélanges offerts à Robert le GROS, Bruxelles, édition de l'Université, 1985, p.235) ;

Cette responsabilité découle de la présomption de faute que commet l'administration ou l'Etat dans le choix et la surveillance de ses agents. Pour que cette faute se forme, il n'est pas nécessaire que les agents soient en faute, il suffit de relever une mauvaise tenue générale du service public dans son ensemble, d'établir sa mauvaise organisation ou son fonctionnement défectueux ; ces dernières notions étant elles-mêmes appréciées objectivement par référence à ce que l'on doit attendre d'un service public moderne, de son fonctionnement normal (Haute Cour Militaire, 5 octobre 2004);

Bénéficiaire de l'activité accomplie pour son compte par ses agents, il n'est que logique et de principe d'équité élémentaire que l'administration publique soit appelée à réparer le mal résultant du service dont elle tire profit en tant que maître (KABANGE NTABALA, « Responsabilité de l'Administration Publique des services publics décentralisés du fait des actes de leurs préposés ou organes » IN PJZ, Jan-Août 1976, N° 142, p. 16) ;

La Cour note que la sécurité des populations et de leurs biens rentre dans les prérogatives régaliennes de l'Etat en tant que puissance publique et celui-ci doit y veiller constamment ;

La Cour note également que conformément à la théorie de l'organe et de préposé, lorsqu'un organe de l'Etat agit, c'est l'Etat lui-même qui agit et que par conséquent lorsqu'un agent commet une faute dans l'exercice de ses fonctions, cette faute engage tout l'Etat (KALONGO MBIKAYI, Responsabilité civile et socialisation des risques en Droit Zaïrois, P.U.Z. Kin 1974, p. 158) ;

La Cour note enfin que les militaires dans l'exercice de leurs fonctions doivent être considérés comme un organe de l'Etat (lère Inst L'Shi 15 juin 1966, PJC, 1966, N° 8, p.259) dont la mission primordiale est d'assurer la sécurité des personnes et de leurs biens ;

Il a été jugé que la responsabilité de l'Etat est engagée dans le cas de l'assassinat d'un concitoyen comme dans tous les autres cas d'agression et d'atteintes aux personnes et aux biens dans lesquels non seulement des militaires sont impliqués, mais aussi l'Etat du fait d'avoir manqué à sa mission de sécurisation des particuliers (Haute Cour Militaire, 5 octobre 2004, P.175) ;

La Cour constate que les militaires des Forces Armées de la République Démocratique du Congo basés à SONGO MBOYO ont, du fait du fonctionnement défectueux du 9ème Bataillon dont ils relèvent, manqué à leur premier devoir de sécuriser les populations et leurs biens ;

Pour la Cour, la responsabilité de l'Etat est engagée et l'action des parties civiles est, à bon droit, dirigée contre lui ;

En conséquence, la Cour Militaire condamne les prévenus BOKILA LOLEMI, VONGA wa VONGA, YANGBANDA DUMBA, KOMBE MOMBELE, MOTUTA ALONDO et MOMBANYA NKOY in solidum avec la République à payer aux parties civiles ce qui suit :

- La somme de 10.000$US payable en monnaie locale à Madame BOYELA Marie ayant droit pour le viol de sa fille Eugénie BONYOLE, décédée ;
- La somme de 5000$US payable en monnaie locale pour chaque civile victime de viol survivante, à savoir :

1. BOKONO BANGANGU
2. BONDELE LOKULI
3. BONGELE LOKULI
4. IFOL LOONDO
5. BOLUMBU MOSAMBE
6. BAASA BONKOSO
7. NSOMBO BOFUWA
8. BONGOLE ILONGA
9. BOALE NKANGA
10. IYOLO BOTEYA
11. BAYUMA MBOYO
12. BOOMBI BOKETSU
13. IFOLE LOONDO
14. LUNATO LOKOTA
15. ILANGA EFILE
16. IMOLO BAINDATE
17. LOFOTA BAKAMBO
18. BALILO BOKUSA

19. EFILE KOMBE
20. ELIMA LOKULI
21. LOKULI LOKULI
22. BOKOTSHI BOLEKO
23. BOSANGA ILANGA
24. BOLUMBU ENTOKO
25. LIKANGA GEORGES
26. BOTONGA NKOMBE
27. LUNAYIOKOTA
28. MBOYO ILEKOLA
29. BONGOLEILONGA.

- La somme de 3.000 $US payable en monnaie locale pour chaque partie civile Commerçante victime de pillage, à savoir :

1) TIMOTHEE NZAMBA BOTAKA
2) MOPIA ENGIZI
3) LOKOLE NKOY

- La somme de 135 $US payable en monnaie locale pour la victime BONKONO BANGANGU, du fait de pillage de ses biens ;
- La somme de 200 $US payable en monnaie locale pour la victime LOFOTA BAKAMBO, du fait de pillage de ses biens ;
- La somme de 75 $US payable en monnaie locale pour BAASA BONKOSO, du fait de pillage de ses biens ;
- La somme de 80 $US payable en monnaie locale pour BOLUMBU MOSAMBE, du fait de pillage de ses biens ;
- La somme de 112 $US payable en monnaie locale pour BONGOLE ILONGA, du fait de pillage de ses biens ;
- La somme de 235 $US payable en monnaie locale pour BWALE NKANGA, du fait de pillage de ses biens ;
- La somme de 245 $US payable en monnaie locale pour IYOLO BOTEYA, du fait de pillage de ses biens ;
- la somme de 85 $US payable en monnaie locale pour BOOMBI BOKETSU,
- La somme de 75 $US payable en monnaie locale pour BOKILO BOKUSA, du fait de pillage de ses biens ;
- La somme de 75 $US payable en monnaie locale pour BOTONGA NKOMBE, du fait de pillage de ses biens ;

Ainsi arrêté et prononcé à l'audience publique de ce mercredi 7 juin 2006, à laquelle siégeaient :

1) Le Lieutenant-Colonel NZAU KEBA, Premier Président,
2) Le Major Magistrat Rémy KILIMPIMPI MWA KILIMPIMPI, Président ;
3) Lieutenant-Colonel Charles LAVAY, Juge assesseur ;
4) Le Lieutenant-Colonel Joseph MALONGI, Juge assesseur ;
5) L'Inspecteur Adjoint LISEMBENYI Oscar, Juge assesseur ;

Avec le concours du Lieutenant-Colonel Magistrat SHOMARI FUNDI, Auditeur Militaire Supérieur et l'assistance du Lieutenant TONDA Martin, Greffier du Siège.

Le Greffier **Le Premier Président**

COUR MILITAIRE DU KATANGA

Audience publique du trentième jour du mois de juillet de l'an deux mille treize

DROIT PENAL GENERAL

PREUVE DE VIOL-SIGNE PARTICULIER-CICATRICE VISIBLE-INSUFFISANCE DE PREUVE-ACQUITTEMENT

N'est pas constitutif de preuve des faits allégués en matière de viol, le seul signe particulier de la cicatrice portée sur le corps du prévenu non corroboré par d'autres éléments de preuve laissant ainsi planer un doute quant à la réalisation des faits incriminés.

ARRET

RP N° 037/2013

Au Nom du Peuple Congolais

(Art 149 de la Constitution)

La Cour Militaire du KATANGA, siégeant et statuant au premier degré, en matière répressive, au lieu habituel de ses audiences, sis avenue Mama yemo No 550, quartier MAKUTANO, Commune de Lubumbashi, a rendu et prononcé en audience publique de ce mardi, le 30/07/2013, l'arrêt dont la teneur suit:

EN CAUSE: Auditeur Militaire Supérieur près la Cour Militaire du Katanga, Ministère Public.

CONTRE: BONGUMA MUTSHU Ruphin : Lieutenant-Colonel des FARDC, Matr :167023788038, né à BULUNGU, le 01 Janvier 1967, fils de MUTSHU(+) et de EKIBONGO (+), Originaire du Village de SONGO, Sect: MONKOTO, Terr: MONKOTO, Distr: TSHUAPA, Province de l'Equateur, Etat civil: Marié à Mme YOKA CHANTAL et père de 05 enfants, Unité: GESM, Niveau d'étude: 6 ans PP, Electricité Général, Domicilié à Kinshasa, Cité Baudouin, Quartier 1 ; actuellement en détention à la prison de Kasapa.
Poursuivi pour:

Avoir, soit à l'aide de violences ou menaces graves ou par contrainte à l'encontre d'un enfant, directement ou par l'intermédiaire d'un tiers, soit par surprise, pression psychologique, soit à l'occasion d'un environnement coercitif, soit en abusant d'un enfant qui, par le fait d'une maladie, par l'altération de ses facultés ou par toute autre cause accidentelle a perdu l'usage de ses sens ou en a été privé par quelques artifices, introduit son organe sexuel même superficiellement dans celui d'une enfant ou toute femme qui obljge un enfant à introduire même superficiellement son organe sexuel dans le sien ou tout homme qui pénètre même superficiellement l'anus, la bouche ou tout autre orifice du corps d'un enfant par un organe sexuel, par toute autre partie du corps ou par un objet quelconque ou toute femme qui oblige un enfant à exposer son organe sexuel à des attouchements par une partie de son corps ou par un objet quelconque.

En l'espèce, avoir à Likasi, ville de ce nom dans la province du Katanga en RDC, sans préjudice de date plus précise, mais dans la période allant du 25 Sept 2012 au 15 Oct 2012, période non encore couverte par le délai légal de prescription de l'action publique, violé la nommée ARUSHA, âgée de 16 ans.

Fait prévu et puni par l'Art 171 de la loi n° 09/001 du 10 Janvier 2009 portant protection de l'enfant.

Vu la procédure suivie dans la cause opposant le Ministère Public au prévenu Lieutenant-Colonel BONGUMA MUTSHU Ruphin sous RMP N° 0335/PEN/12;

Vu la décision de renvoi de l'Auditeur Militaire Supérieur près la Cour Militaire du Katanga datée du 08 Février 2013 et notifiée au prévenu, le renvoyant devant la Cour Militaire du Katanga;

Vu la fixation de la cause enrôlée sous RP N° 037/13, par l'ordonnance du Premier Président de la Cour Militaire du Katanga datée du 25 Février 2013, fixant la cause à l'audience publique du jeudi 28 Février 2013 ;

Vu la citation à comparaître à l'audience publique du 28 Février 2013 établie par le Major BOTOMOITO, Greffier du siège et notifiée au prévenu par exploit d'huissier;
Vu l'appel de la cause à cette audience publique du 28 Février 2013 à laquelle le prévenu comparaît personnellement, non assisté;

Vu la désignation d'office par le Premier Président de Maître Georges MUSASA, Avocat à la Cour d'appel de Lubumbashi aux fins d'assister le prévenu;

Vu les remises successives de la cause aux dates des 12, 14 et 21 Mars, 04 Avril, 23 Mai et 28 Mai 2013 ;

Vu l'instruction faite à ces audiences;

Ouï le Ministère Public dans ses réquisitions dont le dispositif de la note est ainsi libellé:

Vu tous les textes en la matière;
Requérons qu'il plaise à la Cour Statuant contradictoirement et publiquement au premier degré en matière répressive,

De dire établie tant en fait qu'en droit la prévention de viol d'enfant à charge du prévenu BONGUMA.

De lui accorder le bénéfice des circonstances atténuantes dues à la délinquance primaire.

De le condamner par conséquent à 10 ans de SPP et à 1000.000FC d'amende, aux frais d'instance à tarifier par le Greffier.

De le condamner à telle (ou toute)autre peine que la Cour estimera en bon droit être convenable,et ce serait justice.

Vu l'acte donné aux réquisitions du Ministère Public ;

Ouï la défense dans sa plaidoirie dont le dispositif est ainsi libellé ;
Sous toutes réserves généralement quelconques, plaise à la Cour ;

De dire non établie en faits comme en droit la prévention mise à charge du Prévenu pour des motifs supra évoqués et l'en acquitter purement et simplement, le renvoyer de fins des poursuites judiciaires sans frais.

Mettre les frais à charge du trésor public et ce sera justice

Vu le dernier mot accordé au prévenu;

Sur quoi, le premier Président déclare les débats clos, la Cour de céans prend la cause en délibéré et à la majorité des voix de ses membres, après vote au scrutin secret, rend l'arrêt dont la teneur suit:

A R R E T

1. DES FAITS DE LA CAUSE

Il résulte des pièces du dossier de la cause et des débats devant la Cour de céans que contacté par Mr ESUKA, Directeur d'une école primaire à Kindu, le prévenu BONGUMA MUTSHU Ruphin, voyageant par train de cette ville pour Lubumbashi, avait, le 20/09/2012, accepté de prendre sous sa protection, la nommée ASHURA MUTINGUA, belle-sœur du directeur précité jusqu'à la localité Samba, sa destination.

Bien qu'accompagnée de sa mère, celle-ci voyageait clandestinement, à l'instar de plusieurs personnes, hommes et femmes, sans titres de voyage, qui s'étaient confiées à l'officier susmentionné moyennant une certaine somme.
Comme le train était escorté par des militaires, en l'espèce, les agents de l'Auditorat militaire, il était facile au prévenu de soustraire de la vigilance des contrôleurs ses protégés.
En effet, tout autour de lui, gravitaient plusieurs militaires, entre autres, ses gardes de corps non autrement identifiés, le Capitaine NGOY LUKAMBA KAYUYU, aide du camp de l'Adjoint du Commandant 6e Région Militaire chargé des opérations, le Caporal KUBALI SABUNI, en route vers son nouveau poste d'affectation etc ...

A Samba, à la suite d'un problème technique, le train avait fractionné, en deux rames, ses voitures pour une traction plus aisée à la gare suivante. La manœuvre avait duré toute une journée.

A l'arrivée de la machine à Likasi, les agents de l'Auditorat Militaire de Garnison de la place avaient, le 16/10/2012, sur l'ordre de l'autorité judiciaire militaire et sur dénonciation de Monsieur KINGI PENEPUYA, beau-frère de la nommée ASHURA MUTINGWA qui s'était elle aussi retrouvée dans cette ville, procédé à l'arrestation du prévenu précité pour viol commis au préjudice de celle-ci.

La victime précitée qui n'a comparu que lors de l'instruction préparatoire, a, dans sa déposition, déclaré avoir eu, pendant les trois jours qu'aurait duré la manœuvre du train à Samba, des relations sexuelles avec le prévenu BOGUMA Ruffin, dans un hôtel de la place dont elle ne se rappelait plus le nom et où le prévenu la rejoignait de nuit. Pour appuyer ses déclarations, elle a affirmé que le prévenu portait une cicatrice à la poitrine.

Interrogé, ledit prévenu avait reconnu tant lors de l'instruction préparatoire que lors des débats que la prétendue victime avait effectivement voyagé sous sa protection à l'instar de plusieurs autres voyageurs sans titres tout en niant catégoriquement avoir eu des relations sexuelles avec elle.

En outre, il a prétendu que les conditions de voyage, la promiscuité dans le train et l'incertitude occasionnée par la manœuvre du train ne pouvaient pas favoriser de telles relations et que le Capitaine NGOY LUKAMBA KAYUYU et le Caporal KUBALI SABUNI pouvaient confirmer ses déclarations.

Quant à la cicatrice à la poitrine, il a prétendu qu'il n'était pas étonnant que la victime, à l'instar d'autres voyageurs, ait vu celle-ci étant donné qu'avec la chaleur dans ce train, il était obligé de rester, tout le temps en singlet, dévoilant ainsi la partie haute de sa poitrine et la cicatrice y imprimée.

Enfin, il a ajouté, d'une part, que la victime s'était déjà soustraite de sa protection à partir de la gare Samba où elle devait descendre au profit de la compagnie d'un autre homme, vraisemblablement son amant, jusqu'à Likasi et, d'autre part, qu'elle avait inventé l'histoire de viol au moment où il lui avait réclamé son dû.

A propos desdites relations sexuelles, le renseignant Capitaine NGOY LUKAMBA KAYUYU a émis, devant la Cour de céans, un doute non seulement sur la matérialisation de celles-ci tant en dehors du train que dans le compartiment du prévenu compte-tenu de la présence permanente des protégés (hommes et femmes) de celui-ci à ses côtés et des circonstances du voyage mais aussi sur la minorité d'âge de la victime.

Le Caporal KUBALI SABUNI, quant à lui, a reconnu, devant la même instance, avoir vu l'Officier Supérieur précité toujours entouré de plusieurs personnes mais il a ajouté qu'il ignorait les faits du viol mis à sa charge tout en précisant que la manœuvre de traction des wagons de Samba à la gare suivante n'avait pris qu'une seule journée.

Il y a lieu de souligner que le rapport d'expertise médicale établi ad hoc par le Docteur Lydie KOMBA LOKANUO, médecin à l'hôpital général de référence de Kikula à Likasi, indique que le viol remonte à environs trois semaines, l'hymen est perforé avec des membranes hyménales autour de l'orifice vaginal et les vulves souillés par les leucorrhées.

S'agissant de l'âge de la victime, il y a lieu de noter qu'il n'y a au dossier de la cause ni un acte d'état civil ni un rapport médical ni autre moyen pour déterminer cet âge.
Tels sont les faits de la présente cause.

II. EN DROIT ET QUANT A LA FORME SUR LA COMPETENCE DE LA COUR MILITAIRE DU KATANGA.

Au regard de l'article 246 CJM, la juridiction saisie apprécie sa compétence d'office ou sur déclinatoire.

S'agissant de la compétence territoriale, l'article 98 alinéa 1 du même code stipule: « Sont compétentes la juridiction militaire du lieu où l'une des infractions a été commise et celle du lieu où le prévenu aura été trouvé ».

En l'espèce, l'infraction de viol mise à charge du prévenu a été commise à Samba, une gare de la Société nationale des chemins de fer du Congo, située dans la Province du Maniema tandis que le prévenu, Officier Supérieur des FARDC, a été trouvé à Likasi, une ville de la Province du Katanga.

Ainsi, aux termes de la disposition suscitée, la Cour Militaire du Katanga est aussi compétente pour juger le prévenu.

Elle se déclarera dès lors compétente.

III. EN DROIT ET QUANT AU FOND

Il est reproché au prévenu préqualifié l'infraction de viol d'enfant prévue et punie par les articles 170 et 171 de la loi n°009/001 du 10 janvier 2009 portant protection de l'enfant. Les éléments constitutifs suivants doivent être réunis pour sa réalisation, à savoir : les actes matériels, l'absence de consentement de la victime et l'intention coupable.

S'agissant des actes matériels, la loi précitée cite entre autres, l'intromission même superficielle d'un organe sexuel dans celui d'un enfant. Ces actes peuvent résulter soit d'un homme soit d'une femme qui peut les exercer sur un enfant de sexe féminin ou masculin.
Quant à l'absence de consentement, il est présumé qu'une victime mineure, c'est-à-dire, une personne âgée de moins de 18 ans, est incapable de donner un consentement libre et volontaire. Autrement dit, avant cet âge, l'enfant n'acquiert pas le discernement indispensable pour donner à ses actes un consentement libre et éclairé (TGI Kin/Kalamu, RP9.308, MP/EVOLOKO Joker, 29/01/2008, inédit, jurisprudence citée par BONY CIZUNGU, les Infractions de A à Z, p764).

L'élément moral caractérisant le viol est l'intention coupable qui résulte soit de la violence, soit des menaces graves, soit par contrainte etc ...

Dans le cas d'espèce, s'appuyant sur le rapport médical et sur l'indice de la cicatrice portée par le prévenu BONGUMA à la poitrine et mise en exergue par la victime, le Ministère public soutient que celui-ci a réalisé les actes matériels constitutifs de l'infraction mise à sa charge. En d'autres termes, le prévenu précité a, selon lui, eu des rapports sexuels avec la victime prénommée, une mineure de 16 ans.
Quant à la défense, elle allègue que le Ministère public est en défaut d'apporter la preuve du viol dans le chef du prévenu. En effet, d'après elle, il n'a produit aucun indice ni témoignages susceptibles de charger le prévenu ni donner les circonstances exactes de la commission des faits incriminés.

En outre, elle a ajouté que l'innocence du prévenu est d'ailleurs prouvée par les témoignages des éléments des FARDC ci-haut cités qui, dans leurs dépositions, ont non seulement précisé la durée de la manœuvre du train à Samba mais aussi relevé des handicaps à la réalisation de cette infraction par le prévenu.

Enfin, elle a conclu que l'élément matériel de cette infraction n'existait pas dans le chef du prévenu et a, par conséquent, plaidé non coupable.

Pour sa part, la Cour de céans note que les circonstances de voyage laissent planer un doute quant à la réalisation des faits incriminés au prévenu dès lors que la déposition de la victime manque de consistance et ne concorde pas avec les autres éléments du dossier, notamment les dépositions des renseignants et le rapport médical. En effet, non seulement les conclusions dudit rapport sont vagues, mais aussi le seul indice de la cicatrice vue par tous les voyageurs est sans intérêt, contrairement à l'opinion du Ministère public ;

En outre, elle relève que la victime elle-même n'a pas été à même de justifier le dépassement de sa destination jusqu'à Likasi et son prétendu séjour pendant trois jours dans un hôtel de Samba malgré la présence de sa mère et de ses frères.

Enfin, elle conclut que les accusations de la victime ne sont pas étayées par des éléments concordants sur lesquels elle peut fonder sa conviction. En effet, il a été jugé aussi qu'en cas d'accusation de viol avec violences, le juge ne peut fonder sa conviction sur les éléments du dossier non concordants et peu consistants comme les déclarations suspectes de la plaignante (Kin, le 06 Novembre 1967, RJC, 44" année, janvier-mars 1968, p 75 citée par Ruffin LUKOO, in la Jurisprudence congolaise en droit pénal, Vol 1, Kin 2006, p 264).

De ce qui précède, il s'avère, pour la Cour de céans, superfétatoire d'analyser les autres éléments constitutifs.

PAR CES MOTIFS

La Cour militaire du Katanga, statuant publiquement et contradictoirement;

Le Ministère public entendu;

Vu la Constitution en ses articles 21,149 et 156;
Vu le code judiciaire militaire en ses articles 1, 16,17, 27, 32-34, 38, 55, 61, 67, 84 al 1 et 98 ail, 104, 106, 107, 121 a ;

Vu la loi n009/001 du 10 Janvier 2009 portant protection de l'enfant en ses articles 170 et 171 ;

Vu le Code de procédure pénale;
Vu le Code de l'Organisation et de la compétence judiciaires;

DISANT DROIT

- Se déclare compétente;
- Dit non établie l'infraction mise à charge du prévenu;
- L'en acquitte au profit du doute;
- Ordonne sa libération immédiate;
- Met les frais d'instance à charge du trésor public;

Ainsi arrêté et prononcé en audience publique de ce 2ème jour du mois et an que dessus à laquelle siégeaient:
-Le Colonel NZAU-KEBA, Premier Président;
-Le Colonel BUSHABU MALESHELA, Président;
-Le Colonel TSHITENGE KAMBALA, Juge Assesseur;
-Le Colonel MANDA BWILILWA, Juge Assesseur;
-Le Commissaire Supérieur Principal GIDALE HOKO, Juge Assesseur;
Avec la présence constante aux débats du Lieutenant-Colonel John PENZA, Avocat général militaire et le concours du Major MUSAU NAWAL, greffier du siège.

Le Greffier **Le Premier Président**

COUR MILITAIRE DU SUD-KIVU

Audience publique du vingt deuxième jour du mois d'octobre de l'an deux mille douze

DROIT PENAL GENERAL
INFRACTION ATTENTAT A LA PUDEUR-CONDITIONS MISES EN MOUVEMENT-PLAINTE PREALABLE-VICTIME NON EXIGEE

Les poursuites pour fait d'attentat à la pudeur étant une variante de violence peuvent être dénoncées par toute personne et à tout moment.
La version constante de la victime d'attentat à la pudeur vaut plus que la version variable de l'auteur présumé qui, à l'audience soutient le doute arguant qu'il y a eu des contradictions dans les déclarations de la victime des faits ayant eu lieu avant sa plainte alors qu'elle a subi des attouchements aux seins, moyen du reste non fondé.

ARRET
RP : N° 058
Au nom du Peuple Congolais
(Article 149 al 2 de la Constitution)

La Cour Militaire du Sud-Kivu siégeant en matière répressive au premier degré en foraine dans la salle d'audience du tribunal de Paix de KALEHE a rendu et prononcé en audience publique de ce lundi vingt deuxième jour du mois d'octobre de l'an deux mille douze, l'arrêt suivant :

EN CAUSE : Auditeur Militaire Supérieur Ministère Public

CONTRE: MULENDA MUDIUNDA, né à Kinshasa, le 09 avril 1974, fils de MUDIUNDA TSHALA (en vie) et de TUMBA WA MPOVI (en vie), originaire du village TSHITOLO. Territoire : TSHILENGE, Province du KASAI Oriental, état-civil : Marié à dame DATIVA MULENDA. Père de 05 enfants profession : Militaire, grade major, Matricule: 174940961262, Unité: 103ème Régiment, centre d'instruction: KIBOMANGO en 1994, études faites : 5 ans PP Math-Physique, domicilié à MITI

Prévenu de :

Avoir à BUNYAKIRI, localité de ce nom, Territoire de KALEHE dans la Province du Sud-Kivu en République Démocratique du Congo, dans la nuit du 08 au 09 Août 2011, sans violence, ruse ou menace, commis un attentat à la pudeur sur la personne ou à l'aide de la personne d'un enfant âgé de moins de 18 ans.

En l'espèce s'être, au quartier BULAMBIKA à la résidence du Capitaine MWAMBA et profitant d'un environnement coercitif, livré aux actes obscènes consistant à des attouchements des seins de la demoiselle SIFA CIRUNGU âgée de quinze ans.

Fait prévu et puni par les articles 167 et 168 du code pénal ordinaire livre deuxième tel que modifié et complété par la loi N°06/018 du 20 juillet 2006.

Vu la décision prise en date du 16 octobre 2012 par Monsieur l'Auditeur Militaire Supérieur près la Cour Militaire du Sud-Kivu renvoyant le prévenu pré qualifié devant la Cour Militaire de céans pour y répondre du fait infractionnel mis à sa charge ;

Vu le procès-verbal de tirage au sort des juges assesseurs non revêtus de la qualité de magistrat pour la session en cours ;

Vu la prestation de serment desdits membres conformément à la loi ;

Vu l'ordonnance du Premier Président de la Cour Militaire prise en date du 16 octobre 2012 fixant la cause à l'audience du 19 octobre 2012 ;

Vu la citation faite par le Greffier de la Cour de céans au prévenu afin de comparaître à l'audience du 19 octobre 2012 et notifiée au prévenu préqualifié le même jour ;

Vu l'appel de la cause à cette audience à laquelle le prévenu comparait en personne assisté de Me DANIEL LWABOSHI, Me ERIC VANGU et Me MUGISHO, tous avocats à la Cour d'Appel de BUKAVU ;

Vu l'instruction faite à cette audience ;

Ouï le Ministère Public dans ses réquisitions tendant à dire qu'il plaise à la Cour :

De dire établie en fait comme en droit l'infraction d'attentat à la pudeur retenue à charge du prévenu Major MULENDA MUDIUNDA :

- De le condamner à 5 ans de SPP ;
- De le condamner au frais d'instance à tarifier par le Greffier
- De prononcer sa destitution des FARDC

Ouï le prévenu dans ses dires et moyens de défense présentés tant par lui-même que par ses conseils tendant à ce qu'il plaise à la Cour de dire non établie l'infraction mise à sa charge, l'en acquitter et le renvoyer des fins de toute poursuite sans frais ;

Vu les répliques de toutes les parties ;

Le prévenu entendu enfin en ses dernières déclarations ;

Sur quoi, le Président déclare les débats clos, la Cour prend l'affaire en délibéré et rend ce jour l'arrêt dont la teneur suit :

ARRET

EXPOSE DES FAITS

Il appert des pièces du dossier et des éléments glanés au cours de l'instruction de la présente cause que l'auditeur militaire supérieur officier du ministère public près la Cour de céans, a déféré le prévenu MULENDA MUDIUNDA sous l'unique inculpation d'attentat à la pudeur.

En effet, le 08 août 2011 vers 7 heures 30 du matin, le prévenu pré qualifié quitte le village de MITI où il est résidant pour se rendre à BUNYAKIRI selon l'ordre reçu de sa hiérarchie de suivre sa compagnie qui fait mouvement dans cette partie de la province du Sud-Kivu.
Arrivé vers 15 heures à BUNYAKIRI le prévenu est reçu par le chef S2, le capitaine MWAMBA, qui se prépare lui aussi à se rendre du côté du village d'IKINGI pour les opérations contre les FDLR.

Après lui avoir offert un repas, le chef S2, avant de s'en aller, a laissé une instruction à sa belle-sœur, la nommée SIFA CHIRUNGU, âgée de 15 ans, d'apprêter sa chambre à coucher le soir pour que le prévenu y passe nuit.

Après le départ de MWAMBA, le major MULENDA sort pour prendre de la bière avec d'autres militaires et en profite pour effectuer le contrôle des positions de ses éléments. Il ne retourne que le soir vers 20 heures dans un état d'ébriété. La demoiselle SIFA en exécution de l'instruction reçue, lui ouvre la chambre et se met à lui arranger le lit.

Après avoir fini cette tâche, elle retourne au salon et, peu de temps après, le prévenu l'invite dans la chambre et profite de cette occasion où ils se retrouvent à deux pour se livrer à des attouchements obscènes des seins de la jeune fille, cherchant à avoir des relations sexuelles avec elle.
Celle-ci, ayant remarqué cela, s'empresse de quitter la chambre et sort en catastrophe sous prétexte d'aller se soulager hors la maison. S'étant rendu compte que sa tentative de consommer les relations sexuelles venait d'échouer, le prévenu s'en va dormir dans un hôtel au centre de BULAMBIKA à plus de 2 km.

C'est le lendemain matin qu'il retourne chez le chef S2 rejoindre ses escortes et pendant ce temps, le bruit se répand rapidement dans cette localité au sujet de cet incident. SIFA dénonce ce comportement immoral du prévenu à sa grande sœur et à son beau-frère ;

C'est ainsi que son unité sera saisie de cette affaire et une enquête a été ouverte contre le prévenu, laquelle a abouti à son arrestation le 23 août 2011 et son transfert à l'auditorat militaire avant d'être renvoyé devant la Cour.

Interrogé d'abord le 24 août 2011 par l'OPJ, le Capitaine KAYEMBE NKUNDI ALEXIS du Bureau 2 du 103ème Régiment, le prévenu, très librement, explique que le chef S2 du 103ème bataillon étant parti en opération, lui avait demandé de passer la nuit à son domicile pour le protéger (côte13) mais, lui avait plutôt passé la nuit à l'hôtel pour ne revenir que le matin.

S'agissant des attouchements de seins de la victime, il affirme que cela pouvait être possible, vu son état d'ivresse et il demande qu'il soit pardonné par la victime (côte 14, Questions 6 et 8).

Cependant le 14 octobre 2011 lorsqu'il comparait devant l'OPJ PELAMO TOKETE de l'Etat-major OPS AMANI LEO, il déclare plutôt que se trouvant dans la chambre, il avait été suivi par la demoiselle SIFA qui lui avait demandé d'attendre qu'elle arrange le lit mais qu'étant sous l'état d'ivresse il l'avait chassée et, après un repos d'une heure, il était reparti pour dormir à l'hôtel BENGA ; Toutefois il nie avoir touché les seins de la victime.

Sur ce point, cette version du prévenu est contredite par la jeune fille qui confirme les attouchements de ses seins par le prévenu dans cette chambre où il devait passer nuit avec l'intention de lui imposer les relations sexuelles.

Transféré à l'auditorat où il est entendu par l'Officier du Ministère Public le 17 octobre et le 14 décembre 2011, le prévenu MULENDA a répété la même version des faits que devant l'OPJ PELAMO des opérations AMANI LEO en confirmant n'avoir jamais touché les seins de la victime. Il déclare lui avoir seulement demandé de retourner au salon lorsqu'elle voulait le suivre dans la chambre et après s'être reposé, il a poursuivi sa route pour contrôler ses militaires. Il ajoute avoir pris trois bières sans toutefois s'enivrer.

Devant cette Cour, le prévenu répète certaines de ses déclarations faites antérieurement mais il ajoute à sa version des éléments nouveaux, à savoir :

- Qu'il s'était rendu au domicile du capitaine MWAMBA non pas pour dormir mais pour se reposer ;
- Qu'il avait grondé et chassé la demoiselle SIFA pour n'avoir pas frappé à la porte de la chambre et pour avoir trainé à arranger le lit :
- Qu'après le repas, il avait mis ses babouches et était reparti pour un contrôle des positions militaires ;
- Qu'il avait remis entre les mains de SIFA de l'argent pour le déjeuner qu'ils ont pris le matin du 09 août 2011 :
- Que la chambre n'avait pas de porte mais un simple rideau.

La Cour note qu'aucun élément ne vient accréditer cette thèse car il s'agit là d'une nouvelle version des faits dictée par les impératifs de la stratégie de la défense. La demoiselle SIFA est restée constante dans ses déclarations faites aussi bien devant l'OPJ qu'au parquet. Le prévenu devait passer nuit chez MWAMBA et l'instruction donnée n'avait pas changé car le lit avait été arrangé par SIFA (côte 25), C'est lorsqu'elle s'est installée au salon que le prévenu l'avait invitée dans la chambre et avait commencé à lui toucher les seins. En voyant cela, la jeune fille avait fui. C'est là une version que la Cour estime beaucoup plus vraisemblable que celle du prévenu, celui-ci savait qu'il allait dormir chez MWAMBA (côte 23) car s'il s'agissait de passer nuit à l'hôtel, il n'accepterait pas l'hospitalité lui offerte par ce dernier.

Il a aussi soutenu, sans toutefois en apporter la moindre preuve, être victime de machination de la part de ceux qui convoitent son poste alors que ses chefs qu'il cite, exerçant des fonctions supérieures, n'ont rien à envier à ses fonctions moins importantes de Commandant de compagnie.

Par ailleurs il est invraisemblable que le prévenu se soit mis en babouches pour aller contrôler des positions militaires. Plus invraisemblables encore apparaissent à la Cour les allégations du prévenu selon lesquelles la jeune fille âgée de 15 ans serait entrée dans la chambre sous prétexte d'arranger le lit alors que lui-même s'y trouvait déjà. Pourquoi aurait-elle attendu qu'il rentre tard de sa beuverie pour arranger le lit alors qu'elle en avait reçu l'ordre depuis la journée ! Le prévenu ne l'explique pas.

A l'audience du 20 octobre 2012, le prévenu, par le biais de son conseil, avait soutenu le doute, arguant qu'il y a eu des contradictions dans les déclarations de la fille et que les faits ayant eu lieu le 08 août 2011 la prétendue victime ne s'est pas plainte alors qu'elle dit avoir subi des attouchements aux seins. La Cour trouve ce moyen non fondé ; d'abord, le prévenu n'a jamais contesté les déclarations de la victime depuis l'enquête préliminaire jusqu'à l'instruction juridictionnelle; ensuite les poursuites pour fait d'attentat à la pudeur pour lesquelles le prévenu est poursuivi ne sont pas subordonnées à une plainte préalable de la victime : l'attentat à la pudeur étant une variante des violences, il peut être dénoncé par toute personne et à tout moment.

Aussi pour la Cour, la chambre apprêtée pour le prévenu avait bel et bien une porte (côte 3.11, et 33) et non un rideau comme l'a prétendu le prévenu et que s'il est arrivé ce soir-là dans cette chambre, c'était pour dormir ; c'est après avoir été convaincu de l'illégalité de l'acte qu'il venait de poser qu'il s'est résolu précipitamment de vider les lieux pour l'hôtel BENGA, abandonnant derrière lui ses escortes ; C'est ainsi que pour la Cour les faits par le prévenu commis rentrent dans les prévisions de l'article 172 de la Loi n°09/001 du 10/01/2009 portant protection de l'enfant, en application du principe de la spécialité qui commande que la Loi spéciale soit privilégiée au détriment de la Loi générale. L'infraction sera donc dite établie sur base de cette loi et non sur la base des articles 167 et 168 du code pénal ordinaire livre II, tel que modifié et complété par la loi n°06/018 du 20/07/2006 comme précisé par l'organe d'accusation dans la décision de renvoi.

Confrontant les faits au droit, en examinant les éléments constitutifs de cette infraction, celle-ci requiert pour sa réalisation les éléments ci-après :

- Un acte matériel portant atteinte à la pudeur
- L'âge mineur de la victime
- L'absence de consentement valable de la victime
- L'intention coupable.

S'agissant de l'acte matériel, il faut une action physique contraire aux mœurs, c'est-à-dire un acte réellement immoral commis sur la personne de la victime.

Dans le cas d'espèce, constitue un acte matériel d'attentat à la pudeur le fait pour le prévenu MULENDA de faire des attouchements obscènes sur les seins d'une fille mineure SIFA CIRUNGU âgée de 15 ans dans une chambre à coucher.

L'absence du consentement découle de la minorité de la victime sur qui est exercé l'acte impudique.

Le lieu où il est commis importe peu.

Enfin, l'intention coupable résulte de la volonté délibérée d'enfreindre la loi en posant un acte que l'on sait impudique (LIKULIA BOLONGO, Droit pénal spécial zaïrois, T1 LGDJ, Paris 1985, p. 342) ; c'est le cas des attouchements obscènes sur les seins de la victime réalisés par le prévenu.

Tous les éléments constitutifs de l'infraction d'attentat à la pudeur étant réunis dans le chef du prévenu, la Cour le condamnera de ce chef conformément aux dispositions légales sus-évoquées.
Lors du délibéré, la Cour a répondu ainsi qu'il suit aux questions posées :

- Le prévenu MULENDA MUDIUNDA est-il coupable de l'infraction d'attentat à la pudeur mise à sa charge ?
  A la majorité des voix de ses membres la Cour a répondu : OUI

- Y a-t-il lieu de retenir en sa faveur des circonstances atténuantes ?
  A la majorité des voix de ses membres la Cour a répondu : NON

- Y a-t-il lieu de prononcer contre lui une sanction pénale ?
  A la majorité des voix de ses membres la Cour a répondu : OUI

- Y a-t-il lieu de prononcer contre lui une peine complémentaire ? A la majorité des voix de ses membres la Cour a répondu : NON

C'EST POURQUOI

La Cour militaire du Sud-Kivu statuant contradictoirement, après délibération et vote aux scrutins secrets, distincts et successifs, à la majorité des voix de ses membres.

Vu la Constitution de la République Démocratique du Congo en ses articles 21 et 149;

Vu le code judiciaire militaire en ses articles 1er, 12, 13, 14, 16, 17. 27. 32 à 38, 61. 73, 76. 84. 98. 104 à 107. 129. 214, 228 à 264, 273 à 275. 317 à 322 ; Vu le code pénal militaire en ses articles 1er. 3 et 26 ;

Vu la loi n°09/001du 10/01/2009 portant protection de l'enfant en ses articles 2 et 172;

Vu le code de procédure pénale en ses articles 74 et 81.

DISANT DROIT

Dit établie en fait et en droit l'infraction d'attentat à la pudeur mise à charge du prévenu MULENDA MUDIUNDA.

Le condamne en conséquence à 12 mois de SPP,

Le condamne en outre au paiement des frais d'instance taxés à 150.000FC payables dans le délai de 8 jours.

Fixe à 30 jours la durée de la contrainte par corps à subir en cas de non-paiement dans ce délai.

Ainsi arrêté et prononcé à l'audience publique de ce jour à laquelle siégeaient

- Colonel Magistrat Freddy MUKENDI TSHIDJA-MANGA, Premier Président ;
- Major Magistrat Antoine MAMPASI NANGA, Conseiller ;
- Lieutenant-colonel ABEDI KAMBALA, juge assesseur ;
- Lieutenant-colonel ENKOTSI ESSAMBA. juge assesseur ;
- Commissaire Supérieur KADUME BYAMBU, juge assesseur

Avec le concours du lieutenant-colonel magistrat Roger WAVARA KODOROTI, officier du ministère public, et l'assistance du major Théophile MIRINDI MUKUBIRO, greffier du siège.

Le Greffier **Le Président**

COUR MILITAIRE DU KATANGA

Audience publique du dix-huitième jour du mois de juin de l'an deux mille treize

DROIT PENAL
INFRACTION DE VIOL-MINORITE AGE DE LA VICTIME-ABSENCE DE CONSENTEMENT-ELEMENT MORAL CONSTITUE-INFRACTION ETABLIE.

Est réputée viol avec violence selon la loi, tout viol commis sur une personne âgée de moins de 18 ans parce qu'elle est censée être incapable de donner un consentement libre et volontaire et qu'avant cet âge, l'enfant n'acquiert pas le discernement indispensable pour donner à ses actes un consentement libre et éclairé

ACTION CIVILE
DOMMAGE ET INTERETS-EVALUATION TOUS PREJUDICES CONFONDUS PAR PARTIE CIVILE-DIVERS CRITERES RETENUS-MATIERE VIOLENCES SEXUELLES.

En cas de silence de la défense du prévenu, la juridiction peut, en matière de violences sexuelles, accéder à la requête de la partie civile qu'elle juge conforme à l'article 122 du Code de Procédure Pénale Ordinaire, pour autant que la partie civile a entendu par l'expression « Tous préjudices confondus » : la perte de virginité de la victime, le discrédit et la honte jetés sur sa famille, la diminution pour la victime de la chance de se trouver un mari et le traumatisme subi par elle.

ARRET
RPA N°236/2012
Au Nom du Peuple Congolais
(Article 149 de la Constitution)

La Cour Militaire du Katanga, siégeant et statuant au degré d'appel en matière répressive, au lieu habituel de ses audiences sis avenue MAMA YEMO n°550, quartier MAKUTANO, Commune de LUBUMBASHI, a rendu et prononcé en audience publique de ce mardi 18 juin 2013, l'Arrêt dont la teneur suit:

En Cause: RAMAZANI SALUMU Mardochée: Capitaine des FARDC, matricule: 1 77977180086, Fonction: Chef Bureau Rens, Unité: 601 Bn PM, CI: BAKA, Vol 1997, né à SENGAMALI, le 24/12/1977, fils de RAMAZANI KIMBA (ev) et de AMANI (+), village de SENGAMALI, secteur de MARINGA, Territoire: KASONGO, District: Maniema, Province du Maniema, études faites: D6 HP, état-civil: marié à Mme ABIBA ASSANI et père de trois enfants; Domicilié au camp VANGU ; Actuellement en détention à la Prison centrale de KASAPA ;

Contre: L'Auditeur Militaire Supérieur du Katanga, Ministère Public et Monsieur MUZALIWA, Partie Civile;

PREVENU DE : Avoir commis un viol d'enfant, soit à l'aide de violences ou menaces graves ou par contrainte à l'encontre d'un enfant, directement ou par l'intermédiaire d'un tiers, soit par surprise, pression psychologique, soit à l'occasion d'un environnement coercitif, soit en abusant d'un enfant qui, par le fait d'une maladie, par l'altération de ses facultés ou par toute autre cause accidentelle, a perdu l'usage de ses sens ou en a été privé par quelques artifices;

En l'occurrence, avoir à Lubumbashi, ville de ce nom et chef-lieu de la Province du Katanga, en République Démocratique du Congo, sans préjudice de date certaine, mais au courant du mois de novembre 2011, période non encore couverte par le délai légal de prescription, fait des rapports sexuels avec la fille CARINE MUZALIWA USENI, âgée de 16 ans, en introduisant son pénis dans le vagin de celle-ci; Avec cette circonstance que l'auteur est le grand-père de la victime.

Faits prévus et punis par les articles 170 et 171 de la loi n009/001 du 10 janvier 2009 portant protection de l'enfant.

Vu la procédure suivie;

Vu le jugement rendu par le Tribunal Militaire de Garnison de Lubumbashi en date du 13 /07/ 2012 dont le dispositif est ainsi conçu:
« **Par ces motifs.**
« Le Tribunal Militaire de Garnison de LUBUMBASHI,
« statuant contradictoirement à l'égard de toutes les parties et à la
« majorité des voix de ses membres;
« Vu la constitution en ses articles 21 et 149 al 3 ;
« Vu la loi n0023/2002 du 18 novembre 2002 portant code

« judiciaire militaire en ses articles 1 à 22, 32, 55, 73, 76, 77, 83, 98,
« 106, 214, 226, 230, 237, 249, 250, 251, 260, 264 et 274 ;
« Vu le code de procédure pénale tel que modifié et complété par la loi
« n0006/0 19 du 20 juillet 2006 en ses articles 14 bis, 14 ter et 74 bis;
« Vu la loi n009/001 du 10 janvier 2009 portant protection de l'enfant
« en ses articles 1 70 et 171 ;
« Vu l'acte de la constitution de la partie civile dont numéro
« quittance 757 ;
« Vu le code civil des obligations en son article 258 ;
« Vu l'ordonnance d'organisation judiciaire n0011/080 du 07 octobre
« 2011 portant nomination des magistrats militaires du siège;
« Vu l'ordonnance N°HCM/001 du 18 janvier 2012 portant
« délégation de compétence;
« Le tribunal militaire de garnison de Lubumbashi, ayant pris l'affaire
« en délibéré en son audience à huis clos de ce mercredi 20/06/2012
« pour le prononcé de son jugement à la date du 27 juin 2012 puis à
« celle du 29 juin 2012;
« **Disant droit.**
« A la question de savoir si le prévenu RAMAZANI SALUMU est
« coupable de la prévention de viol, le tribunal militaire de garnison à la
« majorité des voix de ses membres répond: OUI.
« A celle de savoir s'il y a lieu de retenir en faveur du
« prévenu RAMAZANI SALUMU des circonstances atténuantes, des
« causes de justification objectives ou subjectives, des causes
« absolutoires ou sursis, le Tribunal de céans, à la majorité des voix de
« ses membres répond: **NON**.
« En conséquence, le condamne à 14 ans de SPP et à 800.000FC
« d'amende payable dans le délai de 8 jours, à défaut à 4 mois
« de SPS ;
« Le condamne à 70.000 FC de frais de la présente cause payable dans
«15 jours à défaut à 3 mois de Contrainte par Corps;
« Dit recevable et fondée l'action de la partie civile MUZALIWA
« USENI Par conséquent, le condamne au paiement de 5000$ US
« payables en francs congolais pour tous préjudices confondus à
« défaut de payement dans le délai, le condamne à 3 mois de
« contrainte par corps.
« Ainsi jugé et prononcé en audience publique de ce vendredi 13 juillet
« 2012 à laquelle siégeaient:
« 1 . Maj Mag CHUNGU YUMA, Président,
« 2. Capt Mag NGABA MIKWENE, Juge,
« 3. Com Ppal Paul ILUNGA, Juge assesseur,
« 4. Com Ppal Charles BIASU, Juge assesseur,
« 5. Com Ppal Gode BULUNDU, Juge assesseur;

« Avec le concours du Capt Mag KANGELA NGONGO « Bernard, 1er Substitut de l'Auditeur Militaire de Garnison, et « l'assistance du Com Ppal MUFUND YAV, Greffier Assumé. »

Vu l'appel interjeté le 16/07/2012, pour mal jugé, par le prévenu RAMAZANI SALUMU, suivant acte signé conjointement par Maître MALALA ALIMA Willy, Avocat près la Cour d'Appel de LUBUMBASHI, agissant par procuration spéciale du 14/07/2012 et le Lieutenant MABASA NITU, greffier au Tribunal Militaire de Garnison de Lubumbashi;

Vu la fixation de la cause enrôlée sous RPA N°236/12 à l'audience publique du 25 octobre 2012 à 10 heures par l'ordonnance du Premier Président de la Cour Militaire du Katanga du 17/10/12;
Vu la citation à comparaître à cette audience publique établie par le Major BOOTOMOITO, Greffier du Siège et notifiée au prévenu Capitaine RAMAZANI SALUMU par l'exploit du Sous-lieutenant KALE BANZA, huissier à la Cour de céans en date du 17/10/12;

Vu la notification de la date d'audience au Ministère public et à la partie civile, l'Agent de Police Principal MUZALIWA USENI par exploits séparés du même huissier en date du 03/11/2012 ;

Vu les assignations à témoins délivrées au pasteur NGOIE, aux dames AWA et AGNES AMINA, à CONSTANT USENI aux fins de comparaître par devant la Cour de céans;

Vu le procès-verbal de tirage au sort des juges assesseurs de la composition du siège de la Cour Militaire du KATANGA établi pour une période de trois mois et leur prestation de serment sur réquisition de l'Officier du Ministère Public;

Vu l'appel de la cause à l'audience publique du 25/10/2012 à laquelle le prévenu RAMAZANI SALUMU comparaît en personne assisté de son Conseil Maître Willy MALALA ALlMA, Avocat près la Cour d'Appel de Lubumbashi, la partie civile, l'agent de Police Principal, MUZALIWA USENI comparaît en personne assistée de son conseil Maître Timothée MWANZA, Avocat près la Cour d'Appel de Lubumbashi également;

Vu l'instruction de la cause aux audiences successives du 25 et 30/10/2012, du 01, 08,13, 29/11/12 et du 05/02/2013;

Ouï la partie civile dans ses conclusions dont le dispositif de la note est ainsi libellé:
Sous toutes réserves généralement quelconques: Plaise à la Cour de :

- Dire l'appel recevable et non fondé;
- Confirmer l'œuvre du premier juge;
- Dire établie en fait comme en droit la prévention mise à la charge du prévenu;
- De condamner le prévenu conformément à la loi avec circonstances aggravantes;
- De condamner le prévenu RAMAZANI SALUMU à payer à la partie
- civile la somme de 10.000$ Us payable en francs congolais à titre des dommages et intérêts pour tous les préjudices confondus;
- Mettre la masse des frais tarifs plein à sa charge; Et ferez justice.

Ouï l'Officier du Ministère Public dans ses réquisitions dont le dispositif de la note est ainsi libellé:

- Plaise à la Cour Militaire du Katanga de confirmer la décision du premier Juge dans toutes ses dispositions, soit le condamner à 14 ans SPP et 800.000 FC d'amende. Et s'agissant de l'action de la partie civile, vous la déclarerez recevable et vous y ferez droit.
- Vous le condamnerez à telle autre peine que votre Cour estimera en bonne justice être convenable;
- Vous prononcerez également sa destitution.

Vu l'acte donné par le Premier Président de la Cour de céans à l'officier du Ministère public pour ses réquisitions;
Ouï le prévenu dans ses dires et moyens de défense présentés tant par lui-même que par son Conseil dont la note est ainsi libellée:
A ces causes et par ces motifs; Sous toutes réserves que de droit, il plaira à la cour
a) Principalement
De dire non établie en fait comme en droit la prévention de viol mise à charge du prévenu; L'en acquitter purement et simplement;
Mettre les frais à charge de la partie civile;
b) Subsidiairement et par impossible
La Cour dira établis en fait comme en droit les faits mis à charge du prévenu; L'en condamner avec de très larges circonstances atténuantes. Et ferez justice.

Ouï le prévenu en ses dernières déclarations clamant son Innocence;

Sur quoi, le Premier Président déclare les débats clos, la Cour de céans prend la cause en délibéré et à la majorité de voix de ses membres, après vote au scrutin secret, rend l'arrêt dont la teneur suit:

ARRET

1. QUANT AUX FAITS

Il résulte des pièces du dossier de la cause et des débats à l'audience de la Cour de céans que les faits de la présente cause sont demeurés constants en ce que le prévenu pré qualifié, séparé de sa femme depuis trois ans, recourait au service de sa petite fille Carine MUZALIWA âgée de 16 ans pour l'accomplissement de quelques travaux de ménage chez lui avec l'accord de sa nièce Agnès AMINA, la mère de celle-ci.

En novembre 2011, profitant d'une visite de sa petite-fille chez lui, il avait retenu celle-ci pour la nuit, malgré elle, jusqu'au lendemain prétextant avoir informé sa mère et avait abusé d'elle sexuellement pendant toute la nuit avec promesse de lui acheter une paire de chaussures contre son silence.

Toujours avec la même ruse, il avait encore réussi à lui imposer d'autres relations une autre fois au courant du même mois, dans les mêmes circonstances.

Pendant la même période, sur recommandation de sa mère, la victime CARINE MUZALIWA assistait avec assiduité, en compagnie de son frère CONSTANT MUZALIWA aux prédications organisées par le pasteur NGOIE non autrement identifié et au cours de l'une d'elles, rongée par les remords, elle avait brusquement décidé de se confesser auprès dudit pasteur.

Dans son désarroi, elle avait, aussitôt le culte terminé, suivi celui-ci dans un local pour dénoncer les abus sexuels dont elle était victime de la part du prévenu RAMAZANI, de surcroît son grand-père.

Cette confession faite en présence de son frère CONSTANT MUZALIWA et de la nommée AWA, une des fidèles de l'église, avait bouleversé l'homme de Dieu lequel s'était, sans tarder, décidé d'en informer les parents de la fille. Cependant, mis au courant de l'absence de Lubumbashi du père de celle-ci, l'Agent de Police Principal

MUZALIWA USENI, pour des raisons de service, le pasteur précité en avait alors parlé aux proches parents de celle-ci, au camp militaire Major VANGU, en présence de Madame Agnès AMINA, la mère de la victime.

Dans l'entretemps, informé depuis son lieu de travail de la situation, l'agent de police principal précité avait, une fois dans la ville, refusé tout arrangement en famille proposé par son épouse Agnès AMINA ainsi que sa belle-famille et avait aussitôt porté plainte contre le prévenu RAMAZANI SALUMU devant l'Auditeur Militaire de Garnison de Lubumbashi.

Après avoir instruit la cause, celui-ci avait traduit l'inculpé devant le Tribunal Militaire de Garnison de la place sous la prévention de viol d'enfant, infraction prévue et punie par les articles 170 et 171 de la loi N°009/001 du 10 jan 2009 portant protection de l'enfant.

Lors de son interrogatoire à tous les niveaux de la procédure, le prévenu pré qualifié a nié les faits mis à sa charge, les qualifiant de machination ourdie contre lui par la prophétesse AWA qui, d'après lui, avait affirmé avoir divinement eu connaissance de ce viol. Prenant à témoin sa nièce AGNES AMINA, il a déclaré haut et fort que la victime n'avait en aucune fois passé la nuit chez lui.

Appelée pour éclairer la Cour de céans, cette dernière a confirmé les relations incestueuses lui imposées par son grand-père RAMAZANI dans les circonstances sus-décrites tout en précisant que celui-ci était son premier homme et a rejeté l'hypothèse d'une prophétie répandue par ledit prévenu et sa mère laquelle n'avait cessé d'affirmer qu'elle n'avait jamais passé la nuit au domicile de son grand-père.

Sur ce point d'ailleurs, CONSTANT MUZALIWA, le demi-frère de la victime n'a pas hésité à affirmer que sa marâtre Agnès AMINA connaissait bien les relations décriées et les encourageait secrètement.

Comparaissant devant le premier juge, le pasteur susnommé et Madame AWA, avaient confirmé les déclarations de la victime, insistant sur le fait que Madame AWA n'était qu'une simple fidèle dépourvue de tout pouvoir spirituel contrairement aux allégations du prévenu et de sa nièce AGNES AMINA.

Par ailleurs, il gît au dossier de la cause un rapport médical établi ad hoc par le docteur Bienfait MWARABU, médecin de l'Hôpital Général de Référence de KAMPEMBA qui indique qu'il s'agit d'un cas de perte de virginité chez une fille de 16 ans, victime de viol à répétition et présentant actuellement une infection génitale.

Tels sont les faits de la présente cause.

II. EN DROIT ET QUANT A LA FORME

1. **De la recevabilité de l'appel du prévenu.**
   Est régulier en la forme, l'appel du prévenu RAMAZANI interjeté, le 16/07/2012, pour le compte du prévenu par Me MALALA ALIMA Willy, porteur d'une procuration spéciale établie le 14/07/2012, contre le jugement rendu par le Tribunal Militaire de Garnison de Lubumbashi, le 13/07/2012, soit dans le délai de cinq jours francs exigé par loi ;
   La Cour le dira recevable.

2. **De la recevabilité de l'appel incident de la partie civile.**
   N'ayant pas fait appel principal conformément à l'article 100 du CPP. La partie civile a, par voie des conclusions, fait appel incident devant la Cour Militaire de céans. Puisque cette procédure est conforme à l'article 98 du CPP et que l'appelant a consigné les frais requis à cet effet, la Cour de céans dira recevable l'appel incident de la partie civile.

III. EN DROIT ET QUANT AU FOND

Il est reproché au prévenu pré qualifié l'infraction de viol d'enfant prévue et punie par les articles 170 et 171 de la loi N°09/001 du 10 janvier 2009 portant protection de l'enfant. Les éléments constitutifs suivants doivent être réunis pour sa constitution, à savoir, les actes matériels, l'absence de consentement de la victime et l'intention coupable.

S'agissant des actes matériels, la loi précitée cite entre autres, l'intromission même superficielle d'un organe sexuel dans celui d'un enfant. Ces actes peuvent résulter soit d'un homme, soit d'une femme qui peut les exercer sur un enfant de sexe féminin ou masculin.

Quant à l'absence de consentement, il est présumé qu'une victime mineure, c'est à dire, une personne âgée de moins de 18 ans, est incapable de donner un consentement libre et volontaire. Autrement dit avant cet âge, l'enfant n'acquiert pas le discernement indispensable pour donner à ses actes un consentement libre et éclairé (TG ***Kin/Kalamu, RP9.308, MP /EVOLOKO Joker, 29/01/2008, inédit, jurisprudence citée par*** **BONY** ***CHUNGU, les Infractions*** **de** ***A*** **à** ***l, p764).***

L'élément moral caractérisant le viol est l'intention coupable qui résulte soit de la violence, soit des menaces graves, soit par contrainte etc.

Dans le cas d'espèce, pour soutenir l'accusation, le Ministère public s'est prévalu de l'œuvre du premier juge dont il a d'ailleurs demandé la confirmation dans toutes ses dispositions, soit la condamnation du prévenu à 14 ans et à 80.000 FC d'amende.

Quant à la défense, elle a prétendu que le Ministère public était en défaut de rapporter la preuve du viol dans le chef du prévenu et qu'il y avait alors un doute quant à la réalisation des faits incriminés, doute qui résulte de la déposition claire et sans ambages sus évoquée de madame AGNES AMINA, la mère de la victime et non contredite par l'accusation.

A cette déposition, la défense a prétendu que plusieurs indices notamment l'imprécision sur l'âge de la victime et sur la date de commission des faits de la cause, l'absence de toute confrontation entre les nommées AWA et AGNES AMINA et la contradiction entre les déclarations de cette dernière et de sa fille, confirmaient ses dénégations.

Elle a conclu que l'élément matériel de cette infraction n'existait pas dans le chef du prévenu et a demandé, par conséquent à la Cour de céans de dire, en principal, non établie en fait comme en droit la prévention de viol d'enfant mise charge du prévenu et subsidiairement, dans le cas où elle retient ladite prévention, de constater, au regard de diverses déclarations contenues dans le dossier de la cause, que la victime est de mœurs légères.

Par contre, appréciant à sa juste valeur l'argumentaire du premier juge fondé sur une analyse pertinente des faits laquelle prend en compte les renseignements de la victime, de son frère Constant MUZAILIWA, de toutes les autres circonstances révélatrices des faits incriminés et des indications du rapport médical, la Cour de céans observe qu'il n'y a pas de doute sur la minorité d'âge de la victime contrairement aux prétentions de la défense. Elle relève plutôt un manque de crédibilité dans les propos de Madame Agnès AMINA dans la mesure où ceux-ci ne reflètent pas la réalité des faits telle qu'elle découle des débats.
De ce qui précède, la Cour de céans dira établie cette infraction tout en considérant que les faits ont été réalisés par un ascendant de la victime.

IV. DE L'ACTION CIVILE

La partie civile MUZALIWA USENI, le père de la victime, a fait appel incident par conclusions lors des débats aux fins d'obtenir de la Cour de céans la majoration du montant des dommages et intérêts de 5.000$us lui accordé par le premier juge à 10.000$US payables en francs congolais pour tous préjudices confondus.
Devant le silence de la défense du prévenu, la Cour de céans ne trouve aucun inconvénient pour accéder à la requête de la partie civile qu'elle juge conforme à l'article 122 CPPO pour autant que la partie civile a entendu par l'expression « tous préjudices confondus » : La perte de virginité de sa fille, le discrédit et la honte jetés sur sa famille, la diminution pour la fille de la chance de se trouver un mari et le traumatisme subi par elle.

De ce qui précède, elle lui accordera le montant des dommages et intérêts postulé.

PAR CES MOTIFS et à ceux adoptés du premier juge ;

La Cour Militaire du Katanga statuant contradictoirement; Le Ministère public entendu;

Vu la Constitution en ses articles 149 et 150;

Vu la loi n°023/2002 du 18 novembre 2002 portant code judiciaire militaire, spécialement en ses articles l, 2, 4, 12, 16, 17 al 1, 32, 55, 61, 76, 77, 84 al 2, 106, 129, 130, 226, 228, 230, 233, 237, 251-252, 254, 260, 267, 274, 275 et 278;
Vu la loi n° 024/2002 du 18 novembre 2002 portant code pénal militaire, spécialement en son article 26 ;

Vu le décret du 6 Août 1959 portant code de procédure pénale tel que modifié et complété à ce jour, spécialement en son article 122;

Vu telle que modifiée et complétée à ce jour l'ordonnance loi n°82-020 du 31 mars 1982 portant code de l'organisation et de la compétence judiciaires;

Vu la loi n°09/001 du 10 janvier 2009 portant protection de l'enfant dans ses articles 170 et 171;
Vu le décret du 30 janvier 1940 portant code pénal congolais en son article 1 67 alinéa 2 ;

DISANT DROIT

Quant à l'action publique:
Reçoit en la forme l'appel du prévenu RAMAZANI SALUMU mais le déclare non fondé ;

Confirme l'œuvre du premier Juge dans toutes ses dispositions pénales;
Prononce sa destitution ;

Quant à l'action civile:
Déclare recevable et fondé l'appel incident fait par la partie civile;
Statuant de nouveau,

- Condamne le prévenu à payer 10.000 USD en francs congolais à la partie civile MUZALIWA USENI;
- Le condamne enfin aux frais de deux instances fixés à 100.000 FC payables à la huitaine ou à défaut à trois mois de Contrainte par corps;

Ainsi arrêté et prononcé à l'audience publique de ce jour, mois et an que dessus à laquelle siégeaient:
- Le Colonel Magistrat NZAU-KEBA Jean Claude, Premier Président;
- Le Major Magistrat BULUKUNGU MAKINISI Joseph, Président;
- Le Colonel MANDA BUILILWA Pascal, Juge assesseur;
- Le Lieutenant-colonel TSHAMUSOKE PAT AULE, Juge assesseur;
- Le Commissaire Supérieur Adjoint MAGESHA Jean Paul, Juge assesseur;

Avec la présence constante aux débats du Lieutenant-colonel Magistrat John Penza, Substitut de l'Auditeur Militaire Supérieur près la Cour Militaire du Katanga, Ministère public et l'assistance du Major BOOTOMOITO, greffier du siège.

Le Greffier **Le Premier Président**

COUR MILITAIRE DU KASAI ORIENTAL

Audience publique du douzième jour du mois de mars de l'an deux mille quatorze

DROIT PENAL GENERAL

VIOL-PREUVE-AVEU CONFORME DECLARATION VICTIME-INFRACTION ETABLIE

L'aveu fait à la phase pré juridictionnelle et conforme aux déclarations de la victime entraîne la conviction du juge malgré les dénégations formulées devant les Tribunal.

PROCEDURE PENALE
FRAIS D'INSTANCE EN APPEL - CONDAMNATION POUR PARTIE – L'APPEL PARTIELLEMENT FONDE

Lorsque l'appel du prévenu est partiellement fondé, la juridiction d'appel ne le condamne qu'à une partie des frais, l'autre étant à charge du trésor public.

ARRET

RPA N°026/08

Au nom du peuple congolais
(Articles 21 alinéa 1 et 149 de la constitution)

La Cour Militaire du Kasaï Oriental, y siégeant au second degré en matière répressive dans la salle ordinaire de ses audiences sise numéro 1, avenue Diamant, Commune de Kanshi, a rendu et prononcé l'arrêt contradictoire dont voici la teneur:

EN CAUSE: L'Auditeur Militaire Supérieur près la Cour Militaire du Kasaï Oriental, Ministère Public et Demoiselle MAND KALAW, partie civile;

CONTRE: Le prévenu LUYA NAWEJ, policier revêtu du grade d'Agent de Police, Matricule 53753/ A, volontaire 1999, formé au Centre d'instruction de Muene-Ditu, administré au Commissariat de Police de Karintshin, à

WIKONG; né à MBUJIMAYI, le 08 août 1980, fils de LUYA NAWEJ (en vie) et de MUJINGA (décédée), originaire du village MUSUMBA, secteur de MWANT YAV, territoire de KAPANGA, district de LUALABA, province du KATANGA, état-civil: marié à la dame MASHINDA et père de 02 enfants, domicilié à WIKONG (Hôtel Joli soir, chambre N° 1).
Vu la procédure judiciaire ouverte et suivie au premier degré contre le prévenu ci-dessus identifié pour:

1. Avoir commis un viol sur la personne d'autrui soit à l'aide de violences ou menaces graves, soit par ruse soit par surprise ou en abusant d'une personne qui, par l'effet d'une maladie, ou par l'altération de ses facultés ou par toute autre cause accidentelle aurait perdu l'usage de ses sens, ou en aurait été privé par quelques artifices;

   En l'espèce, avoir à WIKONG, cité de ce nom et Chef- lieu du secteur de KANITSHIN, Territoire de LUILU, District de KABINDA, dans la province du KASAÏ ORIENTAL en République Démocratique du Congo, le mardi 14 novembre 2006, vers 04 heures du matin, alors qu'il était en mission de service, commis un viol sur la personne de la demoiselle MAND KALAW, en la traînant en brousse, en déchirant sa jupe et son sous-vêtement, couteau à la main pour la neutraliser.

   Faits prévus et punis par l'article 170 du Code Pénal Ordinaire livre II tel que modifié et complété par la loi n006/018 du 20 juillet 2006.

2. Avoir, étant Militaire ou assimilé, violé une consigne générale donnée à la troupe ou une consigne qu'il a personnellement reçu mission de faire exécuter ou forcé une consigne donnée à un militaire;
   En l'espèce, avoir dans les mêmes circonstances de temps et de lieu que dessus, étant Militaire ou assimilé, violé les consignes particulières reçues de ses Chefs, celles de respecter les normes de la mission, éviter la tracasserie envers la population ou molester la population, telles que reprises sur le bulletin de service n °013/ PNC / SCIAT - WIK/ CENT / 006 du 06 novembre 2006 valant ordre de mission.

Faits prévus et punis par l'article 113 du Code Pénal Militaire.

Vu le jugement attaqué rendu par le Tribunal Militaire de Garnison de MWENE-DITU à son audience publique de vendredi, 16 mars 2007 dont voici le dispositif:

« PAR CES MOTIFS:
« Le Tribunal Militaire de Garnison de MUENE-DITU, statuant sur
« l'action publique contradictoirement à la majorité des voix de
« ses membres;
« Vu la constitution de la République Démocratique du Congo;
« Vu la loi N° 023/2002 du 18 novembre 2002 portant Code Judiciaire
« Militaire;
« Vu le Code Pénal Congolais tel que modifié et complété par la loi
« N° 06/018 du 20 juillet 2006 ;
« Vu l'Ordonnance-loi n082-020 du 31 mars 1982 portant
« Code d'Organisation et de Compétence Judiciaires;
« Vu le Code Civil Congolais livre troisième ;
« Vu le dossier de la cause sous RP N° 58/07- RMP N° 910/ NLS /06
« opposant l'Auditeur Militaire, Ministère public et partie civile MAND
« KALAW au prévenu LUYA NAWEJ ;
« Ouï le conseil du prévenu en sa plaidoirie;
« Le Ministère public entendu;

DISANT DROIT

1. Quant à l'action publique

« A la question de savoir si le prévenu LUYA NAWEJ est coupable
« des infractions mises à sa charge, le Tribunal a, à la majorité des voix des
« membres, répondu non pour la violation de consigne, oui pour le viol;
« A la question de savoir s'il y a lieu de lui accorder le bénéfice de
« circonstances atténuantes, des causes de justification objectives ou
« subjectives, des causes absolutoires, le sursis, Le Tribunal a répondu non,
« à la majorité des voix des membres;
« A celle de savoir s'il y a lieu de lui infliger une sanction pénale et
« une peine complémentaire, le Tribunal a, à la majorité des voix des
« membres de sa composition répondu, oui pour la sanction pénale et
« non pour la peine complémentaire;
« En conséquence,
« Dit qu'il se réserve de statuer sur la violation de consigne en raison de
« la saisine irrégulière ;
« Dit qu'il n'y a pas lieu d'ordonner son renvoi de la police;
« Le condamne par contre à 20 ans de servitude pénale principale et à
« 100.000 FC d'amende payables à la huitaine ou subira 6 mois de servitude
« pénale subsidiaire à défaut de paiement de ladite amende dans le délai;

2. Quant à l'action civile,

« La déclare recevable et partiellement fondée, et le condamne en « conséquence au paiement de l'équivalent en francs congolais de la somme « de cinq cent dollars américains au titre des dommages et intérêts pour tous « préjudices confondus,
« Met à sa charge les frais d'instance tarifiés à 15.000 FC payables à la « huitaine ou subira 6 mois de contrainte par corps à défaut de paiement « dans ce délai ;
« Confirme sa détention.

« Ainsi jugé et prononcé par le Tribunal Militaire de Garnison de MWENE-« DITU à l'audience publique de ce vendredi, 16 mars 2007, à laquelle « siégeaient :

« Le Capt NSA OBAL DENIS : Président, le Commissaire Principal de « Police KUDINGA : juge assesseur, le Commissaire Principal de police « MPASU ODIMBA : juge assesseur, le Lieutenant TAMBATA « GEORGES: juge assesseur, le Sous- Lieutenant LOKANZI OBEDI: Juge « assesseur; avec le concours du Lieutenant NLENDA SAMBU « TOUSSAINT, Substitut de l'Auditeur Militaire de Garnison, représentant « le Ministère Public, et l'assistance du Sous-lieutenant MUTEBA « CIBANGU, Greffier du siège».

Vu l'appel interjeté par le prévenu LUYA NAWEJ par sa lettre missive du 16 mars 2007 au motif de mal jugé;

Vu l'ordonnance du Premier Président de la Cour Militaire du Kasaï-Oriental, prise en date du 10 janvier 2014, fixant cette cause à l'audience publique du mercredi 15 Janvier 2014 ;

Vu la citation faite au prévenu LUYA NAWEJ en date du 10 janvier 2014 ainsi que la notification de la date d'audience faite au Ministère public à cette même date par le Capitaine KIMPWANZA DOLLY, Greffier Divisionnaire, à comparaitre à cette audience, étant pour le prévenu à la prison centrale de MBUJI-MAYI et y parlant à lui-même et pour le Ministère Public au Secrétariat de l'Auditorat Militaire Supérieur et y parlant au Capitaine NGENDE Gabriel, Secrétaire Principal;

Vu le procès-verbal de tirage au sort des juges assesseurs membres de la composition du siège et leur prestation de serment;

Vu l'appel de la cause à cette audience publique à laquelle le prévenu LUYA NAWEJ se présente à la barre non assisté;

La Cour de céans, au vu des infractions pour lesquelles le prévenu était poursuivi et la peine encourue, avait commis d'office Maître Alain MULAMBA, Avocat au barreau de MBUJI-MAYI, pour son assistance et avait renvoyé la cause à l'audience publique de vendredi 24 janvier 2014 ;

Vu l'appel de la cause à l'audience de cette date, à laquelle le prévenu LUYA NAWEJ comparait assisté de son conseil Maître Alain MULAMBA, Avocat au barreau de Mbuji-Mayi et l'instruction de ladite cause;

Vu la remise en prosécution de la cause;

Vu l'appel de cette cause à l'audience publique de vendredi 07 février 2014, à laquelle le prévenu comparait assisté de son conseil habituel;

Vu l'instruction de la cause à l'audience de cette date et sa remise à celle du 5 mars 2014 ;

Vu la notification de la date d'audience à la partie civile MAND KALAW, par exploit du Capitaine Greffier KIMPWANZA SIKILA DEMBA DOLLY, établi le 28 février 2014 et communiqué à l'Auditorat de Garnison de MWENE-DITU, aux fins, pour la partie civile de comparaître à l'audience publique du 05 mars 2014 ;

Vu l'appel de la cause à l'audience de remise à laquelle le prévenu comparaît assisté de son Conseil habituel,

La partie civile ne comparait pas;

Ouï le Ministère Public dans ses réquisitoires tendant à ce qu'il plaise à l'auguste Cour de céans:

- De dire établie en fait comme en droit l'infraction de viol avec violences mise à charge du prévenu LUYA NAWEJ, tous les éléments constitutifs étant réunis;
- De dire en conséquence recevable mais non fondé l'appel du prévenu, de confirmer ainsi l'œuvre du premier juge;

Vu le donné acte aux réquisitions du Ministère Public;

Ouï le prévenu dans ses dires et moyens de défense présentés tant par lui-même que par son conseil tendant à plaider coupable, mais sollicite la clémence de la Cour ainsi que le bénéfice de larges circonstances atténuantes tenant à ses aveux spontanés et à son jeune âge;

Vu le donné acte à la plaidoirie de la défense ;
Ouï les Répliques et contre répliques des parties;
Vu la parole accordée en dernier lieu au prévenu, qui se rallie à la plaidoirie de son conseil ;

Sur quoi, le Premier Président avait déclaré les débats clos et la Cour avait pris la cause en délibéré pour rendre l'arrêt que voici:

LA COUR DE CEANS

1. QUANT AUX FAITS DE LA CAUSE

Par sa lettre missive du 16 mars 2007, adressée au Greffier du Tribunal Militaire de Garnison de MWENE-DITU, par l'intermédiaire du Directeur de la prison de MWENE-DITU qui l'a reçue le même jour, le Prévenu LUYA NAWEJ interjeta appel du jugement rendu par ledit Tribunal qui l'avait reconnu coupable de viol et l'avait condamné à cet effet, à vingt (20) ans de servitude pénale principale et à une amende de cent milles (100.000) francs Congolais, assortie d'une servitude pénale subsidiaire de six (06) mois à défaut du paiement dans les huit (08) jours;

La Cour constate que le Directeur de la prison de MWENE-DITU avait déposé cette lettre au Greffier de la Cour Militaire du KASAÏ ORIENTAL en date du 29 mars 2007.
En dépit de dépôt tardif de cette lettre au Greffe de la Cour de céans, celle-ci déclarera cet appel recevable pour des motifs qui seront développés dans la rubrique analyse en droit;

A l'audience du 05 mars 2014, à laquelle cette cause avait été appelée sur remise contradictoire, plaidée et prise en délibéré, le prévenu LUYA-NAWEJ avait comparu personnellement assisté par maître ALAIN MULUMBA, avocat au barreau de MBUJI MAYI.

La partie civile n'avait pas comparu ni personne pour son compte. La procédure fut donc régulière, car, contradictoire à l'égard de toutes les parties.

De l'instruction menée par devant la Cour de céans et des pièces du dossier, les faits de la cause s'articulent de la manière suivante:
Sur base du bulletin de service valant ordre de mission (côte 91 CM), une équipe de trois policiers composée des agents de police MUSUASUA KABAINUA, TSHILENG et LUYA-NAWEJ, sous le commandement du

premier cité, fut chargée de l'exécution de deux mandats d'amener (côte 92 et 93 CM). Ce qui avait nécessité un déplacement à pieds sur l'itinéraire WIKONG MBANGUMA-WIKONG. Ledit déplacement avait été effectué en date du 14 Novembre 2006. Chemin faisant, vers 4 heures du matin, au niveau du village MWANDJI, cette équipe avait croisé une dizaine d'enfants: filles et garçons qui étaient à la quête des fourmis ailées, denrée très appréciée dans cette contrée. Le prévenu LUYA-NAWEJ avait braqué sa lampe torche sur ces enfants et avait giflé l'un d'eux. Ceux-ci avaient pris fuite dans le sens opposé de l'itinéraire desdits policiers.

Quelques minutes après la reprise de leur marche, sous prétexte d'aller rechercher l'un des mandats d'amener pré rappelés qui était tombé, le prévenu LUYA-NAWEJ avait rebroussé chemin et s'était plutôt livré à la pourchasse de deux enfants qu'il avait visés dont notamment la demoiselle MAND-KALAW. Durant cette course ceux-ci étaient tombés.

A son arrivée à leur point de chute, le prévenu LUYA-NAWEJ s'était saisi d'abord du sieur THIBANGU LUCKY qu'il avait aussitôt relâché, après s'être effectivement rendu compte qu'il est du sexe masculin et s'était saisi de la demoiselle MAND-KALAW qu'il avait ramenée dans un champ de manioc où il avait imposé des relations sexuelles à ladite demoiselle et ce, sous une pluie battante.

Après avoir satisfait son désir sexuel, il avait rejoint ses collègues qui l'attendaient dans un abri situé à environ cent cinquante mètres du champ évoqué ci-avant. Coïncidence fortuite, cet abri appartenait à l'oncle paternel de la demoiselle précitée.

Le chef d'équipe, l'agent de Police MUSWASWA KABANGA, lui avait adressé des admonestations de ce que ces deux mandats d'amener étaient en sa possession et le prévenu avait traîné pour les rejoindre et ce, malgré le fait qu'il l'appelait à tue-tête.

La Cour Militaire relève qu'à l'étape de l'instruction préparatoire, le prévenu LUYA-NAWEJ avait avoué avoir consommé des relations sexuelles consentantes avec la demoiselle MAND-KALAW dont il se proposait de marier (côte 04 Dos OMP), ce que cette dernière avait catégoriquement nié (côtes 27 à 28 Dos OMP). C'est sur base de ces faits que le prévenu LUYA-NAWEJ avait été condamné comme précisé ci-avant.

Non content de ce jugement, il en avait relevé appel et, avait articulé un seul grief, à savoir: le mal jugé, en ce qu'il se considère étranger aux faits lui reprochés.

La Cour de céans s'oblige ainsi à réexaminer l'ensemble du litige.

Réexaminant les faits, la Cour de céans relève de l'instruction menée par devant elle et des pièces du dossier que:

Primo: la séparation d'environ vingt à trente minutes du prévenu LUYA NAWEJ d'avec ses deux (02) collègues, les agents de police MUSWASWA KABANGA et KAPUSA NDUMBI, n'était pas justifiée par la recherche d'un quelconque mandat d'amener mais, plutôt par l'exécution de son plan criminel qui a consisté à imposer des relations sexuelles sur la personne de la demoiselle MAND- KALA W, âgée de dix-huit (18) ans, selon le rapport de l'expertise médico-légale versé au dossier à la côte 91 CM ;

La Cour précise que l'âge de la victime précitée n'a fait l'objet d'aucune contestation.

Les mandats d'amener qui devaient être exécutés se trouvaient entre les mains du chef d'équipe, l'agent de Police MUSWASWA KABANGU.

Lorsqu'il avait rejoint ses deux collègues, le prévenu LUYA-NAWEJ n'a fourni aucune explication sur le motif de son absence ou mieux de sa séparation momentanée et ce, en dépit du fait que le chef d'équipe précité criait à tue-tête pour le faire revenir à leur abri (côtes 5, 6, 8 et 15 PV d'audience, 1er degré).

Secundo : la Cour de céans note que les dénégations du prévenu LUYA NAWEJ à propos de l'imposition des rapports sexuels sur la personne de la demoiselle précitée rentrent dans sa stratégie de défense pour tenter de s'innocenter.

En effet, il avait reconnu, avoir eu des relations sexuelles consentantes avec la demoiselle MANDA KALAW et avait manifesté son intention de la prendre en mariage. Ce que cette dernière avait nié car, elle avait refusé lesdits rapports et ne pouvait consentir de devenir épouse du prévenu au détriment de ses études.

Ce double refus est matérialisé d'une part, par le fait que sa jupe et son slip étaient déchirés et d'autre part, par le fait d'avoir dénoncé cette conjonction sexuelle auprès de sa mère qui à son tour, avait informé son père, qui avait immédiatement saisi le Sous-Commissariat de Police de WIKONG Central.

Tertio: Le choix porté sur la demoiselle MAND KALAW au détriment du sieur TSHIBANGU LUCKY à leur point de chute traduit nettement l'intention malveillante qui avait animé le prévenu LUYA-NAWEJ, celle d'imposer les rapports sexuels sur la personne de la demoiselle précitée.

Quarto: Aucun moyen du prévenu n'avait ébranlé les procès-verbaux établis tant par le Ministère Public que par l'OPJ instrumentant;

La Cour considère que tous les procès-verbaux sont revêtus d'une autorité particulière et font foi.

Au demeurant la Cour de céans fait sienne la motivation développée par le premier juge.

II. QUANT AU DROIT

A) DE LA FORME

De la recevabilité de l'appel du prévenu LUYA NAWEJ

Comme précisé supra, la lettre missive du 16 mars 2007 par laquelle le prévenu avait interjeté appel du jugement sous RP N°058/07 rendu le même jour, sous couvert de l'administration pénitentiaire, avait été déposée au Greffe de la Cour de céans par le Directeur de la prison de MWENE- DITU en date du 29 mars 2007.

Il appert ainsi que ce dépôt avait été tardif car le délai légal avait expiré depuis le 23 mars 2007.

Considérant le fait que le prévenu qui était en détention n'avait pour seul canal de communication avec l'extérieur que l'administration pénitentiaire, celle-ci doit être étendue en l'espèce, au greffe.

C'est pourquoi, la Cour de céans relève le prévenu LUYA NAWEJ de la déchéance de la forclusion du délai au double motif que voici:

- d'abord par le motif évoqué ci-avant, qu'elle juge légitime en ce que ce prévenu avait introduit son appel auprès du Directeur de la prison de MWENE-DITU,
- ensuite pour le fait que l'erreur de l'administration consistant au fait que ce Directeur avait déposé ladite lettre le 29 mars 2007 au Greffe de la Cour de céans, ne peut déchoir le prévenu LUYA NAWEJ de son droit

de relever appel (lire KATUALA KABA KASHALA et KASANDA, l'appel à travers les jurisprudences et doctrines congolaises, Belges et Françaises récentes, Kin 2004, p.ll) ;

La Cour de céans déclarera recevable l'appel formé par le prévenu LUYA NAWEJ.

b. QUANT AU FOND

1. L'ACTION PUBLIQUE

a) DU VIOL

L'article 170 de la loi N°06/18 du 20 juillet 2006, complétant et modifiant le décret du 30 Janvier 1940 réprime de cinq (05) à vingt (20) ans de servitude pénale principale, celui qui « aura commis un viol à l'aide des violences ou menaces graves ou par contrainte à l'encontre d'une personne, directement ou par l'intermédiaire d'un tiers, par pression psychologique soit à l'occasion d'un environnement coercitif, soit en abusant d'une personne qui, par le fait d'une maladie, par l'altération de ses facultés ou par toute autre cause accidentelle aurait perdu l'usage de ses sens ou en aurait été privé par quelques artifices, notamment tout homme, quel que soit son âge, qui aura introduit son organe sexuel même superficiellement dans celui d'une femme ou toute femme, quel que soit son âge, qui aura obligé un homme à introduire même superficiellement son organe sexuel dans le sien »,

Pour sa réalisation, cette infraction requiert les éléments constitutifs suivants :

i. **l'acte matériel de viol**
ii. **le défaut de consentement**
iii. **l'élément moral**

i. L'acte matériel se caractérise par la possession sexuelle par l'auteur du corps d'une personne de telle manière qu'il ait eu pénétration, même superficiellement, de l'organe viril dans l'organe sexuel de la femme.

Dans le cas d'espèce, l'instruction de cette cause et ce, à toutes les étapes, a pu démontrer que le prévenu LUYA-NAWEJ avait imposé des relations sexuelles sur la personne de la demoiselle MAND KA LA W notamment par l'intromission de son pénis dans le vagin de la demoiselle MAND KALAW et, en a obtenu pleine satisfaction de sa libido.

La Cour de céans constate que le prévenu LUYA-NAWEJ avait avoué lesdites relations sexuelles en prétextant que la demoiselle y avait consenti; Mais, lors de l'instruction juridictionnelle le prévenu avait tout nié.

La Cour de céans considère, comme exposé ci-avant, les dénégations du prévenu comme une stratégie de défense échafaudée par lui pour tenter, mais en vain, de se disculper.

Il a été jugé que : « le juge peut retenir un aveu même s'il a été rétracté et que la rétraction s'apprécie comme l'aveu lui-même (Cour Belge 29 octobre 1956, Paris, 1.150; KIN 16 juin 1996, RJC. 1967 p.68; Cass.fr.crim.28 oct. 1948 in RJC) »

Dans le même sens, « l'aveu acté au procès-verbal de l'instruction préparatoire et conforme aux déclarations de la victime, entraîne la conviction du juge malgré les dénégations formulées devant le Tribunal (CA. KIN, 15 décembre 1966, in R.J.C n° 1 à 4 p.56 citée par Ruffin LUKOO. MUSUBAO, la Jurisprudence Congolaise en Droit Pénal, vol, 1 éd « on s'en sortira », Kin 2006 *p 47) ;*

La Cour de céans note que les aveux du prévenu sont conformes aux déclarations ou mieux aux accusations de la victime MAND KALAW. Dans ses dénégations, le prévenu n'a pas anéanti lesdits aveux.

ii. Le défaut de consentement se manifeste par l'usage de l'un des moyens limitativement prévus par la loi, à savoir: des violences ou menaces graves, la contrainte, la pression psychologique, l'environnement coercitif, l'abus d'une personne malade ou qui a perdu l'usage de ses sens ou qui en est privée par quelques artifices.

Dans le cas en concerne, le prévenu LUYA-NAWEJ avait fait usage des violences et des menaces par lesquelles il avait maîtrisé la demoiselle MAND KALAW, en vue de prendre possession de sa personne. C'est dans cette circonstance que le prévenu était parvenu à la conjonction de son organe sexuel d'avec celui de la demoiselle prénommée.

iii. L'élément moral est étroitement lié à l'un des quelconques moyens énumérés ci-avant.

Dans le cas de figure, la volonté affichée du prévenu LUYA-NAWEJ, d'avoir des rapports charnels avec la demoiselle MAND KALAW ressort nettement du fait d'avoir, d'abord, visé et pourchassé ladite demoiselle, ensuite, par les violences exercées sur elle, notamment en la ramenant de force dans un champ de manioc, en déchirant son slip et sa jupe et ce, pour prendre possession de sa personne et satisfaire aisément son désir sexuel.

Au demeurant, la Cour de céans fait sienne la motivation développée par le premier juge, la Cour de céans dira cette infraction juridiquement établie.

C) ACTION CIVILE

Par l'exploit régulier du Capitaine Greffier KIMPWANZA, la partie civile MAND KALAW avait été notifiée de la date d'audience fixée au 05 mars 2014.

Au cours de l'audience du 05 mars 2014, la partie civile n'avait pas comparu ni personne pour son compte.

Par rapport au motif d'appel, de mal jugé articulé par le prévenu LUYA-NAWEV, la Cour de céans réexaminera aussi l'action civile mue par ladite partie civile.

L'action civile trouve son fondement dans les dispositions de l'article 258 du Code civil Congolais, livre III qui stipule: « tout fait quelconque de l'homme qui cause dommage à autrui, oblige celui par la faute duquel il est arrivé à le réparer ».

Il est de doctrine abondante que pour être réalisée, la responsabilité civile exige le concours des éléments suivants:

i. La faute
ii. Le dommage
iii. Et le lien de causalité entre la faute et le dommage

Dans le cas de figure soumis à l'appréciation de la Cour de céans, la faute se caractérise par l'infraction de viol que celle-ci a dit établie à suffisance de droit.

Concernant le dommage, aucune pièce de nature à établir la hauteur du préjudice subi par la victime n'avait été versée au dossier.

Dans ses prétentions devant le premier juge, elle avait sollicité la restitution de la somme de dix mille sept cent francs congolais (10.700 FC), dépensés pour les soins médicaux et l'allocation des dommages-intérêts dont le montant n'avait été déterminé. La Cour de céans appréciera en toute équité.

En effet, les relations sexuelles que le prévenu LUYA NAWEJ avait imposé sur la personne de la partie civile MAND KALAW étaient connues de ses compagnons et de son entourage. Ce qui avait jeté l'opprobre sur sa personne, s'il faut considérer la mentalité ou la culture de ce milieu (village WIKONG). Ce qui peut compromettre sérieusement ses chances de mariage car, la partie civile MAND KALAW avait l'âge de dix-huit (18) ans au moment de ces faits.

En plus, la partie civile précitée était obligée de se faire soigner à la suite de cette agression sexuelle.
Tous ces désagréments constituent des préjudices tant matériels que moraux.

L'instruction de la présente cause et ce, à toutes les étapes, a pu démontrer que lesdits préjudices sont les conséquences directes et immédiates du viol dont la partie civile prénommée avait été victime par les œuvres du prévenu LUYA NAWEJ qui doit endosser sa responsabilité civile.

Lors du délibéré et ayant en vue les pièces du dossier, la Cour a répondu par scrutin secret, distinctif et successif, à la majorité des voix de ses membres ainsi qu'il suit, aux questions ainsi élaborées conformément aux articles 254 et suivants du Code Judiciaire Militaire.

A la question de savoir si le prévenu LUYA NAWEJ est coupable de l'infraction de viol mise à sa charge.

La Cour, à la majorité de voix de ses membres a dit, **OUI.**

A celle de savoir s'il peut bénéficier des circonstances atténuantes, des causes de justification, des causes d'excuses absolutoires objectives ou subjectives ou d'un sursis, la Cour, à la majorité des voix de ses membres a répondu, **NON**;

A celle de savoir s'il peut être passible d'une sanction pénale,

La Cour, à la majorité de voix de ses membres a dit, OUI;

POUR CES RAISONS

Vu la Constitution de la République Démocratique du Congo du 18 février 2006 telle que modifiée et complétée par la loi N°011/002 du 20 Janvier 2011, spécialement en ses articles 20,21, 149 alinéa deuxième et 150 alinéa deuxième ;

Vu la loi N°023/2002 du 18 Novembre 2002, portant Code Judiciaire Militaire en ses article 1,2, 12 à 17, 27,31 à 33,38, 41, 55, 61, 73, 76, 84, 106, 228 à 278 ;

Vu le décret N°032/2003 du 18 mars 2003 portant date d'entrée en vigueur de la loi précitée ;

Vu le décret du 30 Janvier 1940 portant Code Pénal Congolais tel que modifié et complété par la loi N°06/018 du 20 Juillet 2006 en son article 170 ;

Vu le décret du 06 Août 1959, portant Code de Procédure Pénale tel que modifié et complété par la loi N°06/019 du 20 Juillet 2006 en ses dispositions pertinentes;

Vu la loi organique N°13/011-B du 11 avril 2013, portant Organisation, Fonctionnement et Compétences des Juridictions de l'Ordre judiciaire;

Vu l'ordonnance d'organisation judiciaire N°13/056 du 1er Juin 2013 portant nomination des Magistrats Militaires du siège;

Vu la décision N°002/HCM du 21 août 2013, portant affectation des magistrats militaires du siège.

DISANT DROIT

Statuant sur l'action Publique:

Déclare l'appel du prévenu LUYA-NAWEJ recevable en la forme et partiellement fondé ;

Confirme le jugement entrepris dans toutes ses dispositions sauf en ce qui concerne la peine infligée au prévenu qui doit être revue à la baisse en vertu du principe de la proportionnalité de la peine;

Emendant quant à ce, condamne en conséquence le prévenu LUYA NAWEJ à huit (08) ans de servitude pénale principale et à une amende de cent soixante-seize mille francs congolais (176.000 FC) assortie d'une peine subsidiaire de six(06) mois de servitude pénale à défaut du paiement dans les quinze (15) jours;

Le condamne à la moitié des frais de la présente instance taxés à trois cent trente-quatre mille huit cents francs congolais (334.800 FC) soit cent soixante-sept mille quatre cents Francs Congolais(167.400FC) payables dans les huit (08) jours; fixe à trois (03) mois la contrainte par corps à subir en cas de non-paiement dans ce délai;

Confirme sa détention.

Statuant sur l'action civile:

- Déclare l'action mue par la partie civile ***MAND KALAW*** recevable en la forme et fondée ;
- Condamne le prévenu LUYA NAWEJ à verser à la partie civile prénommée l'équivalent en francs congolais de la somme de cinq cents (500) dollars américains lui alloués par le premier juge pour tous préjudices confondus;

Ainsi arrêté et prononcé en audience publique du jour, mois et an que dessus à laquelle avaient siégé:

1. Le Major Magistrat Jean René ZINGI KULANDA NGONDENDI, Président.
2. Le Magistrat IMANGI ZENE ZENE : Conseiller à la CA.
3. Le Major BOLOKO BEMBANDJA DIDIER : Juge Assesseur.
4. Le Major MOMBO MATA Daniel : Juge assesseur.
5. Le Commissaire Supérieur Adjoint de Police MOWISA MUTUALA FELICIEN : Juge Assesseur;

Avec la présence constante aux débats du Ministère Public, représenté par le Major Magistrat MBUTAMUNTU AWIRANDE, Substitut de l'Auditeur Militaire Supérieur près de la Cour Militaire du KASAÏ-ORIENTAL, avec l'assistance du Major MAKOLO MUSENSE, Greffier du siège.

Le Greffier **Le Premier Président**

COUR MILITAIRE DE KINSHASA MATETE

Audience publique du cinquième jour du mois de juin de l'an deux mille quatorze

PROCEDURE PENALE

ADMINISTRATION DE LA PREUVE EN MATIERE DE VIOLENCE SEXUELLE-EXPERTISE MEDICO-LEGALE REALISEE PAR UN MEDECIN GENERALISTE –EXPERTISE RECEVABLE.

L'expertise médico-légale effectuée par un médecin généraliste doit être déclarée recevable devant les instances judiciaires en ce que l'article 14 bis Code de Procédure Pénale Ordinaire n'a pas précisé si le médecin auquel il renvoi doit être généraliste ou légiste

DROIT PENAL

INFRACTION de VIOL-NON COMPARUTION DE LA VICTIME A TOUTES LES AUDIENCES –INTIME CONVICTION DU JUGE-INFRACTION ETABLIE.

Le fait pour la victime de viol de ne s'être pas présentée aux audiences de la juridiction n'enlève pas aux faits reprochés au prévenu leur caractère infractionnel de viol, le juge ayant tiré son intime conviction sur des pièces versées au dossier notamment les Procès-verbaux de confrontation et le rapport médico-légal

ARRÊT
RPA N°116/10
Au nom du Peuple congolais
(Art 149 de la Constitution)

La COUR MILITAIRE DE KINSHASA-MATETE, siégeant en matière répressive au degré d'appel, en chambre foraine à la Prison Centrale de MAKALA sise dans la Commune de SELEMBAO à KINSHASA, a rendu et prononcé en audience publique de ce Jeudi 05 Juin 2014, l'arrêt suivant:

EN CAUSE: BANGATO KOLISALA MUTOMBO, Grade Brigadier Adjoint, Matricule: 98521/ A ; Unité Brigade de Garde Charly; né à KINSHASA le 26 Juin 1980; Fils de PAUL KABANGU (décédé) et de BIKAYA BITATA (en vie); Village d'origine KIBANDANGOLO; Secteur: KYULU; Territoire: - ; District: KWANGO; Province; BANDUNDU ; Etudes faites 6éme Primaire; Etat-Civil marié à Madame MWENYI Mado et père de 03 enfants; Domicilié au n° 29 de l'Avenue KINGUNZI Quartier Il dans la Commune de MASINA et actuellement à la prison centrale de MAKALA.

CONTRE: L'Auditeur Militaire Supérieur, Ministère public ;

Vu la procédure suivie à charge du prévenu pré qualifié pour :
Avoir commis un viol, soit à l'aide des violences ou menaces graves, soit par contrainte à l'encontre d'une personne, soit directement ou par intermédiaire d'un tiers, soit par surprise, par pression psychologique, soit à l'occasion d'un environnement coercitif, soit en abusant d'une personne qui par le fait d'une maladie, soit par l'altération de ses facultés ou par toute autre cause accidentelle aurait perdu l'usage de ses sens ou en aurait été privé par quelques artifices.

En l'occurrence, avoir à KINSHASA, ville province de ce nom et capitale de la République Démocratique du Congo en date du 10 Aout 2009 aux environs de 3hOO du matin à la FIKIN, par violence introduit son pénis dans le vagin de la demoiselle KABEY A LUFALANGA Linda, âgée de 14 Ans.

Fait prévu et puni par les Art 170 et 171 de la Loi n°09 /001 du 10 Janvier 2009 portant protection de l'enfant.

Vu le jugement rendu par le Tribunal Militaire de Garnison de KINSHASA-MATETE en date du 10/06/2010 sous RP N°0435/09; RMP N° 3686/ JCL/09 dont le dispositif est ainsi libellé:

Faisant droit:

« Le Tribunal déclare l'infraction de viol établie en fait comme en droit à charge du prévenu BANGATO KOLISALA MUTOMBO et le condamne comme suit:

- à 7ans de Servitude Pénale Principale.
- à 100.000Fc d'amende laisse les frais d'instances fixés à 40.000Fc à sa charge; payables dans le délai légal sous peine d'une contrainte par corps dont la durée ne peut excéder 3 mois ».

Vu la fixation de la cause enrôlée sous RPA n° 0116/10 à l'audience du 03 Avril 2014, par ordonnance du 1er président de la Cour Militaire de KINSHASA -MATETE prise en date du 25/03/14.

Vu le procès-verbal de tirage au sort des membres de la composition du siège non revêtus de la qualité de Magistrats datée du 14/01/14 et leur prestation de serment à l'audience du 03 Avril 2014 ;

Vu la notification d'appel et la citation à comparaitre à l'audience publique du 03/ Avril 2014 établie en date du 26 Mars 2014 et donnée au prévenu en date du 27 Mars 2014 par l'exploit du Capt MUNONGO NZAKIMWENA Greffier Divisionnaire du siège, y parlant à lui-même;

Vu la notification de la date d'audience au Ministère Public et à la victime en date du 28/03/14 ;

Vu l'appel de la cause à cette audience à laquelle l'appelant comparait en personne assisté de son conseil maitre IHUNIA PANGINGANI Ruphin, avocat au Barreau de KIN-MATETE, la victime n'ayant pas comparu ni personne en son nom, car non atteinte faute d'adresse.

Vu l'instruction de la cause faite à cette audience au cours de laquelle la Cour renvoie la cause à la huitaine;

Vu les remises successives en date du 15 et 22 Mai 2014 et l'instruction faite à toutes ces audiences;

Ouï le Ministère Public en ses réquisitions tendant à ce qu'il plaise à la Cour de dire recevable mais non fondé l'appel interjeté par le prévenu; confirmer l'œuvre du 1er juge dans toutes ses dispositions sauf en ce qui concerne la peine.

Par conséquent de le condamner avec admission des circonstances atténuantes à 6 ans de Servitude Pénale Principale et à 100.000Fc d'amende; ou à toute autre peine que la Cour estimera être convenable. Et ce sera justice.

Vu l'acte donné au Ministère Public de ses réquisitions;

Ouï le conseil de la défense en ses plaidoiries tendant à ce qu'il plaise à la Cour de dire recevable et fondé l'appel interjeté par le prévenu BANGATO de réformer l'œuvre du premier juge dans toutes ses dispositions; de dire non établie en fait comme en droit l'infraction de viol mise à charge du prévenu

faute d'élément matériel; par conséquent l'en acquitter purement et simplement et le renvoyer de fins de toutes poursuites- Et ce sera justice.
Vu l'acte donné aux plaidoiries de la défense ;

Vu la parole accordée au prévenu en dernier lieu au cours de laquelle il fait sienne la plaidoirie de son conseil;

Sur quoi, le Président clôt les débats, la cour prend la cause en délibérée et à la majorité des voix de ses membres après vote au scrutin secret rend l'arrêt dont la teneur suit:

EXPOSE DES FAITS

Des pièces du dossier et des éléments de l'instruction, il ressort que les faits de la présente cause sont demeurés constants depuis leur examen par le premier juge et peuvent être résumés comme suit:
Dans la nuit du 09 au 10 Aout 2009 vers 3h00 du matin, le brigadier adjoint BANGATO KOLISALA MUTOMBO de la Brigade de garde Charly de la Police Nationale Congolaise va s'infiltrer dans la Brigade Alpha commise au service intérieur de la FIKIN.

A cette occasion et en compagnie d'un autre policier répondant au nom de MINDELE, ils vont mener une patrouille à l'intérieur de la FIKIN. Ce faisant, ils virent trois jeunes garçons accompagnés d'une jeune fille. Tout d'un coup, le brigadier adjoint BANGATO se mettra à leur poursuite et parviendra à mettre la main sur la jeune fille tandis que les trois jeunes gens prendront la poudre d'escampette jusqu'au poste de la police se trouvant à l'intérieur de la FIKIN.

C'est suite à ces circonstances que la jeune fille ainsi isolée de ses compagnons et sous les menaces du brigadier adjoint BANGATO qui tenait en mains une barre de fer acheminera l'infortunée KABEYA LUFALANGA LINDA dans un champ de maniocs et sous menaces l'étalera au sol afin de lui imposer de force des relations sexuelles et ce à l'insu de son coéquipier MINDELE; cette version des faits est tirée des procès-verbaux d'audition et de confrontation de la victime KABEY A LINDA et BANGATO KOLISALA établis par le magistrat instructeur.

Le commissaire subalterne MAKWALA Arsène, S2 de la Brigade Alpha avec deux Policiers armés se mettront à la recherche de la victime KABEYA LINDA. Quelques temps après, ils maitriseront le Brigadier BANGATO tenant en mains une barre de fer accompagné de la jeune fille toute couverte de sable. Tout au long de son interrogatoire au premier comme au second degré, le prévenu a nié les faits mis à sa charge soutenant une cabale montée contre lui et c'est plutôt le chef S2 MAKWALA qui avait disparu avec la fille jusqu'au matin pour ensuite être acheminée à l'Auditorat Militaire avec BANGATO en tant que violeur

II. **DU DROIT**

A. **Quant à la forme**

1. **De la compétence de la Cour**

Suivant l'article 246, alinéa 1 er du CJM, la cour de céans apprécie sa compétence d'office.

Elle fonde sa compétence en l'espèce sur l'art 156 de la constitution de la République Démocratique du Congo et les articles 84, alinéa 2, 106 et 107 du CJM.

2. **De la recevabilité de l'appel du prévenu**

Le présent appel est formé contre le jugement du TMG/MATETE rendu en date du 10/06/10 dans la cause M.P contre le brigadier adjoint BANGATO KOLISALA MUTOMBO sous RP N°435/09 et introduit sous RP N° 435/09 en date du 11/06/2010 par le conseil du prévenu porteur d'une procuration spéciale, à travers une déclaration faite au greffe de la juridiction au premier degré, actée et versée au dossier d'appel ouvert sous RPA N° 0116/10.

La Cour constate que ce recours est introduit dans le délai et formes prescrits par l'article 278 alinéa 2 et 3 du CJM et le déclarera par conséquent recevable.

B. **Quant au fond**

Justifiant son recours contre ce jugement, le prévenu par le biais de son conseil soutient un mal jugé, en ce qu'il y a absence d'élément matériel caractérisé par la conjonction sexuelle c'est-à-dire l'introduction du membre viril dans l'organe génital de la femme; et qu'en outre ce rapport médical n'émane pas d'un médecin légiste mais plutôt d'un médecin généraliste. De ce fait conclut-il, sa condamnation procède d'une machination orchestrée par le chef S2 de la Brigade de garde Alpha.

De l'instruction à l'audience publique de la Cour de céans; il ressort des constances suivantes :

La victime KABEYA LINDA ne s'est présentée à aucune des audiences de la Cour car introuvable à l'adresse mentionnée dans les P.V

- Le prévenu a reconnu avoir été avec la victime cette nuit-là à une heure tardive et muni d'une barre de fer saisie sur lui lors d'une patrouille.
- Le rapport médical versé au dossier établi par le docteur NGOY Arthur de l'hôpital saint joseph daté du 15 Août 2009 (période non suspecte) atteste l'absence totale de l'hymen et les traces d'une conjonction sexuelle récente.
- D'une part ni le prévenu ni son conseil n'ont avancé aucun moyen nouveau par rapport à ceux qu'ils ont développés devant le premier juge qui les a rencontrés; ce fait équivalant à l'absence de grief contre l' œuvre entreprise et d'autre part aucun élément du dossier n'apparait de nature à exposer cette œuvre à la censure du juge d'appel.
- Des présomptions sérieuses de culpabilité pèsent sur le prévenu établissant la conjonction sexuelle non consentante dans son chef à une heure aussi tardive dans un champ de maniocs (Trib District KASAI, 18 Avril 1968 in RJC 1968, P 224) Toutefois, la cour retiendra la méconduite de la victime qui en tant que mineure se retrouve en dehors du toit parental par surcroit à la FIKIN à une heure aussi tardive.

En conséquence, l'œuvre du premier juge étant motivée à suffisance de fait et de droit, la Cour souscrit à la motivation qui la sous-tend en ce que tous les éléments constitutifs de viol sont établis à charge du prévenu BANGATO à savoir:
- L'élément matériel
- L'absence du consentement de la victime
- La personnalité humaine de la victime
- L'intention coupable.

C'EST POURQUOI

La Cour Militaire de KINSHASA-MATETE, Statuant contradictoirement et vote aux scrutins secrets;

Le Ministère Public entendu;

Vu la constitution de la République Démocratique du Congo telle que modifiée à ce jour par la loi n°011/002 DU 20 janvier 2011 en ses articles 20, 21 et 149 ;

Vu la loi n0023/2002 du 18 Novembre 2002 portant CJM articles 1. 2, 12 à 17, 27,31 à 33, 38, 41, 55, 61, 67, 77,84, 104 ,228 à 275, 278, 317 à 320 ;

Vu le code de procédure pénale en ses articles 74, 81 et 96 ;

Vu le code pénal militaire en ses articles 26 et 30 ;

Vu la loi N°09/001 du 01/01/2009 portant protection de l'enfant en ses articles 170 et 171 ;

DISANT DROIT

La Cour Militaire de KINSHASA/MATETE siégeant publiquement et à la majorité de voix de ses membres.

Dit l'appel du prévenu BANGATO KOLISALA MUTOMBO régulier en la forme et le reçoit :

Dit cet appel non fondé.

En conséquence, confirme le jugement entrepris sauf en ce qui concerne le taux de la peine de servitude pénale et le réduit après admission des circonstances atténuantes dues à sa délinquance primaire et père de famille à 4 ans servitude pénale principale ; au paiement de 100.000 FC d'amende ou à 3 mois SPS en cas de non-paiement ; au paiement de 40.000FC de frais de justice dans le délai de 8 jours ou à défaut de paiement à 1 mois de contrainte par corps.

Ainsi arrêté et prononcé à l'audience publique de ce jour à laquelle siégeaient :

1. Le Colonel Magistrat KARENZI BUKERA Cyprien, Président ;
2. Le Colonel Magistrat BUSHABU MALESHELA, Membre ;
3. Le Lieutenant-Colonel BALABALA, Juge Assesseur ;
4. Le Lieutenant-Colonel ILUNGA SHUKULA, Juge Assesseur ;
5. Le Lieutenant-Colonel BAHATI, Juge Assesseur.

Avec le concours du Major Magistrat MUTOMBO BASEY A Substitut de l'Auditeur Militaire Supérieur représentant l'Officier du Ministère Public et l'assistance du Capitaine MUNONGO NZAKIMWENA, Greffier Divisionnaire.

Le Greffier **le Président**

COUR MILITAIRE DU SUD KIVU

Audience publique du vingt-deuxième jour du mois d'octobre de l'an deux mille douze

PROCEDURE PENALE

PARTIE CIVILEMENT RESPONSABLE-CITATION ETABLIE ET NOTIFIEE LE JOUR MEME DE L'AUDIENCE -ABSENCE DE LADITE PARTIE A L'AUDIENCE-DEFAUT LUI DONNE-NON RESPECT DELAI CITATION - VIOLATION DROITS DE LA DEFENSE.

Viole les droits de la défense, l'arrêt qui donne défaut à la partie civilement responsable qui n'a reçu notification de la citation que le jour même de l'audience, même si par la suite ladite partie a été mise hors cause.

DROIT PENAL

VIOL D'ENFANT-MINEURE AGEE DE 14 ANS-AVEUX DU PREVENU LORS INSTRUCTION PREPARATOIRE - SUIVIS DE LA RETRACTATION DITS AVEUX A L'AUDIENCE DE LA COUR-TEMOIGNAGES CONCORDANTS CORROBORANT AVEUX RETRACTES - APPRECIATION ELEMENTS PREUVE-INTIME CONVICTION DU JUGE-INFRACTION ETABLIE.

L'infraction de viol d'enfant est dite établie lorsqu'en dépit de la rétractation ultérieure par le prévenu de ses aveux, il apparaît que lesdits aveux sont confirmés par des témoignages concordants recueillis à tous les niveaux de la procédure.

DROIT PENAL

INFRACTION D'ARRESTATION ARBITRAIRE ET DETENTION ILLEGALE-PRIVATION LIBERTE PENDANT 24 HEURES ELEMENTS JM EN MISSION DE SERVICE PAR COMD COMPAGNIE FUSILIER-ORDRE ECHELON SUPERIEUR INVOQUE PAR PREVENU-ACTE NON JUSTIFIE-INFRACTION ETABLIE.

L'infraction d'arrestation arbitraire et de détention illégale reste établie à charge du prévenu en dépit de l'ordre de l'échelon supérieur invoqué par le dit prévenu dès lors que les actes d' arrestation et de détention sont dirigés contre des agents de police judiciaire en mission en vue de les empêcher d'accomplir leur mission.

ARRET

RP : N° 058 Bis

Au nom du Peuple Congolais

(Article 149 al 2 de la Constitution)

La Cour Militaire du Sud-Kivu, siégeant en matière répressive au premier degré, en chambre foraine à KALEHE, au palais de justice du tribunal de Paix de KALEHE CENTRE, a rendu et prononcé en audience publique du 22ème jour du mois d'octobre de l'an deux mille douze, l'arrêt suivant:

EN CAUSE: l'Auditeur Militaire Supérieur près la Cour Militaire du Sud-Kivu, Ministère Public, et partie civile dame BASEME VUMILIA VENANCIA

CONTRE: le prévenu BAHATI NIRIVAWENZE, né à MASISI, le 10 juin 1981, fils de WENZE (décédé) et de MATAMA (décédée), originaire de KIBIRWA, chefferie BASHARI AHEMBE, territoire de MASISI, province du Nord-Kivu, en République Démocratique du Congo, état-civil: marié à NGABIRE et père de 3 enfants, études faites: 6 ans PP, profession: Militaire, incorporé en 1998,CI : MWESO au Nord-Kivu, Grade :Major, Matricule :SM, unité: 1 03èmeRégiment,fonction : commandant compagnie, domicilié à MINOVA.

Prévenu de :

1. Avoir, à MINOVA, cité de ce nom, territoire de KALEHE, province du Sud-Kivu, en République Démocratique de Congo, la nuit du 05 au 06 octobre 2011,à l'aide de violences ou menaces graves ou par contrainte à l'encontre d'une personne, directement ou par l'intermédiaire d'un tiers, soit par surprise, par pression psychologique, soit à l'occasion d'un environnement coercitif, soit en abusant d'une personne qui, par le fait d'une maladie, par l'altération de ses facultés ou par toute autre cause accidentelle aurait perdu l'usage de ses sens ou en aurait été privé par quelque artifice, commis un viol d'enfant;

En l'occurrence, avoir dans sa chambre à coucher, imposé des rapports sexuels à la demoiselle MAHIRGWE SENGIYUNVA, âgée de 14 ans, après avoir astreint la victime à passer la nuit à MINOVA où elle était venue lui réclamer sa créance.

Fait prévu et puni par les articles 170 et 171 de la loi n°09/001 du 10 janvier 2009 portant protection de l'enfant.

2. Avoir, à LUMBISHI, localité de ce nom, territoire de KALEHE, province du Sud-Kivu, en République Démocratique du Congo, du 01 au 02 septembre 2011, par violences, ruses ou menaces, enlevé, arrêté ou fait arrêter arbitrairement, détenu ou fait détenir une personne quelconque;
En l'occurrence, avoir, par violences, arbitrairement arrêté les agents de police judiciaire, le Premier Sergent Major **BAZIMAZIKE KADJODJO** et le sergent Major **MWENZE MULOLO** envoyés en mission de service à LUMBISHI pour signifier des mandats de comparution.
Fait prévu et puni par l'article 67 du code pénal ordinaire livre II.

Vu la procédure suivie dans la cause opposant le Ministère Public et Partie Civile dame **BASEME VUMILIA VENANCIA** au prévenu sus- identifié;

Vu la décision de renvoi de l'Auditeur Militaire Supérieur datée du 16 octobre 2012 ;

Vu la fixation de la cause, enrôlée sous RP N° 058, à l'audience du vendredi 19 octobre 2012, par l'ordonnance du Premier Président de la Cour de céans datant du 16 octobre 2012 ;

Vu la citation à prévenu à comparaitre à l'audience du 19 octobre 2012, établie par le Greffier de la Cour Militaire de céans et notifiée audit prévenu;

Vu la constitution de partie civile de la Dame **BASEME VUMILIA VENANCIA** au cours du procès;

Vu la citation à personne civilement responsable faite à la République Démocratique du Congo et établie par le greffier en date du 16 octobre 2012, afin de comparaitre à cette même audience;

Vu le procès-verbal de tirage au sort des membres assesseurs de la composition de la Cour militaire pour la session en cours;

Vu la prestation de serment desdits membres non revêtus de la qualité de Magistrat;

Vu l'appel de la cause à cette audience à laquelle le prévenu, mieux identifié ci-haut, a comparu, assisté de son conseil, **Me Daniel LWABOSHI,** alors que la partie civile était assistée de ses conseils **Me Olivier MBASHA et Me Tigre MUSHAGALUSA,** tous avocats au barreau près la Cour d'Appel de BUKAVU;

Vu la remise contradictoire de la cause à l'audience du 20 octobre 2012 ;

Vu l'appel de la cause à cette audience à laquelle le prévenu a comparu alors que la République Démocratique du Congo, partie civilement responsable, régulièrement citée, n'a pas comparu ni personne en son nom;

Vu l'application de la procédure par défaut à son égard;

Vu l'instruction faite à cette audience;

Ouï la partie civile dans ses conclusions tendant à demander à l'auguste Cour :

- D'appliquer la loi dans toute sa rigueur contre le prévenu et de le condamner in solidum avec la République Démocratique du Congo à des dommages- intérêts équivalant en francs Congolais à 35.000$-US

Ouï le Ministère Public dans son réquisitoire tendant à solliciter qu'il plaise à la Cour :

- De déclarer le prévenu coupable des faits mis à sa charge et le condamner à la peine de 20 ans de servitude pénale principale et une amende de 800.000 FC pour viol et 5 ans de servitude pénale principale pour arrestation arbitraire; de faire application de l'article 7 du Code Pénal Militaire et de prononcer la peine la plus forte, soit celle de 20 ans de servitude pénale et 800.000 FC d'amende;
- De prononcer en outre sa dégradation;
- De faire droit aux prétentions de la partie civile;
- Ou le condamner à toute autre peine que la Cour estimera en bonne justice être convenable;

Ouï les répliques et contre-répliques de toutes les parties;

Ouï enfin, le prévenu dans sa dernière déclaration;

Sur quoi la Cour, après la clôture des débats par le président, prend la cause en délibéré et rend l'arrêt dont la teneur suit:

EXPOSE DES FAITS

Il ressort des pièces du dossier et de l'instruction faite devant la Cour de céans, que les faits de la présente cause peuvent être ainsi résumés:

Le prévenu BAHATI-NIRIVAWENZE alors commandant compagnie FARDC à LUMBISHI, muté par la suite à MINOVA, avait l'habitude de fréquenter le domicile de la partie civile, dame **BASEME VUMILIA VENANCIA** pour prendre un verre de bière;

Une fois, en l'absence de ladite partie civile, le prévenu était servi par la nommée **MAHIRGWE SENGIYUNVA,** fille de cette dernière, âgée de 14 ans et, après avoir consommé la boisson d'une valeur équivalente à 20 U$ sans honorer sa facture, il demandera à la fille de le suivre à MINOVA pour se faire payer;

C'est pour cela que **MAHIRGWE** s'y est rendue et là, elle a trouvé le prévenu dans un NGANDA appelé « Calebasse» et lui a expliqué qu'elle était venue récupérer son dû. Le prévenu l'a priée d'attendre son salaire qui allait lui parvenir ce soir-là; mais en attendant le lendemain matin, la fille est allée dormir à KALUNGU, rejetant l'offre du prévenu de passer nuit avec elle à MINOVA ;

Ainsi le 5 octobre 2011, très tard dans la soirée, le prévenu, après l'avoir conduite au NGANDA« Calebasse» et au restaurant KANYERE où il lui a offert à boire et un repas, lui avait payé finalement sa dette et l'avait amenée à son domicile en lui faisant croire qu'il allait passer nuit ailleurs, laissant sa chambre pour elle afin de dormir en toute sérénité;

Curieusement cette nuit-là, alors que **MAHIRGWE** dormait déjà, le prévenu en avait profité pour la rejoindre sur le lit et, lui avait imposé des relations sexuelles jusqu'au matin; après avoir terminé sa besogne, le prévenu avait demandé à la victime de regagner LUMBISHI en lui remettant 11.000FC pour son transport et lui avait proposé le mariage et de louer une maison pour elle à KALUNGU ;

Malgré toutes ces promesses, la victime avait résisté et lui avait rappelé qu'elle ne partirait pas parce qu'il l'avait violée, et il s'en est suivi une brouille entre les deux.

Qu'au cours de cette brouille, le prévenu sera appréhendé par les éléments de l'Auditorat qui avaient été informés de cette situation et, il a fini par être traduit en justice non seulement pour viol de la fille **MAHIRGWE** mais également pour avoir précédemment procédé à l'arrestation de deux APJ, à savoir le premier sergent major **BAZIMAZIKE KADJODJO** et le sergent-major **MWENZE MULOLO** alors qu'ils étaient en mission de service.

Interrogé tant au niveau des OPJ que devant l'Officier du Ministère Public, le prévenu avait avoué, avoir arrêté les deux agents sur ordre de sa hiérarchie et avoir consommé, toute la nuit les relations sexuelles avec la victime **MAHIRGWE,** qu'il présente comme étant du reste sa fiancée; et que cette dernière, avait librement consenti à ces rapports; il renchérit que la prétendue victime est âgée de 17 ans et qu'elle lui a exhibé sa carte d'électeur, laquelle serait gardée par sa mère;

Entendu devant cette Cour, aux audiences du 19 et 20 octobre 2012, le prévenu reconnait simplement la privation de la liberté des deux agents de l'auditorat sur ordre de son échelon.

Sur ce point, la Cour estime injustifiée la privation de la liberté de ces deux agents en mission de service et munis d'une feuille de route, et le prévenu n'a pas à invoquer un ordre illégal de sa hiérarchie pour justifier son acte (CSJ, 26 septembre 1974, RJZ 1975, p. 33).

Cependant, s'agissant des rapports sexuels, le prévenu rétracte ses aveux faits antérieurement, déclarant que la victime et la partie civile précitée lui sont inconnues, réfutant ainsi toutes les accusations de viol avec violences portées contre lui.

A ce sujet, la victime rétorque que, le prévenu non seulement était commandant place à LUMBISHI mais aussi venait régulièrement prendre sa bière, parfois accompagné de ses escortes à leur domicile et, qu'il avait consommé la bière sans payer. Elle poursuit que c'est lui, qui lui a imposé des rapports sexuels sur son lit à MINOVA et que, convaincu de l'illégalité de son acte, il l'a gratifiée de 11.000FC pour son transport et sa ration mais suite à sa résistance de regagner LUMBISHI, le prévenu avait fait intervenir plusieurs personnes pour négocier son retour chez ses parents. Elle cite notamment monsieur **SEBUTU ALBERT,** dames colonel **GWIGWI, BUKUMI AIMEE,** etc ...

Par ailleurs, la victime donne les détails des circonstances de leur arrestation par les éléments de l'auditorat de MINOVA et de leur transfert à l'auditorat supérieur de BUKAVU.

Pour sa part, la partie civile **BASEME** explique ses relations avec le prévenu; elle n'a pas reconnu l'existence de liens de fiançailles entre sa fille et le prévenu comme l'a prétendu ce dernier, mais a plutôt confirmé la minorité d'âge de sa fille née en 1996 et, à cet âge-là, celle-ci ne saurait bénéficier d'une carte d'électeur.

Il se dégage de cet ensemble d'éléments du dossier, notamment les déclarations du prévenu, de la victime, de la partie civile et les dépositions des témoins, que le prévenu ne peut prétendre dire qu'il n'a jamais connu sexuellement la victime MAHIRGWE.

II. DISCUSION EN DROIT

A. DE L'INFRACTION DU VIOL AVEC VIOLENCES

Le viol tel que prévu et puni par la loi n° 09/001 du 10 janvier 2009, requiert les éléments constitutifs ci-après:

- Un rapprochement charnel des sexes ou d'un sexe avec tout objet;
- L'existence d'un auteur du viol et d'une victime;
- L'absence du consentement de la victime dû à sa minorité et,
- L'élément moral.

S'agissant du rapprochement charnel de sexes, celui-ci ne fait l'ombre d'aucun doute au regard des déclarations très claires et cohérentes de la victime **MAHIRGWE** dans la mesure où elles constituent l'une des preuves en matière de viol; aussi celles du prévenu qui a déclaré « *expressis verbis*» à la côte 7 devant l'OPJ :

« C'est le jour où je l'ai connue avec préservatif ... j'avais payé la pièce de 3
« pagnes, je l'ai remise à son oncle **SEBUTU** » ;
« A la côte 17 :
« Après avoir mangé nous sommes allés dormir chez moi;
« Elle avait passé nuit chez moi comme fiancée, toutefois, nous avons fait
« l'amour avec elle; Le matin je lui avais donné 11.000FC ».

Ceci démontre un aveu de la part du prévenu et, la Cour retiendra cet élément relatif au rapprochement des sexes.

Quant à l'auteur et la victime, il est sans conteste que le prévenu **BAHATI NIRIVAWENZE** en est l'auteur tandis que la victime c'est **MAHIRGWE SENGIYUNVA.**

S'agissant des violences, menaces ou ruse, cristallisant l'absence de consentement, dans le cas sous examen, le témoignage a démontré que la victime est mineur d'âge, elle avait 14 ans au moment des faits et donc, elle ne peut valablement consentir à un acte sexuel.

Enfin, à propos de l'élément moral, il est constitué par la volonté de pénétrer sexuellement une mineure. Tel est le cas du prévenu BAHATI qui avait par ruse, réussi à consommer les relations sexuelles avec la victime

MAHIRGWE pour satisfaire à ses appétits sexuels contre le gré de cette dernière :
Ainsi, tous les éléments constitutifs de viol avec violences sont réunis à sa charge.

B. DE L'ARRESTATION ARBITRAIRE ET DETENTION ILLEGALE

Cette infraction telle que prévue et punie par l'article 67 du code pénal ordinaire livre II, requiert également pour sa réalisation des éléments constitutifs suivants:

- Actes matériels, c'est-à-dire que l'agent ait matériellement enlevé ou fait enlever, arrêté ou fait arrêter arbitrairement, détenu ou fait détenir illégalement une personne déterminée, lesquels se réalisent par violence, menace et ruse;
- Actes intellectuels triplement caractérisés, l'agent ait agi:
- illégalement
- intentionnellement et
- arbitrairement.

L'arrestation est le fait, de se saisir d'une personne, de l'appréhender au corps, de la priver de sa liberté d'aller et de venir à son gré.
Dans le cas sous examen, le prévenu est passé aux aveux; il a été démontré devant la Cour de céans, que le prévenu s'était saisi du premier sergent major **BAZIMAZIKE** et du Sergent Major **MWENZE,** les avait désarmés par ses escortes et les avait conduits dans leur camp où ils ont passé 24 heures, les empêchant ainsi de vaquer librement à leurs occupations quotidiennes et ont été libérés suite à l'intervention des autorités judiciaires de BUKAVU.

Le prévenu avait, bien entendu, usé de la violence, *in spécie causa*, la force armée pour les désarmer afin de les conduire au camp;

Devant la Cour, le prévenu a tenté de soutenir avoir agi ainsi sur ordre de son commandant; cependant aucune preuve n'a été apportée devant cette dernière, et même dans ce cas, il a été jugé que l'ordre du supérieur ne peut constituer une cause de justification lorsque l'auteur n'a pu se méprendre sur son caractère manifestement illégal (revue juridique du Zaïre, publié par la société d'études juridiques du zaïre 1975, PA7).

Enfin, le prévenu BAHATI en privant la liberté à ces deux victimes, qui étaient de service, munies d'une Feuille de Route, non seulement a commis un acte contraire à la loi, mais en outre, il a su que son acte était illégal et arbitraire et qu'il a voulu malgré tout le commettre;

Il y a dès lors lieu de le retenir sous les liens de cette prévention de l'article 67 du code pénal ordinaire livre II.

C. DE L'ACTION CIVILE

Examinant celle-ci, la Cour observe que dame BASEME VUMILIA VENANCIA, par le biais de son conseil, maitre OLIVIER MBASHA, s'est constituée partie civile par une déclaration au greffe de la Cour, en consignant les frais nécessaires y relatifs;

La Cour estime cette constitution régulière et fondée dans la mesure où les éléments constitutifs de la responsabilité civile prévus à l'article 258 du CCCLIII sont réunis.

En effet, le fait générateur pour la partie civile est le viol commis par le prévenu. Le préjudice est aussi bien physique, psychique et même pécuniaire, en effectuant des dépenses imprévues, de se déplacer de leur milieu pour le lieu où s'est tenue l'audience en chambre foraine plus précisément à KALEHE CENTRE, en vue de se plier aux exigences de la procédure judiciaire et elle a droit, à un dédommagement. Quant à la République Démocratique du Congo, Partie Civilement responsable, régulièrement citée, n'a pas comparu ni personne en son nom, le défaut a été retenu contre elle;

Par ailleurs, la Cour estime, que la responsabilité de l'Etat ne saurait être engagée dans la mesure où il est difficile pour l'Etat de contrôler les militaires même dans leur vie privée; ainsi, il sera mis hors cause;

Lors du délibéré, la Cour a répondu ainsi aux questions posées:

- A la question de savoir, si le prévenu est coupable de l'infraction de viol avec violence mise à sa charge?
  A la majorité des voix de ses membres, la Cour a répondu: **OUI**
- A la question de savoir, s'il y a lieu de retenir en sa faveur des circonstances atténuantes?
  A la majorité des voix de ses membres, la Cour a répondu: **NON**
- A la question de savoir, s'il y a lieu de prononcer contre lui une sanction pénale?
  A la majorité des voix de ses membres, la Cour a répondu: OUI
- A la question de savoir, s'il y a lieu de prononcer contre lui une peine complémentaire?
  A la majorité des voix de ses membres, la Cour a répondu: NON

- A la question de savoir, si le prévenu est coupable de l'infraction d'arrestation arbitraire mise à sa charge?
  A la majorité de voix de ses membres, la Cour a répondu: OUI
- A la question de savoir, s'il y a lieu de retenir en sa faveur des circonstances atténuantes?
  A la majorité des voix de ses membres, la Cour a répondu: NON
- A la question de savoir, s'il y a lieu de prononcer contre lui une sanction pénale?
  A la majorité des voix de ses membres, la Cour a répondu: OUI
- A la question de savoir, s'il y a lieu de prononcer contre lui une peine complémentaire?
  A la majorité des voix de ses membres, la Cour a répondu: NON

C'est pourquoi

La Cour Militaire du Sud-Kivu, statuant par défaut vis-à-vis de la République Démocratique du Congo mais contradictoirement à l'égard du prévenu, après délibération et vote aux scrutins secrets, distincts et successifs, à la majorité des voix de ses membres;

Le Ministère Public entendu;

Vu la constitution de la République Démocratique du Congo en ses articles 21 et 149 ;

Vu le Code Judiciaire Militaire en ses articles 1er, 12, 13, 14, 16, 17,27,32 à 38, 61, 73,76,77,84,98,104 à107, 129,214,226,228 à 264,273 à 275,317 à 322;

Vu le Code Pénal Militaire en ses articles 1er, 3,26 et 31 ;

Vu la loi n° 09/001 du 10 janvier 2009, portant protection de l'enfant, en ses articles 2,170 et 172 ;

Vu le Code de Procédure Pénale en ses articles 74, 80 et 81 ;

Vu le Code Civil Congolais Livre 3ème ;

Disant droit

Dit établies en fait et en droit les infractions de viol avec violences et d'arrestation arbitraire mises à charge du prévenu BAHATI NIRIVAWENZE et le condamne de la manière ci-après:

A 15 ans de Servitude pénale principale et à 800.000FC d'amende pour viol avec violences payable en 8 jours ou à 6 mois de Servitude Pénale Subsidiaire, en cas de non-paiement dans le délai fixé;

A 3 ans de Servitude pénale principale pour arrestation arbitraire;

Faisant application de l'article 7 du Code Pénal Militaire, prononce l'unique peine, la plus forte, soit **15 ans** de Servitude pénale principale.

Prononce sa **destitution.**

Le condamne en outre, aux frais d'instance taxés à 150.000 FC, payables en 8 jours ou à 30 jours de contrainte par corps.

Statuant sur les intérêts civils, condamne le prévenu à la somme équivalant en Francs Congolais de **5.000$** (cinq mille dollars américains) des dommages et intérêts au profit de la partie civile BASEME VUMILIA Venancia dans un délai de 3 mois ou à 6 mois de contrainte par corps en cas de non-paiement dans le délai fixé.

Met hors cause, la République Démocratique du Congo.

Ainsi arrêté et prononcé, à l'audience de ce jour, à laquelle ont siégé:

1. Colonel Magistrat **Freddy MUKENDI TSHIDJA-MANGA,** 1 er président
2. Major Magistrat Antoine MAMPASI NANGA, Conseiller
3. Lieutenant-colonel ABE DI KAMBALA, juge assesseur
4. Lieutenant-colonel ENKOTSI ESSAMBA, juge assesseur
5. Commissaire Supérieur KADUME BYAMBU, juge assesseur

Avec le concours du Lieutenant-colonel Magistrat **Roger WAVARA KODOROTI,** Représentant du Ministère Public et l'assistance du Major **Théophile MIRINDI MUKUBIRO,** Greffier du siège.

Le Greffier **Le Président**

Table des matières

COMITE DE REDACTION

1. Général Major NYEMBO ya BUZILU Delphin, Premier Président de la Haute Cour Militaire, Président ;
2. Colonel Magistrat MASUNGI MUNA Camille, Président à la Haute Cour Militaire, Membre ;
3. Colonel Magistrat EKOFO INGANYA Martin, Conseiller à la Haute Cour Militaire, Membre ;
4. Colonel Magistrat NZAU KEBA Jean Claude, Conseiller à la Haute Cour Militaire, Membre ;
5. Lieutenant-Colonel SHAMBA KWETE Mozart, Président à la Cour Militaire, Membre.

République démocratique du Congo aux éditions L'Harmattan

Dernières parutions

LE CONGO-KINSHASA, UNE RÉPUBLIQUE DÉMOCRATIQUE ?
N'Kupa Ntikala E-Benya Didier - Préface d'Edmond Jouve
Depuis son accession à l'indépendance, la République Démocratique du Congo a traversé différentes crises politiques qui laissaient croire à sa partition imminente. Face à toutes les menaces et agressions, le peuple a toujours néanmoins gardé son influence sur les politiques pour la sauvegarde de l'unité de ce majestueux pays dont la construction peine à venir. Voici une vision synthétique retraçant les faits annonciateurs de la naissance d'une forte nation qui s'affranchit des pactes secrets qui l'ont condamnée avant même son indépendance.
(Coll. Études africaines, série Politique, 55.00 euros, 670 p.)
ISBN : 978-2-343-08997-3, ISBN EBOOK : 978-2-14-001648-6

LES ÉLECTIONS EN RÉPUBLIQUE DÉMOCRATIQUE DU CONGO
Contribution à une pratique électorale efficiente et aisée
Kamufuenkete Luvumbu Pascal
Les élections s'imposent, jusqu'à preuve du contraire, comme la voie obligée pour garantir la démocratie. Hélas, en Afrique les élections sont souvent l'occasion de conflits violents et source de grosses dépenses publiques pour lesquelles l'aide financière internationale devient une nécessité. Comment conjurer cette situation qui est présentée comme une fatalité ? Ce livre offre des solutions rationnelles et raisonnables à emprunter en vue de la mise en place d'une législation et d'une pratique électorale efficiente et aisée.
(10.00 euros, 96 p.)
ISBN : 978-2-343-09669-8, ISBN EBOOK : 978-2-14-001596-0

LA JUSTICE TRANSITIONNELLE EN RDC
Quelle place pour la commission vérité et réconciliation ?
Mwamba Matanzi Godefroid
La justice transitionnelle est sans juges ni tribunaux ; mais grâce à elle, les sociétés démocratiques apprennent à affronter la part sombre de leur histoire. Ses objectifs ultimes consistent à faire la vérité sur les sales guerres menées par les princes contre leur population pour se donner une chance de reconstruire une société plus juste et plus équitable. L'idée de mettre en place une Commission Vérité Réconciliation procédait de la nature particulièrement délicate de la gestion de l'après-guerre en RDC en termes de paix. Et ainsi avoir une capacité de panser toutes sortes de blessures et de plaies dues aux affres d'un tel contexte.
(Harmattan RDC, 18.00 euros, 168 p., Illustré en noir et blanc)
ISBN : 978-2-343-09478-6, ISBN EBOOK : 978-2-14-001548-9

L'INVENTION DU CONGO CONTEMPORAIN
Traditions, mémoires, modernités (Tome 1)
Ndaywel E Nziem Isidore - Préface de Martin Kalulambi Pongo
On peut lire l'ouvrage du professeur Ndaywel de deux manières : comme un essai politique offrant une critique démystificatrice des formes contemporaines de gestion politique depuis l'indépendance, ou bien comme une étude d'histoire des procédures de réinvention du Congo dans sa « modernité » postcoloniale. Sites d'affrontement entre l'État et la société, le passé et la

mémoire conservent un pouvoir de construction de la réalité, du pouvoir et de la légitimité. Or parmi les grandes questions qu'affronte la société congolaise d'aujourd'hui figure celle de savoir comment améliorer l'art de gouverner et reconfigurer le rapport de l'individu à l'État.
(Harmattan RDC, 27.00 euros, 264 p.)
ISBN : 978-2-343-09498-4, ISBN EBOOK : 978-2-14-001559-5

L'INVENTION DU CONGO CONTEMPORAIN
Traditions, mémoires, modernités (Tome 2)
Ndaywel E Nziem Isidore
Les séquences de l'Histoire congolaise révélées dans ce livre enseignent à qui sait les interroger ce qu'il convient de faire. Elles sont l'école de l'homme politique qui est assuré d'y rencontrer, s'il le veut bien, le modèle à suivre ou encore l'exemple à éviter. Elles sont, pour tous les Congolais, un répertoire inépuisable, qu'ils ne consulteront jamais en pure perte.
(Harmattan RDC, 31.00 euros, 294 p.)
ISBN : 978-2-336-30583-7, ISBN EBOOK : 978-2-14-001560-1

LA THÉORIE GÉNÉRALE DU DROIT CONSTITUTIONNEL ET LES INSTITUTIONS POLITIQUES
Sous la Ire, IIe et IIIe République de la République démocratique du Congo
Makengo Nkutu Alphonse
Cet ouvrage s'intéresse dans une première partie aux éléments de base du droit constitutionnel, en abordant l'examen des concepts de base et la hiérarchie des règles de droit, l'État, la Constitution et le pouvoir politique, et dans une seconde partie il analyse les institutions politiques sous la Première, Deuxième et Troisième République en RD Congo.
(Coll. Études africaines, 25.50 euros, 250 p.)
ISBN : 978-2-343-09617-9, ISBN EBOOK : 978-2-14-001354-6

L'ÉLECTRIFICATION TOTALE DE LA RDC À L'HORIZON 2060
Mwemena Kamabwe Nestor - Préface du Professeur Ilunga Ilunkamba
L'électrification totale de la RDC est une œuvre de très grande envergure. Elle exige des moyens financiers, techniques et légaux gigantesques. Ni la SNEL, qui a été transformée en société commerciale, ni les privés qui sont des sociétés à but lucratif ne sont en mesure de réaliser cette électrification dont la rentabilité financière n'est pas évidente. Pour répondre aux besoins d'électrification totale du pays, il est indispensable de définir davantage les standards de production, de transport, de distribution et de commercialisation.
(Harmattan RDC, 45.00 euros, 446 p., Illustré en noir et blanc)
ISBN : 978-2-343-08309-4, ISBN EBOOK : 978-2-14-000826-9

LA PROTECTION DES DROITS DE L'HOMME PAR LE JUGE CONSTITUTIONNEL CONGOLAIS
Analyse critique et jurisprudence (2003-2013)
Wetsh'Okonda Koso Marcel - Préface de Jean-Louis Esambo Kangashe
Depuis son institution en 1968, la Cour suprême de justice a exercé les attributions de juge constitutionnel, y compris celles de juge des libertés. L'objet de ce livre consiste à dresser le bilan, à la fois quantitatif et qualitatif, de cette juridiction en matière de protection de ces dernières. La première partie passe en revue les attributions de la Cour ainsi que son organisation et son fonctionnement et la seconde partie s'intéresse à sa jurisprudence en matière de protection des droits de l'Homme.
(Coll. Notes de cours, 30.00 euros, 286 p.)
ISBN : 978-2-343-08677-4, ISBN EBOOK : 978-2-14-001588-5

COMMUNICATION DES ENTREPRISES COMMERCIALES EN RÉPUBLIQUE DÉMOCRATIQUE DU CONGO
Pombo Ngunza Dyna Albert - Préface de Mwayila Tshiyembe
Après un constat de défaillance de la pratique de la communication institutionnelle en RDC, l'auteur a assigné un double objectif à cet ouvrage : plaider et sensibiliser les dirigeants

des institutions commerciales congolaises sur la nécessité de pratiquer la communication institutionnelle afin de créer, soigner et/ou entretenir une bonne image de leur institution. Le deuxième objectif est de venir en aide aux dirigeants qui voudraient la pratiquer, en leur donnant un schéma pratique et clair à suivre.
(Coll. Géopolitique mondiale, 15.00 euros, 136 p.)
ISBN : 978-2-343-07640-9, ISBN EBOOK : 978-2-14-001472-7

LES EXONÉRATIONS FISCALES DES INVESTISSEMENTS EN RDC
Kabanda Matanda Boniface
La concurrence fiscale comme mesure incitative ou attractive des investissements directs étrangers s'est révélée inefficace. Cette leçon a servi d'exemple à l'État Indépendant du Congo et à la Colonie Congo-Belge qui limitèrent la défiscalisation aux seuls grands projets de développement orientés dans la logique de l'économie mixte. Dès lors, nous voilà dans l'institutionnalisation de l'injustice fiscale qui nous fait assister impuissants à la création simultanée de l'enfer fiscal, du purgatoire fiscal et du paradis fiscal en RDC. Au total les investissements directs étrangers en appellent plutôt à la globalité des politiques publiques et privées.
(Harmattan RDC, 55.00 euros, 830 p.)
ISBN : 978-2-343-09469-4, ISBN EBOOK : 978-2-14-001585-4

LE DÉVELOPPEMENT DU KATANGA MÉRIDIONAL
Tambwe Nyumbaiza, Nkulu Kasongo, Kya Ghoanys Kitaba, Mwanachilongwe Kunkuzya, Mpyana Kaimbi, Bukasa Kayiba
Les réflexions contenues dans cet ouvrage nous donnent assez de lumière sur le Katanga méridional, les actions de développement entreprises, les acteurs en présence, mais aussi et surtout le dynamisme de la population locale dans sa quête d'améliorer les conditions d'existence. En dépit de l'augmentation en nombre des entreprises minières dans cette partie de la République Démocratique du Congo, sa population demeure pauvre dans l'ensemble.
(Coll. Études africaines, 20.50 euros, 212 p.)
ISBN : 978-2-343-06314-0, ISBN EBOOK : 978-2-336-39799-3

LE CONGO BELGE DANS LA PREMIÈRE GUERRE MONDIALE (1914-1918)
Ndaywel E Nziem Isidore, Mabiala Mantuba-Ngoma Pamphile
L'histoire congolaise de la Première Guerre mondiale existe. Les contributions, belges et congolaises, qui font l'objet de ce livre l'affirment et le démontrent. Dès que la Belgique, la métropole du Congo, avait vécu la violation de sa neutralité par l'Allemagne, le Congo belge n'est pas resté longtemps dans le doute. La guerre exclusivement européenne devint une guerre mondiale, impliquant en Afrique les colonies allemandes et celles des alliés.
(Coll. Harmattan RDC, 37.00 euros, 358 p.)
ISBN : 978-2-343-07554-9, ISBN EBOOK : 978-2-336-39906-5

GUERRE ET PAIX: LEÇONS DE L'INTERVENTION DE L'ONU EN RÉPUBLIQUE DÉMOCRATIQUE DU CONGO
Olombi Jean-Claude
L'objet principal de cet ouvrage est de mesurer et de comprendre les causes de la crise en RDC, depuis son accession à l'indépendance, le 30 juin 1960, jusqu'à nos jours et le rôle que joue l'ONU dans ce pays, depuis plus d'une décennie. L'auteur analyse les acquis en matière de sécurité et les actions à mener en matière de gouvernance démocratique et de stabilisation du pays.
(Coll. Études africaines, 23.00 euros, 232 p.)
ISBN : 978-2-343-06177-1, ISBN EBOOK : 978-2-336-39790-0

SÉRAPHIN NGONDO A PITSCHANDENGE
Vie et œuvres d'un professeur émérite
Mandjwandju Mabele Odon
Préface de Léon de Saint Moulin, s.j.
Ce livre est une biographie sur Séraphin Ngondo A Pitschandenge, premier démographe congolais, qui a consacré son existence à l'enseignement et à la recherche au sein de l'Université

congolaise. Il présente le modèle d'un professeur d'université qui aura cherché à combiner sa personnalité scientifique avec ses devoirs de citoyen. Comment dès lors rester scientifique tout en étant dans les méandres de la politique ?
(Coll. Harmattan RDC, 16.50 euros, 154 p.)
ISBN : 978-2-343-08037-6, ISBN EBOOK : 978-2-336-39908-9

KABILA ET LE RÉVEIL DU GÉANT
Le regard des uns et des autres
Sous la direction de Lambert Mende Omalanga
Préface de Matata Ponyo Mapon
Produit par un groupe de témoins de l'histoire immédiate de la République démocratique du Congo constitué par le ministère de la Communication et des Médias, ce livre est une compilation de mises au point et de contre-analyses, reflétant la vision de l'exécutif congolais. C'est également l'occasion d'un compte rendu à la nation et au monde de l'action de stabilisation et de normalisation en cours dans ce pays. Il y est montré que la RDC devient de plus en plus une *success story* grâce à Joseph Kabila et son gouvernement.
(29.00 euros, 264 p., Illustré en couleur, Quadrichromie)
ISBN : 978-2-343-07440-5, ISBN EBOOK : 978-2-336-39537-1

LES NOUVELLES PROVINCES EN RÉPUBLIQUE DÉMOCRATIQUE DU CONGO
État de la question
Muzito Adolphe - Tribunes d'Adolphe Muzito
Adolphe Muzito, ancien Premier ministre de la RDC, évoque dans huit tribunes le problème du découpage territorial prôné par la Constitution du 18 février 2006 et le passage de 11 à 26 provinces. Il y sonne l'alarme sur la « provincialisation » à outrance du pays, qui semble se faire dans la précipitation et qui arrive à un mauvais moment, juste quelques mois avant l'organisation d'une multitude d'élections (locales, législatives et présidentielle). L'ouvrage rassemble ces tribunes.
(Coll. Dossiers, Études et Documents, 18.00 euros, 182 p.)
ISBN : 978-2-343-07720-8, ISBN EBOOK : 978-2-336-39502-9

INSTALLATION DE NOUVELLES PROVINCES EN RDC
Défis et contraintes
Muzito Adolphe
Pour lutter contre la centralisation et créer de nouveaux centres d'impulsion, le nombre de provinces est passé de 11 à 26 en RDC L'auteur note que, sur les 26 nouvelles provinces à installer, 20 ne sont pas en mesure de couvrir les dépenses contraignantes liées à leur fonctionnement. Il explore quelques pistes d'installation effective et heureuse de ces provinces, consistant à lever obstacles et difficultés de tout ordre. (Fascicule broché.)
(Coll. Dossiers, Études et Documents, 6.00 euros, 52 p.)
ISBN : 978-2-343-07711-6, ISBN EBOOK : 978-2-336-39495-4

LA RÉPUBLIQUE DÉMOCRATIQUE DU CONGO : UN ÉTAT SANS PROVINCES (1re tribune)
Muzito Adolphe
L'auteur analyse la situation de la RDC 10 ans après le programme de décentralisation qui est pour lui un demi-échec. Faute de volonté et de vision politique, de culture démocratique, les nouvelles provinces sont restées des coquilles vides sans pouvoir et sans ressources. Ce passage de 11 à 26 provinces est-il alors opportun ? (Fascicule broché.)
(Coll. Dossiers, Études et Documents, 4.00 euros, 26 p.)
ISBN : 978-2-343-07712-3, ISBN EBOOK : 978-2-336-39494-7

L'HARMATTAN ITALIA
Via Degli Artisti 15; 10124 Torino
harmattan.italia@gmail.com

L'HARMATTAN HONGRIE
Könyvesbolt ; Kossuth L. u. 14-16
1053 Budapest

L'HARMATTAN KINSHASA
185, avenue Nyangwe
Commune de Lingwala
Kinshasa, R.D. Congo
(00243) 998697603 ou (00243) 999229662

L'HARMATTAN CONGO
67, av. E. P. Lumumba
Bât. – Congo Pharmacie (Bib. Nat.)
BP2874 Brazzaville
harmattan.congo@yahoo.fr

L'HARMATTAN GUINÉE
Almamya Rue KA 028, en face
du restaurant Le Cèdre
OKB agency BP 3470 Conakry
(00224) 657 20 85 08 / 664 28 91 96
harmattanguinee@yahoo.fr

L'HARMATTAN MALI
Rue 73, Porte 536, Niamakoro,
Cité Unicef, Bamako
Tél. 00 (223) 20205724 / +(223) 76378082
poudiougopaul@yahoo.fr
pp.harmattan@gmail.com

L'HARMATTAN CAMEROUN
BP 11486
Face à la SNI, immeuble Don Bosco
Yaoundé
(00237) 99 76 61 66
harmattancam@yahoo.fr

L'HARMATTAN CÔTE D'IVOIRE
Résidence Karl / cité des arts
Abidjan-Cocody 03 BP 1588 Abidjan 03
(00225) 05 77 87 31
etien_nda@yahoo.fr

L'HARMATTAN BURKINA
Penou Achille Some
Ouagadougou
(+226) 70 26 88 27

L'HARMATTAN SÉNÉGAL
10 VDN en face Mermoz, après le pont de Fann
BP 45034 Dakar Fann
33 825 98 58 / 33 860 9858
senharmattan@gmail.com / senlibraire@gmail.com
www.harmattansenegal.com

L'HARMATTAN BÉNIN
ISOR-BENIN
01 BP 359 COTONOU-RP
Quartier Gbèdjromèdé,
Rue Agbélenco, Lot 1247 I
Tél : 00 229 21 32 53 79
christian_dablaka123@yahoo.fr

Achevé d'imprimer par Corlet Numérique - 14110 Condé-sur-Noireau
N° d'Imprimeur : 133955 - Dépôt légal : mars 2017 - *Imprimé en France*

www.ingramcontent.com/pod-product-compliance
Lightning Source LLC
LaVergne TN
LVHW011145061026
849535LV00003B/601